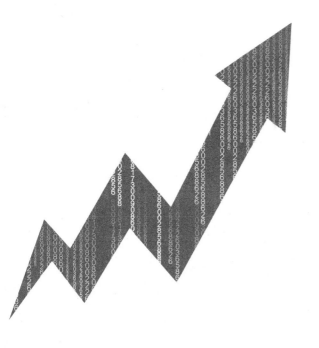

U0275152

狙击涨停

短线打板高手
技术进阶

麻道明 ◎ 著

清华大学出版社
北京

内 容 简 介

本书是以短线打板为重点而展开的相关技术分析和讲解。从涨停盘口入手，分析分时盘面走势，判断主力操盘意图，把握市场运行逻辑。特别是短线选股、打板方面做了独到的讲述，以及对强势股的技术形态，操作技巧进行深入分析，为短线打板者提供有益的帮助。

图书在版编目（CIP）数据

狙击涨停：短线打板高手技术进阶 / 麻道明著 . —北京：清华大学出版社，2022.6（2023.9重印）
ISBN 978-7-302-60816-5

Ⅰ . ①狙… Ⅱ . ①麻… Ⅲ . ①股票交易－基本知识 Ⅳ . ① F830.91

中国版本图书馆 CIP 数据核字 (2022) 第 080043 号

责任编辑：左玉冰
封面设计：汉风唐韵
版式设计：方加青
责任校对：王荣静
责任印制：刘海龙

出版发行：清华大学出版社
  网 址：http：//www.tup.com.cn，http：//www.wqbook.com
  地 址：北京清华大学学研大厦 A 座   邮 编：100084
  社 总 机：010-83470000   邮 购：010-62786544
  投稿与读者服务：010-62776969，c-service@tup.tsinghua.edu.cn
  质 量 反 馈：010-62772015，zhiliang@tup.tsinghua.edu.cn
印 装 者：天津鑫丰华印务有限公司
经 销：全国新华书店
开 本：185mm×260mm 印 张：22.25 字 数：484 千字
版 次：2022 年 8 月第 1 版 印 次：2023 年 9 月第 2 次印刷
定 价：99.00 元

———

产品编号：096618-01

前言

股价一旦涨停，就会引来无数人的关注。涨停板是每一名投资者所盼望的，因为它可以让你实现快速盈利。市场中，有人因为抓到涨停板而欣喜若狂，可是由于操作方法不当，转眼间又陷入困境；有人苦苦追随涨停板而始终不得要领，导致连连亏损；也有人精耕细作，不断丰富经验，掌握了打板的核心方法，轻松驾驭涨停板，成为股市的赢家。

其实，抓涨停板并不难，只要善于观察、认真分析，熟练掌握一套有效的操作方法，那么涨停板就为你所拥有。但是，抓涨停板也很艰难，如果看盘功夫不深，主力意图不掌握，而盲目打板，一天可能让你亏损40%。

笔者根据多年的实盘经验和市场规律，总结了这本《狙击涨停：短线打板高手技术进阶》，为打板者提供一些有益的帮助。全书共八章：第一章为涨停盘口语言，通过集合竞价寻找当日涨停潜力股，分析盘面挂单、密度、速度来判断盘口性质；第二章为涨停板类型，重点掌握首板、换手板、空间板、卡位板、烂板、反包板和出货板的技术特征和操作技巧；第三章为涨停基本规律，掌握规律、踏准节奏是抓住涨停的重要环节；第四章为涨停分时走势，透过分时盘面分析，判断主力意图，把握运行逻辑；第五章为短线选股技巧，通过正确的方法选择热点股、龙头股、黑马股；第六章为打板高手进阶，提高短线打板的技巧和战术，把握盘面弱转强机会；第七章为强势股操作技巧，掌握强势股的启动形态和顶部形态，机构抱团股的特征和操作技巧；第八章为涨停次日战法，把握涨停次日溢价是实现盈利的根本，切实提高涨停次日操作技能。

本书从各个层面为你解开一个个技术谜团，让你在打板的路上多一分安全，少一点风险；多一分收益，少一点亏损。如果你是刚入市不久的新兵，它将成为你打板的领路人；如果你是久经沙场的老兵，它将助力你快速奔向财富自由。如果你还在黑暗中摸索，它就是一盏指明灯；如果你已经看到一线光明，它就是一个起飞的助推器。不管你在股市中遇到多少失败挫折、迷茫困惑、伤感辛酸，本书都将成为你不离不弃的伴侣，为你的成功之梦助力。

全书注重实盘分析，突出操作技巧。力求引导和提高投资者的实盘操作能力，巩固和掌握捕捉涨停的操盘技法。投资之路有曲折，希望本书助你跨越每一道坎坷。

麻道明

2022 年 2 月　于中国·楠溪江畔

目 录

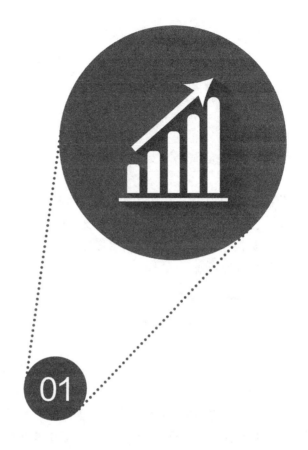

第一章 | 涨停盘口语言

▎▎▎▎ 第一节　集合竞价抓涨停

● 一、弄懂集合竞价

股价涨停是一种市场买力极强、多头占据绝对优势的交易行为，它的意义主要有三种：吸筹、拉升和出货，其中拉升的意义最常见。大家一旦掌握了捕捉涨停板的技巧，投资收益将会快速增长，而最好的掌握涨停板的方法，就是读懂它的盘口语言。盘口语言应该从集合竞价开始。

1. 集合竞价的概念

集合竞价看似平常却隐藏着很多技巧，不少散户对集合竞价的理解还是不够的，不知道如何利用集合竞价买卖股票。在当天还没有成交价的时候，可以根据前一天的收盘价和对当日股价的预测来确定股票价格，而在这段时间里申报的所有价格都是平等的，不需要按照时间优先和价格优先的原则交易，而是按最大成交量的原则来确定股票的价位，这个价位就被称为集合竞价的价位，而这个过程被称为集合竞价。

集合竞价最大成交量原则，即以此价格成交能够得到最大成交量。有三个基本原则：高于集合竞价产生的买入申报全部成交；低于集合竞价产生的卖出申报全部成交；等于集合竞价产生的买入或卖出申报，根据买入申报量和卖出申报量的多少，按少的一方申报量成交。

2. 三个重要时间段

集合竞价分三个时间段：9:15—9:20、9:20—9:25、9:25—9:30，每个时间段交易规则以及作用都是不一样的，了解集合竞价的规则，有利于琢磨主力的意图。

（1）9:15—9:20 这 5 分钟可以委托买卖，也可以撤销委托的单子，所以在这个时间段看到的匹配成交量可能是虚假的。很多主力在这个时间段大单买进股票制造强势假象诱导投资者买入，然后主力在 9:19:59 之前撤单，因此在这个时间段要多关注最后几秒钟主力撤单情况。

（2）9:20—9:25 这 5 分钟可以委托买卖，但不能撤销委托的单子，了解这个时间段的竞价才有意义。所以，投资者这 5 分钟一定要看准后再委托单子。

（3）9:25—9:30 这 5 分钟不叫集合竞价时间，但是电脑在这 5 分钟接受买卖委托，也可接受撤单，但不做处理。对于高手而言，可以在这 5 分钟换股票，如集合竞价卖出股票后，资金在 9:25 就可利用，可在 9:26 买进另一只股票。

3. 开盘价如何产生

集合竞价以最大成交量优先，也就是说开盘前买卖双方都在挂单，如挂 10 元买卖的人有 100 手，挂 9.9 元买卖的人有 1 000 手，那么，开盘价就是 9.9 元。此时，高于 9.9 元买入委托全部成交，低于 9.9 元卖出委托全部成交。与成交价相同的买卖双方中数量最小的一方委托全部成交。

二、竞价选股方法

1. 做好捕捉涨停板的准备

集合竞价阶段隐含着主力当日资金运作意图。投资者应认真、细致地分析集合竞价情况，可以及早进入状态，熟悉最新的交易信息，敏锐发现并抓住集合竞价中出现的某些稍纵即逝的机会，果断出击，提高涨停板的捕捉概率。

一般情况下，如果某只股票前一天是上涨走势，收盘时没有成交的买单量很大，当天集合竞价时又跳空高走，并且买单量也很大，那么这只股票发展为涨停的可能性就很大，投资者可以通过 K 线组合、均线系统等情况进行综合分析，在确认该股具备涨停的一些特征之后，果断挂单，参与竞价买入。也可以依据当天集合竞价即时排行榜进行选择，以期捕捉到最具潜力的股票，获得比较满意的投资收益。

投资者对自己重点关注的个股，在分析研究集合竞价时，务必结合该股前一天收盘时所滞留的买单量，特别是第一买单所聚集的量的分析。这对当天捕捉涨停板能够起到积极的作用。

2. 集合竞价选强势股的思路

（1）9:25 集合竞价结束，选择量比排序前 30 名。多空力量积累和转化的力度，往往反映到盘面上就是市场资金的进场意愿，进场意愿越大，其量比也会越大。

（2）选择涨幅在 2%~4%，量比越大越好。在选择量比的同时，也要注意市场的风险情况，如果股票开盘价涨幅已经很大，一方面说明利好已经得到了体现；另一方面由于是 T+1 的交易规则，开盘涨幅过大的股票，如果盘中出现系统性暴跌，就有可能导致当天亏损。

（3）配合热点概念，板块个股利好消息，MACD、K 线形态必须是做多形态，均线多头，流通盘较小。这样的股票往往主力介入意愿更强，散户买入也会更安全。

（4）关注第一单的多空力量和开盘后的 3 笔成交是否持续超大多单。第一单是买入还是卖出，反映的是主力在开盘阶段买入意愿的强度；而是否持续超大单买入，则反映的是主力的介入意愿是持续的，还是以高开拉出出货空间。

（5）选择涨幅不大的个股，防止拉高出货，最近有涨停板的更佳。涨停板是主力进场和甩开成本区间的盘面表现，近期有过涨停板的往往意味着主力阶段性布局的完成。

（6）抓住放量过前头的、跳空过平台，连续下跌突然放大量高开的个股。

（7）分时均价线跟着股价一起上涨的，可以追涨入场，否则等回调低吸。

需要注意的是：第一，由于 A 股实行的是 T+1 交易规则，以上开盘追击涨停板的方法，仓位一定要控制在三成甚至更低，以免大盘出现日内暴跌导致深套。第二，如果当日盘面走势没有符合预期，一定要设好止损价，做好止损离场的思想准备，一旦触发离场信号，不要盲目补仓，千万不要恋战。

3. 集合竞价抓涨停的诀窍

集合竞价是指对一段时间内接收的买卖申报一次性集中撮合的竞价方式。一些投资者喜欢在集合竞价进行股票买卖，希望抓个涨停板。抓涨停的技巧如下。

（1）选择属于市场热点的个股，或者出现重大利好消息的个股，这些个股与其他股票相比较，更容易吸引投资者的眼球，其涨停的概率更大。

（2）选择流通盘较小的个股。小盘股更容易被主力控制盘面、拉升股价，即主力在集合竞价期间，只需要委托一部分单子就能拉升至涨停。

（3）选择股性较活跃、基本面较好的个股。例如一些业绩较好的个股，在业绩的推动下，股价可能会持续上涨，在集合竞价期间更容易吸引投资者买入。

（4）选择比较强势的庄家股。强势的庄家与弱势的庄家相比较，其实力更加雄厚，拉升股价更加容易。

同时，投资者在集合竞价期间，仔细观察其委托单的变化，以防被主力对倒欺骗而被套牢。

4. 集合竞价买入要做到快、准、狠

集合竞价抓涨停，在 9:25—9:30 时间段下单买入，要做到快、准、狠。

快：利用 9:15—9:25 这 10 分钟做准备，9:25 开始利用 1~3 分钟时间看两市涨幅榜，从涨幅量比下手，翻看排在前面的个股 K 线形态。形态符合判断的作为标的下单，必须在 9:30 之前下单，才能抢得先机。

准：判断分析只有两三分钟时间，这种功力不是一两天能练就，需要在实盘中不断摸索和总结。

狠：毫不犹豫，看中的个股下单要狠，不要按照当前价格下单，否则，那种强势股根本买不上，买入价格要高几个价位，才能确保交易成功。当然，这个狠是建立在快速判断和准确分析的基础的，是自信的表现，而不是盲目地买入。

5. 集合竞价抓涨停的操作策略

（1）大盘处于牛市环境中，参与仓位可以在八成以上；大盘处于熊市或牛市 2 浪调整环境中，参与仓位严格控制在三成以下。

（2）对符合涨停板战法的个股在资金使用上要合理分配，个股形态好的资金多分配，形态不好的少分配，但切忌孤注一掷。因为，股市变幻莫测，涨停板战法是短线行为，系统环境及突发事件往往会改变个股的短线走势，主力会根据环境的改变而采取不同的策略，集合竞价选涨停法只能保证总体的成功概率，无法保证某一只股一定会涨停。

（3）集合竞价选涨停要求 9:25—9:30 这短短 5 分钟内立即选出符合模式的个股。这对看盘时间要求比较高，其中高开、流通盘的标准可以在软件"功能—选股器—定制选股"上进行设置并保存，早盘在 9:25 可立马选出高开的个股，随后用多股同列选出形态较好的个股。

（4）开盘前买进时单子要打高几分，一般开盘都会快速拉高，不打高几分就难以成交。没有成交时，一般不要追高买入，除非形态特佳，有连续大量买单成交，否则观望为宜。

（5）竞价 5 分钟抓好涨停时间比较紧，可以在前一天收盘后先选出一些形态好的，各项技术指标也都呈现攻击形态，成交放大的股票，在 9:25 竞价出来时，这些股票里有符合条件的效果就更好。

三、竞价抓板技巧

1. 运用竞价量比指标

竞价阶段运用量比指标抓涨停，量比是一个衡量相对成交量的指标，它是开盘后每分钟的平均成交量与过去 5 个交易日每分钟平均成交量之比。当量比大于 1 时，说明当日每分钟的平均成交量大于过去 5 日的平均数值，交易比过去 5 日火爆；而当量比小于 1 时，说明现在的成交比不上过去 5 日的平均水平，说明盘面处于沉闷，当天涨停的可能性不大。

具体条件：涨幅大于 3%，通常涨幅较大的（4% 以上）开盘后很容易涨停，只是当天风险较大，利润也较小，但第二天出现连续涨停的机会也较大。量比大于 1，越大越好。这两项是涨停的核心要件，想要开盘抓涨停就要特别关注。此外，配合 MACD、DMI、KDJ 等技术指标以及 K 线组合形态。业绩亏损的垃圾股不选为好。

通过这一方法选出的个股，当天涨停概率比较高，至少也不会大跌，但这是纯技术选股，可以说是超短线，不能 T+0 操作是有风险的，第二天原则上应该见好就收。这一方法必须在每天 9:25 竞价出现后到 9:30 之前这 5 分钟内完成。

需要说明的是，集合竞价抓涨停技术虽简单，但经验很重要，大家可以多做实盘经验总结，不要轻易买卖。股市始终有风险，抓涨停仓位不要太重。而且，这是纯技术超短线选股，原则上第二天开盘要出掉，除非第二天高开高走，或者第二天也符合抓涨停要求。这些股票一般在开盘前买入，如果开盘以后冲高回落在 2% 以内，即恢复回升，只要还红盘就可以低买，一旦翻绿就不要买了。

量比虽然是越大越好，但是超过 70 的时候未必是好事，要防止大换手率高位出货，第二天大幅低开，进去不见得会有收获。

在弱势市场里，很多时候今天抓到涨停了，说不定明天就低开，这里的经验是形态很重要、资金流向很重要，如果一只形态良好、资金流入的股票涨停以后，第二天出现低开走弱往往只是洗盘，之后大多会展开连续的拉升。总的来说，符合涨停条件的股票即使第二天走得不好，之后走强的概率还是很高的。但是，无论如何这只是短线纯技术操作，止损很重要。

再简单的技术，也不可能谁都能轻易地掌握，竞价抓涨停技术是最简单且容易掌握的，只是需要一些实盘操作经验。股市分析包括大盘分析和选股都不是简单的单一的，要有高的成功率，需要综合性的素质和大量的实盘经验。

2. 反转跳高竞价买入法

反转跳高竞价买入法是一个非常稳健、成功率也高的超短线套利模式。结合大盘、K线形态、板块热点等成功率更高。

反转跳高买入条件：前一天跌幅超过 4%，当日开盘价跳高开盘 3% 以上。集合竞价期间量增价升更佳，第一手巨量成交优先。

买入方法：集合竞价期间反复快速翻看涨幅 3% 以上的个股（在 2%~4% 之间做弹性处理，越接近 3% 越好），看前一天的跌幅，如果跌幅在 4% 以上（越大越好），马上盯住，快速下单。然后在 9:24:30 左右确认买入（以防最后时刻开盘价下杀，不符合反转跳空模式）。这是一个非常好的超短线套利手段，投资者应多加关注、试验，关键是第一时间得买入，以免追高。必须集合竞价期间买入。

图 1-1，百龙创园（605016）：股价经过一波拉高后，主力展开洗盘整理，2021 年 5 月 20 日股价下跌 7.66%，并以最低价收盘，一根光脚大阴线，给人的感觉很不好。但是，第二天竞价时高开 6.22% 后，盘中快速拉板，股价成功连板。这就是典型的反转跳高竞价买入法，在实盘中多加关注。

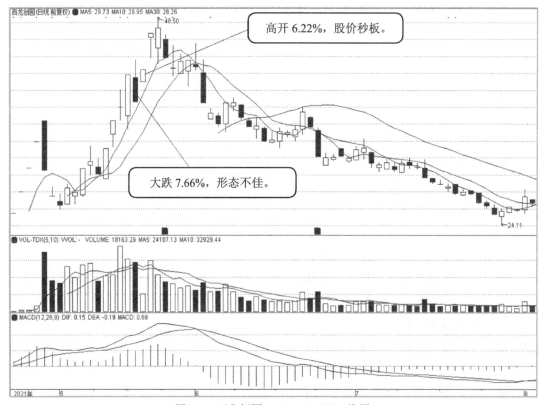

图 1-1　百龙创园（605016）日 K 线图

3. 集合竞价核心战法

集合竞价需要观察什么？主要关注成交量、高开幅度和竞价分时，观察盘中量能是否放大、分时形态以及市场承接。这里竞价分为两种情况考虑。

第一，成交量。集合竞价成交量放大到和首板涨停爆量相同最佳，如果放大到 2/3 也可以，最差也要放量到一半，如果缩量，就没有参与价值。一定要爆量，就是看涨停瞬间分时成交量柱的高低。

第二，高开幅度。高开幅度为 3%~5% 或 7%~9% 有一定价值。如果竞价高开在 6% 左右是鸡肋，既不如高开 7%~9% 证明强势，也不如高开 3%~5% 位置相对安全。

（1）高开 3%~5%。一个涨停的溢价高开到这个区间并不出奇，说明人气一般。成交量至少要放到首板当天涨停爆量的一半，否则没有价值，竞价承接太低容易开板被砸。

这种竞价分时通常有两种情形：第一种重心逐渐下移，不佳；第二种重心平稳，最佳。

（2）高开 7%~9%。高开到这个区间，说明市场承接好，资金认可度高，开到这个区间需要放量，至少要放到首板当天涨停爆量的 2/3，放大到 1 倍以上最好。

第三，竞价分时。这种竞价分时通常也有两种情形：第一种临近竞价结束小幅下砸，最佳；第二种临近竞价结束，资金抢筹，偏中性。

（1）第一种分时现象要注意最后一秒钟下砸幅度，振幅不要超过 3%，最后一笔如果导致股价从涨停到 +6%，就不太好了。

（2）第二种分时主要从市场强弱以及板块是否存在分歧判断。在市场强势中，这种抢筹手法当天很容易涨停，如果市场偏弱，也很容易被砸下跌。

如果首板存在分歧，龙头股次日竞价抢筹容易将板块从分歧带到一致，这是好事。但如果首板当天板块已经足够强势，说明分歧较低，那次日最佳竞价分时应该是第一种涨停附近开盘，但如果是第二种，就说明市场认可度不高了，那参与价值也不大。这是个反证法。

总结：二板集合竞价，高开幅度越大，成功率越高。主要观察成交量、高开幅度和竞价分时。

（1）当股价高开 3%~5%。竞价成交量放大首板爆量一半以上，分时重心平稳，容易实现 2 连板，一定要选中龙头操作。由于这时确定性更强，竞价可以用一定仓位来观察确认，出现 2 板可以加仓，失败则放弃。

（2）当股价高开 7%~9%，如果临近竞价结束下砸，成交量放大到首板爆量 1 倍以上最佳，分时跳水不宜超过 3%。

如果临近竞价结束资金抢筹，成交量放大到首板爆量半数以上最佳，还需要看市场强弱。逆情绪抢筹拉升最佳，从分歧到一致，当天封板问题不大，从一致到一致，容易炸板。由于这时开盘很容易秒板，扫板通常来不及，竞价就可以考虑介入，适当控制仓位，高风险高收益。

▌▌▌ 第二节　挂单、密度、速度

分时涨停盘口要素包括大单挂单、成交密度和上涨速度三方面。大单挂单的出现，表明主力向涨停发起进攻的信号；成交密度的大小则反映出主力发动攻击后，市场的响应程度；而上涨速度的快慢，则提示该股的涨停属于什么性质（吸筹、拉升或出货）的涨停。

● 一、大单挂单与成交

所谓的大单是相对的，因股本结构的大小而不同，一般大盘股在 2 000 手以上，中盘股在 800 手以上，小盘股在 200 手以上。当个股在分时盘口上，突然出现连续的或断续的大单挂单时，就要引起注意了，一旦这些大单开始成交，表明主力有可能要拉升了。

大单挂单可分为四种情形：压盘式挂单、托盘式挂单、夹板式挂单和连续式挂单。

1. 压盘式挂单

这种挂单方式在委卖档中，连续出现三档以上的大卖单，其目的是想让市场知道该股上方抛压很大，让盘中散户选择抛出，这是主力在拉升前进行最后的试盘。

压盘式挂单有三种方式：递增式压盘挂单、递减式压盘挂单和混合式压盘挂单。

（1）递增式压盘挂单。在委卖档中，出现三档以上的递增式大卖单，即第二档的挂单比第一档的大，第三档的挂单比第二档的大。这种盘口的目的是想告诉市场：上方的卖压越来越大，如不趁早抛出自己手中的筹码，后面会越来越困难。见图 1-2。

委比	-25.50%	委差	-1587		委比	-48.67%	委差	-237
卖五	8.88	大	1797		卖五	169.50	小	314
卖四	8.87		359		卖四	169.49		19
卖三	8.86	盘	858		卖三	169.40	盘	15
卖二	8.85		840		卖二	169.31		5
卖一	8.84	股	51		卖一	169.30	股	9
买一	8.83		1436		买一	169.02		79
买二	8.82		147		买二	169.00		40
买三	8.81		377		买三	168.99		2
买四	8.80		306		买四	168.60		2
买五	8.79		52		买五	168.36		2

图 1-2　递增式压盘挂单

（2）递减式压盘挂单。在委卖档中，出现三档以上的递减式大卖单，即第一档的挂单最大，后面两档依次减少。这种盘口的目的是想告诉市场：只要吃掉第一档的挂单，后面的卖压就越来越小，主力一旦吃掉第一档大单，往往市场就会立刻出现跟风盘，后面的挂单会在很短时间内被一扫而光，股价出现快速上涨。见图 1-3。

委比	-15.86%	委差	-7069
卖五	12.54		928
卖四	12.53	大	1186
卖三	12.52	盘	3353
卖二	12.51		4655
卖一	12.50	股	15701
买一	12.49		11066
买二	12.48		2933
买三	12.47		837
买四	12.46		676
买五	12.45		3242

委比	3.83%	委差	11
卖五	22.46		7
卖四	22.45	小	7
卖三	22.44	盘	6
卖二	22.43		20
卖一	22.42	股	100
买一	22.41		104
买二	22.35		5
买三	22.32		15
买四	22.31		2
买五	22.30		23

图 1-3 递减式压盘挂单

（3）混合式压盘挂单。在委托卖出栏中，出现上述两种情形之外的压单方式，如前大后小、前小后大或穿插性的压单，实盘中这种现象最为普遍。通常，不时出现大卖单压盘，当挂出的大卖单被大买单吃掉，股价不断向上拉升，说明买盘积极，向涨停板冲击。

2. 托盘式挂单

这种挂单方式在委买档中，连续出现几档非常明显的大买单，其目的在于告诉市场下方接盘力量强大，不用担心股价出现下跌，可以放心买入该股。当上方的卖单被吃掉后，盘口又会出现类似的大买单，其重心会不断上移，反复多次，直至涨停。

托盘式挂单有三种方式：递减式托盘挂单、递增式托盘挂单和混合式托盘挂单。

（1）递减式托盘挂单（单一式）。在委买档中，出现一档明显的大买单，阻止股价的下跌，给人以安全感，产生一种"一夫当关，万夫莫开"的视觉冲击力，这种挂单通常在被抛盘打掉以后，还能反复出现。通常大盘股在 10 000 手以上，中盘股在 3 000 手以上，小盘股在 500 手以上，这些托单可以出现在任一价位，但在整数价位上出现的可能性较多。见图 1-4。

委比	24.34%	委差	14549
卖五	2.35		3690
卖四	2.34	大	4891
卖三	2.33	盘	2885
卖二	**2.32**		8960
卖一	2.31	股	2185
买一	2.30		12020
买二	2.29		11537
买三	2.28		7190
买四	2.27		3605
买五	2.26		2808

委比	60.27%	委差	264
卖五	228.32		1
卖四	228.31	小	13
卖三	228.30	盘	34
卖二	228.29		20
卖一	228.28	股	19
买一	228.27		330
买二	228.26		12
买三	228.25		4
买四	228.22		4
买五	228.21		1

图 1-4 递减式托盘挂单

（2）递增式托盘挂单。在委买档中，出现三档以上的大买单，第二档买单比第一档的大，第三档买单比第二档的大，给人一种金字塔式的稳定感。有时候这种挂单也出现某种递减式排列，其意在于显示主力实力雄厚，号召市场与主力一起参战。见图 1-5。

委比	-15.68%	委差	-12087
卖五	4.63	大	3806
卖四	4.62		4418
卖三	4.61	盘	4423
卖二	4.60		23356
卖一	4.59	股	8580
买一	4.58		888
买二	4.57		1565
买三	4.56		6642
买四	4.55		11395
买五	4.54		12006

委比	70.75%	委差	832
卖五	109.21	小	3
卖四	109.20		18
卖三	109.19	盘	19
卖二	109.18		11
卖一	109.10	股	121
买一	109.04		27
买二	109.03		87
买三	109.02		83
买四	109.01		260
买五	109.00		547

图 1-5　递增式托盘挂单

（3）混合式托盘挂单。在委托买入栏中，出现上述两种情形之外的托单方式，如前大后小、前小后大或穿插性的托单，实盘中这种现象最为普遍。通常，不时出现大买单托盘，又不时出现大卖单压盘，当上方挂出的大卖单被大买单吃掉，股价不断向上拉升，说明买盘积极，向涨停板冲击。

3. 夹板式挂单

这种挂单方式是指主力在委买、委卖两档中，分别在某一个价位挂出大单，使买卖盘口上显示出一种上有压力、下有支撑的夹板式盘面格局，让市场在某一段时间里始终在一个"夹板"限定的空间成交（有单层和多层两种挂法），夹板一旦撤离，或是被大单打掉，就是主力向涨停发起最后进攻的信号，此时要不惜一切追涨买入。见图1-6。

委比	-21.83%	委差	-897
卖五	8.76		321
卖四	8.75		260
卖三	8.74	单	260
卖二	8.73		299
卖一	8.72	层	1363
买一	8.71	夹	46
买二	8.70		282
买三	8.69	板	1190
买四	8.68		73
买五	8.67		15

委比	7.33%	委差	687
卖五	6.71		1909
卖四	6.70		766
卖三	6.69	多	394
卖二	6.68		1264
卖一	6.67	层	7
买一	6.66	夹	1052
买二	6.65		2494
买三	6.64	板	581
买四	6.63		756
买五	6.62		144

图 1 6　夹板式挂单

4. 连续式挂单

这种挂单方式是指在委买、委卖两档中，密集挂出连续的委买大单和委卖大单，显示出市场参与者的筹码特别丰富、买卖气氛十分热烈的一种盘面。这种盘口告诉大家，如果是大盘股，说明各路资金云集于此，多空双方分歧明显，欲想攻击涨停，多头必须付出极大的努力；如果是中、小盘股，则透露出主力不想单独拉升，欲借市场集体力量去推进股价上涨的意愿。

连续式挂单有两种方式：对称性连续式挂单、非对称性连续式挂单。

（1）对称性连续式挂单。在委买档和委卖档中，除了价位的连续性这个特征外，还有一个特征就是挂出的大单基本对称，如买盘是五档四位数，那么卖盘也往往是五档四位数。这种盘口的挂单通常在五档买卖档全部挂满，如同"蜂窝"一样，一个连着一个，给人一种水泼不进、风刮不进的感觉，大有一种不能插足、难以参与的感觉。见图1-7。

委比	2.63%	委差	6910		委比	-27.17%	委差	-823
卖五	3.42	大	22061		卖五	5.91	小	141
卖四	3.41		23241		卖四	5.90		472
卖三	3.40	盘	28289		卖三	5.89	盘	293
卖二	3.39		27452		卖二	5.88		840
卖一	3.38	股	27048		卖一	5.87	股	180
买一	3.37		13294		买一	5.66		432
买二	3.36		59168		买二	5.85		131
买三	3.35		29866		买三	5.84		218
买四	3.34		18204		买四	5.83		156
买五	3.33		14469		买五	5.82		166

图1-7 对称性连续式挂单

（2）非对称性连续式挂单。在委卖盘上出现连续式挂单，在委买盘上则是市场的自然接盘挂单；或者，在委买盘上出现连续式挂单，在委卖盘是市场自然盘挂单。这里透露出两种相反的信息：卖盘力量极大和买盘力量极大。据实盘经验，委卖档上的连续式挂单一旦开始被吃掉，涨停的概率远远高于委买式连续挂单。原因是前者是主力的对倒盘，属于主力主动性攻击行为；而后者则是在主力的诱导下的市场力量的买盘，上涨的力度自然不如前者。因此，一旦卖档连续式挂单被主力吃掉，涨停就一触即发，如果发现主力攻击，就要第一时间抢进。见图1-8。

委比	-63.40%	委差	-5502		委比	91.95%	委差	13293
卖五	6.18	上连	1098		卖五	14.59	下连	29
卖四	6.17		1687		卖四	14.58		146
卖三	6.16	续式	1072		卖三	14.57	续式	211
卖二	6.15		1652		卖二	14.56		190
卖一	6.14	挂单	1581		卖一	14.55	托单	5
买一	6.13		577		买一	14.54		5518
买二	6.12		184		买二	14.53		1266
买三	6.11		168		买三	14.52		1045
买四	6.10		524		买四	14.51		1284
买五	6.09		135		买五	14.50		4761

图1-8 非对称性连续式挂单

5. 大单挂单特别提示

（1）以上四种大单挂单形式经常交错出现，不一定是单一形式，这是主力的操盘习惯和个性所然。

（2）大单挂单的成交应该也是被大单吃掉，如果是小单去啃掉这些大单，则该股涨停的概率会大大降低，因为这不代表主力行为，即使涨停也没有连续上升的动力。

（3）如果委卖盘是散户的挂单，主力在下方托盘护着，主力意图就是等散户来拉动，减轻压力，僵持时间长，一旦从容地被吃掉，就有可能进行拉升，一般在最后半小时突破，一旦出现，就有可能拉涨停。

二、成交密度与涨停

成交密度是指股价拉升中所出现的成交频率，在一分钟的单位时间里成交的紧密程度，它是一个单位时间概念，这个密度的大小与该股能否涨停以及涨停后的走势都有着直接的关系。一般而言，成交密度越大，说明参与者越多，成交越活跃，涨停的概率就越大；反之，则越小。

成交密度的两种因素为：挂单密度与成交密度、挂单密度与成交手数。

1. 挂单密度与成交密度

一般而言，挂单的密度越大则成交的密度也越大。从目前沪、深两市的电脑主机自动撮合成交的间隔度看，一分钟里的成交密度最大可以达到20笔，即每一分钟显示20次成交记录。成交显示越接近20笔，其成交密度就越大，涨停的概率就越大；反之，则越小。

图1-9，上海雅仕（603329）：这是该股2020年6月19日的分时走势，开盘后没做任何调整，直接出现两波式拉涨停。在分时成交中，成交密度大，一分钟（9:40）达到20笔，成交量明显放大，股价快速涨停。

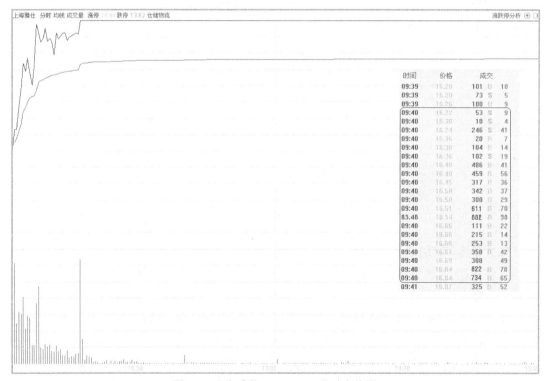

图1-9　上海雅仕（603329）分时走势图

2. 挂单密度与成交手数

有时候，挂单的密度不大，但成交的密度却不小，分时走势也是一条光滑的曲线，但这往往是一种假密度表现，属于蚂蚁啃骨头式的成交，这种成交是由密集的小单组成的，这种小单在大部分情况下是散户交易行为，并不是主力的主动性买盘所致，所以其涨停的概率就小。

图1-10，金陵体育（300651）：该股在2020年6月19日的分时走势中，一分钟成交密度只有4笔，股价也出现小幅拉高，但挂单密度不大，成交量很小，大多是10手以内的小单子，而股价也上蹿下跳，说明主力并没有真正拉动股价，所以持续走高的可能性不大，只有在大盘或板块十分强势的情况下，才有可能尾盘跟风涨停。

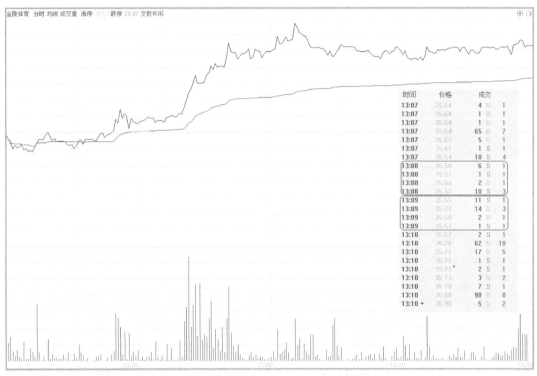

图1-10　金陵体育（300651）分时走势图

三、上涨速度与涨停

上涨速度是指股票在其攻击涨停过程中的快与慢。一般而言，股价上涨的速度越快，其涨停的概率就越大；反之，则越小。这是因为上涨速度反映出主力向上攻击的决心，速度越快，盘面气势越强，表明主力决心越大，尤其是拉升阶段中的涨停，主力已经吸足筹码，通过快速上涨摆脱成本区，同时也是稳定市场其他筹码的一种好方法。

上涨速度有两种走势：跳跃式上涨、斜坡式上涨。

1. 跳跃式上涨

跳跃式上涨是指股价在经过一段盘整之后，突然摆脱盘整区域而快速上涨。这种"跳跃"往往是用一两笔大单快速敲开挂在上方的大卖单，然后一路扫去，股价呈现出跳跃性的上升。分时图呈现出一条接近90度的上冲线直至涨停，经常形成分时"跳空"现象。有时候，往往也会上冲到某一价位时继续盘整一段时间，然后再次"跳跃"直至涨停，呈现波段式拉升。

图1-11，新力金融（600318）：这是该股2020年6月19日的分时走势，经过一段推升走势后，从9:51开始加速拉涨停，出现跳跃式拉升，几乎接近90度上行，分时走势出现多个"跳空"缺口，盘面非常强势，短期新高可期。

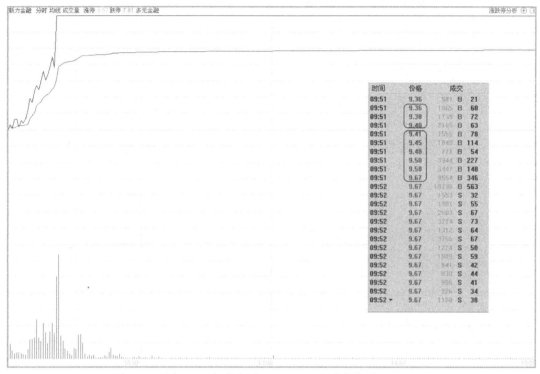

图1-11　新力金融（600318）分时走势图

2. 斜坡式上涨

斜坡式上涨是指股价从某一个价位起涨后，中间没有明显的停顿，沿着一定的角度推升。这种上涨看似没有跳跃式上涨的速度快，但由于其上涨途中没有明显的盘整平台，所以总体的上涨速度也很快。它与跳跃式上涨的区别是：跳跃式上涨好比撑竿跳，斜坡式上涨如同爬楼梯，前者充足底气，一气呵成，后者运筹帷幄，步步为营。

图1-12，英科医疗（300677）：这是该股2020年4月9日的分时走势，股价平开后沿45度角稳步推升而上，分时中没有明显的回调走势，也没有跳跃式分时"缺口"，即使偶尔出现跳空也很快被回补，盘面走势十分稳健，尾盘封于涨停，这是一个稳健的涨势信号。

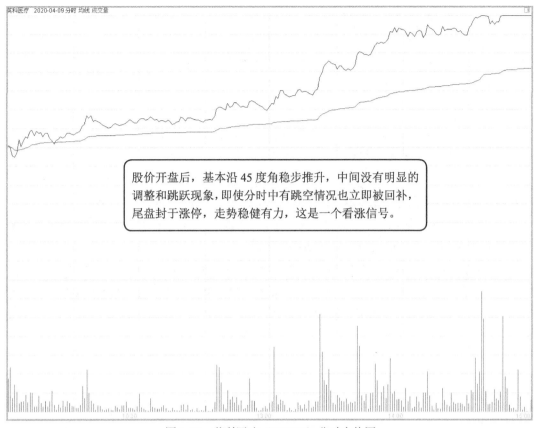

股价开盘后，基本沿45度角稳步推升，中间没有明显的调整和跳跃现象，即使分时中有跳空情况也立即被回补，尾盘封于涨停，走势稳健有力，这是一个看涨信号。

图1-12　英科医疗（300677）分时走势图

需要说明的是，大单挂单、成交密度和上涨速度三者之间是一种相互关联、相互渗透的关系。在大多数情况下是同时出现或交替出现的，但在特殊条件下，只要一两个要素出现，也可以使股价涨停。

（1）小盘股在上市一段时间后，往往可以不用大单成交就能使股价有效涨停。

（2）小盘高价股在被主力控盘后，通常能在成交密度很低、上涨速度很慢的情况下攻击涨停，因此可以忽略成交密度。

（3）超级大盘股通常成交密度很大，但上涨速度不快，往往很难有效冲击涨停，因此也可以忽略成交密度。

▌ 第三节　盘口性质与技巧

涨停板是一种股价剧烈波动的极限形态，可以在任何大盘背景下发生，但每一次的涨停都会透露出不同的语言含义：吸筹、拉升、洗盘或者出货，这就是涨停板的性质。只有看透涨停板的不同性质，才能进行正确的操作。

一、涨停板与 K 线形态

通常，可以从涨停板在 K 线的位置高度来判断涨停板的性质。

（1）V 型反转的 K 线形态中，初期放量的涨停板，其性质是吸筹。在涨停分时形态上多为震荡型涨停和阶梯型涨停。

（2）低位平台用无量涨停板向上突破的，往往属于拉升或上涨的性质。在涨停板分时形态上多为脉冲型涨停、阶梯型涨停和一字型涨停。

（3）股价经过一段小幅上涨行情之后，在一个较高的盘整平台发生的涨停，通常多为洗盘性质。其涨停的分时形态多为震荡型涨停、T 字型涨停和凹字型涨停。

（4）在较高的价位（任何 K 线形态）的放量涨停，都可视为出货性质的涨停。其涨停形态为震荡型涨停、斜坡型涨停和凸字型涨停。

图 1-13，石基信息（002153）：股价持续下跌后，成功释放了做空能量。2021年 9 月 3 日，开盘后震荡走高，股价放量涨停，然后缓缓回落，让短线筹码离场，属于吸筹性质。当主力成功吸纳了大量的低价筹码后，9 月 17 日股价一字板拉起，开启一波拉升行情。

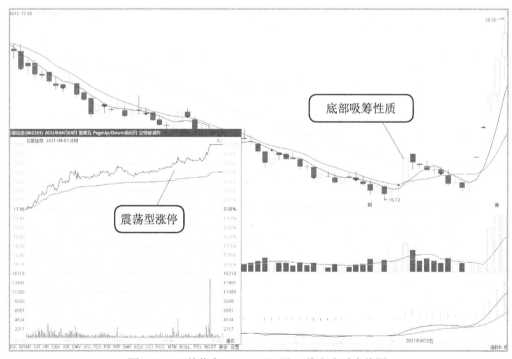

图 1-13　石基信息（002153）日 K 线和分时走势图

图 1-14，青海华鼎（600243）：主力在长时间的底部震荡中，顺利完成了建仓计划。2021 年 8 月 23 日，一根大阳线向上脱离底部区域，并突破 30 日均线的压力，属于突破拉升性质，此后股价出现强势上涨。

图 1-15，北京科锐（002350）：该股见底企稳后，股价渐渐向上走高，在相对高位

形成盘整区域。2021年8月31日，开盘后稳步向上走高，股价成功封于涨停板，表明主力洗盘结束，此后股价连板拉升。

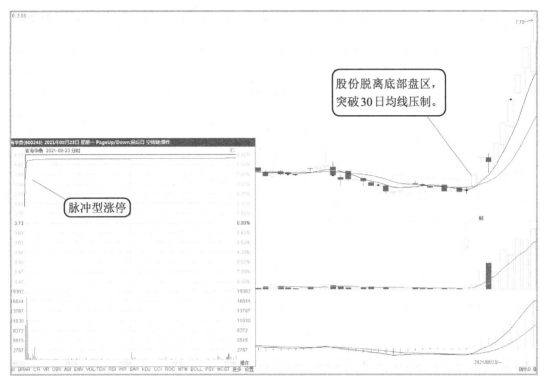

股份脱离底部盘区，突破30日均线压制。

脉冲型涨停

图 1-14 青海华鼎（600243）日 K 线和分时走势图

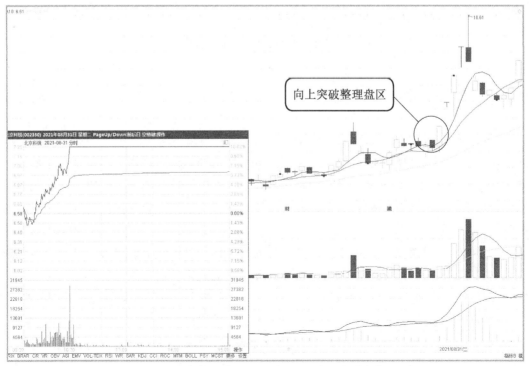

向上突破整理盘区

图 1-15 北京科锐（002350）日 K 线和分时走势图

图 1-16，中润资源（000506）：该股 6 连板后，在高位出现大幅震荡，2021 年 7 月 26 日振幅达到 19%，次日放量涨停，换手率达到 24.53%，第三天大幅低开后冲高回落，跌停收盘。表明 7 月 27 日的涨停属于出货性质，其实涨停第二天大幅低开 7.35%，分明是一个明确的出货信号，因此在股价冲高时应果断离场。

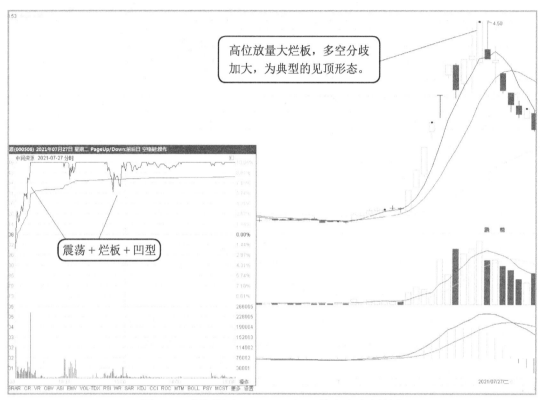

高位放量大烂板，多空分歧加大，为典型的见顶形态。

震荡＋烂板＋凹型

图 1-16　中润资源（000506）日 K 线和分时走势图

二、缩量涨停与放量涨停

（1）股票在涨停之后是否继续涨停，一个重要的指标就是涨停时的成交量。一般而言，从传统意义上看，缩量涨停说明市场筹码锁定性好，后市还有可能继续涨停；而放量涨停是筹码松动的表现，量放得越大，后市下跌的概率就越大。所以一旦看到缩量涨停的股票，就应该放心持有；看到放量涨停的股票，就要小心谨慎，做好随时出局的准备。

图 1-17，传智教育（003032）：2021 年 6 月 7 日，股价向上脱离底部区域，虽然成交量与前期相比有明显放大，但这个量在合理的区间之内。前面 3 个实体板，都可以认定为缩量涨停，说明筹码锁定良好，之后的 2 个一字板自然不用说了。经过一天的整理后，在高位拉出 2 个放量的涨停板，表明多空出现分歧，筹码出现松动，要随时做好离场准备。一般情况下，放量涨停的第二天有一个惯性冲高动作，冲高时是一个非常好的离场时机。

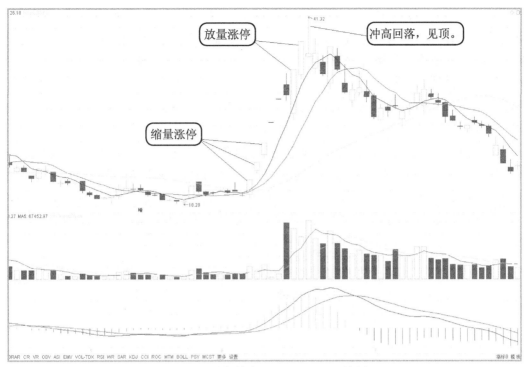

图 1-17　传智教育（003032）日 K 线图

图 1-18，东华科技（002140）：在 2021 年 7 月中旬的走势中，在盘面可以很清楚地看到，缩量涨停，股价继续上涨；放量涨停，股价即将见顶；惯性冲高，逢高果断离场。

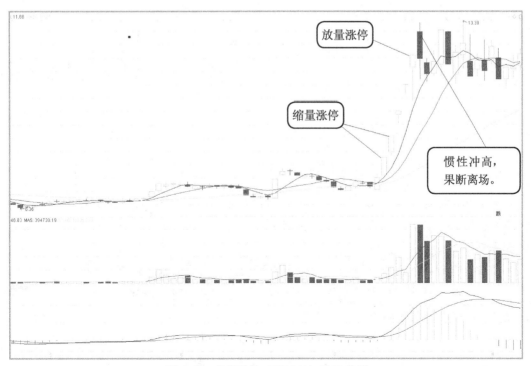

图 1-18　东华科技（002140）日 K 线图

（2）在实盘中，放量涨停继续上涨、缩量涨停转下跌的现象较多见，这是游资的一种崭新的操作手法——滚动式操作法。几个游资不谋而合运作一只股票，在筹码总量不变的前提下，游资之间进行筹码换手，股价在滚动中上升，无论大盘怎样变换，该股仍然按既定方针向上运行，成交量始终稳定在高换手，直到该股走完一波行情为止。所以，一旦成交量萎缩下来，股价就会下跌，这是因为游资主力已经铩羽而归，股价无人关照。

图 1-19，郑州煤电（600121）：该股在 2020 年 11 月—2021 年 1 月的两波操作中，成交量持续放大，股价持续上涨，表明筹码换手非常积极，游资一茬换一茬，资金交替入场，推动股价大幅上涨。对于这一类高换手率涨停的股票，主要不是看其成交量的大小，而是看分时图属于什么类型的涨停来判断是拉升还是出货，然后采取应变的策略。

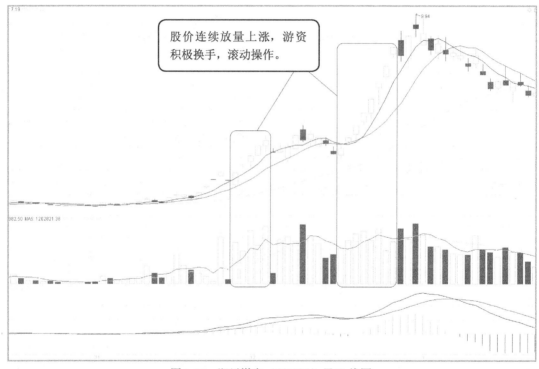

图 1-19　郑州煤电（600121）日 K 线图

图 1-20，菲达环保（600526）：该股上涨过程中，呈现缩量涨停—放量涨停—缩量涨停的态势。2021 年 3 月 24 日，在高位出现缩量 T 字板，次日高开 6.01% 后冲板失败回落，股价形成顶部。

在高位出现缩量涨停，说明盘中换手不积极，主力凭着自己的实力顶板拉升，一旦不能成功顶板，就容易引发筹码松动，所以遇到这种情形时，在缩量涨停的次日出现惯性高开或冲高时应坚决离场。

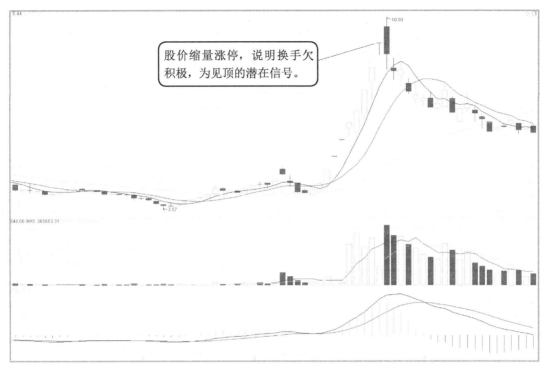

股价缩量涨停，说明换手欠积极，为见顶的潜在信号。

图 1-20　菲达环保（600526）日 K 线图

三、涨停后的操作绝技

涨停之后的操作正确与否，直接关系到实际利润的多少，涨停之后的操作是能否扩大利润或改正操作失误的重要环节。涨停之后，面临的操作策略无非就是回答以下三个问题：一是要不要继续持有？二是要不要卖出？三是要不要换股操作？原则上，该股第二天继续涨停的或在高位盘整的，可以继续持有；该股第二天冲高回落的或直接低开低走的，应该卖出；该股第二天表现平平的或发现了其他能够涨停的股票，就要考虑换股操作。

图 1-21，新天然气（603393）：2021 年 9 月 7 日，股价出现 2 连板，次日高开强势整理，股价小涨 2.64%，值得注意的是，在震荡过程中成交量没有出现放大，说明主力依然牢牢控制盘面。投资者遇到这种情形时，可以继续持股待涨。

图 1-22，华东数控（002248）：该股 8 天拉了 7 个涨停，在强势上涨的同时也增加较大的风险，2021 年 8 月 31 日涨停之后，次日低开低走收大阴线，形成阴包阳形态，应该果断卖出。其实，该股的见顶信号并不复杂，明眼人都能看得清楚，没有高开也没有冲高动作，本身就是异常表现。这种造成第二天低开低走的一个共同特点：在前一天冲击涨停时，不是主力自己积极拉升封板，而是主力在下面用大单作托盘，诱导游资、打板者拉涨停。

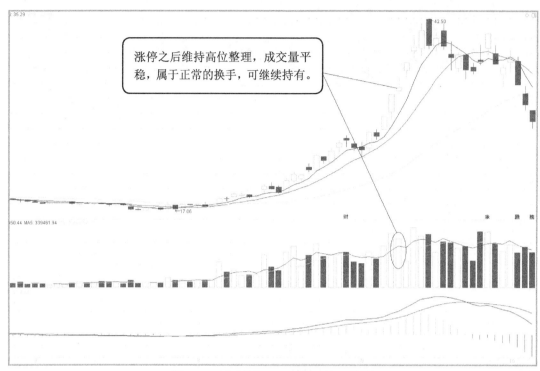

涨停之后维持高位整理，成交量平稳，属于正常的换手，可继续持有。

图 1-21　新天然气（603393）日 K 线图

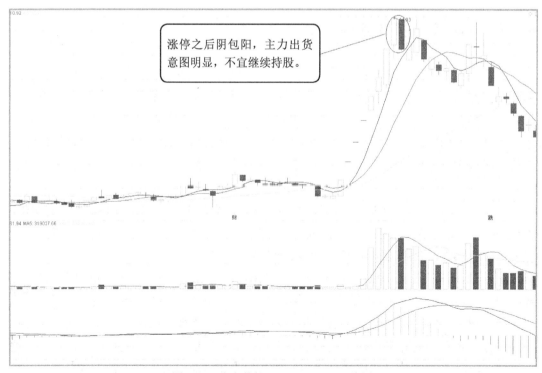

涨停之后阴包阳，主力出货意图明显，不宜继续持股。

图 1-22　华东数控（002248）日 K 线图

换股操作特别提示：在涨停之后进行换股操作通常具有极大的冒险性，在一般情况下，不提倡随意换股。但对于有能力追求完美操作和利润最大化的涨停高手来说，有时候果敢、巧妙地换股，会带来涨停板的接力效应，一天之内有可能获利高达 10% 甚至 20% 以上，这个时候不仅是资本的巨大增值，而且也是一种心理满足，一种强大的成功感会油然而生，强烈的自信心会对自己今后的操作产生持久的良性影响。

四、涨停链接操作法

涨停链接操作法是指当已经拥有一档涨停板的股票时，在涨停的当天抛出，然后再买入一档有机会也能在当天涨停的股票，这就要用涨停时间错位法，进行准确的买卖操作。通常可以用以下几种错位法进行涨停板的链接。

（1）卖出一波式脉冲型涨停股票，买入两波式涨停或阶梯型涨停的股票。

（2）卖出小斜坡型涨停股票，买入大斜坡型涨停或震荡型涨停的股票。

（3）卖出阶梯型涨停板股票，买入震荡型涨停板股票。

（4）混合型卖出（脉冲型、小斜坡型、阶梯型），混合型买入（大斜坡型、震荡型、阶梯型、后市脉冲型）。

涨停板盘口语言总体提示：

涨停板现象是能在任何大盘背景下发生的一种股价剧烈波动的现象，读懂了涨停板的盘口语言，是正确操作涨停股票唯一的最佳捷径。涨停板固然与其基本面、消息面有着重要的因果关系，但这种因果关系是通过盘口语言表现出来的。盘口语言是股票波动的终端语言，挂单决定成交，成交决定分时，分时决定 K 线，K 线决定形态，形态决定浪形，浪形决定趋势……正确解读涨停板的盘口语言，就是站在股票交易金字塔的塔尖，大有一种"会当凌绝顶，一览众山小"的豪情和自信，经常抓住涨停板的股票，会使自己的投资生涯快乐无比、光彩照人。

02

第二章 | 涨停板类型

▌▌▌ 第一节　首板

● 一、首板盘面性质

　　股价涨停总是有原因的。了解股价涨停逻辑，掌握股价涨停性质，对短线操作非常重要。市场中有很多种类型的首板，盘面运行也千姿百态，能够发展成为未来大牛股的只是其中少数首板个股，也就意味着多数低位首板个股难以走出大行情，也正因为是"首板"，所以后面走势充满变数。实盘中重点掌握以下几种性质的首板。

1. 消息首板

　　消息首板就是事件驱动型首板，要求消息重大，引起市场关注。买入首板个股时，一定要有充分说服自己的理由，要有吸引市场的亮点，逻辑要够硬、够新颖，同时题材有持续性，要有发酵的可能。今天可以成为你买入的理由，明天依然大概率成为别人买入的理由，有足够的吸引力，这是首板的主力战法，就是重大消息刺激。

　　这个逻辑必须是大家认可的，这样股价上涨气势就会强盛。例如，2021年3月的中材节能（603126）"碳交易＋节能"概念，成为市场的亮点。又如，受钢铁涨价消息刺激的重庆钢铁（601005）2021年4月股价暴涨。

　　这类涨停往往由消息的强度而决定，消息影响较大时一般就一字涨停，没有太好的买入机会；消息影响较小时，容易造成冲高回落的走势。市场中大部分因消息影响的涨停个股没有持续性，贸然追进不仅享受不到收益，还有可能被套，且多数散户没有太多的专业知识，对于消息面的解读不够全面，很难把握好这种机会，因此这种涨停板初期还是以观望为好。

2. 复牌首板

　　复牌分两种情况：一种是恢复上市股票，另一种是临时停牌股票。

　　恢复上市的股票，通常是因经营不善连续亏损3年而暂停上市，经重组后恢复上市的股票。比如，2019年1月8日重新上市的招商南油（601675）和2020年12月16日重新上市的皇台酒业（000995）。停牌后复牌的股票既存在暴富机会，也蕴含着极大的风险。炒股缺的不是机会，而是把握机会的能力和水平。

　　临时停牌的股票，通常是由于某种消息或进行某种活动，可能引起股价大幅波动时，由证券交易所暂停其在市场上进行交易，等待结果明确后再复牌。这类股票比较多见，也是大家学习掌握的重点。停牌是好事，也是坏事。停牌股特别是停牌时间较长的股票复牌后，由于利空释放或利好兑现，大多在首个交易日大幅上涨。若停牌前后公司基本面变化不大，而同期大盘或其他个股跌幅较大，复牌股也会出现补跌行情。

股票停牌原因很多，而复牌后走势也不一样，可从停牌原因进行分析，大致可参考以下几种情况。

（1）如果停牌之前已经有炒作迹象的，复牌之后一般会大炒一番，但是复牌之后很难买进，当然这属于资产重组的情况。

（2）如果停牌只是为了发布一些消息，对公司本身没有重大影响，复牌后表现也会一般。

（3）一般来说，停牌期间若大盘指数上涨，复牌股会有补涨行情；若停牌期间大盘下跌，复牌股将也出现补跌。

（4）如果预期利好消息落空，如资产重组失败，停牌后可能会出现连续跌停。

3. 整理首板

股价经过一段上涨或下跌行情后，往往进入短期整理阶段，这时也经常出现首板。这种板由于运行趋势不明显，大多属于脉冲走势，所以持续性不强，谨慎参与。整理可分低位整理和高位整理两种。

（1）低位整理。低位整理首板也叫企稳首板。股价经过长时间的下跌后，在低位渐渐企稳整理，这个阶段经常出现涨停，但股价上涨持续性不够，技术上还不支持股价上涨，往往还会再次回落整理，因此这种涨停本质上只起到企稳作用，属于底部脉冲式走势，而不是启动上涨信号。

（2）高位整理。股价经过一段时间上涨后，在高位出现震荡，形成一个整理盘区，这时也经常出现涨停，但股价往往难以形成向上突破，甚至成为一种诱多走势。

4. 转势首板

转势首板应该重点关注。股价构筑底部后，主力准备工作就绪，技术形态趋向多头，成交量开始放大，盘面渐渐由弱转强，这时出现的涨停具有转强性质，这是短线投资者重点关注的个股。盘面弱势的个股，按道理应该继续弱势调整，但是股价却拉上涨停，这就是走强，说明有主力在做，就可以跟进。

5. 加速首板

盘面由弱转强后，均线系统呈多头发散，技术上支撑股价上涨，题材热点得到认可、发酵，市场人气得以提升，股价容易出现快速上涨，此时出现的首个涨停具有拉升加速性质，这是短线投资者重点狙击的对象。

这种首板经常出现在洗盘换手结束后的加速阶段，股价成功脱离底部后，出现洗盘换手走势，然后以首板的方式结束调整或形成突破走势，股价进入主升浪行情。

二、捕捉首板方法

如何能够找出简单有效的抄底买入信号，是很多投资者最想学习的，这里就低位首板中的实盘技巧做一分享，也是一个简单易学的战法，不需要太复杂的分析推理过程。

1. 强势板块龙头

龙头能够带动板块，其他股形成强力助攻，调动市场情绪，第二天收盘高溢价。这个方法的注意点是最好贴近市场主流，这样更容易得到市场资金的认可。一个龙头拉板，板块能不能被带起，这和市场环境及板块所处的位置有关。根据市场环境，基本上能够被带动的板块，都是之前没有炒作过的，板块内个股大部分处于超跌状态的，以及之前市场基础好、人气足的超跌到位的板块。

比如，美邦服饰（002269）2021年3月15日开始强势上涨，带动纺织服饰板块的日播时尚（603196）、迎丰股份（605055）等个股走强。哈三联（002900）2021年3月16日开始持续上涨，带动医美板块的新华锦（600735）、杭州解百（600814）等个股走强。

当买不到龙头时，可关注强势板块的次龙头。由于龙头打出绝对空间之后，往往是一字板上涨，将普通散户拒之门外，这样资金就会挖掘补涨龙头。买不到龙一，可以买龙二。重点是挖掘与龙头有相关属性的、能够出现跟风强势板的个股。

比如，2021年4月金发拉比（002762）连拉6个一字板和1个T字板，这时龙头买不到，可以挖掘安正时尚（603839）、葫芦娃（605199）、华特达因（000915）等跟风强势板。

又如，大北农（002385）出现连续一字板后，2020年1月3日荃银高科（300087）开始上涨。再如，口罩防护的道恩股份（002838）2020年2月3日开始连续拉板，5天4板龙头难买到，资金挖掘欣龙控股（000955）、嘉麟杰（002486）、奥美医疗（002950）等个股走强。

2. 题材叠加次新

在近年的实盘操作中，次新+题材成为市场的宠儿，所以这个方法大家应该比较熟悉，也是各路游资达成共识的手法，大家都比较喜欢次新。当有重磅消息时，首先想到的就是去找相关有叠加次新的个股，同时次新涨停也是连板资金最喜欢的，次新首板龙头容易成为第二天被接力的目标。

比如，2021年4月市场火爆的医美概念走强之后，带动医疗、卫生、保健个上涨，热景生物（688068）"医疗健康+次新"，走了一波非常亮丽的行情。2021年3月新能源车走强时，有"次新+新能源车"概念的合兴股份（605005）和天普股份（605255）表现风光。

操作方法：竞价抢筹技巧。这个方法有利有弊，因为很多短线爆发力强的个股来源于此，当然风险也比较大，尽量在市场转强的时候用这一战法，注意叠加市场热点、题材，这样成功率更高，否则容易犯错，这方面需要大家平时多看多练、多思考。

3. 老龙反弹首板

老龙头调整后反弹拉板，这个逻辑主要是利用之前妖股的人气，短期超跌回踩到位，在市场没有新的主流炒作或者主流炒到高位分化的时候，比较容易出现龙回头，老龙妖股的超跌反弹，大部分都是脉冲走势，持续性都不强，但是也会有出现连板走势的牛股。比如，郑州煤电（600121）2021年3月4日出现反弹，妖气不散，连拉4板。

操作方法：跟踪最近几个月有代表性的龙头股，当调整后出现首板的时候，打板进入的成功率很高。

操作要求：必须是首板涨停的时候进去，不能去追涨，追涨风险很高。

图2-1，豫能控股（001896）：该股调整到位后，2021年3月3日、22日、31日三次出现首板，每次打板进入成功率很高。这种首板游资大佬每次基本都会冲进去，游资当然也不知道后面会不会继续涨停，但是只要再来一个板，市场气氛就会高涨，第二波、第三波来了，赶紧买入，这就是人性，走在大众前面，进去就完事了。这类个股胜率很高，即使次日不一定再涨停，但也有一定的溢价或亏损有限，风报比很高。

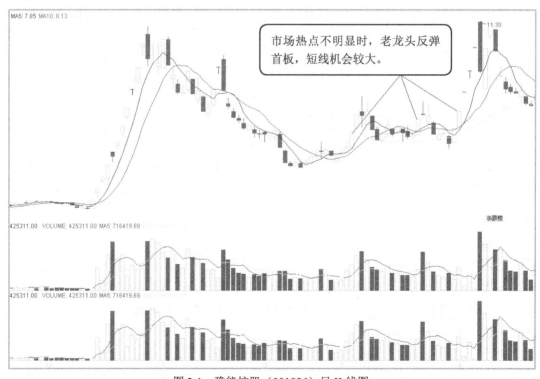

图2-1 豫能控股（001896）日K线图

4. 技术操作要点

（1）关键要看成交量与主力资金净流入是否同步放大。成交量大，主力净流入少，不要参与。只有成交量与主力净流入量相匹配才能做首板。

（2）挂单动作一定要快，分分秒秒几万手就上去了，可用自动程序化交易软件中的闪电买入，提前设定每只股票买入多少资金，无须填写股票代码、多少股、买入价格，只需点一下买入确认键，一键完成挂单，成功率非常高。

（3）打板时，挂单后随时注意买一档封单情况，一旦出现筹码松动，立即撤单，如原来有 8 000 手，瞬间就降到 1 000 多手，此时要将光标放在撤单确认键上，感觉要打开，马上按撤单，等它再次回封后再挂单。

（4）次日如果高开 7% 以上，在集合竞价 9:24:58 卖出；如果高开 3% 以上，可暂持，看盘面情况，盘中继续涨停，就继续持股。

（5）次日必须高开，低开直接放弃。因为集合竞价能反映市场的承接能力、抛压大小。涨停的个股，次日开盘理应高开，才代表承接力较强；若低开，代表抛压较大，即使盘中有冲高，也非常容易被砸。

三、低位首板战法

1. 操作方法

低位首板是指股价经过长期下跌之后，在阶段性低位位置，出现近期首个具有标志性的涨停。任何牛股都是从低位首板开始的，但低位首板不一定都会成为牛股。抓低位首板有可能盈利，也有可能"吃面"，所以研究低位首板对抓住强势股至关重要。比如，宜宾纸业（600793）在 2021 年 1 月 6 日出现低位首板，在低价超跌炒作过程中，成为市场的龙头，低位首板之后，连拉 10 个涨停。

市场机理：经过充分的调整或回调蓄势整理后，市场集聚了大量的做多能量，同时主力也完成筹码收集计划，时机成熟开始发力而上，涨停就是主力积极举旗，开始做多的象征，预示市场进入强势上涨阶段。那么，低位首板该怎么做？

（1）两个前提：低位和首次涨停，必须同时具备。总结当天涨停的个股，结合低位首板战法的这两个特征精选出符合条件的个股。

（2）三个步骤：个股选择出来之后，首先确定该股是否契合当前市场热点、消息或者政策。其次，看看流通市值多少，市值越低拉升相对来说越容易。最后，分析公司基本面如何，业绩是否连续增长，估值是否合理，是否存在减持或者解禁等不利因素。将上述这三点综合起来，作为对该股后期走势的一个辅助判断。

2. 买入条件

那么，低位首板怎么参与呢？低位首板在选股时，在符合"低位和首板"的前提下，必须同时具备以下五个条件。

（1）题材丰富。个股要契合当前的市场热点、消息或者政策等。

（2）流通盘小。盘子小，主力拉升轻松，股价上涨空间大。

（3）基本面好。公司基本面良好，业绩稳定增长，估值合理，近期不存在利空因素。

（4）价位不高。股价处于底部区域，盘面调整充分，近期没有炒作过的个股受游资青睐。

（5）盘面抛压轻。在低位启动时，距离上方压力位较远，或已突破短期压力，或临近短期压力次日高开就可能突破压力，这种形态的个股可积极关注。

图 2-2，石大胜华（603026）：该股盘子小，流通盘只有 2.03 亿，基本面稳定，适合主力运作。技术上，调整时间长，主力建仓充分，30 日均线渐渐走平，2020 年 6 月 30 日放量拉起，收出标志性低位首板涨停 K 线，次日强势震荡，第二天小幅回落洗盘，然后出现一波快速拉高行情。

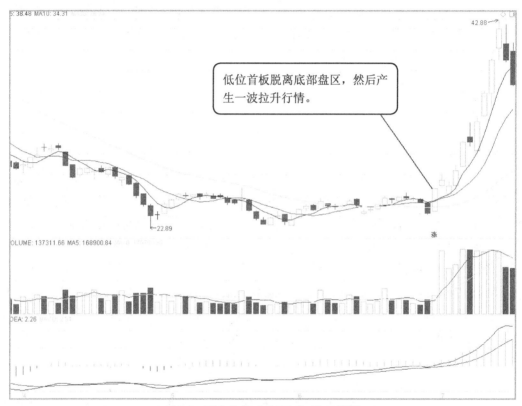

图 2-2　石大胜华（603026）日 K 线图

> 低位首板脱离底部盘区，然后产生一波拉升行情。

四、首板操作风险

首板创造机会的同时，也存在许多风险，毕竟能够走出连板的个股只是其中的少数，绝大多数个股首板之后就出现调整，所以有些首板是不能盲目参与的。下列几种首板应谨慎买入。

1. 弱势首板

弱势首板也叫反弹涨停。在弱势盘面中出现的低位首板，只是股价超跌后的技术修复性反弹走势，只是名义上的首板而已，本质上属于短期超跌后的修复性反弹，不符合低位首板的买入条件。如何识别弱势首板？可以参考以下技术要点。

（1）30 日均线下行，不支持股价短线走强。

（2）股价运行趋势下降，盘面不具备上涨气势。

（3）缺乏题材、热点，市场人气低落。

（4）成交量不足，属于脉冲式波动。

图 2-3，九鼎新材（002201）：股价见顶后逐波下跌，形成一条明显的下降趋势线，30 日均线不断压制股价走低，盘面弱势特征明显，尽管在 2020 年 2 月 11 日和 4 月 2 日两次出现"低位首板"现象，虽然是首板，但属于超跌反弹性质，并不具备真正意义上的低位首板买入条件，所以弱势首板不能参与。

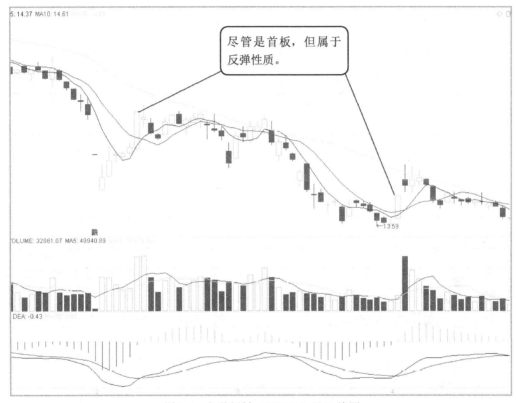

图 2-3　九鼎新材（002201）日 K 线图

2. 超跌回抽板

如果遇到利空消息或主力减仓出货，导致股价短期出现持续下跌或跳水，在技术上出现超卖现象，此时容易出现超跌回抽首板，这种板往往持续性很差，股价回抽后仍将走弱，参与价值不大。

图 2-4，仁东控股（002647）：经过 14 个跌停板后，2020 年 12 月 15 日出现低开高走的"地天板"，表面上看盘面强势封涨停，成交量大幅放大，看似主力大举入场。其实，这种首板属于股价严重超跌后的回抽走势，介入面临短期调整风险。次日继续一字板跌停，此后股价仍然大幅回落，与首板收盘价相比，股价跌幅超过 50%。

在实盘操作中，当股价向下跌破某一个重要的技术支撑位时，也经常出现突破后的回抽板。这是对股价向下突破后的一种确认走势，短期股价仍将继续调整。

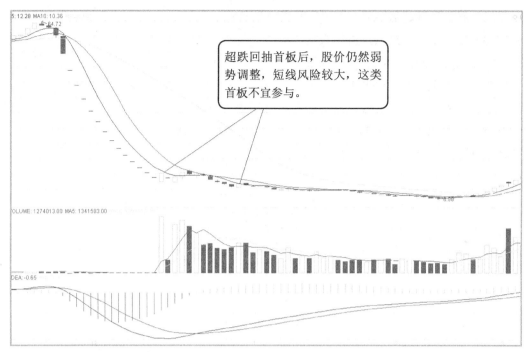

超跌回抽首板后，股价仍然弱势调整，短线风险较大，这类首板不宜参与。

图 2-4 仁东控股（002647）日 K 线图

3. 下跌企稳板

股价经过长期下跌调整后，空头能量得到充分释放，市场底部基本探明，盘面有企稳要求，这时也容易出现涨停。但这种首板只是起到企稳作用，并不具备上涨条件，后续仍将以震荡整理为主，不具备参与价值。

图 2-5，瑞鹄模具（002997）：经过上市第一波涨停潮后，就出现长时间的下跌调整走势，下跌幅度达到 50%，做空能量得到释放，股价基本没有下跌空间。2021 年 1 月 22 日，股价放量涨停，并穿过 30 日均线，似乎出现大行情。可是，股价没有走出理想的行情，第二天股价略微冲高后，回落继续进行筑底整理。

其实，从技术上可以看出盘面并没有出现强势特征·首先 30 日均线仍处于下行状态，不支持股价短线走高；其次长期弱势阴跌，上方压力重重；最后成交量不足，底部换手不够，此外也缺乏热点题材配合。

4. 盘区整理板

（1）金鸡独立板。股价长时间在一个窄幅的区间运行，成交量持续萎缩，突然某一天股价拔地而起，放量拉出一个涨停。盘面特征：K 线形态呈现 90 度直角板，涨停阳线金鸡独立，成交量脉冲式放量。这种首板出现后，股价大多还会回落整理，技术含金量不高，不宜打板入场。

图 2-6，康惠制药（603139）：股价经过长时间的下跌调整后，在底部渐渐企稳盘整，形成一个窄幅整理盘区，成交量持续萎缩。2021 年 4 月 14 日，突然股价放量拉涨停，次日虽然有高开溢价机会，但开盘后股价快速回落，一般散户难以溢价出局。从盘面看，

单一量柱鹤立鸡群，单根 K 线金鸡独立，呈现 90 度上涨形态。这种形态属于脉冲式走势，持续性不强，不宜打板操作。

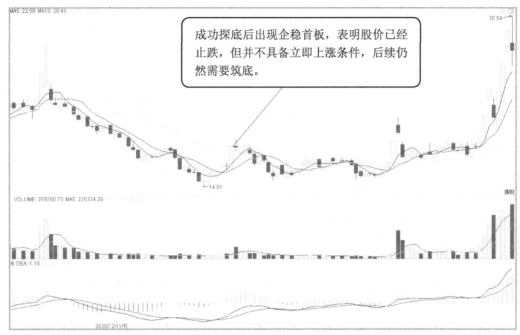

图 2-5　瑞鹄模具（002997）日 K 线图

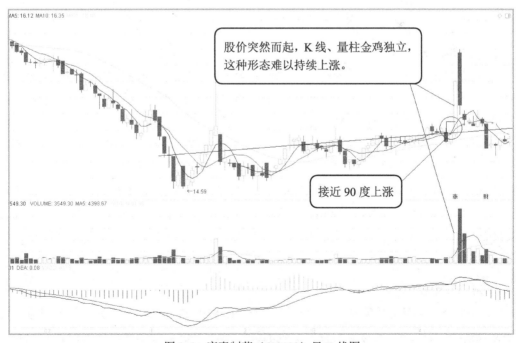

图 2-6　康惠制药（603139）日 K 线图

（2）盘区震荡板。股价长时间在盘区运行，在震荡整理过程中也经常出现涨停现象，这类板持续性也不够，打板入场也面临调整风险。

图 2-7，格林美（002340）：股价经过一轮盘升行情后，进入震荡整理，形成一个整理盘区。2021 年 3 月 9 日和 3 月 26 日分别出现涨停，但之后股价都没有出现持续性强势上涨，首板次日没有溢价。原因就是股价上涨受盘区制约，属于脉冲式涨停。

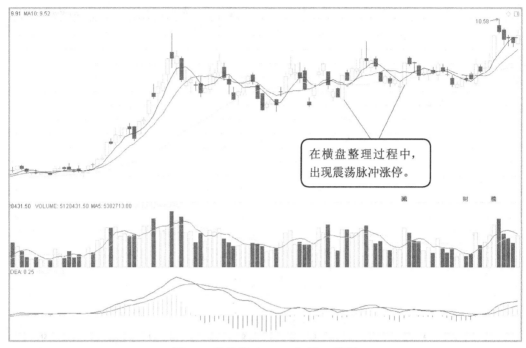

在横盘整理过程中，出现震荡脉冲涨停。

图 2-7　格林美（002340）日 K 线图

5. 弱势跟风板

当龙头或板块走强后，自然会引起其他相关个股的跟风，这是市场的普遍现象。但有时候，可能会引起并不具备上涨理由的个股跟风，弱势跟风股往往是短暂的上涨，甚至只是盘中的一个冲高动作，特别是龙头股"一日游"时，弱势跟风股就更惨了。这类个股盘面有两个特征：一是盘面处于弱势，二是纯粹是跟风波动，内在不具备上涨因素。

图 2-8，好当家（600467）：农林牧渔、水产品概念股。2021 年 4 月 13 日，出现金鸡独立板，K 线形态前无铺垫、后无巩固，成交量单独量柱，盘面处于弱势状态之中，之后股价出现调整，没有溢价机会。当天股价之所以涨停，是受板块龙头太湖股份（600257）5 连板的影响，出现跟风首板。所以，打板要打龙头股，弱势跟风板是不能盲目打板的。

6. 冷门股首板

冷门股因为长期交投清淡，不可能因为一个涨停板的出现而改变其冷门的形象。而且因为是冷门品种，不容易受到主力资金的关注，散户也不会选择这样的股票。没有主力资金的拉抬和散户的跟风，短线即使出现涨停，次日也不容易继续上涨，打板者一旦被套，就很难解套了。

以传媒娱乐板块为例，该板块因为行业和大盘的关系，从 2020 年下半年以来备受市场冷落，板块中除了少数几只股票走稳外，大部分个股都变成了冷门股。

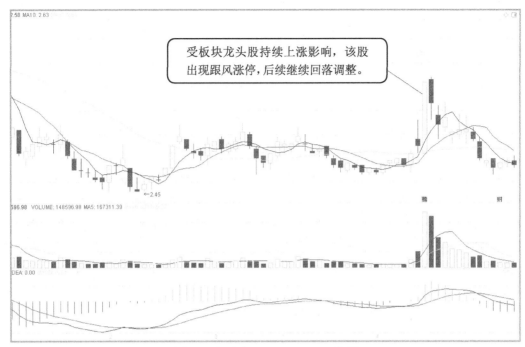

受板块龙头股持续上涨影响，该股出现跟风涨停，后续继续回落调整。

图 2-8　好当家（600467）日 K 线图

图 2-9，慈文传媒（002343）：该股随板块整体低迷，偶尔活跃一下，大部分时间维持 2% 以下的低换手。2021 年 1 月 26 日探底 5.32 元后企稳盘整，在连续缩量收小阳线之后，2 月 3 日股价小幅高开，快速冲击涨停板，这是 7 个多月以来的第一个涨停，但成交量没有同步放大。次日，股价低开弱势震荡，之后很长一段时间维持横盘整理格局。

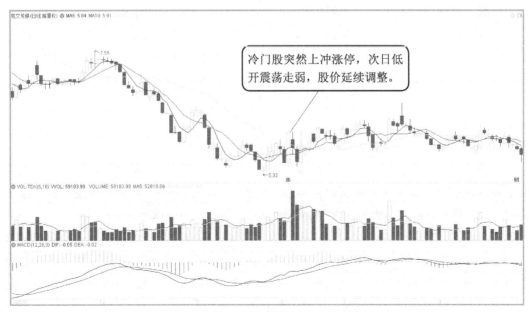

冷门股突然上冲涨停，次日低开震荡走弱，股价延续调整。

图 2-9　慈文传媒（002343）日 K 线图

‖‖ 第二节　换手板

● 一、换手板技术精要

1. 换手板的本质

换手板的本质就是接力或弱转强，所以也叫接力板。换手就是分歧，有分歧才有换手，而结果如果上板了，就是分歧转一致。换手的市场含义就是筹码交换。

理论上的换手板或接力板，就是热点板块中强势股一字板或连续一字板后，盘中出现震荡，之后股价又涨停。一字板次日开盘涨停，但盘中一度开板，一部分不看好的人卖出，一部分看好的人买入，筹码充分换手，成本抬高后又涨停，叫换手板（T字板）；同理，一字板次日不以涨停价开盘，只是高开几个点，让不看好的人离场，让看好的人入场，筹码充分换手，成本抬高后又涨停，让行情走得更远，叫接力板（实体板）。

分歧就是多空双方对后市股价走势所持观点不统一、有差别，双方观点比率越接近5∶5，分歧就越大，表现在盘面上就是大幅震荡或调整，成交量放大；一致就是市场观点向多空某一方明显倾斜，思想差别缩小、趋向统一，表现在盘面上就是快速涨停或直接一字板（空头市场形式相反），成交量缩小。

所以，分歧的同时其实就是一种换手，通过分歧完成了筹码的转移换手，其中最关键的要素就是量、价、势、形，或许有的人看到的是分歧，而本质是接力，很多牛股原先分歧很大，最后变成一致，换一个角度思考就是接力完成，完成了筹码的转移。所以归根到底，就是筹码的转移，这是不变的本质。

常言道，没有换手就没有高度，缩量板是不可靠的，因为缩量板的筹码都在下方，整体成本没有提高，先手入场的筹码可以随时卖出，这不利于个股打开上涨空间，只有通过不断的换手，让外部增量资金入场，才能将市场的整体成本都提高，这样就会向上扩展空间。所以，几乎所有的妖股都是一路换手上涨的，才会短期内出现数个涨停板的个股。比如，2021年上半年的宜宾纸业（600793）、陕西黑猫（601015）、郑州煤电（600121）、顺控发展（003039）等一批大牛股都是这样换手走出来的。

换手板是熊市的大忌，但在局部性牛市环境下，换手板是最暴利的模式。换手板需要更高的理解力，要从大方向去评估市场。宏观上需要思考市场目前的风险偏好和题材偏好。风险偏好，决定接力的安全性。题材偏好，决定其高度和溢价。

从盘面上，应该注重成交量和筹码结构，以及市场地位，是否为核心个股。风险偏好可以从大环境去判断，指数是长期积极向上的，还是已经处于高位摇摇欲坠。一旦指数有积极向上的信号，都会推动市场对于未来的良好预期，会增加短线做多的情绪。题材高度又会反过来推动资金入场，使得指数上扬。

2. 换手板的分类

换手板分为加速板接力和放量分歧转一致板接力两种方式。

1）加速板接力

加速板接力是最好掌握的模式，原理就是利用一致性进行套利，但需要勇气和胆量，高风险高收益。长期做下来的盈利会相当惊人。

龙头加速板接力。在某个板块刚刚启动的时候，选择市场的核心个股，既然是核心个股，连板数量要大于2，接力基本遵循一个原则，前一日放量，如果遇到连续缩量的个股，原则上以观望为主，因为筹码已经断层，中间没有换手。

加速板接力的K线量能规律，放量—缩量—放量—缩量，每一次缩量板之后，溢价都会非常高，这种模式的战法，就是买在一致，打在缩量。这样就有了一个不错的套利空间。

还有一种加速板，叫作反包加速板，大家也应该经常看到。前一日放量分歧冲高回落，场内博弈筹码充分换手，不存在巨大的获利盘。隔日由于消息刺激一致性变强，盘口表现为跳空高开，快速拉升涨停，属于弱转强，分歧到一致，这种板一样存在高溢价。

所以，大致原理就是判断个股筹码是否断层，没有断层的话，找超预期的盘口介入就可以了，超预期通常表现为竞价超预期，而后市场一致性看多、秒板等。

2）放量分歧转一致板接力

放量分歧转一致板接力，连板数量要求比较低，选择一个板以上的个股都可以。最好的接力分时就是放量震荡到午盘，然后一条直线拉板，参与安全性大大高于加速板接力。通常游资想出货的话，一般早上就已经出了，因为早上流动性最好，所以对于早上砸不死的、分时反而很稳定的个股应当重点关注。

放量分歧转一致，特别是一字板之后的放量分歧，只要筹码承接充分，次日大多会有溢价机会。

图2-10，珠江股份（600684）：2021年4月30日第3板的分时走势，开盘后上下震荡，重心有所下沉，9:44直线拉涨停，说明有大资金锁仓。这时候有人出手拉升的话，锁仓大资金基本是不会砸的。这类震荡整理拉板，就是一个不错的放量分歧转一致板，理解力高的人可以选择在股价上穿均价线时介入，追求稳定的人可以选择打板入场。

在实盘操作中，放量分歧转一致板接力，应掌握以下技术要点。

（1）股性好的个股，上板可以不讲逻辑。但股性一般的个股，一定要有逻辑，否则不要接力。

（2）天地板在其为日内龙的时候可以打板，但其为跟风的时候，一定不要入场。

（3）毫无热点之时，直线板可以触发做多情绪。热点太多之时，远离直线板。

（4）只有龙头，才能无视筹码断层，享受市场给予的超额溢价，非龙头筹码断层，一定不要早上去接力，如果有放量分歧转一致板，才可以考虑接力。

（5）消息套利板，只做第一个上板的龙头，龙二、龙三一定要放弃。

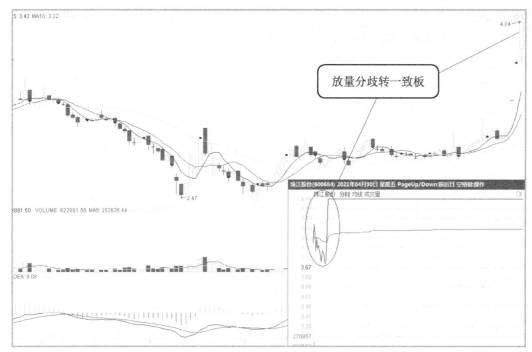

图 2-10　珠江股份（600684）日 K 线和分时走势图

二、换手板的形式

1. 日线换手

日线换手是指涨停板没有连续下去，在日 K 线上出现断板，经过短期的洗盘换手后，股价重新走强，再次涨停，开始新的上涨行情。日线换手包括两种类型：一是单日 K 线换手；二是多日 K 线换手（区域换手）。

（1）单日 K 线换手。其分为以下两种情况。

第一，之前连续无量的一字板，然后开板收出放量震荡 K 线，接着出现平量的修复形态，股价再次涨停，这是日线接力的一种方式，说明有新资金进场接力筹码。

图 2-11，顺博合金（002996）：2021 年 3 月 10 日出现首板后，接着连续 2 个一字板，K 线形成 3 连板。3 月 15 日股价低开震荡，成交量大幅放大，K 线收十字星线，涨停断板。在这一天的震荡整理过程中，盘中筹码得到很好的换手，看好后市的新资金入场接力。次日，股价高开 5.06% 后秒板，盘中开板完成日内换手，股价重新回封。之后，股价强势上涨，连拉 6 板。

第二，连续的实体涨停阳线后，开板震荡，成交量放大，涨停断板，经过短暂的整理后，股价接力涨停，开启新的上涨攻势。

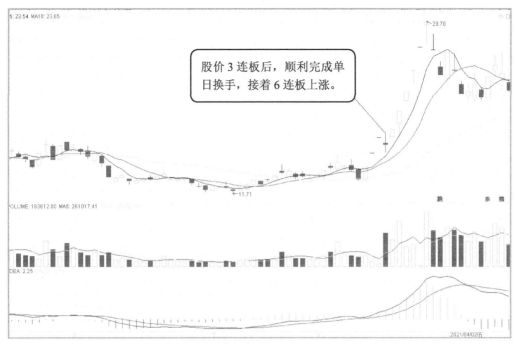

股价 3 连板后，顺利完成单日换手，接着 6 连板上涨。

图 2-11　顺博合金（002996）日 K 线图

图 2-12，青青稞酒（002646）：股价连拉 2 个实体板后，2020 年 11 月 13 日出现震荡整理，成交量放大，K 线收出调整阴线。次日，股价强势反包涨停，这时前一天的阴线性质也就成为明牌，那就是日线换手。成功完成日线换手后，股价出现 4 连板。遇到这种盘面走势，短线投资者可以大胆打板介入。

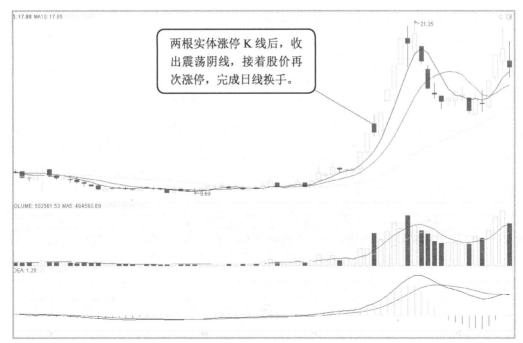

两根实体涨停 K 线后，收出震荡阴线，接着股价再次涨停，完成日线换手。

图 2-12　青青稞酒（002646）日 K 线图

实盘中很多时候，在前面的连板过程中是一种混合结构，也就是说既有一字板（或T字板）又有实体板。在形式上，可先有一字板后有实体板，也可先有实体板后有一字板，在技术分析上没有本质性区别。

（2）多日K线换手。多日K线换手（区域换手）是指股价经过首轮拉升后，进入洗盘换手，构成一个整理区域，换手成功后股价再次向上突破。区域换手时间10个交易日以内为佳，最长不要超过20个交易日。

图2-13，焦作万方（000612）：2020年5月22日开始连拉4板后，进入洗盘换手，构成一个整理盘区，整理时间为20个交易日。洗盘换手成功后，7月6日再次拉板，股价向上突破，连拉4板。

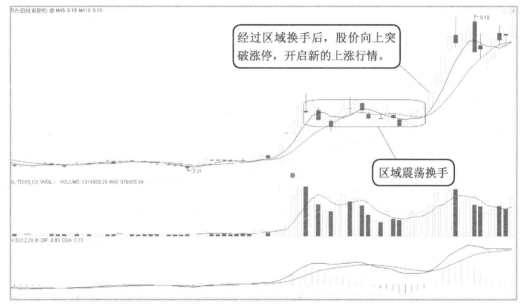

图2-13　焦作万方（000612）日K线图

2. 分时换手

（1）分时换手的概念。分时换手也叫日内换手，通过分时盘面震荡完成换手接力，让盘中短线筹码离场，又让场外新资金进入，当日换手后，当日就上板。具体地说，在分时出现大幅震荡走势，而在日K线上依然保持连板状态。这种换手短线上攻气势比日线换手强，但没有日线换手充分。

图2-14，宜宾纸业（600793）：2021年1月6日，低位首板，次日小幅高开后向下回落作弱势震荡整理，午后接近2点时直线拉涨停，完成了日内换手，当日股价1进2成功。1月8日加速涨停，9日同样是日内换手，当日股价晋级4板。之后，股价加速上涨，形成10连板行情。

（2）分时换手形式。一般情况下，日内换手分为两种形式：一是板上换手，二是震荡换手。

第一，板上换手。这种换手是指主力将股价拉升至涨停后，反复开板震荡，故意不封板，直到尾盘才封盘。

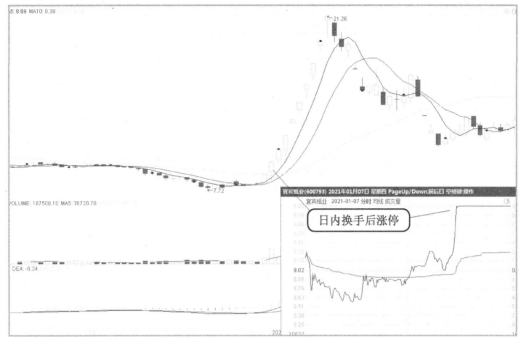

图 2-14　宜宾纸业（600793）日 K 线图和分时走势图

图 2-15，顺控发展（003039）：2021 年 3 月 26 日，开盘后股价向上拉升至涨停，然后在涨停位置多次开板震荡，盘中筹码得到成功换手后，股价轻松封于涨停。又如，2021 年 3 月 17 日，顺博合金（002996）开盘后先是向下打压换手，然后直线拉板，午后反复开板换手，尾盘成功封板。

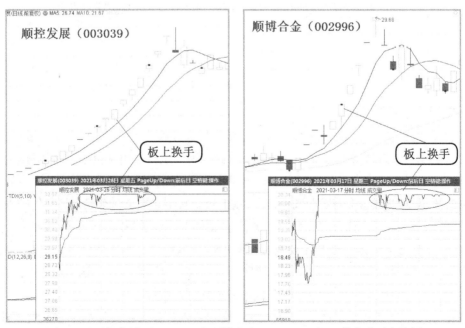

图 2-15　顺控发展（003039）和顺博合金（002996）日 K 线和分时走势图

第二，震荡换手。这种换手是指主力并没有将股价直接拉涨停，而是在盘中上下震荡，或逐波推高股价，最后将股价封于涨停状态。震荡换手又可以分为推升式换手、波段式换手、平台式换手、打压式换手等多种形式。

图 2-16，长源电力（000966）：2021 年 3 月 19 日，第一波快速拉高，然后股价在 7% 左右平台震荡，成功换手后上板。又如，2021 年 1 月 11 日，宜宾纸业（600793）开盘后闪电下探，然后快速拉至 7% 附近横向震荡，午后成功封板，留下一根长下影线 K 线，之后股价连板上涨。震荡换手形式很多，不一一举例分析，投资者可结合实盘总结。

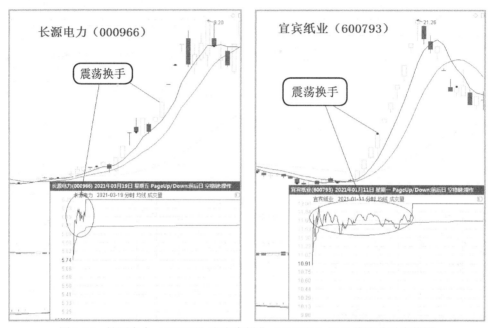

图 2-16　长源电力（000966）和宜宾纸业（600793）日 K 线和分时走势图

三、分歧和一致

1. 怎样看待分歧

（1）筹码分歧。筹码分歧主要有分时分歧与日线分歧两种，前者最好是烂板模式，后者主要有阴线、上影线等形态。造成筹码分歧的原因，主要是内部资金发生了分歧。当一只个股涨起来时，其实很多持股者是不知道股价为何上涨的，另外也有相当的人不认同个股上涨的持续，这时候就会有卖出动作，而大量的资金卖出自然会对个股走势产生较大影响，而对于买入者而言，又可能存在信息上未能充分认知，造成了买入力量的暂时衰弱。

（2）题材分歧。题材分歧主要是指原有的炒作方向受到了干扰，这种情况可能是大盘指数影响、新题材出现后旧题材失宠或接力氛围很差等因素所致。这里最关键的要点，仍然是对分歧题材的理解，判断它后市是否仍然具有持续性。

题材分歧，一定要是主线、大方向的分歧，不能是分支题材线的分歧，更不能是杂毛题材的分歧，一旦情形发生反复，这个原有分歧的主线就会加速向上，而前面产生分歧的个股就会出现反包或弱转强。比如，2021年3月的碳交易题材开始并没有得到大众认可，市场分歧较大，之后转向一致，股价出现亮丽的表现。

总结而言，龙头个股产生了分歧（性价比高的跟风也可），但只要主线炒作继续或分歧后又反复，机会就来临了，这样的分歧，是迷人的。

（3）如何把握分歧。如何寻求分歧机会？可以在分时分歧转一致时介入。如果寻求确定性，可以在日线换手后打板介入。

图2-17，雪迪龙（002658）：2021年3月25日出现地天板，在开板情况下大胆博弈，当日股价涨停。也可以参与医美概念的杭州解百（600814）2021年4月13日的午后冲板机会。

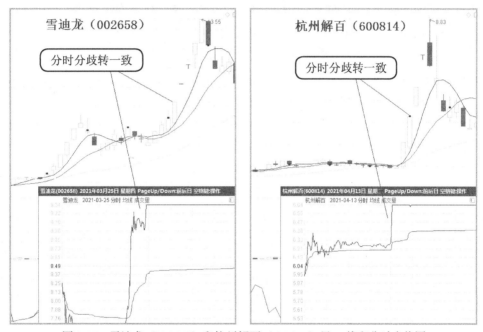

图2-17　雪迪龙（002658）和杭州解百（600814）日K线和分时走势图

2. 分歧和一致的转换

对于个股的涨跌，本质上就是情绪的周期作用，就是分歧与一致的循环运动。

一只题材强势股，一般启动时是有分歧的，常常收出放量长阳线。然后再出热门题材消息，接着盘面上大概率是一致的情绪，之后就是接连加速缩量板。

当情绪一致几日后，就会开始出现分歧，获利盘需要兑现，出现盘中抛压砸盘，关键就看承接能力。

分歧日表现也有两种，一种是特别强势的直接竞价或者板上完成充分换手；另一种是开盘就下跌，日内分时宽幅震荡，出现放量分歧，这时候就看分歧后怎么走了。

分歧后可能还有分歧，因此有些股票连续放量分歧，宽幅震荡，收出几天的上下影K线。分歧后也可能继续转一致上攻，有些股票分歧日当天或其后完成情绪转折，分歧转一致，那么继续走强的逻辑表现就是弱转强，缩量加速。

这就是分歧与一致的逻辑，买卖点就在于：买在分歧，卖在一致。说具体一点就是：买在分歧转一致的弱转强情绪点，卖在一致转分歧的强转弱情绪点。但是，分歧转一致后可能还有分歧，一致转分歧之后也可能日内立马转一致，因此，究竟弱转强的情绪点是否最佳买点，强转弱的情绪点是否最佳卖点，这还要看大盘、板块、题材、个股等整体氛围，做进一步综合分析。

分歧板就是出现了放出巨量的行情，换手率非常大，市场的多空都非常严重导致的结果。一致板则是缩量的涨停板，没有多少卖单，买方一发力，就直接逼上涨停板，市场一致看好这只个股的涨停，后续也没有多少的抛压出现。

从分歧板到一致板，通常后续还有短暂拉升的可能，但是后续抛压也将直接加重，因为积累在里面的获利筹码短期内会出现较大的抛售，特别是高位这种抛压会更加明显。

图2-18，金发拉比（002762）：该股就出现过三次类似情形，2021年4月14日、15日从分歧到一致板，4月16日再回到了分歧板，之后出现震荡。5月6日从分歧转到一致板，次日高开低走产生分歧，其后盘面出现震荡。5月31日、6月1日也从分歧板到一致板，6月2日再现分歧，之后就是持续走低。

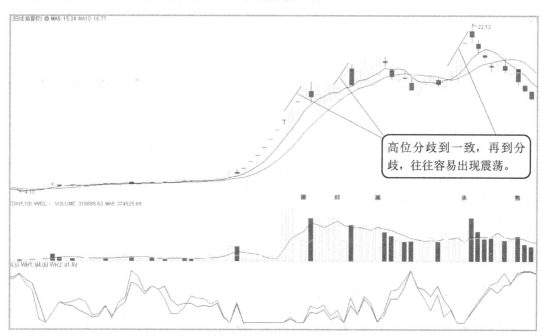

图2-18 金发拉比（002762）日K线图

● 四、分歧转一致模式

1.强势股盘面要求

（1）个股冲高回落后，日内完成调整，最后走高至涨停。

（2）个股冲高后继续高走，直至涨停。

这样，目标 2 板股的上板形式就明确了：开盘冲高＋回落承接＋点火上板。

两个买点：涨停打板、分时低点低吸。

2. 选股基本条件

（1）流通市值＜100 亿元，分时流畅，非庄非机构型。

（2）首板非缩量新高，非反包板。

（3）2 板涨停价附近，非套牢区，非前高长上影线，非前高大阴线。

（4）冲击 2 板当日，个股高开冲高，涨幅＞4%。

（5）股性较好，次日非低开闷杀，非大阴线。

3. 二板打板模式

（1）2 板不打 T 字板与秒板。这两类情形，在"强势行情＋强势题材"才有接力价值，其他场合熬不过当日的分歧，或者次日没有资金接力，无溢价。

9:30—10:00 依然是重要时间段。弱势行情，更需要充分换手，可以延长至 10:30。

（2）这段时间：

换手＞昨日 50%，冲板则准备打回封。

换手＞昨日 90% 以上，则可以打首封。

（3）首板过后，主流板块、分支板块、强势个股等都会有大致的看法，次日 2 板是对逻辑的确认。

五、常见换手位置

（1）密集成交区换手。股价在某一个区域出现长期震荡或者巨大换手时，就会形成一个筹码密集成交区域，这个区域堆积的筹码越多，对后市股价上涨构成的阻力就越大。

在很多情况下，筹码密集成交区域是由于主力吸货造成的，这类个股通常主力要在该区域做充分换手后，以涨停板的方式穿过筹码密集区，才能使后面的行情运行更加稳健。这时如果能及时介入，短线通常都有不错的收益。

（2）遇前高压力换手。当股价形成一个明显的阶段性高点时，那么这个高点对后市走势具有一定的技术分析意义和心理作用，它往往成为后市较长一段时间内的阻力位。所以，当股价回升到这个高点位置附近时（离前期高点 10% 以内），主力就会展开洗盘换手，以利于后市顺利拉升。

随着股价的不断拉升，前期套牢盘逐步解套，该抛的会选择抛出，该留的会继续持股，当股价接近前期高点时，主力往往会选择试盘，减少前期高点套牢盘的抛压，最后为了以示做多的决心，往往涨停突破前期的高点。在大势向好的情况下，此类个股有效突破的概率比较高。

当然也有很多面临前期高点时假涨停突破的情况，特别是在弱势大盘当中，所以在操作这类个股时，尽量顺势而为，坚决不要逆市打板。

（3）在均线附近换手。移动平均线是反映股价运行趋势的一种技术分析方法，有明显的压力和支撑作用，很多时候主力也会在均线附近进行换手。特别是30日均线是一道坎，有很强的阻力，需要通过不断的洗盘换手，放量才能突破。

（4）利用整理形态换手。在长期的运行过程中，可能会形成某些技术形态，如常见的双重顶、头肩顶、圆弧顶等都会对股价上涨构成一定的压力，所以主力也会在这些技术整理形态附近进行洗盘换手。

除上述重要位置换手外，实盘中主力需要换手的位置很多，无论在什么位置换手，当日必须爆量换手，彻底封盘前的量能≥左边平台的最大量，这是最完美的量价关系。如果是缩量上板，在板上会有抛压出现，一旦承接不够，就会砸坏形态，非常伤人气，这种现象需要谨慎。

第三节 空间板

一、空间板的概念

1. 什么是空间板？

空间板是指一段时间内市场所打造出来的连续涨停板数量最多的高度股。这是一个参照物，也可以说是市场的空间龙头股，主要指涨幅大、连板多。空间板的形成需要多个涨停后，由量变到质变，涉及的资金多、投资群体范围大。

对超短线而言，空间板就是有空间代表意义的涨停板，主要是指当天市场最高的连板，不包括"N+"形式的反包形态。当然，空间板也包括"特停"的个股。

空间板有日内的空间和波段的空间，波段一般是以中级周期来划分的。相同周期内，日内空间板和波段的最高空间板之间，有一个相互压制和参考的作用。

根据空间板的性质，可以将其划分为以下三种。

（1）有情绪刺激意义的空间板，称为主动空间板。对资金情绪有很强的调动作用。比如2021年初的宜宾纸业（600793）、陕西黑猫（601015）、金牛化工（600722）、包钢股份（600010）、鄂尔多斯（600295）、中材节能（603126）等，都代表着情绪的开拓。

（2）没有情绪带动性的空间板，称为被动空间板。大多数都是对标补涨个股，由于行情强势，机缘巧合被动撑起来的空间板。比如2021年初的华宏科技（002645）、广晟有色（600259）、五矿稀土（000831）等。

（3）在被动空间板之下的实际空间板，称为隐形空间板。也就是说，一旦被动空间板炸了，那么能上位的就是隐形空间板。比如2021年4月6日美邦服饰（002269）之下的中电电机（603988）等。

市场每天都会有一个空间高度最高的板，这个板就是中级周期空间板，同时它对市场其他同小周期的个股也是一种参考。但是，一旦在后面这个空间板被其他个股突破，那么个股就成了新的区间空间板。这说明空间板是动态的，不是固定的。是市场先走出来结果，而后作为参考的。

2. 空间板的形式

空间板是个股地位的一种体现形式。通常有以下三种形式。

（1）完全不带跟风的空间板。如 2021 年 1 月的宜宾纸业（600793）。

（2）带跟风的，这个其实就是龙头股兼空间板。如 2021 年 3 月的华银电力（600744）。

（3）带跟风而且走成主线的，这种空间板就是市场总龙头。

个股溢价的来源有：①板块效应。这里指的是跟风股的数量。②个股筹码。一般来说，被顶一字板的数量越多，人气就越差，场外资金就越不愿意进场接力。③个股地位。除了各种各样的分类之外，纯粹的高度本身也是市场地位的体现。

3. 空间板的含义

空间板在超短线中有两个含义：一是它是板块龙头股（所以它要根据板块情况来享受溢价）；二是它是高位股（人气股），它与其他高位股之间有联动性。比如，总龙头 7 板，下面几个龙头（可能是其他题材的龙头）有 6 板、5 板、4 板等，而且早盘集合竞价的时候全部以一字板的形式开盘，那么这时就可以通过高位股套利总龙头，跟板块效应套利总龙头是一样的道理。

由于空间板有很多，战法也很多，重点掌握首次成为空间板的个股的战法。如何能够找到首次成为空间板的个股？首次成为空间板的个股有两种：一种是首次成为实际空间板，另一种是首次成为隐形空间板。

● 二、空间板操作技巧

1. 基本模式

掌握了成为空间板的接力方法后，那么有没有一种方法可以提前参与可能成为下一只空间板的股票？想要提前抓到空间板，不同阶段有不同方法，这里讲一个介于 2 进 3 或者 3 进 4 的方法。

在强势市场氛围下，2 板、3 板、4 板的个股几乎每天都有。所以，哪一天的 2 板、3 板成妖的概率更高？重点是基于空间板的周期时点。

这里有一个重点的时间概念，首次出现新空间板这天，可以定为 T 日。通常首次成为空间板是 T+1 日的交易机会，这里讲的是 T+2 日或 T+3 日时寻找下一个空间板的交易机会。

基本模式：在 T 日出现新的空间板，T+1 日新空间板成功晋级连板，在 T+2 日尝试参与在 T 日附近出现的支线题材。也就是说，T+2 日当天的 2 进 3 或者 3 进 4 的支线龙头。

如果空间板高度很高，可以放宽高度限制，比如 4 进 5 等。通俗地讲，就是新空间板出现后的第三天，选择在新空间产生当天的支线龙头股的 2 进 3 或 3 进 4 的个股。

需要强调的是，这里尽量是支线龙头，也就是说，非空间板同一个题材的个股。这里面的龙头如果成功晋级，有可能成为下一个新的空间板。有两方面需解决。

（1）选择哪个支线题材，这要结合具体情况进行分析。主要是基于题材的逻辑、题材的强弱以及当天分歧的情况。

（2）这个方法的成功率，和中级行情级别是有关的。

当然，这个战法本质属于连板股接力，所以一定要在接力赚钱效应相对良好的背景下参与。如果接力通杀，最好的方法也会出现失败。

2. 买入时点

（1）2021 年 3 月 31 日（T 日），新空间板美邦服饰（002269）、雪迪龙（002658）、新赛股份（600540）、迎丰股份（605055）并列成为空间板 4 板。4 月 1 日（T+1 日）只有美邦服饰成功连板，其余 3 股失宠。出手交易时点：4 月 2 日（T+2 日）。

（2）2021 年 5 月 10 日（T 日），新空间板爱普股份（603020），首次成为空间板 4 板。5 月 11 日（T+1 日）成功连板。出手交易时点：5 月 12 日（T+2 日）。

（3）2021 年 4 月 23 日（T 日），新空间板锦泓集团（603518），首次成为空间板 4 板。4 月 26 日（T+1 日）成功连板。出手交易时点：4 月 27 日（T+2 日）。

从实盘来看，T+2 日当天收盘，能够成功的题材龙头就经过一轮筛选了，而 T+3 日与 T+2 日相比，虽然买入成本提高，但选股的成功率变高了。

大家知道，对于低吸而言，最重要的就是个股的人气。显然 T+3 日经过角逐的龙头，人气比 T+2 日更高，所以综合来看，T+3 日也是一个好的买点。

3. 空间板介入时机

（1）两个前提条件。

前提条件一：牛市氛围下，大盘指数前一天大阳线。大阳线的定义，沪指最高点在 1.2% 以上，收盘在 1% 以上，分时大多呈现单边走高态势。但是，最好是偏情绪周期启动期的大阳线，也就是前面行情相对弱势，而不是情绪周期已经到了高潮的大阳线。

前提条件二：最高连板空间在 6 板及以下。

最高连板空间是指当天的最高连板空间（剔除连续一字板的个股），不包括 N+ 板的，单纯指最高连板空间。

比如，2021 年 1 月 14 日，最高空间板是宜宾纸业（600793）的 7 连板，已经超过了 6 连板，这不符合前提条件。又如，2021 年 4 月 6 日，最高连板是中电电机（603988）的 6 连板，但是该股是连续一字板上来的，没有任何一个交易日换手，这个也不符合前提条件，而实际符合条件的是当天并列 5 连板的中岩大地（003001）和泰坦股份（003036）。

（2）三个交易机会。

机会一：最高空间 6 连板以下，且是唯一的个股，可直接接力。如果非常强势，可以在前一天排队竞价一字板，第二天直接竞价或扫板。如果第二天不是涨停开盘，竞价直接接力，或者分时技术比较娴熟的投资者，可以在分时中低吸。

比如，2021年3月3日，中材节能（603126）是唯一的4连板（T字板），可以直接入场；又如，2021年3月11日，华银电力（600744）是唯一的4连板（T字板），也可以直接入场。

机会二：最高空间6连板以下，有多只股票并列，则要择优选股。

①有开一字板的，直接买一字板，买不进去就放弃。

如果有开一字板，其他股票高开在4%以下的，可以在排板不进或者不参与一字板的情况下，考虑绿盘低吸其他股票。

②如果没有开一字板，有开盘位置比较低的，比如在4%以下，可以绿盘位置低吸。

③低开幅度超过3%的，盘面偏弱或遇到利空，可以放弃。但低开7%以上，反而无大碍。

这时要注意的是，一定不能买居中开盘的。比如，有一字板开盘的，有低开的，就不买在这两个点位之间开盘的股票。

比如，2021年4月8日，5只3连板，次日，其中雪人股份（002639）、长源电力（000966）开盘4%以下，可低吸；远望谷（002161）、新天绿能（605299）分别低开5.72%、6.49%，低开幅度较大，放弃；舒华体育（600956）跳空高开8.14%，可参与。

又如，2021年4月15日，6只2连板，次日，其中中矿资源（002738）接近平开，可低吸；贤丰控股（002141）接近平开，可低吸，但次日走弱；华东数控（002248）一字板，当天没有买点；法狮龙（605318）跌停价开盘，放弃；新华锦（600735）一字板开盘，可以排队，当天可以买入；王力安防（605268）低开幅度超过3%，放弃。

再如，2021年5月7日，空间板是爱普股份（603020）的3连板，当天9只2连板。次日，其中金一文化（002721）、陕西黑猫（601015）和河钢资源（000923）都是居中开盘，放弃，但河钢资源次日连板；海南矿业（601969）、金岭矿业（000655）和亚联发展（002316）都是一字板，当天没有买点；重庆钢铁（601005）、西藏珠峰（600338）和中广天择（603721）分别跳空高开8.36%、8.62%和9.65%，盘面强势，可参与。

机会三：最高空间6连板以上，限制条件也可以做。

高开在4%~8%为居中，必须直接放弃，高开在4个点以下的，可以在急杀到绿盘的位置考虑低吸。比如，2020年9月23日，双良节能（600481）最高空间是6连板，并且第二天高开8.66%，次日仍然有溢价机会。又如，2020年12月29日，郑州煤业（600121）最高空间是7连板，并且第二天开盘在4个点以下，在尾盘杀跌翻绿时可以参与接力。再如，2020年8月27日，天山生物（300313）最高空间是6连板，第二天低开7.54%，可以在急杀时接力买入。9月4日，最高空间达到9连板，第二天低开9.50%，也可以在急跌时入场。

三、空间板介入模式

1. 选股标准

（1）时间要求，在 13:30 以后直到收盘，越往后越符合要求。定义这个范围有两个意义。

其一，在这之前尤其是早盘不确定前空间板是否继续连板，只有越到最后越能接近新、老空间板交替的真相。毕竟，空间板赚钱效应已经验证过，前空间板倒下后就会有先知先觉资金引导扶持新空间板，越到最后，前空间板翻身概率越低，新空间板预期越高。

其二，早盘空间板更多是按照题材晋级角度理解，消息刺激、板块强弱等，这和前空间板是否倒下没有直接联系，这是另一套分析方法。

（2）数量要求，新空间板有且只有一只股票，不存在并列空间板。在发现空间板时，是当时市场最高且唯一连板，前面没有相同高度板，对其后有没有跟风空间板涨停无要求。

（3）走势要求，尽量平稳。也就是说，新空间板尽量强一些，首选强势股票尾盘炸板给的捡漏机会，而不是烂了又烂的空间板。

一般情况，如果空间板振幅超过 10%，同时盘中又三番两次剧震，说明走势已经不够强势，这样的烂板次日即使有冲高，也经常会低开震荡一段时间，弄不好就很容易亏钱。况且对于这类走势，反而新空间板次日模式更适合，次日低吸说不定还能遇到大长腿。

2. 介入时机

介入时机是个股在尾盘炸板回封或者尾盘封板的一刹那，介入动作是打板，打炸板回封，或者打主动涨停。也就是说，如果符合条件的空间板涨停后，是当时市场唯一的空间板，且分时没有明显剧震，那么无论这个空间板尾盘是炸板回封还是冲高涨停，都是入场机会。而且，模式内的空间板是在前空间板倒下后出现的，同样是首次成为空间板。再者，需要主观判断一下前空间板是否会倒下（不继续连板），总之前空间板连板概率越低，新空间板预期就越高。

3. 实例剖析

图 2-19，2019 年 6 月 6 日，欣天科技（300615）处于 4 板，当时前空间板是 6 板的铭普光磁（002902），该股 6 进 7 失败，而且败得很惨，当天低开后直接闪崩跌停，震荡 2 个小时后封盘跌停。

根据当时的市场氛围，铭普光磁从跌停再拉到涨停保住空间板的概率相当低，此时出现新的空间板概率就高。当时最高板是 3 进 4 的欣天科技，分时没有强震，盘中走势平稳。尾盘有资金做回封，博弈的正好是新空间板模式。

如果没有回封，空间板就是 3 板的民德电子（300656），那就要盯着民德电子。欣天科技不回封，则放弃，给回封，就是机会。次日盘面情绪回暖，欣天科技竞价高开秒板，后面又走出 30% 多。新空间板当天可买入，新空间板次日也能买入。

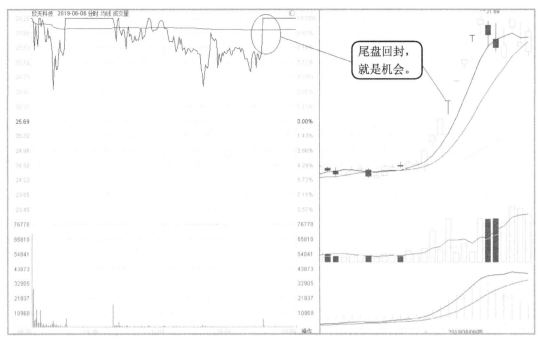

图 2-19　欣天科技（300615）日 K 线和分时走势图

图 2-20，2019 年 5 月 16 日，丰乐种业（000713）处于 4 板，当时市场前空间板是 7 板的大港股份（002077），从当天走势分析，出现 8 板的概率低（8 板是当时阶段连板顶），此时新的空间板容易成功。

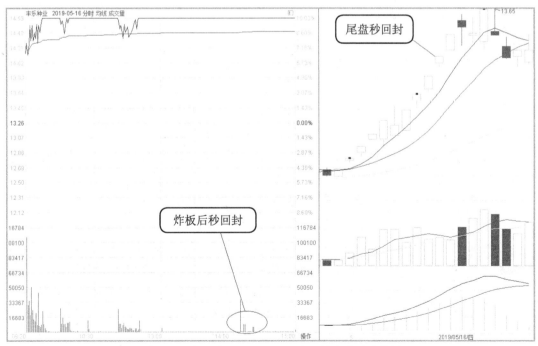

图 2-20　丰乐种业（000713）日 K 线和分时走势图

当时作为 4 板的丰乐种业午后有两次炸板秒回封动作。整体走势并不是上蹿下跳的巨幅烂板，偏重于强势股炸板捡漏机会。封住涨停后次日高开连板，也符合新空间板次日模式，隔日再度冲高，最高赚 18%。

当时分时盘口显示，从撤单放量炸板再到回封涨停，前后共有 51 秒准备时间，而且后面走势中，10 分钟又分别放量两次，给了足够的买入机会。

图 2-21，2019 年 7 月 4 日，久之洋（300516）处于 3 板，当时的前空间板是 3 板的汉宇集团（300403），该股临近中午炸板后快速低走，对市场氛围影响很差。

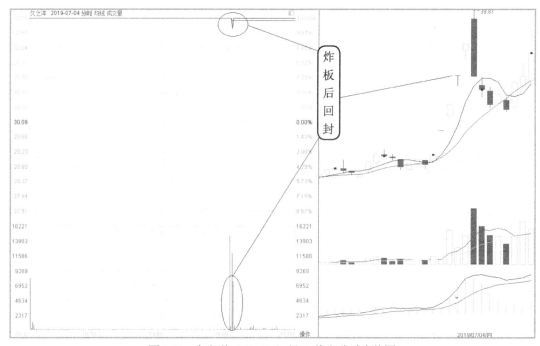

图 2-21　久之洋（300516）日 K 线和分时走势图

汉宇集团炸板后，3 板的久之洋（比久之洋弱一些的中国应急提前炸板）在 14:00 同样出现炸板，但炸板后直接回封。这里，如果久之洋没有回封，那空间板落到 2 板，盯着 2 板捡漏即可，但久之洋回封，就符合新空间板要求。次日直接高开秒板，隔日再度高开，出现一波 20% 的盈利机会。

图 2-22，2019 年 6 月 14 日，空间 3 板的神农科技（300189），这个实例类似久之洋。久之洋当时有并列弱一些的中国应急，神农科技当时有并列弱一些的电魂网络。

当时前空间板是 6 板的银河磁体（300127），当天高开后闪崩跌停，而且 6 进 7 是个坎，继续涨停希望不大。于是，3 板的神农科技成为当时高度板，在 14:50 炸板秒回封。

神农科技回封时，盘口有只偏弱的电魂网络涨停，神农科技虽然最强，但炸板再回封后不是当时市场唯一了，如果较真，顺序可能排斥掉，但如果按照"比它弱的能回封，那更强的它是不是也能封板"理解，发现价值还是有的，回封可做，次日最高给涨停。这种实例 2019 年只此一例，将其拿出来讲讲，意思是模式要掌握大方向，小地方不要硬较真。

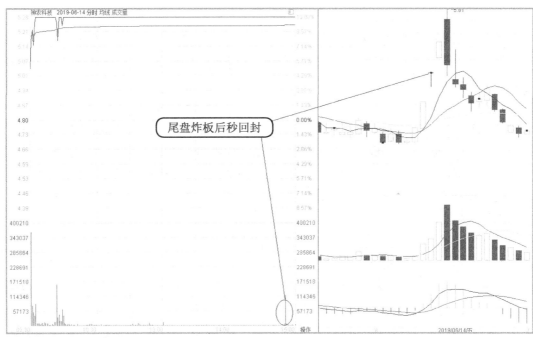

图 2-22　神农科技（300189）日 K 线和分时走势图

⫼⫼ 第四节　卡位板

● 一、卡位板技术精要

1. 市场定义

什么叫卡位板？走强的龙头股刺激同板块低位个股补涨，游资为了获取先手溢价而发动低位个股在同一天先于龙头股涨停的一种盘面表现形式。

"卡位"这个词来源于足球或篮球，就是通过预判提前占据有利的位置。在股市中大家经常说的卡位，就是指占据先手，在原有龙头存在的情况下，出现被特停或涨不动时，第二天出现了新龙头。比如，前一天的龙二或者龙 N，第二天率先涨停，这就是卡位，成功抢占龙头股的地位，于是就把这种现象称为卡位龙头，或者龙头股被其他股抢位了。

如果龙头是王，卡位就可以理解为篡夺王位。一套等级分明的炒作制度形式下，某只跟风股突然盘中逆袭成为板块龙头，打破既有格局。一个题材在炒作过程中，通常对龙头和跟风的定位是等级分明的，龙头领涨负责开拓高度，跟风的任务是助攻龙头，很少有逆袭行为发生。但是偶尔也会出现逆袭情况，如某只跟风股不甘沦为小弟，某天逆袭成了板块龙头。有些人觉得逆袭篡位影响板块持续性，有些人觉得适当的卡位有助于持续性。

比如，2021 年 2 月 19 日，3 连板后的稀土龙头盛和资源（600392）在高位出现震荡，盘中明显感到接力不足，主力拉升乏力。次日，同板块中有一只股票勇敢地冲了上去，它是谁？当之无愧的卡位龙头——鄂尔多斯（600295），开盘后秒板，气势强盛。

鄂尔多斯强势涨停，是当之无愧的卡位龙头，在该股没有走出来之前，市场可能都知道稀土龙头是盛和资源，但是不知道鄂尔多斯为什么风格切换到该股。答案是——市场，是市场选择了它作为龙头。为什么说是市场？因为，没有人知道盛和资源会走到什么时候，会在什么时候出现调整，又会在什么时候再次启动或者终止，但是市场已经看到了盛和资源的盘面出现疲惫，资金不再入场接力。但资金却不会闲着，在2板位置锁定了鄂尔多斯卡位龙头的地位。

正常的逻辑是龙头涨停后，板块开始跟风，而卡位板在当天的表现是早于龙头涨停，以取代龙头最先上板的角色。卡位板，相当于题材日内龙头，这不影响题材龙头，题材龙头仍然是总龙头。在启动时间上，卡位板一般比龙头晚一两天。

通常在新题材正式出现后启动的涨停板中容易诞生总龙头，一般提前1天，若提前两天就不太好，如东方网络领先安控科技和数码科技1个涨停板，一直牛气到最后。

卡位有两种形式：一种是盘面活跃持续时间比较长的题材，这种非常容易出现板块内部的卡位，因为卡位股可以重整板块情绪，带动题材的下一波炒作；另一种是盘面赚钱效应爆炸的时候，妖股趁机打出了空间，从而导致其他妖股卡位补涨，于是空间龙头卡位了，这里也可以把高度板或者妖股理解成一个板块。

2. 卡位原因

卡位的目的是什么？是获得高溢价。一般情况下，把同板块当天率先涨停的个股当作龙头，同一个板块第二天想要去做接力，那么大部分人的选择是去接力龙头。第二天有人愿意接力，才会产生溢价，这就是卡位的由来。

卡位板在2019年之后的行情中出现的频率较高，在过去市场震荡行情中，每天动辄有十来只甚至几十只股票涨停，但几乎都是超短线资金，可操作性不高。

卡位板其实是一种正常的盘面现象，没有阴谋论的原因，本质是市场多样化。超短线资金炒作，大都有"宁做龙头，不做跟风""宁在龙头哭，不在跟风笑"之类的说法，超短线资金更在乎题材的等级制度。

但是，市场资金不只是有短线，也有中线资金和长线资金，后两类资金没有那么多准则，假如某只跟风股启动后，某天被后两类资金发现，觉得可以买入就直接上车了。而且，跟风股当天的表现比龙头强势，结果就成了卡位板，当然这里面有很多偶然性。

那么，如何看待逆袭跟风股和板块龙头之间的联系？是跟风股彻底逆袭加冕为新龙头，还是一阵喧嚣后重新让位给老龙头，让位后跟风股的下场是什么？这种板块内部逆袭篡位现象对板块持续性影响如何？下面就来讲述这些问题。

3. 关键问题

（1）卡位板的价值在哪里？通过前面实例分析总结，题材出现卡位板时，可参与度还是很高的，往往都有不错的溢价。在对龙头持续性感觉迷茫时，板块出现卡位板能带起一波投机浪潮，对龙头和卡位板都有激励。

（2）卡位板介入需要注意什么？由于卡位板往往生命周期短，介入卡位板很讲究时间，最好在启动期当天发现、当天介入，这样有一定的主动性。

如果错过第一时间介入卡位板，可以留意总龙头，毕竟卡位板对龙头有正向刺激，相当于做一次日内补涨。

（3）卡位板持续性取决于什么？卡位板、总龙头，这些技术形态走势都有一些容易发现和总结的规律，真正决定市场赚钱效应的其实是题材。在一个大题材演绎过程中，题材内部的高低切换卡位现象也非常明显。这种大题材板块内部的高低切换卡位，才是容易吃大肉的地方。这些内容相当于巩固或颠覆过去的认知，必须把这些内容消化了，进而了解板块内部高低切换过程的卡位现象。

二、龙头卡位与被动跟风

1. 龙头卡位

通常板块内先有一个公认的龙头在上涨，有一群小弟在跟随。当有一天，龙头出现分歧或走弱，此时如果有个随从小弟逆流而上，不断走强（下跌时可能跟随龙头下跌，但上涨时先于龙头走强），而且在某个节点后，分时明显强于龙头，这就是卡位成为新龙头了。

图 2-23，老白干酒（600559）：在 2020 年 12 月的白酒行情中，该股是当时领涨白酒板块上涨的龙头，在经历了几日短线加速后，12 月 17 日出现分歧走弱。而白酒板块中同时启动的金种子酒（600199）在这之前的地位一直略弱于老白干酒。这天早盘白酒板块分歧下跌，此时两股都在快速跳水，分时差别还不明显。

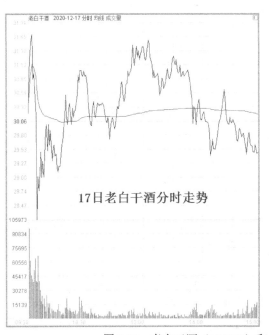
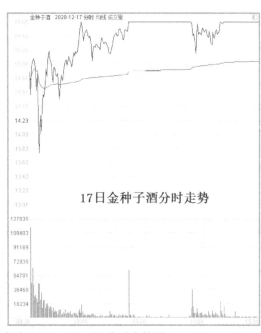

图 2-23　老白干酒（600559）和金种子酒（600199）分时走势图

但是，当分时止跌企稳时，金种子酒走势明显强于老白干酒，开始虽然两者还是存在联动性，但是10:23金种子酒摸板，而老白干酒涨幅才3%左右，一弱一强，泾渭分明。可以说从此时，老白干酒已经被金种子酒卡位。11:12金种子酒封板，而此时的老白干酒涨幅还不到5%。当天金种子酒涨停收盘，而老白干酒收跌2%。说明金种子酒卡位成功，成为板块龙头。

当两股出现分离走势后，可以不用盯着老白干酒看了，而转为观察金种子酒走势，因为龙头已经易主。金种子酒次日涨停并继续强势上涨，老白干酒却只能跟随其上涨，涨幅远远落后。

2. 被动跟风

大家知道，板块内有龙头股和跟风股的区别。龙头股就是板块内最强个股，跟风股就是随从小弟，跟随龙头上涨。当龙头强势拉升或者涨停时，跟风股会跟随上涨，由于不是主动上攻，故称之为被动跟随。这也是跟风股的卖点之一。

图2-24，金种子酒（600199）和金徽酒（603919）：左图为白酒板块新龙头金种子酒的走势，右图为金徽酒的走势，2020年12月18日这一天，金徽酒在整个板块里仅是跟风。龙头金种子酒上涨时，金徽酒跟随上涨。当龙头涨停了，上涨到极致，金徽酒也创了当天的最高点。

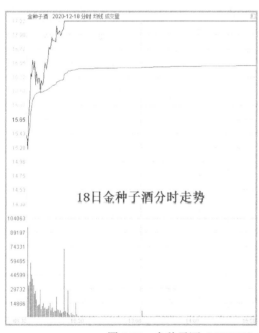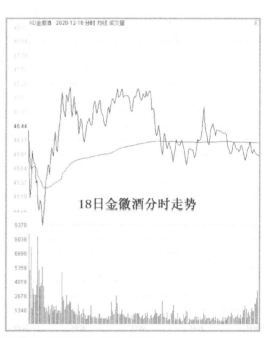

图2-24　金种子酒（600199）和金徽酒（603919）分时走势图

也就是说，龙头上涨或涨停，对于被带动上攻、地位偏弱的跟风股来说，就是短线卖点。需要注意的是，如果同为板块内高辨识度个股，不遵守此规律。

同一天，板块中的迎驾贡酒（603198）也是跟风股之一，当板块龙头金种子酒涨停封板时，迎驾贡酒跟随上冲，创了当天第二个顶点，此时为卖点。之后最高点其实也是跟随板块内其他个股上攻，同样是被动跟随性卖点。

三、卡位板分时特征

1.分时卡位逻辑

什么叫分时卡位？卡位指的是在同一板块概念梯队里，本来在后排的品种（龙三、龙四），分时走势竟然超越前排品种（龙一、龙二），这种走势就叫分时卡位。

分时卡位更像是一个博弈原则，前排的龙头品种往往过于明牌，溢价会比较高，关注度也较高，而后排的跟风品种，往往溢价低、关注度低。但是，市场存在盛极而衰的可能性，龙头一口气加不上来，筹码结构走差后，就容易直接走弱，但是跟风的品种往往由于筹码结构更好，所以存在成为后起之秀的可能性。

从资金层面也可以解析，即龙头明牌，持筹者众多且普遍看好，接力难度大，但是跟风品种如果被主力资金运作，会故意拉出分时卡位，来博取场内资金眼球。所以，当发现有资金去主动发动，出现分时卡位，则可以积极关注。

图 2-25，聚灿光电（300708）和乾照光电（300102）：2020 年 9 月 9 日聚灿光电走势，就是卡位乾照光电，此时可以看一下，二股到底有多大的差异。从图中可以清楚看到聚灿光电依旧高位运行，但乾照光电深幅下跌。如果掌握分时卡位技巧，就不会去低吸乾照光电，而是去低吸聚灿光电，两天日内低吸都会大赚。

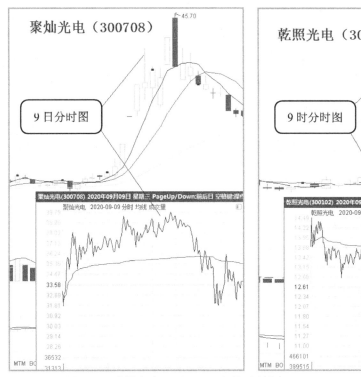
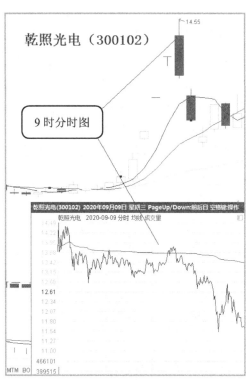

图 2-25　聚灿光电（300708）和乾照光电（300102）日 K 线和分时走势图

从 9 月 9 日二股分时卡位的分时走势图就能清楚看到乾照光电开盘即是巅峰，随后一路走弱，但是聚灿光电低开后一路走强，分时节节新高，表明资金持续地流入。这里正应了那句话：高开死、低开活。这一切的表象是分时卡位，但是这个现象的本质是资金背后的博弈。这个实例证明分时卡位的个股就是强。

分时卡位的实例很多，比如 2020 年 4 月底市场炒作的"基因检测试剂盒"，当时市场龙头是明德生物（002932），后排跟风个股是昌红科技（300151）。4 月 22 日，昌红科技分时卡位前一天一字板的龙头明德生物，之后出现 2 个一字板，按照分时卡位的技巧做短线，可以获利 20%。又如，2019 年 8 月 22 日的深大通（000038）就卡位了换手龙头瑞凌股份（300154），后面走成换手总龙头，又走了 60% 的涨幅。

2. 卡位板分时的特征

卡位龙头分时图具有以下特征。

（1）前期龙头被下砸。

（2）新晋龙头在逆袭。

（3）龙头之间分时图差异越大，卡位龙头爆发力越强。

分时图是一个很宽泛的话题，难点在于太常见。一件事太常见不一定是好事，因为很难从众多的现象中，剥开表象，找到本质。太常见，有时候会成为认知的障碍。

所以，成功的交易技术，具有排他性，越是具体，越容易被颠覆。这句话要记住，在打造交易系统的时候，多想想，你的系统能不能被其他人轻易模仿。如果能，赶紧扔掉；如果不能，才有价值，系统的打造，已经成功了一半。

不讲分时图的具体技术，但要知道拆解分时图背后的逻辑。在这个市场中，只有客观的逻辑才不会轻易被复制，理解了这些，就能在千变万化的分时图中，抓到核心，然后找到最优策略。所以，只有看到分时图背后的逻辑，看到多数人看不懂的东西，才能在市场中获得较好的收益。

卡位，情理之外，意料之中。价格往往走在概念炒作之前，情理之外，但又在意料之中。所有的猜测，都会在新晋龙头强势崛起之后慢慢发酵，对于那些让人眼前一亮的新晋龙头，市场从来不缺故事。

||||| 第五节　烂板

● 一、烂板基本精要

1. 烂板的基本含义

什么叫烂板股票？通俗地讲就是很烂的涨停板。股价涨停封板以后经常开板，有时也是勉强封板，甚至在尾盘开板跳水而最终没有封板，这样的板就很烂，就叫烂板股票。

烂板通常意味着大家不看好个股后市，这类股票一般成交量较低，市场关注度较少，但相对近期盘面而言，一般在烂板当天也带有放量现象。从基本面分析几乎没有投资价值，但是这种股票动用很少的资金量，就能产生较大的股价变化，所以庄家为了短期利益就比较青睐这类股票。

由于烂板的市场关注度少，只能自己显摆，不然就没有其他人参与。烂板的出现代表市场对股价走势有分歧，如果第二天或随后几天市场能够很快消化烂板当天的抛盘，股价就会烂而不弱，市场人气聚集，极有可能通过不断换手接力，最后形成妖股走势。

封涨停，又开板，一直到收盘都没有再封板，看起来主力做多意志并不坚决，所以烂板后的第二天或随后几天的走势很关键，可以洞察主力意图。当然这也不是绝对的，主力更多时候的洗盘、拉升、震荡及出货会顺势（大盘）而为。所以这就要考验大家看盘的基本功是不是扎实。这时就要观察盘口，用自己积累的操盘经验进行分析判断了。某种分时图一出来，盘口什么样的挂单，心中就应该有数了。

2. 涨停板强弱比较

按硬度级别，一字板当然是最强的，然后是 T 字板、高开秒板、实体强势板等，这很好理解，越是买不到的，当然硬度就越强。得不到的才是最好的，这就是人性。

按封板时间，肯定是越早越好，早盘板比尾盘板溢价率显然更高，因为早盘封板要承受更多的压力，理应获得更高的回报。

按分时强度，越流畅越好，一波直线封板比二波、三波封板更好，封单越多越好。

按涨停后的封板，不开板的肯定比开板的强得多，一次开板比多次开板要强。

知道什么是强，那么什么是弱就非常明显了。

3. 烂板的盘口特征

烂板的盘口特征：日 K 线是涨停的大阳线，但是在分时走势中，封板后又破板，或反复开板，收盘前又恢复了涨停板，封盘时封单不大。具体来说：封板很烂，但并不弱势，股价没有明显回落，依然保持强势。只是股价在涨停板附近反复开板封板，或者接近涨停故意不封板。如果开板后，股价出现大幅回落，可能性是真的烂板，尾盘也难以回封。

图 2-26，湘财股份（600095）：2021 年 5 月 18 日，在 3 板位置高开 5.6%，冲板后烂板，但烂而不弱，股价没有明显回落，依然保持强势，然后成功封板。又如，2021 年 5 月 11 日，胜利精密（002426）在 2 板位置，盘中拉涨停后出现烂板，这是由于股价突破前高压力，主力主动进行洗盘换手所致，表面很烂，内在却强，这种烂而不弱的个股，短线冲击力非常强，之后该股 4 连板。

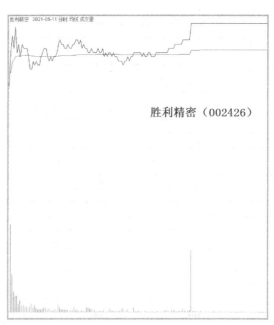

图 2-26　湘财股份（600095）和胜利精密（002426）分时走势图

上述实例，之所以出现烂板，当然是板上资金情绪不稳，有很多资金砸盘跑路，但同时又有主力不断维护盘面，回封涨停。这样的板，往往诞生于大盘弱势环境中，或者在股价刚启动阶段，是盘面资金情绪交锋的产物。次日的走势大多是这样的：平开或高开，直线拉升秒板，明显超预期走势，这是绝佳的买点。

二、烂板的主要原因

涨停板最大的陷阱就是"上楼抽梯"，也就是涨停炸板封不住。为什么封不住呢？有各种各样的原因，有的是主力涨停板出货，有的是抛盘太重，有的是利好出尽，有的是受大盘跳水影响等。每一次出现烂板的时候，都要分析封不住板的原因，只有找到烂板原因，才能有效避免打板的风险。这里总结了七大常见的开板原因。

（1）抛盘太重。由于主力没有收集到足够的筹码，盘中散户众多，特别是大盘股，一旦出现大幅拉升乃至涨停，就会遭遇到比较重的抛盘压力，尤其是在面临前期高点、成交密集区时抛压会更加明显，所以大盘股烂板概率高于中小盘股。

（2）主力出货。在股价短线连续大涨之后，主力往往会选择在涨停板出货，制造涨停板陷阱，主力通过"挂单、撤单、再挂单"营造封单比较大的良好氛围，最后来一个"撤单加出货"将打板的投资者一网打尽，实现胜利大逃亡。

（3）利好出尽。利好出尽是利空，这一句股市名言相信大家不会陌生，大致的意思就是利好消息出完了，股价炒作就没有预期，自然就没有上涨空间，可以当作利空看待。这类个股通常会以一字板开盘，然后在盘中出现炸板震荡，往往放出天量。

（4）市场不认同。主力动用大资金强行拉板后，因为其他的资金对该板块、题材、个股不太认同，跟风意愿不强，这样就会影响到该路资金的决心，往往会选择撤单，造成涨停板封不住。

（5）非龙头股。在板块启动之后，龙头股往往会表现强劲，率先涨停。很多短线投资者因为不愿意排队追龙头股，会选择去追跟风的个股，虽然也会涨停，但是因为是被动跟风涨停，市场做多意愿、上涨气势往往不强，就会造成封单比较小、涨停封不住。龙头股一旦调整，这种跟风的个股会加速下跌。

（6）大盘跳水。覆巢之下，焉有完卵。大盘一旦出现转折性的跳水走势，再强的主力也会让它三分，好不容易封死的涨停板，也会因为大盘的跳水，而选择主动撤退，涨停板自然也就封不住。

（7）主力吸货。在股价底部或中低位区域，主力为了短时间内建仓，往往会采用拉涨停板吸货的方式。为了能吸到更多的筹码，在拉升至涨停板后，往往会用大单砸开，造成恐慌气氛，让胆小的投资者慌忙出货。接着，主力再吸，并且在"买一"挂小笔的买单，如几百手，给投资者一种涨停板封不住的感觉。然后，再反复打开涨停，反复吸货。

总之，投资者打板时尽量选择那种位置处于底部或中低位区域、均线系统多头排列、流通盘不大、为当前热门题材的龙头股，同时还要顺势而为。

三、烂板股实盘技巧

股价涨停封板后又反复开板，散户心态历程很复杂。所以，认识烂板、理解烂板盘后意图就显得非常重要。在实盘技术上要注意两个方面：一是量。低位放量，小则2倍量，大则5~10倍量也属正常。二是价。涨停板附近反复开板封板，或者接近涨停时故意不封板，股价也不会回落。

烂板意味着市场对该股的分歧很大，分歧之后，要么飙升，要么大跌，一切在第二天或随后几天就有答案。其实，烂板之后无非就是三种走势：跳空高开、低开高走、低开低走。

1. 跳空高开

跳空高开并保持强势，这是最为强势的盘面，可以直接参与。主力意图是巩固前一天的上攻成果，目的是消除烂板盘的抛压。

图2-27，拉芳家化（603630）：股价挖出一个黄金坑后企稳回升，2021年5月6日一根涨停大阳线拔地而起，第二天高开后逐波稳步上行至涨停，但股价在涨停价位反复开板，尾盘形成回封，当天出现烂板走势。从K线形态结构分析，此时股价正好遇到前期整理密集区阻力，在此位置出现震荡波动是正常的，关键在于接下来行情如何发展。

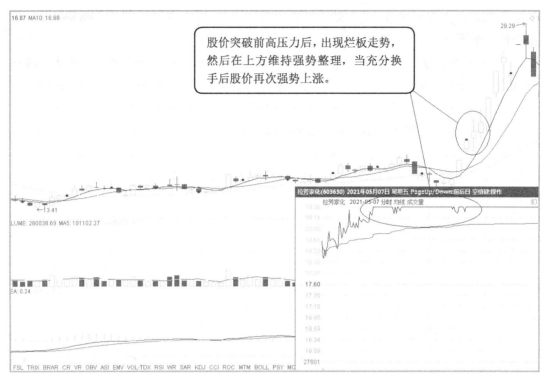

图 2-27　拉芳家化（603630）日 K 线和分时走势图

5 月 10 日，小幅高开，虽然盘中一度向下走弱，但午后弱转强重新拉起，最大涨幅超过 7%，尾盘略有回落。这种盘面明显有上攻动作，但主力并没有贸然挺进，而是在前一天收盘价上方做强势整理，以进一步消化烂板盘的抛压，在此持续 2 个交易日。

会跌的股票不会涨，会涨的股票不会跌。股价能够在烂板价上方盘稳，说明主力做多意愿强烈，只是暂时不想立即发动行情而已，时机成熟必然上行。所以，当股价向上有效突破时，散户可以大胆参与做多，短期获利丰厚。

在实盘中，这种盘面一旦出现就是一个好获利机会，它的前提条件就是股价处于低部区域，或者股价累计涨幅不大，这个技术信号反映股价要启动了。如果股价处于高位，则另当别论，谨防主力诱多出货。

2. 低开高走

股价低开后迅速拉起，说明主力没有放弃对盘面的控制，旨在消化烂板盘的抛压，继续维持强势盘面，在股价翻红站稳烂板当日涨停板价格之后，确认升势，可以参与。

图 2-28，路畅科技（002813）：股价见底后缓缓走高，2021 年 4 月 14 日封盘 10 分钟后炸板震荡，收盘也没有回封，形成烂板走势。次日，股价小幅低开 2.54% 后，呈现震荡整理态势，股价收在烂板收盘价之上，说明盘面依然强势不改，一旦后市出现向上突破走势，就应该积极介入。当上方烂板盘抛压减轻后，4 月 16 日高开 5.30%，经过一个上午的换手后，午盘快速放量拉涨停，之后股价短线出现 3 连板。

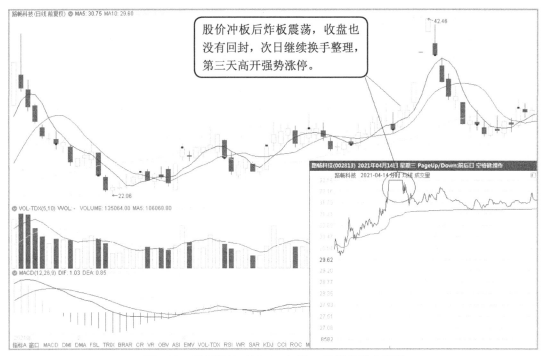

图 2-28　路畅科技（002813）日 K 线和分时走势图

股价在底部区域，如果出现这种盘面现象，说明有主力做多资金介入，只要股价没有大幅回落，技术形态保持强势，短期大多会有获利机会。当股价再度走强，向上突破烂板的高点时，就是一个较好的买点。最佳入场时机就是股价放量突破烂板当天的最高点。

这种盘面现象主要在于如何区别盘面强弱。根据多年实盘经验，可以参考以下技术要点。

（1）烂板后的次日或随后几个交易日里，只要股价坚挺在烂板当天阳线的 1/2 位置之上，就可以看作是强势盘面，如果在烂板阳线的 1/3 以上位置或烂板的收盘价附近盘稳则更好。

（2）要有成交量放大的配合，特别是股价再次向上突破时，必须得到成交量的支持，否则有诱多嫌疑，介入要谨慎。

（3）均线系统渐渐转向多头之势，5 日、10 日均线已经上行，30 日平走或已经上行。

3. 低开低走

低开低走反映主力不能抵挡烂板盘的抛压，盘面重回弱势格局，可能是主力试盘之后觉得抛压很大，暂时放弃不做或者等待整理后卷土重来，这种情况可以暂时不参与。经过短暂整理之后，如果股价再次有效站稳在烂板当天涨停板价格，也可以再考虑参与。

图 2-29，常山北明（000158）：该股经过大跌后，进入长时间的筑底走势，主力吸纳了大量的低价筹码。2021 年 4 月 23 日，股价冲板回落形成烂板，次日低开 5.75% 后弱

势震荡，此后几天继续弱势整理。这种盘面显然是不能参与的。

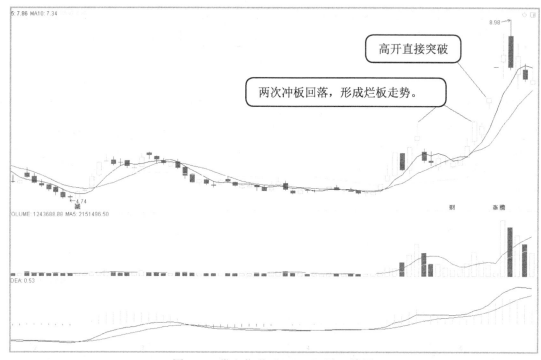

图 2-29　常山北明（000158）日 K 线图

经过下探调整后，在 5 月 10 日再次出现涨停，但盘中仍然多次开板，同样是烂板走势，次日低开弱势整理，盘面气势并不强。5 月 12 日，大幅跳空高开 8.46% 后秒板，封盘 20 分钟左右出现"开闸放水"，这是短线非常好的入场机会，次日一字板，短线溢价丰厚。

四、烂板股强弱分析

1. 烂板与大盘走势

在低迷的市场中，烂板在所难免，也正因为市场低迷才显现出烂板的魅力之处，如果散户在心理上克服对烂板的恐惧，相信是在操作技术上的一个提升。

图 2-30，重庆燃气（600917）：2021 年 3 月 24 日为首个烂板，当日上证指数逐波下跌，收盘下跌 1.3%，而该股分时稳步上行，走势极其强势，明显强于大盘。午后发力上板，封板近 5 分钟后出现烂板，由于大盘持续走弱，盘中多次开封，直到 14:05 才稳定下来。第二天，小幅低开后强势涨停，烂板后再次成功回封。该股不管大盘如何低迷，依然我行我素，说明盘中筹码稳定，低迷市场中出现 5 连板。

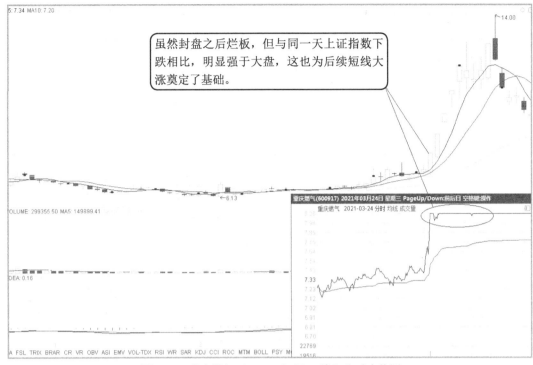

虽然封盘之后烂板，但与同一天上证指数下跌相比，明显强于大盘，这也为后续短线大涨奠定了基础。

图 2-30　重庆燃气（600917）日 K 线和分时走势图

在大势低迷时期，个股万绿丛中一点红，方显主力强者本色，谁强谁弱，一目了然。那么如何研判个股与大盘的关系呢？这里提供几点思路，供大家借鉴。可以从日线结构和分时走势两个方面入手。

（1）在日线结构上，大盘处于下跌调整时，而个股提前企稳横盘；当大盘止跌企稳时，而个股提前启动上涨；当大盘向上盘升时，而个股出现加速拉升；当大盘滞涨调整时，而个股拒绝回调。当大盘所对应的个股出现上述现象之一，均可以认定为有妖股潜质，当然是否成妖还要结合其他因素进行分析。

（2）在分时走势上，当大盘出现放量跳水或持续下行时，个股拒绝下跌，一旦大盘止跌企稳，股价立即出现新一波拉升；或者，个股随指数跟风下跌，当大盘止跌企稳，股价很快恢复原位。这些盘面现象，表明主力护盘积极，做多意图明显。

2. 烂板与下午板

在实盘操作中，常规思维难以理解的事会经常出现，发生非一般思维的怪异现象，午后回封板就是其中的一种形式。

每天下午或尾盘走势非常关键，它是对一天行情的总结，也关系到短期的运行方式。经常发现有的个股全天震荡盘整，盘面表现平淡，并没有引起市场的关注，而到了尾盘快速拉到涨停；也有的个股早盘非常强势，涨停封板不动，而下午临近收盘时开板震荡，形成烂板走势。这些盘面现象都是值得研究的，是反映主力意图的盘口信息。

图 2-31，北气蓝谷（600733）：2021 年 4 月 15 日的走势，全天大部分时间弱势整理，

午后逐波走高，尾盘几度拉板、封板，最终还是没能成功封盘。

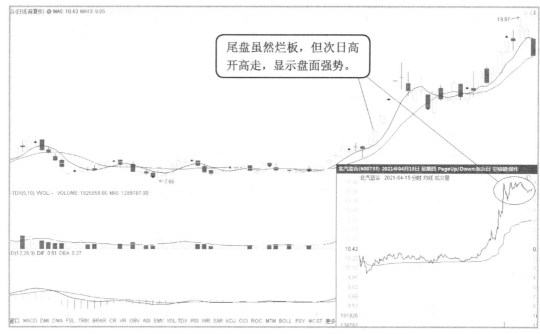

图 2-31　北汽蓝谷（600733）日 K 线和分时走势图

那么遇到这种盘面怎么操作？首先看大盘走势是弱是强。若大盘弱势，则该股属于强势；若大盘强势，则该股属于跟风。其次看股价位置，该股位于前期盘区附近，正常换手是免不了的。最后看次日走势，若次日强势，尾盘拉升属于真涨；若次日走弱，则尾盘上涨属于诱多。

对照上述三点，该股操作思路就清晰了。当日大盘并不强，该股走势强于大盘。股价遇到前期盘区阻力，展开震荡当属正常。次日高开，显示主力做多意愿。因此，可以在次日以开盘价介入，或打板入场。

迷茫出真龙，烂板出妖股。在大盘低迷时期，资金往往会选择人气高涨的个股抱团，要么前期人气妖股，股性逆天；要么主流题材龙头，资金接力。烂板或下午板之后的第二个交易日，最好在 10:30 前快速涨停，这就是 2 板确定买点。

五、烂板出妖股原理

市场中出现的大妖股，对于一般散户来说，想要从头吃到尾是不可能的，但是掐头去尾吃到大部分主升浪，是完全可能实现的。事实上，这些股票有一个共同点，启动的时候都是烂板。但这只是表象，更重要的表象深处，烂板代表着分歧。

烂板出妖股，大妖股多有烂板，内在逻辑是妖股会有各路资金不断追捧介入接力上涨，分歧—一致—又分歧，众多资金进进出出，市场情绪亢奋，才会成为妖股，而不像连续顶一字板的个股，中途没有接力换手，一家独吃，开板就面临调整风险。

烂板出妖股，关键是弱转强。第1板介入之后，后面特别关注的地方，弱转强则强，打板是强势介入，后面走势不符合预期则弱。强留，弱去，是短线操作的原则。

实盘中没有哪一只妖股未经历过烂板洗礼，真正的妖股就是从烂板中产生的。妖股的第一感觉就是越妖越烂、越烂越妖。烂板可检验一只股票的强度，在正常理论中烂板之后应该走弱，如果烂而不弱，反而走强，说明其有反常、有妖性。

烂板出妖股的理论依据：烂板换手后走出来的健康筹码，具体有四个条件：烂板、爆量、抢筹、空间板。

（1）烂板。一只股票要上涨，必须有健康筹码做基础。如果是参差不齐、乱七八糟的筹码结构，就难以形成合力一致方向。

经过充分换手，才能解放短期内套牢筹码，或突破压力位时洗出浮筹，换入健康筹码。

健康筹码的持仓成本势必平均，没有太多获利兑现，无太多上方就近套牢。只有持仓成本相近的筹码，才会有稳定内在结构，稍微点火即可上涨。

（2）爆量。妖股需要合力，龙头需要爆量。没爆量的都不能说是龙头，既然是市场领袖，必须有爆量，接受群众的检验。

既然是爆量，必然爆在关键位置。

一是底部首板，烂板爆量。解放底部获利或套牢筹码，烂而不爆则更强，代表筹码更加干净。

二是关键位置，烂板爆量。关键位置主要是技术压力位、情绪突破位。比如市场没有5板股，第一个5板股烂板爆量，振臂一呼。

筹码健康只是妖股走出的一个必备条件，烂板也是换手健康筹码的一个手段，因此妖股分歧转一致时，才是最佳买点。

（3）抢筹。妖股是市场的合力，有资金的接力，才能让股价走妖。抢筹方式有竞价抢筹、拉升抢筹、开板抢筹、回封抢筹、低开抢筹等。正因为有外部资金源源不断地入场抢筹，使烂板才会烂而不弱、烂而走强。没有抢筹的烂板，就是真烂板。

（4）空间板。妖股必须是市场的高标股，是市场的一面旗帜，具有号召力和感染力。如果不是空间板，而是其他跟风板，则很难成妖。空间板参阅上述有关章节内容。

烂板的当天是不能确定其能否走强的，一般在第二天或几天后再去检验它能不能走强，检验标准：一个是竞价高开的幅度，另一个是能否冲涨停。烂板之后还能高开3%~5%，那么说明它就是强势，这时可以直接竞价试仓，之后在上板确认时再加仓。还有几种变相的烂板，分时不烂，但在涨停板上不断抛压、换筹，量能变化不大；如果是分时上出现的烂板，一个特点就是抢筹回封的，另外最好是空间板，而不是一个普通涨停板。

▌▌▌ 第六节　反包板

一、反包板特征

什么是反包？通常是指强势股涨停或连板后，调整一天或几天，然后再度强势涨停，收盘超过前高，包住前面调整 K 线的盘面形态。

反包含义，就是当股价分歧调整后，能够很快出现弱转强回升，并覆盖前面的调整 K 线。前面回调 K 线称为调整线，后面回升 K 线称反包线。反包战法运用在超短线成功率极高，风险系数较小，深得超短线投资者的喜爱。

市场机理：反包的本质其实就是由弱转强。它是龙头股的快速洗盘手法，也是聚集人气最快的方法。

反包目的：阴线被阳线覆盖，目的很显然是洗掉不坚定的浮筹。从主力层面看，既然选择了"解放"所有套牢盘，那么主力不会简单地停留在筹码"解放区"，后面大概率会有更高的溢价出现。

反包有多种形式，反包形态可以是反包一天的阴线，也可以是反包连续几天的阴线，但不管是几天的 K 线，若后面要大幅上涨，基本都是覆盖近期所有实体线的高点，假如上影线较长的话，也至少要覆盖上影线的 2/3 位置。

通常反包形态结构是第一天涨停（或涨幅大于 7% 的大阳线），第二天收阴线（调整线），第三天反包涨停（反包线）。

强势反包形态的技术特征和要点如下。

（1）反包涨停之前有连续的涨停动作（2 连板以上），但有时候连续大阳线也可以替代，有短线资金进场，次日出现阴线被覆盖，而这一部分资金在阴线这一天可能被消化掉了，也有一部分利用资金优势强行扭转势头，以涨停的方式实现自救。

（2）反包必须完全涨停，反包前一天的最高价，但有时不露的反包也非常强劲，需要灵活把握。

（3）板块人气股，反包个股一定要有市场认可的、以前没有炒作过的题材或热点。比如 5G、芯片、区块链、数字货币、碳交易等。

（4）连续涨停后，某天放量分歧回调，但不跌破 10 日均线。在隔日或者隔几日之后上演反包行情，也就是反包战法中的 n+n 模式。

（5）前面的筹码不能太集中，如果有大资金被套，谁去解放，谁就会被砸死。

（6）反包形态大多在市场不太好的时候出现，这样迅速拉升能够吸引市场眼球。

（7）涨停封单要比平时大，这样才能镇住抛压盘。主力用气吞山河的涨停气势来告诉大家：股价就要拉了。

（8）当然，有时候市场也喜欢炒作一种图形，反包就是其中之列。

二、反包板类型

（1）依反包性质不同可分为阳线反包和阴线反包。阳线反包大多出现在上涨过程中的回档，以大阳线反包前面的调整线；阴线反包大多出现在下跌过程中的反弹，以大阴线反包前面的反弹线。

（2）依股价是否上涨可分为上涨反包和回调反包。上涨反包也叫停顿反包，是指前一天调整线收假阴线，而股价实际小幅上涨；回调反包也叫 N 型反包，是指前一天调整线收阴线，而股价也下跌。

（3）依 K 线是否为实体线可以分为影线反包和实线反包。影线反包是指前一天调整线为长上影线；实线反包是指前一天调整线为阴阳实体 K 线，影线部分较短。

（4）依反包时间紧密程度可分当日反包、次日反包和隔日反包（多日）。

（5）依 K 线的结构不同可分为单日反包和多日反包。单日反包是指前面单日 K 线（调整线），后面单日反包（反包线）。多日反包有三种情形：一是前面单日 K 线（调整线），后面多日反包；二是前面多日 K 线（调整线），后面单日反包（实盘中比较多见）；三是前面多日线（调整线），后面多日反包。

（6）依反包力度强弱可分为大阳反包、涨停反包、一字反包。一字反包形态包括前面的回调一字跌停板和后面的上涨一字涨停板两种情形。

（7）依股价是否连板可分为断板反包和趋势反包。断板反包是指股价中断连板之后出现反包；趋势反包是指在涨势中非连板情形下出现反包。

三、实盘操作策略

1. 市场因素

那么什么样的股票容易出现反包涨停形态？必须是当下市场热点，这是大前提，然后结合下列市场因素进行分析。

（1）流通市值小，一般流通市值 50 亿元以下为佳，次新股反包现象居多，大多是高送转及题材概念股。

（2）股价处于刚刚启动阶段，K 线看起来像要涨又要跌的样子，让散户不敢买入，能起到出其不意、攻其不备的效果。

（3）开盘先跌后拉升，洗盘迹象明显，盘中有数次回拉动作，也就是说盘中有主力在暗中吸筹，为第二天的反包做准备，主力手中没有筹码，第二天的反包就没有意义。

（4）题材足够大，能快速吸引游资和散户的眼球，一旦启动反包，有一呼百应的效果，让人感到这才是大牛股，千金难买的牛回头，大牛饮水，妖股空中加油形态，为后面继续疯炒加油。

（5）在收阴线那天，早盘是先跌后拉升，开盘下跌起到洗盘效果。

（6）反包涨停那天，一旦涨幅拉升 5% 以上，出现大单扫货，不给空方以任何喘息之机，在许多人将信将疑之时，股价立马奔向涨停位置，分时线中有时不给回调低吸机会，或直接封板。

图 2-32，正川股份（603976）：在上涨过程中，股价连续拔高后，出现短暂的调整，2020 年 7 月 6 日涨停大阳线拉起，形成反包形态。该股流通市价值较小，股价虽然前面有了一波上涨行情，但新一波行情刚刚启动，主力洗盘迹象明显，有新冠肺炎疫苗研发重大题材，主力扫货迹象明显，所以反包后股价连续走强，形成 5 连板行情。

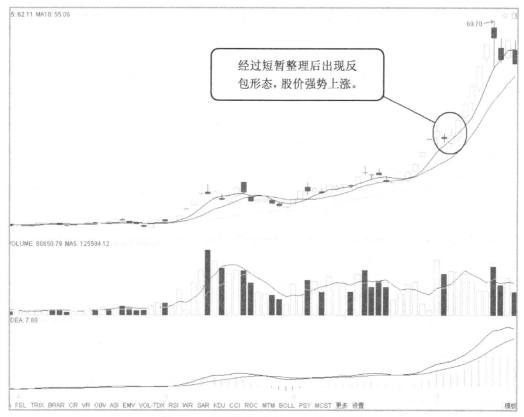

图 2-32　正川股份（603976）日 K 线图

2. 买入条件

反包涨停股当天买入条件如下。

（1）竞价低开，低开幅度最好不超过 3%，开盘后迅速拉升，速度越快越好，立即翻红的最佳。

（2）竞价低开，开盘后回落，但是很快就被大单拉起，放量穿过开盘价。

（3）竞价高开，开盘后回落，然后再次迅速直线拉升，重新站在开盘价之上。

（4）竞价高开，开盘后拉升，股价穿过前一天的成交均价线。

（5）反包涨停当天缩量涨停，封涨停时间越短越好。

（6）反包涨停高开力度越强越好，实体越短越好，最好是一字板涨停。

需要注意的是，买入后涨停即为成功，如果买入后没有涨停，出现阴线形态，第二天无论出现什么走势，最好离场。买入后没有涨停，但是也有一定的拉升涨幅，当天浮盈超过 5% 的，第二天可以观察是否再次走强。

3. 正确买点

（1）激进买点：反包拉升之中，突破昨天最高价时入场。

（2）保守买点：反包涨停封板的时候，挂单买入，确定性更高。

4. 保护价位

（1）跌破买点的保护位：亏损 8%，果断离场。

（2）跌破反包涨停最低价的保护位离场。

四、首阴反包板

1. 首阴反包板关键点

市场中反包个股非常多，在个股高度一直打不开的情况下，牛股都是从反包形态中走出来的。首阴反包战法的关键点有以下几种。

（1）个股必须是近期连续上涨的龙头股或妖股，且处于主升浪阶段，5 日、10 日、30 日均线呈多头排列。个股具有好的股性及题材，被市场资金所认可。

（2）首阴出现的位置以 2~4 板最佳。2 板首阴，市场关注度不够，而 5 板以后首阴，受制于第一波高度太高，第二波启动点已经处于高位，很难再起主升浪。

（3）首阴当日呈缩量调整（一字板或 T 字板除外），表明资金没有出逃迹象。反包阳线放量上攻，成交量和换手率偏大，表明市场分歧大，资金接力，容易拉出更高的高度。

（4）首阴的次日股价回踩 5 日或 10 日均线后，出现快速放量拉升，若缺口不补更为有效。

（5）要有一定的市场关注度和独立性。有关注就有人气，独立性代表不会被市场其他高度股压制。

（6）首阴当日的筹码必须承接健康，不出现单边下跌的分时走势，分时承接有力代表有资金看好，在持续低吸。

（7）首阴隔日的竞价必须是爆量平开或高开，爆量代表市场资金认可度高，平开或高开代表超预期。最好的是开在前一天的密集成交区之上，让前一天买入的资金开盘就处于获利状态，减少恐慌抛压，将潜在的抛压直接变成筹码支撑。

（8）分时图显示成交密集放量，并快速站上均价线。分时图呈现连续 N 型上攻态势，上攻角度越陡峭，攻击力越强。

（9）反包之后的次日，密切注意攻击强度，如果早盘继续有巨量封板则继续持有，反之，在攻击力度衰竭初期便可减仓，破位攻击结构可全部离场。

（10）最重要的一点，核心筹码未动。核心筹码严格来说，是根据日内分时形态，结合分时量能，再根据换手和日 K 线的压力支撑，综合得出来的一个筹码区间。

首阴反包必须看大盘脸色，一旦买入理由消失，就要坚决离场。换个角度看，少亏一点也是赚，趋势是投资者最好的朋友。

图 2-33，泰达股份（000652）：2020 年 1 月 22 日首阴，隔日高开 3.71% 后，股价快速拉至涨停，全天封板不动，形成首阴反包形态，开启主升浪行情，接着出现 6 个一字板，10 天 9 板。又如，航天长峰（600855）：2020 年 3 月 24 日首阴，隔日反包开启主升浪，12 天 9 板。

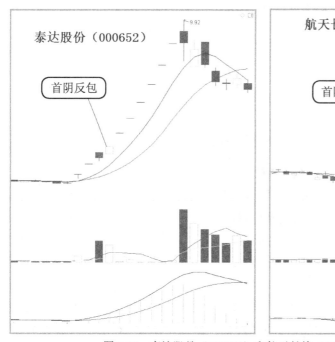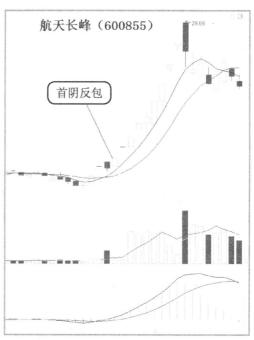

图 2-33　泰达股份（000652）和航天长峰（600855）日 K 线图

首阴反包后走妖的个股非常多，如模塑科技（000700）、星期六（002291）、振德医疗（603301）、省广集团（002400）等妖股，都经过首阴反包走势。

2. 首阴反包板套利模式

市场本身就是在玩击鼓传花的游戏，赚钱氛围高涨的时候资金喜欢接力，在震荡行情中资金相对比较谨慎。题材刚出来时，个股炒作情绪一般是看好转一致顶板，一致再分歧拉出实体换手板，分歧再一致缩量加速板，再到爆量见顶。

只要把握市场节奏，在合适的点位进场，首阴反包的成功率是非常高的，即使第二天没封板，也会有一定的盈利空间。但是，套利还是需要一点技巧的。根据多年市场经验，总结以下几点。

（1）个股需要有一定的人气，市场人气总龙头或者板块龙一地位，不是游资或者庄股纯资金炒作。

（2）逻辑要足够强硬，具备多概念题材叠加，有足够的想象空间，能够吸引大资金进场炒作。

（3）已经有 2 板以上的涨幅，说明不是一日游行情，具备一定的炒作空间，被大众资金所认可，容易吸引打板者进场。

（4）每天复盘时细心研究 2 板以上的个股，同板块中出现 2 只股票以上的话，只留意龙一即可，分析个股的炒作逻辑，通过基本面判断后期是否还有上涨空间，以及上涨空间有多大。

（5）首阴之后买入时机更为重要，毕竟做的是套利，什么时候、什么点位进场非常重要。首先看下杀过程中的承接力度，如果下杀过程中都是小单子在承接，大单在跑，直接砸跌停，这种情形直接放弃，即使有被翘板也是极少数；如果下杀过程中有大单在承接，这个时候继续忍住，毕竟盘中行情不确定，大资金是否还要往下砸，可等待收盘前最后几分钟确定没有大资金要跑时再进场。

（6）收盘之前股价要站在 5 日均线上方，如果跌破 5 日均线要抛弃，毕竟趋势一破形态还是比较难看的，拉动一只股票需要资金合力，趋势破位意味着很多资金不看好甚至很多资金第二天开盘直接往下砸。

（7）只要当天没砸死，有资金承接，第二天大概率会冲高甚至有反包的机会。如果第二天开盘直接往下砸，那表明失败大资金亏钱出逃，这种情形盘中找高位直接止损出局。

（8）在一轮主升浪行情中，3 次或超过 3 次的反包涨停，注意短线调整压力，不应盲目打板。

五、反包低吸技巧

反包是利用强势股日线级别的调整作为选股对象，再用分时级别的弱转强作为买入依据，日线与分时相结合，确定性更强，成功率更高。所以，弱转强可以从两个方面去看，一个方面是日线级别的，另一个方面是当日分时级别的。

1. 日线级别

强势股在运行过程中，并非都是连续涨停的，也会出现断板调整现象，其原理就是资金合力行为，强势股并非一路资金打造，而是多路资金共同合力形成。资金的进出就会出现分歧和一致，分歧大了就会跌，一致性强了就会涨。

从另一个角度讲，弱转强的逻辑就是强势股的再次上涨，因为很多股票的启动阶段都是迅速完成的，第一波资金介入不是很深，大部分资金抢不到筹码，没有享受盈利机会。但由于股票本身的题材和逻辑都很硬，往往会去接力第一波赚钱抛出的筹码，然后发动再次上攻。

图 2-34，保龄宝（002286）：2020 年 7—8 月的走势中，三波拉升上涨，两次 N 型反包，中间有隔日反包，成交量积极配合，盘面走势非常强势。

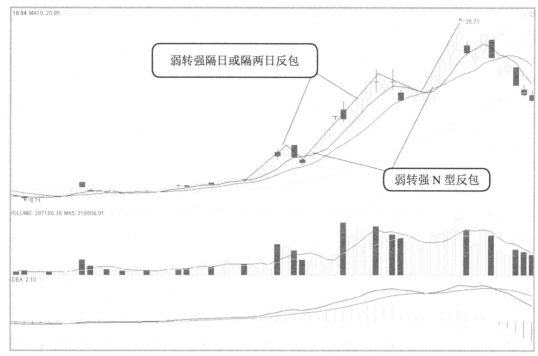

图 2-34　保龄宝（002286）日 K 线图

这就是典型的日线级别弱转强了，具体买入方式可以参考龙回头交易模式。大多数强势股走不出这么强势的日线级别弱转强的波段，所以龙回头模式大多数时候做的只是一个反弹，并不是反转行情。但既然在二波启动时能有效地抓住买入机会，后期是反弹还是反转，到底有没有更多的上升空间，这就需要对上涨逻辑的理解和短线的分时盯盘技巧了。

2.分时级别

分时级别的弱转强是短线低吸的核心，是判断短线低吸买入后能否当天涨停的重要判断依据。这个逻辑理解起来有点困难，举几个实例进行剖析。

图 2-35，宜华健康（600150）：2021 年 4 月 23 日升始股价连拉 2 板，向上拉升脱离底部区域，然后进入洗盘换手整理，但股价并没有出现明显回落，说明日线级别是强势的。5 月 7 日收大阴线，股价下跌 8.21%，预期短线股价要调整，这不得不让人担忧。第二个交易日小幅高开 1.05% 后，略微上冲就向下回落整理，看起来盘面仍然较弱。整理半个多小时后，股价重新翻红，并逐波向上推高，形成弱转强走势。午后强势拉板，弱转强走势得到确认巩固，之后股价出现 5 连板行情。

3.三种形态

分时反包弱转强的三种形态：当日反包（龙头才会出现）、隔日反包、隔几日反包。

（1）当日反包，指的是当日换手，当日反包，K 线大长腿。

（2）隔日反包，指的是调整一天后，第二天就强势反包涨停。这一点好理解，无须再用实例讲解。

（3）隔几日反包，指的是调整2个交易日以上，然后强势反包涨停。这一点也无须用实例讲解。

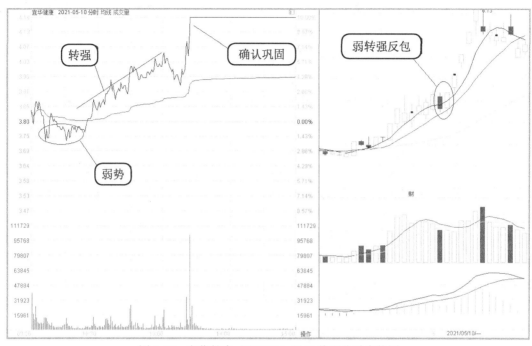

图 2-35　宜华健康（600150）日 K 线和分时走势图

这种交易模式的内核在于：该涨不涨则跌，该跌不跌则涨。强势股出现阴线回调，理应惯性下跌，但是第二天不但没跌，还出现转强动作，说明做多意图强烈。用日线级别的阴线回调作为判断依据，从分时当中寻找转强买点，这种双保险的成功概率很高，也是经常当天抓涨停板的重要手段之一。

最后说明三点：一是最好做强势股的首阴回调低吸。二是注意日线与分时的一致。谨慎的是：日线级别走弱，而分时级别转强；日线级别强势，分时级别弱势（如烂板、炸板）。克服方法：以日线为主。三是强势股的短期生命周期为3天，3天不走反包放弃（趋势反包可延长）。

▏▏▏▏ 第七节　出货板

● 一、龙回头出货板

1. 前提、定义、性质和原因

龙回头的前提必须是龙，如果不是龙，何谈龙回头之说。这个龙，是市场认可的龙，是市场选择出来的龙头股，市场地位明显。龙头股大致分为这样几个阶段：启动—发酵—加速—分歧—反包—龙回头。

对于龙回头可以下一个简单的定义，即龙头股在完成几个超短期上涨阶段之后，高位反包后回调，然后向上反抽的一个动作状态。

既然是一个向上反抽的动作状态，重要的是向上持续性的问题，这个需要参考题材，上涨逻辑，基本面是否继续支持，包括当时所处的市场环境，龙头股回调时间或者调整幅度大小，以及是否缩量止跌等，这也就是为什么说，有时候做龙回头没有溢价，有时候却随心所欲。

龙回头的前提、定义、性质和原因：

第一，前提——必须是市场认可的真龙。

第二，定义——市场地位明显，具有号召力，能聚集市场人气，能引领市场运行方面的股票。

第三，性质——在热点逻辑结束后，强势股一个向上反抽动作。

第四，原因——一是市场情绪氛围高涨，行情余波未尽；二是主力没有完成出货，借反抽高点撤退。

2. 市场特征

根据龙回头上述前提、定义、性质和原因，它有以下市场特征。

（1）一波上涨行情已经结束，热点渐退，但尚有余热。

（2）不是一波独立行情，仅是一个向上的反抽动作，但反抽力度大小不一，有时超过前一波的高点。

（3）在重要位置获利支撑后，股价再次强势回升。通常，股价从前期高点回调一段时间后，到达前期平台成本线附近，如果有做多资金想继续拉反弹，会出现止跌回升走势。

（4）止跌K线出现星线，小阳线或长下影线，成交量萎缩。第二天平开或者高开，股价一直延均线拉扯，稳步上涨。

（5）龙回头在上午充分换手消化套牢盘，下午涨停才健康，如果上午涨停容易被砸。

（6）成本线判断，从高点下来跌幅20%~30%附近位置止跌，然后关注盘面是否出现反弹。

3. 核心逻辑

在龙头股见顶之后，时常有资金介入程度很深，无法全身而退，或者是有资金接到了最后一棒不忍割肉离场，这时候资金就会反复做T拉低成本，做一个深度回调动作，洗掉浮动筹码，然后准备再次拉升出货。

另外，在市场无热点期间，资金比较分散，没有抱团标的进攻，所以资金各自为战，这时老龙头就会被挖掘出来。老龙头调整时间够久，该走的都已经走了，吸筹潜伏，伺机拉升套利。

以上两种情况就是龙回头现象，龙回头基本都是反抽而不是反转，本身上涨逻辑已经结束，没有新题材、新概念、新消息续命的话，高度只有一两个涨停板。

需要特别提醒的是，龙回头是低吸，不是打板。所以做龙回头的时候要格外小心，错过安全买入点之后就不要去跟进了，盈亏比不划算，预期止盈应该在 10%~15%。

二、龙回头买点

买点在成本线附近，如果出现止跌即可关注，第二天平开或者小幅高开，在分时均线附近买入，买入动作最好在上午。切记，龙回头不能追涨打板。

第一，一直强调的是前期必须是龙，一定要是市场认可的龙头。那么，龙头的买点是什么？可以参考以下三个标准。

（1）量的标准，最好是 3 板以上换手。换手板一定要关注，市场合力上来的，筹码换手比较充分，题材发酵比较好，市场情绪也比较热烈。

（2）回调幅度，也就是刹车距离，滑行的距离。龙头分歧（局部见顶）到龙回头的前一天这个幅度大小参考指标。一般龙回头调整幅度在 20%~40% 之间，如果回落幅度太大，盘面气势受到影响，不利于龙回头走势。

（3）回调时间，不宜太久，保持市场温度。一般龙回头调整时间为 2~6 天，如果时间太长，市场热情下降，不利于主力发动龙回头反抽。

图 2-36，君正集团（601216）：在回落和拉升过程中，主力实施了减仓和出货计划，但主力手中筹码较多，难以一次性顺利撤退。随后股价回落到前期连板后的开板位置附近，由于该位置是前期短线筹码换手的地方，对股价有一定的支撑作用，因此主力借题发挥，2020 年 8 月 17 日开始连拉 2 个涨停，形成龙回头走势，然后主力在高位继续出货。之后，股价再次回落至该位置附近时，也出现龙回头走势，只是回升力度明显减弱，因为主力已经派发了大量筹码。当主力完成出货计划后，股价开始向下破位，可见，龙回头跟主力是否完成出货有很大的关系。

第二，一般来说，以缩量止跌作为参考，表明下跌动能局部衰竭，容易引发反转。在 K 线结构上，有缩量止跌 K 线，或者以大阴线、小阳线结束调整，这在实盘运用当中要结合参考。

根据经验来看，一是综合参考之后建议尾盘最后几分钟观察进场，二是大阴线次日或者均线下方分时急杀低点考虑进场。

图 2-37，东方通信（600776）：经过一轮拉升行情后，成为家喻户晓的 5G 龙头股，吸引市场资金的广泛关注。2019 年 2 月 26 日形成局部顶点，股价出现回落，但余热未退，3 月 1 日股价打压到跌幅 5% 以上时，被多方强势拉起，形成龙回头走势。说明下方承接能力很强，短期买点形成，随后出现 4 连板。

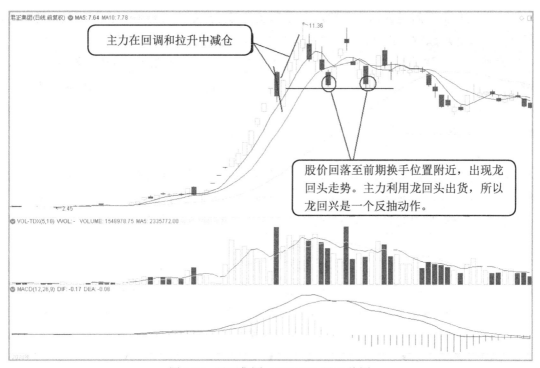

图 2-36　君正集团（601216）日 K 线图

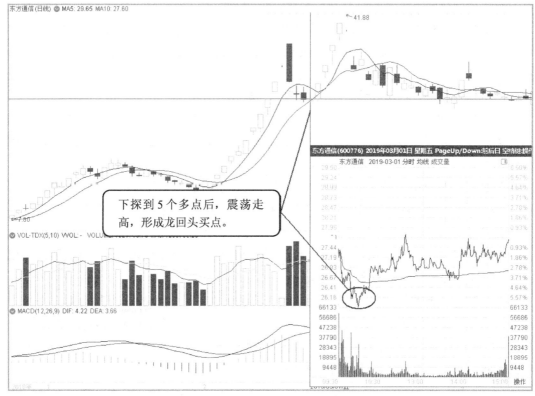

图 2-37　东方通信（600776）日 K 线和分时走势图

第三，有无龙回头？何时出现龙回头？龙回头的强度有多大？与市场情绪氛围和主力是否顺利出货及出货量有关，所以确定龙回头买入机会时，要与主力意图结合起来分析。以下几个主要位置容易出现龙回头走势。

（1）在主力出货区域低点位置。根据 K 线组合分析主力出货情况，出货不充分的，会在该位置附近产生龙回头走势。

（2）在高位震荡盘区低点位置，是主力出货区域中的一种盘面形态。如金力永磁（300748）2019 年 6 月在高位低点形成龙回头走势。

（3）在股价见顶之前，出现短暂震荡的，在震荡位置附近容易出现反抽走势。如星徽精密（300464）2020 年 7 月在前期开板位置附近出现龙回头走势。

前期缺口附近，缺口的上方和下方都有作用。如模塑科技（000700）2020 年 2 月在缺口附近出现龙回头。

（4）首次回调，在 10 日均线附近；第二次回调，在 30 日均线附近。如江淮汽车（600418）2020 年 6 月 11 日首次回落至 10 日均线附近时出现龙回头现象，7 月初第二次回落时，在 30 日均线附近出现龙回头反抽。

三、龙回头卖点

从定义中得知，龙回头是一个向上反抽的过程，对龙回头的持续性不要期望太高。一般情况，买入成功之后当天出现涨停，第二天也会有溢价，什么时候不涨停卖出就可以。这里也有个小技巧，如果股价当天连续冲击两次涨停失败则坚决出局，如果没有出现冲涨停动作则尽量拿到收盘，或者股价在分时均价线之下运行半小时以上，找机会出局。

图 2-38，中信重工（601608）：军工概念龙头股，2019 年 3 月 12 日出现龙回头走势，次日快速冲高 5% 以上时，就结束了龙回头行情，股价逐波下行。如果在前一日打板进入的散户，早盘跑得慢的话，只有亏钱出来。

涨停第二天持续性不强，龙回头是一个超短线玩法，犹如虎口夺食，危险系数很高，对了吃肉，亏了吃面。所以，龙回头不是用来打板的，而是以低吸为主，无论是亏损还是获利，都应做到快速出局。面对龙回头需要注意以下几点。

（1）龙生九子，各有不同。龙回头只是理论上的解析，不是所有的龙都会出现回头。根据市场情绪氛围和主力出货程度，市场人气越高，回头概率越大，主力没有顺利出货，回头的力度就大，当然也要结合市场当时的情绪周期。

（2）龙头股识别不明显，市场代表性不强，这方面有资金分歧，市场一部分人认为是龙头，一部分人不认可这个龙头，只是板块内的龙头股，不是当时市场的总龙头，虽然涨停板的高度有了，但是一部分资金不认可，也难以带动板块性的行情，回调之后几乎没有反弹高度。

（3）博弈龙回头，没有出现预期的龙回头走势，应及时出局。止损快，亏不了大钱，亏大钱的一般是扛单。

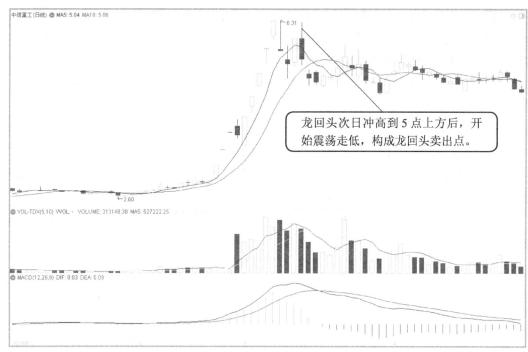

图 2-38　中信重工（601608）日 K 线图

四、垂死挣扎板

1. 应用原则

垂死挣扎也叫"逃命长阳"，是指多头出现最后的拉高而形成的 K 线形态。股价经过持续性的大幅上涨后，在高位大幅震荡过程中，主力为了诱多出货，再次拉出大阳线或涨停大阳线，但股价并没有持续上涨，次日往往是冲高回落，表明多头主力做最后的努力，形成垂死挣扎走势，不久股价转为下跌，所以将这根 K 线称为多头垂死挣扎线。

市场机理：　波拉升行情已近尾声，盘面气势和上涨动力开始减弱，但市场余温尚在，仍有反弹能力，主力做最后的努力，将股价顽强拉高，创造更加有利于自己出货的空间，这是主力出货的前期表现手法，经过垂死挣扎后市场进入中期调整。

垂死挣扎战法的一般应用原则如下。

（1）垂死挣扎线只做低吸，不宜追板。

（2）涨停次日高开上冲乏力、股价不能持续强势时，应及时离场。

（3）涨停次日股价低开震荡时，应果断离场，不抱任何幻想。

（4）涨停次日股价跌停收盘时，无论何时开板，都应及时离场。

（5）当错过高位离场良机后，后市股价回升到涨停大阳线附近时，也应止损离场。

2. 形态特性

（1）前期出现的股价连续或快速上涨行情结束，市场进入强势震荡，此时盘面并没有完全走弱。

（2）成交量大幅放大。前期上涨时放大量的，垂死挣扎线本身量也大，基本与前期持平。

（3）盘面出现大幅度震荡。在垂死挣扎线出现之前几个交易日，股价出现过深幅回调，或震荡整理走势。

（4）垂死挣扎线本身具有很强的攻击性，一般是涨停大阳线或光头大阳线，只是由于主力出货而未能延续这种攻击走势。

（5）在整个盘区中，垂死挣扎线都有可能出现，并且有可能多次出现。

（6）垂死挣扎线可以是单根 K 线，也可以是多根 K 线组成。

3. 实例剖析

多头垂死挣扎大多出现在大涨之后的高位震荡过程中，也就是说主升浪行情已经基本结束，是主力出货过程中的一种拉高动作。背后主要有两个逻辑：一是前期股价出现大涨或快涨；二是上涨后出现强势震荡。如何鉴定前期的大涨或快涨行情，可以参考以下五种情形。

（1）股价前期出现连续涨停（中间可以夹有小星线或小阴小阳线）。

图 2-39，戴维医疗（300314）：该股 2020 年 6 月 24 日向上脱离底部区域后，出现一波拉升行情，短期股价涨幅较大。在拉升过程中，中间夹带小星线和小阴小阳线，这些细小的 K 线并不影响整体上涨趋势。当股价短期涨幅较大后，主力在高位不断派发获利筹码，导致盘面出现震荡走势。7 月 21 日，开盘后股价逐波拉高，盘中一度上摸涨停价位，但股价没有封板，次日冲高至前高附近时回落，多头出现垂死挣扎走势，之后股价渐渐走弱。

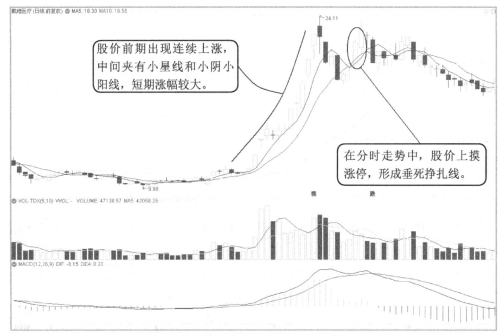

图 2-39　戴维医疗（300314）日 K 线图

（2）股价前期出现加速上涨现象（前期缓缓推升，后期出现急速上涨走势）。

图 2-40，宏达矿业（600532）：该股成功构筑底部后，股价缓缓向上走高，到了后期出现加速上涨走势，这是多头最后的冲刺动作。2020 年 7 月 6 日，在高位震荡中出现垂死挣扎走势，主力出货迹象明显。第二天高开低走后，股价进入调整走势。

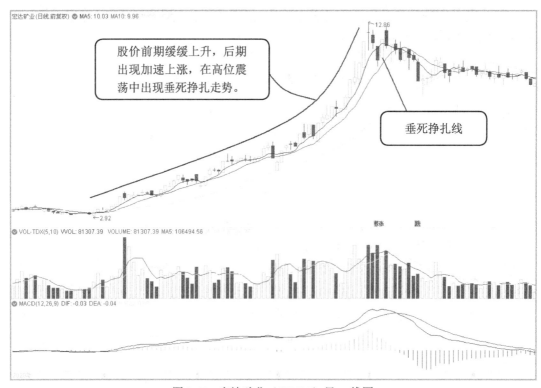

图 2-40　宏达矿业（600532）日 K 线图

（3）股价累计涨幅较大，主力获利丰厚，在高位出货时收出诱多涨停大阳线。累计涨幅包括拉升涨幅和盘升涨幅（主要指中长线大牛股的总涨幅）两种情况。

图 2-41，秀强股份（300160）：该股向上突破后出现一轮飙升行情，13 个交易日拉出 12 个涨停，短线涨幅较大，主力获利丰厚，股价在高位出现大幅震荡。主力为了出货需要，2020 年 3 月 4 日和 5 日连拉两个涨停，6 日惯性上冲至前高附近后回落收跌，两根大阳线形成垂死挣扎线，之后股价快速下跌形成中期头部。

（4）在高位一字板之后，通常在 3 个涨停后出现一字板或 T 字板，然后在高位震荡中收出涨停大阳线。

图 2-42，凯撒文化（002425）：该股连拉 2 个实体板后，出现整理星线，然后出现一字板，接着又是实体板，之后连续 4 个一字板和一个 T 字板，短期股价涨幅较大。主力在高位平台整理中出货，2020 年 7 月 6 日和 7 日在高位连拉两个涨停，形成强势突破之势，大有新一轮大涨行情爆发之兆，以此吸引散户入场。可是，7 月 8 日从涨停价开盘后，股价直线下降，全天弱势震荡，当日收跌 7.66%。高位一根长达 17.66% 的大阴线，彻底浇灭了上涨气势，从此股价进入弱势整理。

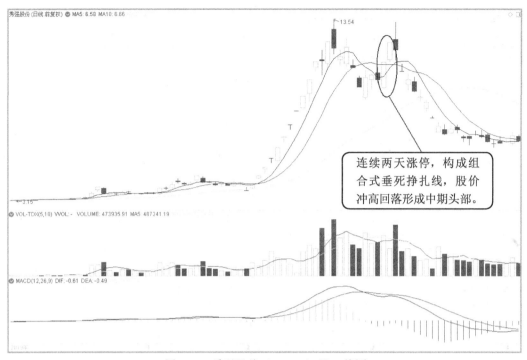

连续两天涨停，构成组合式垂死挣扎线，股价冲高回落形成中期头部。

图 2-41　秀强股份（300160）日 K 线图

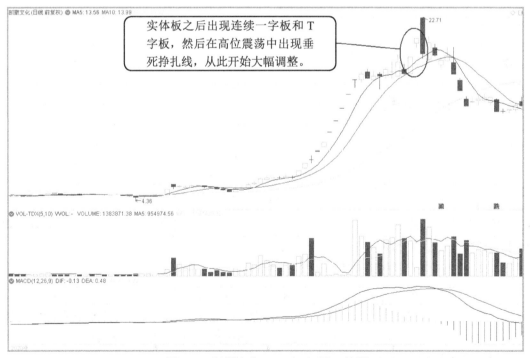

实体板之后出现连续一字板和 T 字板，然后在高位震荡中出现垂死挣扎线，从此开始大幅调整。

图 2-42　凯撒文化（002425）日 K 线图

（5）连续一字板或 T 字板后，在拉高震荡中收出涨停大阳线。

图 2-43，强生控股（600662）：该股连拉 7 个一字板后，在高位出现震荡，主力在

震荡中不断派发获利筹码。为了吸引市场眼球，2020 年 6 月 3 日收出涨停大阳线，形成突破性走势，不少散户跟风入场。可是，第二天大幅低开 4.64% 后，股价全天弱势走低，垂死挣扎线确立，股价从此进入调整。

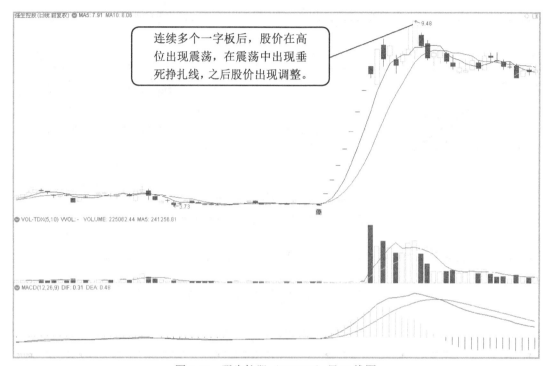

图 2-43 强生控股（600662）日 K 线图

五、虎口逃生板

1. 形态特征

虎口逃生就是在主力诱多涨停出货时及时离场，一旦落入虎口，就难以保命。

该战法是垂死挣扎战法的延伸，二者具有连贯性，其区别是：通常先有垂死挣扎，后有虎口逃生，在强度上垂死挣扎要强于虎口逃生，从理论上讲垂死挣扎属于涨势后期的冲高，而虎口逃生已经从涨势渐渐转为跌势。

市场机理：主力完成了所有的拉升计划，并已产生丰厚的利润，股价也没有持续上涨的理由，于是利用涨停板隐蔽手法兑现手中获利筹码。主力为了掩盖出货目的，在一轮上升行情的最后阶段拉出涨停板，形成一种咄咄逼人的上涨气势，让投资者茫然，并有买进的冲动。这是主力利用投资大众追涨心理借助涨停板来掩盖出货目的。

虎口逃生战法的技术特征和要点如下。

（1）高位，股价位于阶段高位，前期涨幅较大或快速拉升，盘面出现大幅震荡。

（2）压力，盘面开始明显转弱，上方压力显现。

（3）放量，量价背离，股价滞涨。

（4）次日直接低开，或冲高回落。

（5）分时图表现：涨停板位置成交量密集放大；股价接近涨停板，似涨停还不涨停，这是主力借机出货所致，以吸引跟风盘买入。分时图主要有两种表现：一是盘中形成脉冲式放量上涨，尾盘 30 分钟内封涨停，涨停反复，继续放量；二是早盘封涨停，盘中通过涨停板反复震荡完成出货。

2. 实例剖析

（1）高位快速拉升逃生。在所有拉升出货手法中，快速拉升出货型手法是最为强悍的手法，大多出现在小盘股中的游资操作行为中。在拉升过程中，K 线往往以接连跳空的一字涨停或大阳线涨停为主。同时，上涨过程中量能并不是很大（个别量比较大），但到了顶部后，会出现巨量滞涨的现象，这是出货的明显特征。

出货型涨停主要有两种情形，一是股价处于高位，主力利用涨停板诱多出货；二是股价处于下跌反弹阶段，主力利用涨停板出货。所以，就此类凶悍个股的实盘操作来讲，如果出现以下特征，不应入场。

① 股价有过快速拉升，成交量巨大，换手率超过 20%，且股价明显滞涨。

② 在日线上出现吊颈线、射击之星、大阴线等顶部 K 线特征时，且出现对应的巨大成交量，则万万不可介入。

如果投资者已经在前期的拉升过程中介入，则可以持有到出现上述 K 线特征或跌破 5 日均线时再减仓或清空观望。

图 2-44，万通智控（300643）：2019 年 12 月，该股主力借利好快速大幅拉升股价，连拉 6 个涨停后在高位大幅放量对倒减仓，由于当时大势环境不佳，主力出货并未如愿。从 12 月 16 日开始，实力强大的主力继续快速缩量拔高股价，制造强大的视觉效应，引发市场广泛关注。这样，主力可以在峰后慢慢阴跌出货，并在 2020 年 1 月 6 日和 17 日又采用了高位涨停诱多出货，当主力基本完成出货后，盘面陷入中期调整走势，股价基本回落到起涨点。投资者遇到这种盘面走势时，不要犹豫，应尽快逢高果断离场。

（2）高位边拉升边逃生。边拉升边出货型手法，在中小盘股中比较多见。在整个拉升过程中，虽然没有快速拉升出货法那么凶悍，但拉升也相当迅速，成交量也处于高换手状态。这种手法往往会给投资者以介入的机会，所以具有重要的实盘操作意义。对于这类个股的操盘核心，就是跟随短期趋势进行操作。具体操盘方案如下。

第一，买入条件：

① 技术形态必须保持完好的上升趋势。

② 在拉升过程中，日换手率不应高于 10%。

③ 以 5 日或 10 日均线作为短期趋势线，紧贴 5 日均线分批介入。

第二，卖出条件：

① 单日巨量换手率超过 20%，且股价明显滞涨。

② 在日线上出现吊颈线、射击之星、大阴线等顶部 K 线特征时，且出现对应的巨大成交量，则万万不可介入。

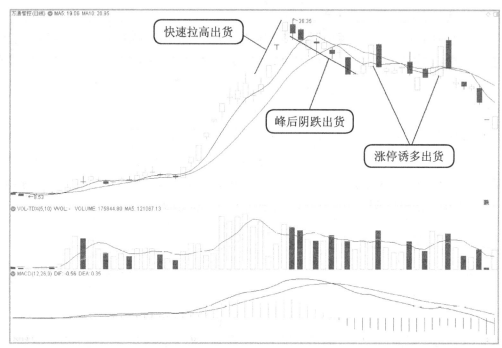

图 2-44　万通智控（300643）日 K 线图

③ 股价有效跌破短期趋势线，即 5 日或 10 日均线。

图 2-45，麦克奥迪（300341）：主力成功吸纳了大量的低价筹码后，股价慢慢向上爬高，然后进行短期的横向震荡整理。2019 年 11 月 15 日，以一字板的方式向上突破，股价出现飞涨，短期涨幅翻倍，主力获利丰厚。在高位股价出现震荡，上涨步伐明显有些迟缓，说明主力已无心继续做多，从 K 线组合排列中可以看出端倪，但主力为了出货方便，还不时地拉出几个涨停来诱多散户。这显然属于主力边拉升边出货型涨停的操作手法，其间出现的 4 个涨停就是主力为了更好地派发筹码而故意拉高行为。投资者遇此情形时，不但不能盲目入场打板，还要做好逢高离场准备，12 月 19 日当股价跌破 10 日均线时，应果断清仓离场。

（3）高位横盘震荡逃生。高位震荡出货法经常出现在中长线主力控盘个股之中，由于长时间的吸筹、拉升，个股上涨的空间往往较大，但同时主力之前吃货也比较多，难以在较短时间内把筹码派发完，所以经常会采用高位宽幅震荡的手法来引诱投资者高位介入。一般来讲，震荡的幅度在 20%~30% 之间。它的每一次拉升，都是为了更好地出货，所以就具体实盘来讲，对于稳健的投资者不建议选择此类个股操作，而对于激进的短线投资者，建议在操作此类个股时，要遵循"轻仓快出快进"的原则，不可以重仓参与。

具体操盘核心就是利用整个高位震荡过程中，所形成的上下轨震荡区间进行操作，在下轨介入，在上轨卖出，利用上下之间做差价。

图 2-46，金力永磁（300748）：从 2019 年 5 月 16 日开始出现一波暴力拉升行情，在 12 个交易日里拉出 10 个涨停，短期股价涨幅巨大，此时主力需要兑现获利筹码。由于主力持仓量大，股价被大幅炒高后，很难在高位一次性完成出货，因此主力就采用反复震荡的方式出货，

在高位拉出多个亮丽的涨停，以诱导散户入场接单。可见，在高位收出多个涨停，就是为了吸引投资者跟风而故意设下的美丽陷阱，投资者应谨慎操作，这样的涨停不可以追。

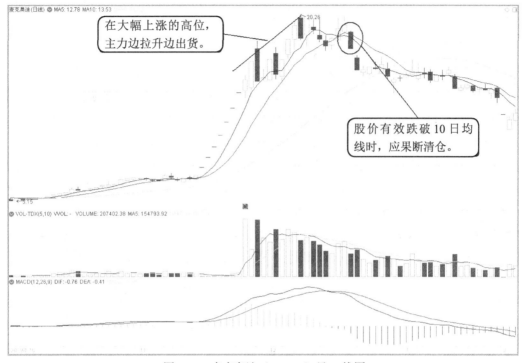

图 2-45　麦克奥迪（300341）日 K 线图

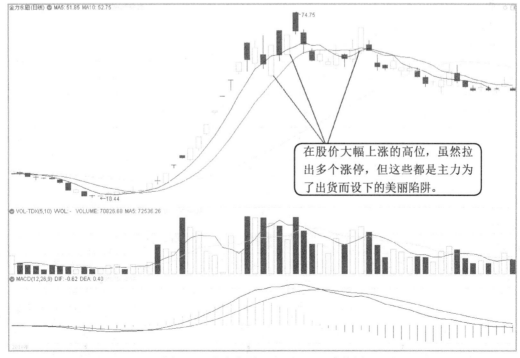

图 2-46　金力永磁（300748）日 K 线图

　　（4）主力自救时逃生。反弹自救型涨停一般出现下降通道之中，主力不惜代价用巨量拉涨停出货，俗称"逃命长阳"。由于股价见顶回落后，一来主力出货比较困难，二来获利空间大量压缩。所以，当大盘和个股尚有一丝人气的时候，在下降通道中不时出现涨停现象。其市场特征如下。

　　①股价已经明显见顶，或处于下降通道之中。

　　②平时的日成交量很小，即换手度严重不足，市场底气不足。

　　③拉大阳线之日放量很大，而且很突然，事先一点征兆都没有，这是明显的短庄行为。拉大阳线放巨量之后，这类个股不但没有继续上涨，反而缩量下跌，这是后继无力的表现。

　　④拉大阳线放巨量之日的换手率很高，接近或超过10%，这说明主力急于拉高离场。

　　图2-47，联环药业（600513）：股价大幅拉高后快速见顶回落，呈现倒V型顶部形态。一般情况下，主力在倒V型顶部中很难一次性完成出货计划，往往还需要后续反弹配合出货。该股在调整过程中，分别在2020年2月25日、3月9日、4月7日出现三次明显的反弹走势，从日K线和分时走势观察，主力在这三次反弹中均有明显的出货动作。

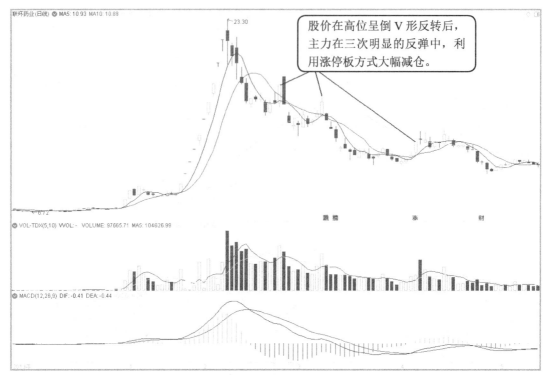

图2-47　联环药业（600513）日K线图

　　从日K线分析，2月25日股价涨停，封板至收盘，次日股价高开后快速回落，没有给散户减仓的机会，尾盘股价跌停，包容了前一天的涨停阳线，表明主力出货非常坚决。从3月9日的分时走势中可以看出，盘中二度摸板，尾盘小幅跳水，说明主力利用涨停诱多出货。4月7日涨停之后，股价强势上涨，经过短期横向震荡走弱，反映主力在反弹高点不断减仓。散户遇到这些盘面现象，不要被涨停诱多入场，应尽快离场观望。

第三章 ｜ **涨停基本规律**

第一节　涨停时间的规律

一、开盘立即涨停

开盘涨停（一字板或 T 字板）就是开盘价就是涨停价，9:25 集合竞价时一字板开盘，这是一种较为特殊的涨停形态，也是最强势的涨停表现。形成原因主要是上市公司突发重大利好消息，或是有某些重大的利好传闻，而导致众多的投资者极度看好股票后续的上涨潜力，纷纷采取在涨停价买入的激进操作策略。

开盘涨停又可以分为两大类：一是盘中没有开板的涨停（一字板）；二是盘中有开板的涨停，这种涨停按收盘状态又分为收盘回封的涨停（T 字板）和收盘没有回板的情形。

一般来说，盘中没有开过板的涨停，在人气较为旺盛的环境下，后续上涨的动力更足一些，但在人气低迷以及大盘处于弱势下跌期间，不确定性就更大一些，经常上演"一日游"行情，需要投资者谨慎对待。

（1）一字涨停。一字涨停就是全天的最高价、最低价、开盘价、收盘价，这 4 个价位均处于涨停价形态，由于在 K 线图上显示为一字型，因而得名。一字涨停一般如果在开盘后 5 分钟内没有被抛盘打开，而当天大盘和板块走势稳健，则当天封住涨停的概率就较大。

（2）T 字涨停。T 字涨停就是从涨停价开盘后，在全天交易中涨停板被打开，而收盘又回封的涨停形态。以涨停价开盘，只能表示在集合竞价阶段，做多人气很强，但是进入交易阶段，能否一直保持在涨停价上就不一定了。往往由于主力的大举出逃，大盘或板块跳水，投资者产生恐慌情绪，继而集中抛售等原因，涨停板被打开。而盘中开板时间长短，也成为判断盘面强弱的重要参考因素之一。通常涨停开板时间越短，表明股价走势越强。

股价走势强弱，不仅和涨停开板时间长短密切相关，还和盘中回落幅度大小息息相关，通常回调幅度稳浅，往往说明走势强，反之则弱。

二、开盘秒板涨停

1. 大幅高开秒板

秒板就是开盘后在瞬间拉到涨停板或者瞬间压到跌停板，"秒"表示速度非常快，一笔或者几笔单子直接封板。这类股有三个特征：一是时间快，通常在 1 分钟内涨停，真正的强势股在开盘后 20 秒钟之内就会上板封盘；二是大幅高开，高开幅度在 5% 以上，如果开盘幅度不高，秒板就有困难；三是拉升瞬间成交量要大，低量不可能产生秒板，只有主力用巨量资金才能上板并成功封板，且封板后立即缩量。

这是一种非常激进的走势，属于日内龙头，当天封板次日大多有溢价，但有时候也"吃面"，如果当天炸板，亏损大多超过 5%。做这种秒板股只能提前扫板，不能考虑回封，因为好的股往往买不上，有的开板后也会回封，但差的开板后就不回封了，这会导致较大亏损。

所以，这种形态有一个弊端，那就是股票的强势主要是由于股价拒绝回调，直奔涨停，吸引了广大投资者大量跟风追涨，从而进一步助长股票的强势。这种现象在市场环境较好、人气较为旺盛时，可以不断地重复上演。但是在市场环境不太理想的时候，这种形态由于在上冲的过程中没有出现过调整，若是股票出现回调，人气是否依旧旺盛，主力做多的决心是否依旧毫不动摇，股票的走势是否依旧还能显示出强势的特征等，这些都不得而知。

图 3-1，传智教育（003032）：2021 年 6 月 8 日，大幅高开 5.49%，盘中放量一波涨停，具备秒板三个特征。

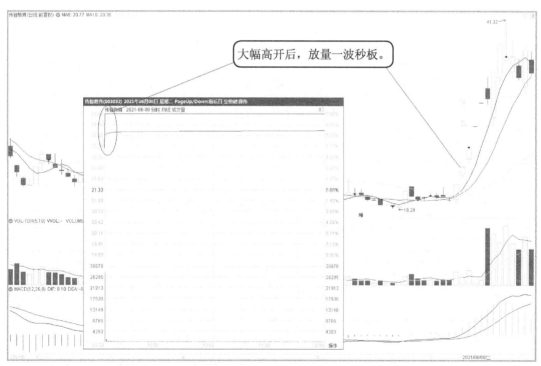

图 3-1　传智教育（003032）日 K 线和分时走势图

这类板需要对个股题材、股性、大盘赚钱效应以及市场氛围有较强的理解和判断，更需要多次实盘验证、反思、总结和改进这种手法，特别是改进层面，这是一个不断优化的过程。

如何理解题材、股性、赚钱效应、市场氛围？

题材： 所属题材与突发消息紧密联系，简单地说，就是概念正宗，这类股容易引爆行情，但这还远远不够，因为每个人对突发消息的解读及个股题材的理解不同，特别是大资金和小资金，而决定股价走势的往往是大资金。只有得到大资金关照，题材可靠，流通市值适中，板块领涨，且第一个冲向涨停的个股才能大概率成为日内龙头。

股性： 这个比较好理解，如果该股过去有三连板及更多连板记录，当过板块龙头，且涨停后能让打板盈利，则说明该股股性好，打板成功率高，甚至可以开盘竞价买入。买这类股的前提是题材靠谱（不需要很正宗），连板发生在近期，能让打板者有记忆。

赚钱效应： 这一点其实也好判断，如近期秒板个股第二天高开高走，出现连板，且成为板块龙头，出现很高的赚钱效应，这时打板成功率还是很高的。

市场氛围： 这个需要参考大盘指数，有无持续热点，若属于题材股空档期，可根据题材的力度选择是否打板，若是临近变盘，也是值得一试的。

2. 最强 T 字板

这里要讨论的 T 字板，是依托于前面至少有 1 个一字板的，如常见次新股第一次开板的 T 字板，重组股第一次开板的 T 字板，或者强势题材股 1 个或多个一字板后第一次开板的 T 字板。

这种 T 字板从分时波动的角度看，有很多分类，这里只讨论最强势的一种。同时也是安全性最高、次日盈利概率最高的一种。所谓最强势的 T 字板，无非是开盘后的秒板。

参与要领： 涨停开盘或者接近涨停开盘，开盘后快速下杀，随即一笔或几笔单子封板，分时图为 V 字型。有时由于开盘后下探速度非常之快，只是瞬间的颤抖动作，一闪而过，在分时图上没有留下任何痕迹，只是在成交明细上有打压记录，在 K 线形成一条下影线，然后快速拉起直奔涨停。秒打压，秒回封，速度用"秒"计算。

注意事项： 昨日一定是一字板，今日一定是开盘几分钟之内即解决战斗。若是涨停开盘，也要求立即砸开，在盘中砸开的类型不在本模式的研究范围之内。

关键条件： 这种板称为最强势的 T 字板，不但要求多方资金强大，同时也要求空方主力尽早现身。有分歧，没关系，站出来正面解决，最怕使暗招，留后手，上板后盘中猛砸。这样，竞价量就是关键点，只有竞价量足够大，才能说明空方主力出局坚决，集合段就尽可能多地挂出来，开盘后很短的时间即释放完毕。而此刻股价还能涨停开盘或者大幅高开，显然多方资金实力更加强大，这些就是 T 字秒板的基础。

图 3-2，东方银星（600753）：该股股价连拉 4 个涨停后，2021 年 5 月 19 日再次从涨停价开盘，由于盘中堆积了大量的短线获利筹码，这天盘中出现秒打压，接着秒回封，分时不留任何痕迹，多头实力非常强大，次日继续一字板。

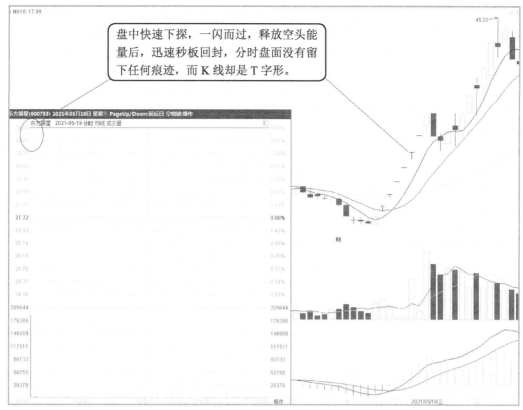

盘中快速下探，一闪而过，释放空头能量后，迅速秒板回封，分时盘面没有留下任何痕迹，而 K 线却是 T 字形。

图 3-2　东方银星（600753）日 K 线和分时走势图

三、开盘 5 分钟内涨停

（1）开盘 2 分钟内涨停。通常这类股票，要么当天有利好消息公布，要么主力有备而来，在前一天就对股票制订了周密的拉升计划。反映在盘面上，往往是开盘量比大幅增加，少则比平时高出几倍，一般会高出十几倍或 20 倍之多，极端情况甚至会达到上百倍。伴随着激增的开盘量比，股票往往也会大幅高开，一般高开的幅度至少在 5%。

图 3-3，哈三联（002900）：主力前期完成建仓计划后，借助医美概念走强，2021 年 3 月 18 日的分时走势，跳空高开 7.2% 后，空头快速释放做空能量，然后主力 2 分钟内强势拉涨停。

该股虽然成功地封死涨停，而且次日继续上板，但有不少同类个股快速涨停后，以失败告终。那么，如何规避涨停陷阱呢？

在实盘中经常看到一些个股，开盘不久就快速冲击涨停，这其中有很多的涨停陷阱，主力利用投资者喜欢开盘不久就追击最先涨停股票的这一操作特点，提前在低位建仓，然后在开盘不久，就快速将股价拉升至涨停。有的个股投机性更强，主力就用几笔大单将股价拉至涨停，以期待大量的、喜欢追击涨停板但又不会识别涨停骗线的投资者，盲目冲动追涨，来帮助封死涨停，而主力自己在高位从容地出货。

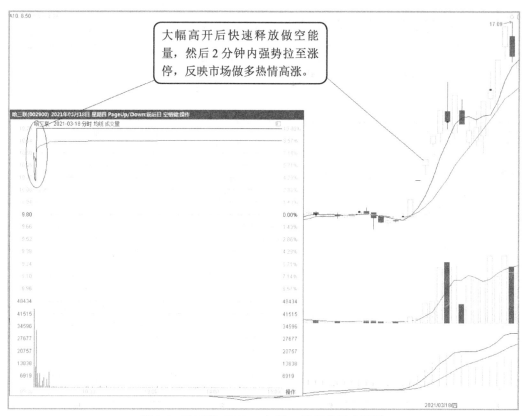

大幅高开后快速释放做空能量，然后2分钟内强势拉至涨停，反映市场做多热情高涨。

图 3-3　哈三联（002900）日 K 线和分时走势图

为了防止落入这种陷阱，最有效的方法就是不盲目追涨，而是等待涨停板被打开之后，再观察其是否能够快速地再次封于涨停，若是回封就立即介入，否则就应放弃。只要操作策略上的小小调整，就可以避免落入主力设置的陷阱之中。

这种方法之所以较为有效，就在于较准确地把握了各种参与者的投资操作心理，从而采取了相应的防范措施与对策。由于涨停的速度太快，一些本来想要卖出的投资者，还没有反应过来就涨停了。这样，若是涨停没有被打开，很多人暂时就不会考虑卖出，而是期望次日股价有进一步的表现。但是，如果涨停板被打开，投资者往往容易产生恐慌情绪，就会有大量的短线投资者选择抛售。基于投资者这样的心理特点，就可以通过涨停板被打开之后的表现，来判断股价走势的强弱，以及主力的意图与实力。

散户一般喜欢追涨杀跌，顺应市场表面趋势操作，而有实力的主力往往在某些时候逆势而为。在涨停板被打开之后，所进行的买入操作，就属于其中的一种操作手法。也就是说，能在涨停板被打开之后，再次封于涨停的股票，就说明有较强实力的主力看好该股后市，并且积极介入，通常后续股价还有进一步上涨的动能。

要点提示：开盘2分钟就快速涨停的股票，其不确定性是很大的。有的可能连续涨停，有的可能当天就会大跌。过于快速地封上涨停，在涨停板没有被打开以前，并不能完全准确地反映市场中投资者真实的买卖意愿。只有涨停被打开过之后，投资者的买卖意愿才能较为真实地表现出来。

除非股价走势处于较为安全状态，或是对题材炒作强度及股票估价有较为准确的判断，才可以考虑在涨停价买入开盘几分钟就冲击涨停的股票。否则，还是等到涨停板被打开之后，再根据股价的具体表现决定是否介入，才较为稳妥。

（2）开盘后 3~5 分钟内涨停。这种涨停形态，在所有涨停类型中是真正具有较大操作价值的形态。在市场人气较为旺盛时，每天最先冲击涨停，且收盘也封住涨停的股票，不少都是在开盘 3~5 分钟内首次冲击涨停的。

前面讲了秒板和 2 分钟内涨停的股票，这里讲的是 3~5 分钟内涨停的盘面形态。之所以将开盘后几分钟后的状况分得如此之细，主要是因为阻击涨停板是短线最重要的操作方式，而每天最先涨停的股票，又是投资者关注的重中之重。

开盘就涨停虽然是股票最为强势的外在表现，但是大多缺乏可操作性，在很多情况下要么买不到，而买到的往往又面临调整风险。

2 分钟内就涨停的股票，对于反应较快的投资者来说，是有机会买到的。但是，涨停的陷阱过多，不确定性很大，成功率较低，因此也不具备太大的可操作性。

图 3-4，山东墨龙（002490）：2021 年 5 月 10 日的分时走势，大幅高开 7.76%，经过 2 分钟的快速下跌后，一波强有力的拉升，将股价推升至涨停，而且全天一直没有被打开过，之后几日股价继续强势走高。

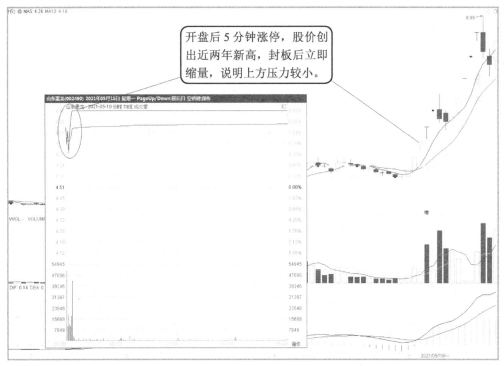

图 3-4　山东墨龙（002490）日 K 线和分时走势图

虽然 3~5 分钟内冲击涨停的个股，比 2 分钟内冲击涨停的个股的确定性要高一些，但是，在弱势市场氛围下，失败的概率也是较高的。为了保证具有较高的安全性，应该重点注意以下两点。

（1）由于买卖双方交易的时间依然较短，为了稳妥起见，还是仿照 2 分钟内涨停股票的操作方式，即等到涨停板被打开后，再依据之后的状态来决定是否介入。

（2）如果是非常看好的股票，若是等到涨停板被打开之后再决定操作的话，就有可能错失良机，因为涨停板有可能不会打开。在这种情况下，是否买入就不能仅看一天的分时走势，或几天的 K 线形态，而是要对该股的中长期走势做综合分析，从而保障操作的安全性。

四、开盘 15 分钟内涨停

在大盘不是特别强势的市场环境下，最先冲击涨停的股票，往往是在开盘后 5~15 分钟内首次冲击涨停，这是常态下最常见的涨停形式之一。

在十几分钟时间里，想要将股价推升至涨停，是需要大量资金的，重点关注此阶段冲击涨停的个股，不仅能使投资者规避一些缺乏实力或做多意愿不强的主力所设下的涨停陷阱，而且显示主力强烈的做多意愿和雄厚的实力。这就预示着，在此阶段首次冲击涨停的股票，收盘时依然封住涨停的概率，比前面讲过的几种涨停形式要大得多。

图 3-5，科力尔（002892）：2021 年 6 月 28 日分时走势。在 15 分钟内就冲击涨停的股票，通常也会有较大幅度的高开。该股当天以 4.17% 开盘，然后做短暂的震荡整理，在 9:42 首次冲向涨停，但没有一次性封住，经过 2 分钟的多空争夺后，在 9:44 再次封于涨停，直到收盘维持封板状态。

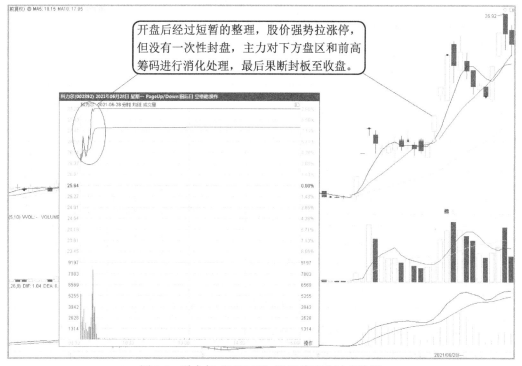

图 3-5　科力尔（002892）日 K 线和分时走势图

该股涨停开板的主要原因是，盘区的牵制和前高的压力，主力必须对这些位置的筹码进行消化，才能稳固再封盘。在 10 多分钟的震荡整理过程中，成功地抖落了盘中的浮动筹码，最终股价被成功封板，也为后市强势上涨奠定了基础。

在市场环境处于一般状态下，15 分钟内涨停的股票，比较容易受到投资者的追捧。因为，通常这种形态不仅封板概率较高，而且次日往往也会有较大幅度的高开高走。也正是认识到市场中存在着这种获利机会，就有一些超短线投资者专门在股价涨停的瞬间打板介入，次日择机出局，从而赚取短期的差价。但是，这种情况在大盘环境较差、人气不旺的情况下，也会出现较多的当日炸板或次日低开低走的情况，这方面还需结合大势、板块、个股题材概念做进一步分析。

五、开盘 30 分钟内涨停

在开盘后的 15~30 分钟内首次封上涨停的股票，由于在股票冲击涨停之前，买卖双方有过较长时间的交锋，股价走势就更真实，准确反映出多空力量的强弱，可靠性就更大一些。

图 3-6，华辰装备（300809）：该股 2021 年 8 月 20 日大幅跳空高开，股价突破整理平台，开盘后在高位震荡整理 20 分钟，在 9:51 开始放量直线拉涨停，直到收盘没有开板，表明主力实力强大。

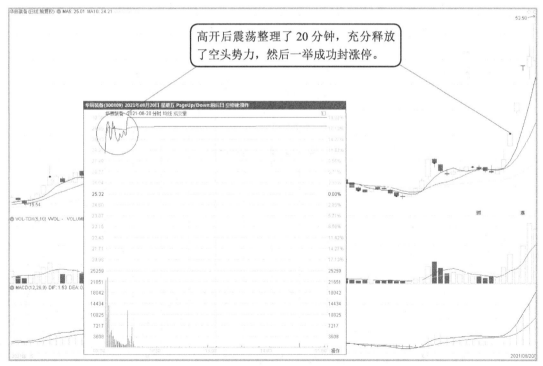

图 3-6　华辰装备（300809）日 K 线和分时走势图

该股分时走势反映了主力两方面的意图。

（1）在涨停之前的20分钟时间里成交量较大，表明买卖双方较为活跃，也反映多空争斗十分激烈，但股价能够维持高位震荡而没有回落，说明多头主力牢牢把控盘面节奏，当空头力量释放完毕之后，主力瞬间发力直接一剑封喉，不给空头任何喘气机会，显示主力优势和强大。

（2）封板后立即缩量，说明盘中抛压不重，空方有生力量被全面歼灭，留下来的残余势力不会对多头主力构成威胁。之后，股价3连板并继续强势走高。

六、开盘1小时内涨停

关注涨停板的投资者都清楚，一般较好的短线机出现在10:30以前。原因就是，若是主力在前一天就有明确的拉升计划，那么往往在次日开盘不久就会强力上攻。而涨停时间较晚的股票，通常要么是主力拉升的意愿不坚定，要么是对自身的实力没有太大把握，比较顾及当天大盘的走势，或市场人气的状况，而反映在盘面上，就是股价走势较为犹豫，不够流畅。因此，不少短线高手都会遵循一个原则：只在开盘1小时以内进行买卖操作，以保证只介入最为强势的股票。

图3-7，日播时尚（603196）：该股经过一段时间的蓄势整理后，2021年5月31日高开5.07%，在分时走势中先做震荡整理，以消化盘中浮动筹码和前方盘区套牢盘，然后在10:30之前放量拉板，封盘后立即缩量，直到收盘都没有开板。从该股日K线中也明显可以看出，主力的控盘能力很强，量价配合理想，做多的欲望强烈，上攻动能十分充沛。

图3-7 日播时尚（603196）日K线和分时走势图

要点提示：对于一些近期出现连续多个涨停的个股，在调整一段时间，又再次以涨停的方式启动之后，最好多观察一下，尤其是要重点关注次日股价是否还能继续涨停。若是，就不用急着马上出局，因为后续还会有涨停的可能，这就是强势股的涨停对称性特点。

七、普通时间段涨停

普通时间段涨停是指除了在下午开盘后 15 分钟以内首次冲击涨停的情况以外，其他发生在 10:30—14:30 这个时间段的涨停形态。将这一个时间段冲击涨停的股票归为一类，主要是由于市场上大多数股票均是在前文讲述的时间段涨停的，而且从分时走势上来看，基本上也难以找出明显的规律。

涨停后次日能否继续上涨，具有较大的不确定性，机会难以把握。所以，对于在这段时间，尤其是在下午这个时间段内冲击涨停的股票，投资者更多的还是保持观望的态度为宜。

图 3-8，新天绿能（600956）：2021 年 1 月 4 日分时走势中，股价小幅低开后稳步向上推高，在快到 14:30 时出现加速拉升，股价封上涨停，但之后股价并没有走强。

该股之所以后面的走势不尽如人意，原因：一是分时走势并不是典型的较为强势的形态；二是该股涨停的时间段也不是很好；三是最关键的问题，在日 K 线中前面出现快速拉升后回落，当天的涨停其实只是一个回抽走势，有主力诱多嫌疑。因此，这种涨停的次日走势就难以把握了，投资者最好还是放弃，不介入为好。

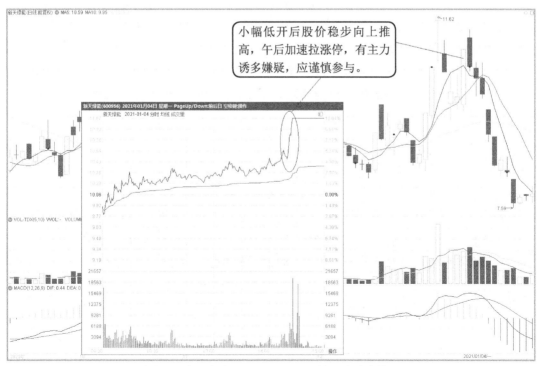

图 3-8　新天绿能（600956）日 K 线和分时走势图

八、午后直线冲涨停

在下午开盘之后，经常看到一些个股快速冲至涨停，大多发生在13:00—13:15时间段。之所以出现这样的现象，主要有以下几个原因。

（1）下午开盘之后，最先涨停的股票往往会引起短线投资者的关注，这和早盘最先涨停的股票引起市场关注是同样的道理，只是下午涨停的关注度低一些而已。

（2）刚开盘就快速拉至涨停，由于拉升速度较快，就会让原本打算卖出股票的人，由于已经封涨停而放弃卖出计划，安心持股。这样，涨停后所遭遇到的抛售压力就会较小，封住涨停的概率也就更高了。

（3）主力之前已经建仓完毕，在上午的交易中已经对盘面做了很好的蓄势整理，通过盘面观察认为拉升时机已经成熟，于是下午开始快速拉升股价，不让投资者再在低位买到筹码。

（4）由于在中午休市期间，一些主力突然获得某些公司或行业重大利好的资讯，甚至是传闻，所以就迫不及待地开始积极介入，从而引发股价快速地涨停。

午后直冲涨停可以分为两种情形：高位午后直冲涨停、低位午后直冲涨停。

1. 高位午后直冲涨停

高位午后直冲涨停，就是在上午已经有较大涨幅的基础上，在下午一开盘就直冲涨停的表现形式。

图3-9，恒星科技（002132）：2021年8月20日分时走势，股价小幅低开后逐波向上推高，上午收盘时上涨7.74%，下午开盘后直线冲涨停。表明主力蓄势整理已经结束，后市有望加速上涨，因此可以关注。

从日K线看，股价见底后缓缓向上攀高，形成清晰的上升通道，主力在此期间边拉边洗，盘面运行稳健，表明短期获利筹码并不多，同时市场平均持仓成本不断提高，所以突破加速上涨也是主力必然的选择。

2. 低位午后直冲涨停

低位午后直冲涨停，就是指在整个上午的走势中，看不出有什么明显走强的迹象，只是到了下午开盘之后，股价就快速直冲涨停的形态。

图3-10，中恒集团（600252）：2021年6月28日分时走势，股价低开一分钱，整个上午走势非常低迷，在前一天收盘价附近震荡整理，盘面波澜不惊，看不出主力拉高意图，也没有什么特别之处。但是，下午开盘后股价渐渐走强，13:14开始直线拉至涨停，并封板至尾盘。日K线突破前期盘区压力，之后股价出现加速上涨。

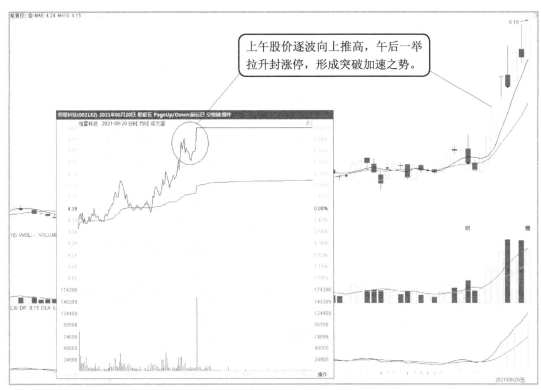

上午股价逐波向上推高，午后一举拉升封涨停，形成突破加速之势。

图 3-9 恒星科技（002132）日 K 线和分时走势图

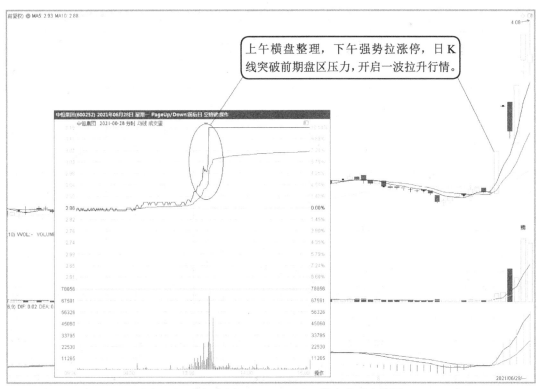

上午横盘整理，下午强势拉涨停，日 K 线突破前期盘区压力，开启一波拉升行情。

图 3-10 中恒集团（600252）日 K 线和分时走势图

九、尾盘 30 分钟内涨停

通常情况下，冲击涨停的时间离收盘的时间越近，则该股主力真实做多的意愿以及实力就越值得怀疑，股价后续走势也有更大的不确定性。

所以，虽然将两个多小时的时间段都统一归为普通时间段涨停这一类别之中，但是不同时间段冲击涨停的股票，其走势的强弱和可预测的程度还是存在不少差异的。其中，在上午就冲击涨停的股票，往往更好一些。

按照冲击涨停的时间来分类，尾盘 30 分钟内冲击涨停属于最后一种类型。在这一时间段冲击涨停的股票，往往存在投机性和不确定性，需要投资者高度警惕。

图 3-11，正川股份（603976）：2021 年 8 月 3 日，当天小幅低开之后，出现 3 波拉升，然后一直维持高位横盘震荡，到了收盘前的 9 分钟，也就是 14:51 该股封上了涨停，直至收盘。那么，仅仅依据这天的分时走势，能否判断次日强势走势？如果有人认为可以的话，那么等到答案揭晓之后，可能会大呼意外。

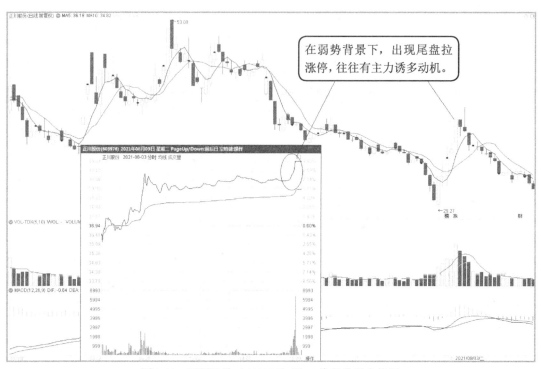

图 3-11　正川股份（603976）日 K 线和分时走势图

预测股价未来趋势，尤其是预测短期趋势，若是仅仅将某一天的股价走势作为判断依据的话，那么就有极大的局限性和不确定性，正确的做法是结合股价中长期走势进行综合分析，才能得出较为准确的结论。从该股日 K 线走势图可以看出，股价运行于下降趋势之中，30 日均线缓缓下行，形态方面上方盘区压力非常大，短期股价无法持续上涨，涨停属于反弹性质，不宜打板入场。次日股价马上低开低走，不给前一天打板者溢价的机会，之后渐渐走弱。投资者对于这种尾盘冲击涨停的个股，应该尽量回避。

第二节　涨停技术形态规律

一、三角形突破

在股市运行中，会出现类似三角形的整理形态，它包括对称三角形、下降三角形、上升三角形这三种形态，无论哪种形态，突破原理是一样的。

对称三角形是整理的高点不断下降、低点不断抬高的技术形态。随着整理的延续，股价震荡幅度会越来越小，高低点连线呈现明显收敛，最终选择向上或向下突破。

下降三角形的底边线基本呈水平运行，上边线的高点不断下降，在其形态整理末端选择突破，产生新的运行方式；上升三角形的上边线基本呈水平运行，底边线的低点不断上升，在其形态整理末端选择新的突破方向。

在三角形整理的末端，往往出现极端性的突破走势，比如涨停、跌停，还伴有跳空缺口的出现和成交量的明显放大，这种现象出现时就要引起高度关注。

图 3-12，水发燃气（603318）：该股在上涨过程中，出现震荡整理走势，整理时高点逐渐下降，而低点不断上移，从而构成三角形整理形态。2021 年 9 月 27 日，股价大幅跳空高开 9.14%，盘中秒板，向上突破三角形整理形态，次日一字板。

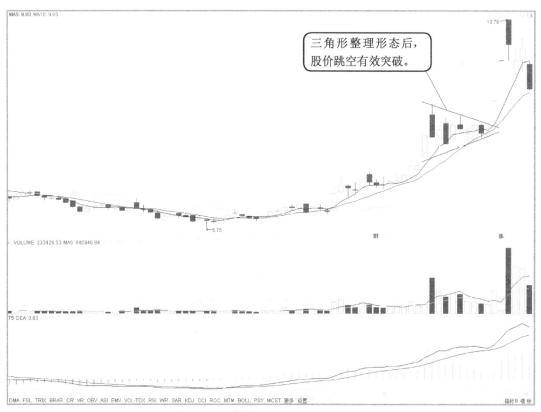

图 3-12　水发燃气（603318）日 K 线图

三角形整理形态，在大势向好的情况下，向上突破的概率增大；相反，在大盘不好的情况下，向下突破的概率增大。

二、楔形整理加速

和三角形整理不同，楔形整理的高点和低点连线呈现逐渐收敛的形态，同时高点和低点都是逐波上升或下降的，股价在这两根连线之间运行，随着整理的延续，股价震荡的幅度越来越小，最终选择向上或向下突破。同样，在大势向好的情况下，向上突破的概率大一些，反之则反。

图 3-13，佳电股份（000922）：该股连拉两个涨停后，出现回落整理，回调的高点和低点均逐渐下移，呈现收敛性向下倾斜的态势，这就是下降楔形整理。2021 年 8 月 30 日，当日股价小幅低开后逐波推高，午后封于涨停，一举跃过楔形整理的上轨线，次日继续走强。

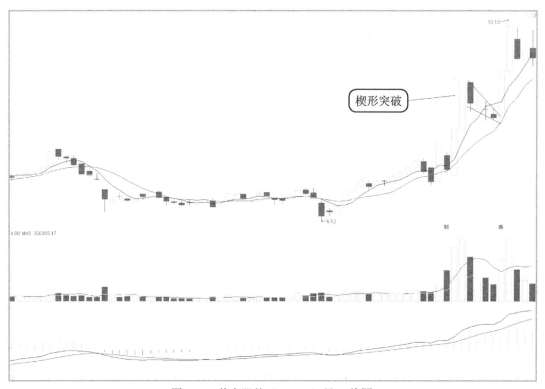

图 3-13　佳电股份（000922）日 K 线图

三、箱体整理突破

在箱体整理中，股价在一定的空间范围内运行，高低点连续呈水平状运行。随着整理的延续，成交量通常会逐渐萎缩，在箱体的末端会选择突破方向。通常情况下，箱体整理的时间越长，那么向上或向下突破的动能就越强。

图3-14，大理药业（603963）：该股企稳后形成箱体整理，股价出现窄幅波动，成交量持续萎缩。2021年5月13日，一根放量涨停大阳线向上突破了箱体整理形态，产生较好短线买点，次日股价继续涨停，短线盈利较丰。

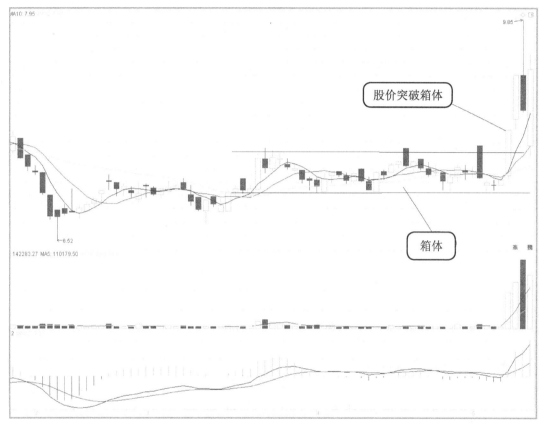

图3-14 大理药业（603963）日K线图

四、旗形整理突破

旗形整理和楔形整理、箱体整理的形态有点类似，不同的是：跟楔形整理比，旗形整理的高低点连线是平行的，不存在收敛的情况；和箱体整理相比，旗形整理的高低点连续又不是水平的，可以向上或向下倾斜运行。虽然形态有所不同，但是技术特征差不多，都是一种整理形态，在整理的末期通常都会出现极端的走势，如放量涨停，这就是突破信号。

图3-15，奥马电器（002668）：该股企稳后向上走强，2021年1月19日冲高回落，此后出现下降旗形整理，股价重心逐步下移，成交量也逐步递减。1月26日，股价小幅高开后，快速强势涨停，突破旗形整理形态，之后几日股价稳步推高。

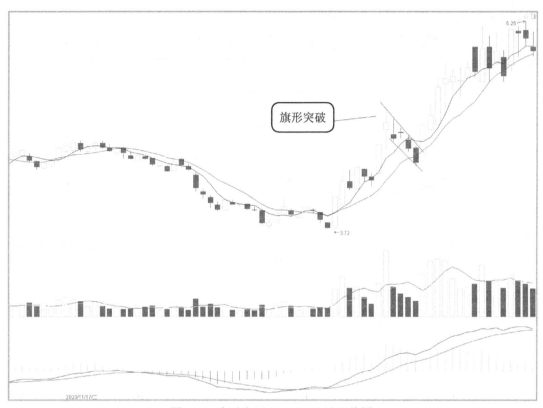

图 3-15　奥马电器（002668）日 K 线图

五、均线系统突破

（1）均线突破。根据周期长短可以产生无数参数的均线，理论上 2 个交易日以上的参数均可产生均线。实盘中不管是短线操作还是中线操作，最重要的是 30 日均线，它是股价走势的灵魂线。股价在 30 日均线下方时，短中线都是一道坎，有很强的阻力，需要通过不断的洗盘、放量才能突破；股价在其上方时，30 日均线是短中线的一道有力防线，有很强的支撑。

如果股价经历了一段时间的下跌之后，当股价止跌并由下向上运行到 30 日均线时，表明主力做多的信心坚决，往往会选择放量大阳线突破，甚至是涨停大阳线突破，特别是在 30 日均线走平或上移的情况下，多头气势会更加强烈。

图 3-16，豫能控股（001896）：该股前期小幅拉高后，出现长时间的震荡整理，30 日均线渐渐上移。2020 年 12 月 14 日，股价放量涨停，突破 5 日、10 日、30 日均线的压力，形成"一针穿三线"形态，此后出现一波飙升行情，11 个交易日拉出 10 个涨停。

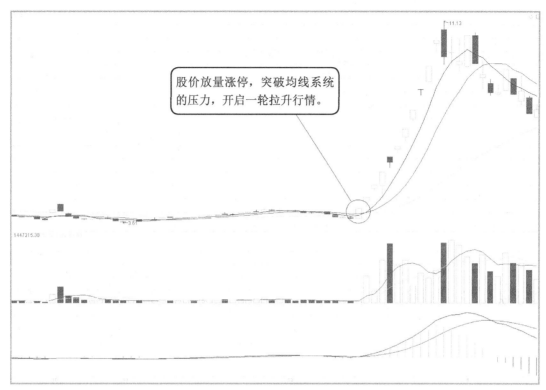

股价放量涨停，突破均线系统的压力，开启一轮拉升行情。

图 3-16　豫能控股（001896）日 K 线图

（2）均线黏合。这是某一段时间段内市场平均持仓成本相同或相近的标志，如某只个股的 5 日、10 日、30 日均线黏合在一起，那么就表明在这 30 天时间里，该股票的市场平均持仓成本基本一致，同时也表明多空处于相对平衡的状态，通常成交量出现萎缩甚至地量。此时，只要有资金流入，多头稍加发力就能打破这种平衡，将股价大幅推高，甚至出现涨停。

图 3-17，中广天择（603721）：该股见顶后—路阴跌下行，企稳后呈现横盘震荡，成交量持续萎缩，股价几乎跌无可跌，5 日、10 日、30 日三条均线在低位出现黏合的情况，一段时间股价位置相差不大，表明持仓成本非常接近。2021 年 4 月 13 日，开盘后继续横盘运行，午后脉冲直线拉涨停，成交量放大，股价脱离底部区域，均线由黏合状态转为向上发散状态，形成较好的买点，此后股价强势拉升。

（3）多头发散。均线向上发散是股价加速上涨的标志，股价离短中长均线越来越远，5 日、10 日短期均线上升的角度变得越来越陡峭，在这个过程中最容易出现涨停。这是因为随着股价的不断拉升，短线投资者出于恐高心理会担心风险来临，所以会不断抛出，随着短线获利筹码的抛出，主力持仓比例越来越大，那么拉升起来自然越来越轻松，所以就会出现加速上涨的情形。

图 3-18，诺德股份（600110）：2021 年 5 月以来的走势，处于明显的上升通道之中，5 日、10 日、30 日均线多头发散，成交量温和放大，股价出现加速上涨趋势，每一次回落调整都是一次比较好的买入机会。

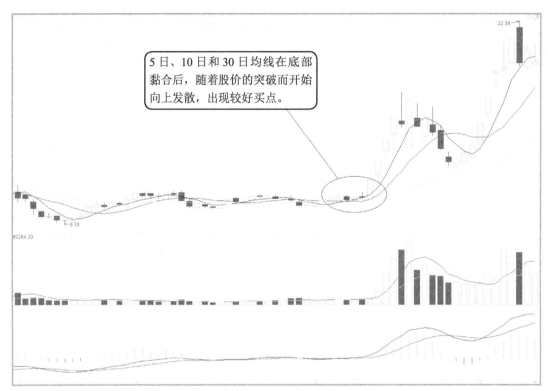

5日、10日和30日均线在底部黏合后，随着股价的突破而开始向上发散，出现较好买点。

图 3-17　中广天择（603721）日 K 线图

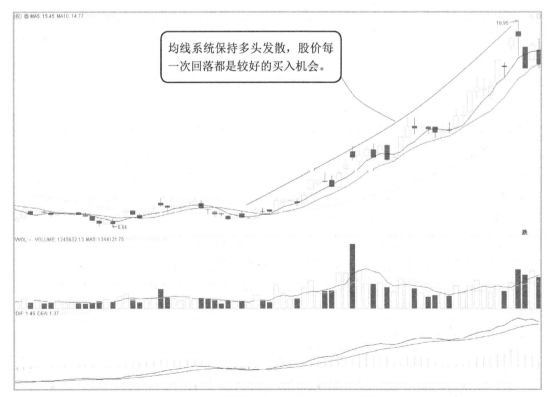

均线系统保持多头发散，股价每一次回落都是较好的买入机会。

图 3-18　诺德股份（600110）日 K 线图

六、K 线形态突破

（1）早晨之星。这个 K 线组合是股价见底的强烈信号，在形成早晨之星当日以及之后的几个交易日往往会出现极端的上涨走势，特别是同时出现一个向下跳空缺口和一个向上跳空缺口的情况。

图 3-19，弘宇股份（002890）：该股主力向上试盘后回落调整，2020 年 7 月 16 日股价跌停板，次日跳空低开，然后探底回升，收出十字星。第三天，股价出现跳空高开，开盘后股价震荡走高，成功封于涨停板，股价重返 30 日均线之上。同时，这 3 个交易日的走势组成了带有上下两个缺口的形态，短线看涨意义更大。

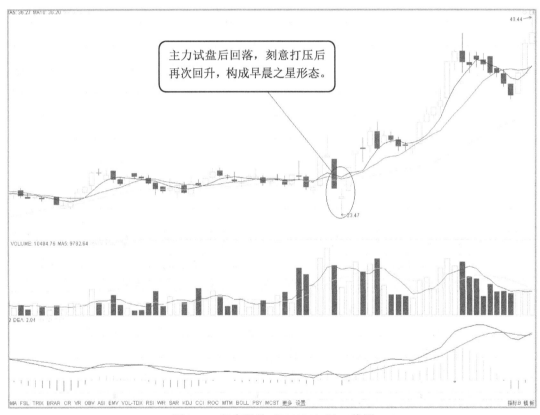

图 3-19　弘宇股份（002890）日 K 线图

（2）板上之星。一根涨停大阳线或者涨幅 7% 以上的大阳线之后，次日出现一根跳空高开的十字星或者带有上下影线的小实体 K 线（阴阳不限），这是主力短线强行建仓或洗盘的标志，是否回补跳空缺口并不重要（当然留有跳空缺口不回补更好），当日成交量成倍放大，那么短线通常还有上升的空间，甚至还会再次出现涨停。

图 3-20，恒润股份（603985）：该股主力完成建仓计划后，开始向上突破底部盘区，股价放量逐波上涨，累积涨幅超过 150%。在上涨过程中，出现 3 次明显的"板上之星"形态，短线都有机会获利。

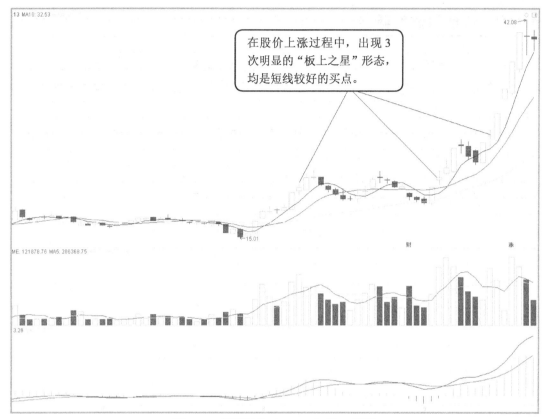

在股价上涨过程中，出现 3 次明显的"板上之星"形态，均是短线较好的买点。

图 3-20　恒润股份（603985）日 K 线图

（3）仙人指路。出现仙人指路的 K 线位置往往在前期高点、历史最高点、前期成交密集区等关键位置，这往往是主力试探上方压力和强势洗盘的动作，目的是顺利突破这些位置的压力。仙人指路如同股价上涨的指示灯，指明了股价短线上涨的方向，在收出仙人指路 K 线次日往往就会出现强势涨停的走势。

图 3-21，金开新能（600821）：2021 年 9 月 8 日，出现一次突破走势，盘中刷新 6 月 28 日的涨停高点，不过当日股价上冲到接近涨停时，转而下跌调整，盘中逐波回落，最终收盘涨幅仅 5.01%，当日收出一根带有长上影线的 K 线，成交量保持温和放大的水平，符合仙人指路形态，但这个形态需要后市确认有效后，才能作为买入形态。经过短期修复性整理之后，9 月 17 日小幅高开，盘中逐波震荡走高，尾盘成功涨停，收复了 9 月 8 日的长上影线，这样一个仙人指路形态即告确立，短线买点产生，之后股价强势走高。

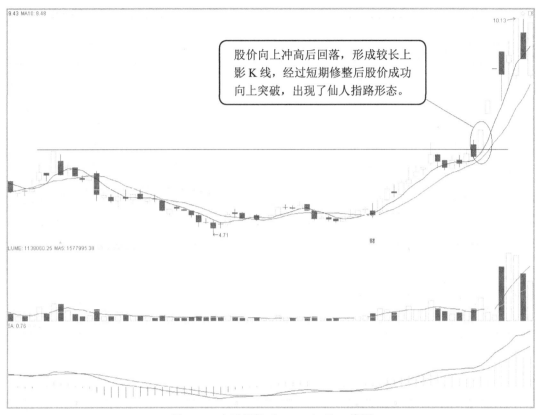

股价向上冲高后回落，形成较长上影 K 线，经过短期修整后股价成功向上突破，出现了仙人指路形态。

图 3-21　金开新能（600821）日 K 线图

七、缩量回踩颈线

颈线是头肩底、双底、W 底等形态高点的连线，股价要有效突破，就必须放量突破颈线位。通常情况下，在突破颈线位之后，往往还有一个回踩颈线位确认突破有效性的动作，这个过程是缩量的。回踩确认成功的标志就是股价再度放量拉升，在这个时候往往会出现涨停的大阳线。缩量回踩可以应用于所有突破后的回抽确认过程。

图 3-22，上海建工（600170）：股价成功见底后缓缓向上走高，突破了前期盘区高点的压力，然后缩量向下回落整理，以确认突破的有效性。2021 年 9 月 22 日，盘中逐波走高，午后强势涨停，表明回抽确认有效。

这里说一下关于立桩量的操盘技巧。立桩量往往是主力强行建仓的信号，为了能最大限度地获得筹码，主力往往会选择拉涨停板、放巨量的方式吸筹。除了在出现立桩量当日容易出现涨停，在 3 个交易日之内，只要股价不跌破立桩量当日的最低点，之后的交易日也容易出现涨停，这个涨停是主力为了快速拉高脱离成本区所为。

图 3-23，华软科技（002453）：2021 年 7 月 19 日，开盘后不久股价强势拉涨停，盘中出现一次开板"放水"走势，之后牢牢封板不动，当日换手率超过前一天的 5 倍，形成立桩量形态。在之后的 2 个交易日里，股价大部分时间在涨停板价位之上运行，没

有回落到涨停板大阳线的低点，7 月 22 日股价再度涨停，这样 7 月 19 日那天的立桩量成立。

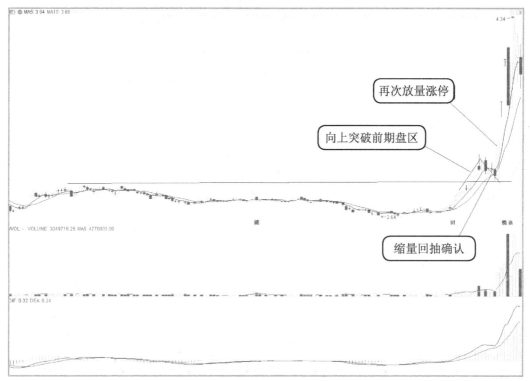

图 3-22　上海建工（600170）日 K 线图

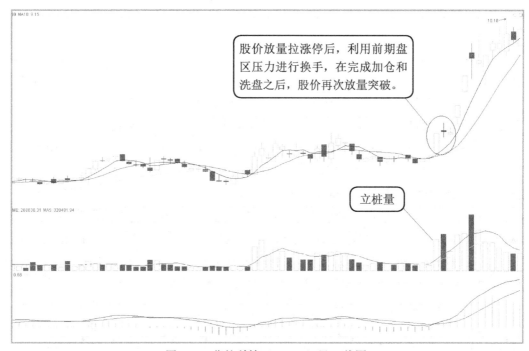

图 3-23　华软科技（002453）日 K 线图

第三节　敏感位置涨停规律

一、短期严重超跌个股

个股因为大势不好、基本面恶化、重大利空等，加上投资者不理智的抛售，往往会出现股价下跌过度的情况，容易引发超跌反弹行情。

凡事都会物极必反，下跌过度必然会出现超跌反弹，即使再烂的股票都会出现一定幅度的反弹，一旦反弹，往往会以涨停的形式出现，特别是前期无量空跌、近期开始出现连续跳空加速下跌的个股，短线参与通常会有不错的收益。

图 3-24，宜宾纸业（600793）：该股见顶后股价逐波下跌，累积跌幅超过 70%，严重超跌。主力在下跌过程中，吸纳了大量的低价筹码，2021 年 1 月 6 日主力开始发力，股价放量涨停，突破 30 日均线的压制，开启一波超跌反弹行情，股价连拉 10 个涨停。

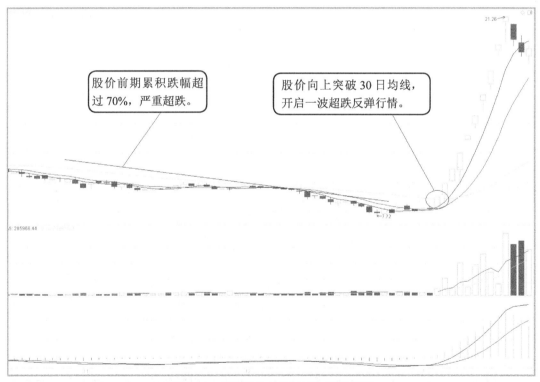

股价前期累积跌幅超过 70%，严重超跌。

股价向上突破 30 日均线，开启一波超跌反弹行情。

图 3-24　宜宾纸业（600793）日 K 线图

二、面临前期高点个股

当股价运行到前期高点附近时（离前期高点 10% 以内），最容易出现涨停突破的走势。因为随着股价的不断拉升，前期套牢盘逐步解套，该抛的会选择抛出，该留的会继续持股，当股价接近前期高点时，主力往往会选择试盘，减少前期高点套牢盘的抛压，最后为了以示做多的决心，往往涨停突破前期的高点。

在大势向好的情况下，此类个股有效突破的概率比较高。当然，也有很多面临前期高点时假涨停突破的情况，特别是在弱势大盘当中，所以在操作这类个股时，尽量顺势而为，坚决不逆市打板。

图3-25，闽东电力（000993）：该股2021年9月24日强势涨停，股价到达前期两个高点附近，形成"强烈撞顶"形态（这种形态从图上看，还没有形成突破，但实际具有突破意义），次日股价小幅高开后回落震荡整理，经过3个小时的整理后，14:00股价直线拉涨停，成功突破前期两个高点，此后股价加速上涨，实现5连板。

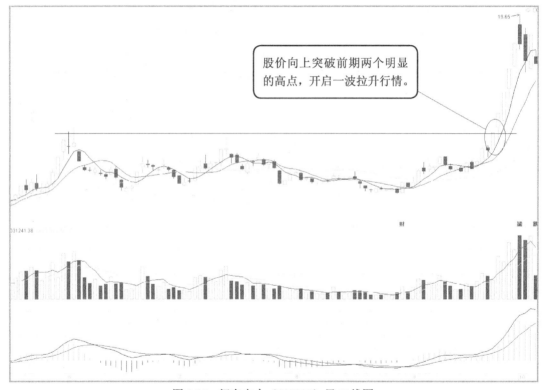

股价向上突破前期两个明显的高点，开启一波拉升行情。

图3-25　闽东电力（000993）日K线图

实盘中，面对历史高点的个股和前期高点的个股一样，在大势向好的情况下，面临历史高点的个股同样容易出现涨停的走势。两种走势的技术特征也基本相同，不过股价上行到历史最高点附近时，一旦有效涨停突破，更具有历史意义，更加表明主力强势做多的信心，短线的上升幅度通常也会更大。

此外，还有连创历史新高的个股，这和次新股一样，股价在创出历史新高时，就已经解放了所有套牢盘，表明了主力对后市的信心十足。既然都解放了套牢盘，该抛的都抛了，没有了这些套牢盘的抛售压力，所以拉升起来也就比较轻松，往往会上演拉涨停好戏，特别是缩量创新高的品种。

容易爆发涨停的时间点主要集中在第一次有效突破历史高点时，以及回抽确认之后再次放量拉升时，喜欢打板的投资者主要关注这两个时间点即可。

三、面临筹码密集区个股

筹码密集区就是成交买卖比较密集的区域，该区域堆积的筹码越多，压力或支撑会越明显，一旦突破，短期力度往往较大。

在股价运行过程中，所形成的山峰图形区域就是筹码密集区。股价一旦有效突破这个峰，那么这个峰的位置就成了支撑位；同样，股价一旦有效跌破这个峰，那么这个峰的位置就变成了压力位。

在很多情况下，形成筹码峰是因为主力吸货造成的，这类个股通常会出现一个"挖坑"动作，股价跌破筹码密集区，缩量整理几个交易日之后，再次翻身向上，以涨停板的方式穿过筹码密集区。如果能及时介入，短线通常都有不错的收益。

图 3-26，出版传媒（601999）：主力在低位吸纳了大量的低价筹码后，2021 年 4 月 16 日放量涨停，形成"立桩量"，之后 10 多个交易日里，股价在前期盘区位置震荡整理，充分消化上方压力之后，股价在 5 月 12 日放量突破，短期出现加速上涨。

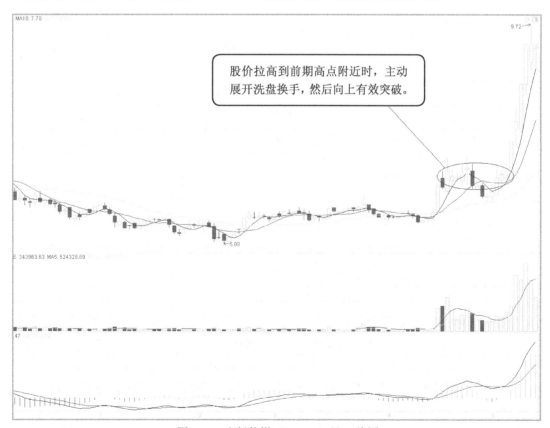

图 3-26　出版传媒（601999）日 K 线图

四、回踩筹码密集区个股

股价在有效突破筹码密集区之后，通常都会有一个回踩确认的动作，如果突破有效，那么回踩筹码密集区的过程中肯定是缩量的，然后再次启动时肯定是放量的。再次启动的时候，往往以大阳线甚至涨停的方式出现。

图 3-27，华银电力（600744）：该股经过两波比较大的上涨行情后，累积股价涨幅巨大，在获利盘不断抛压的情况下股价出现回落。当股价回落到第一波上涨行情的高位成交密集区时，遇到较强的技术支撑，买盘资金不断介入后，2021 年 7 月 6 日放量涨停，表明在原来的筹码密集区域有明显支撑，短线投资者可以再次买入。

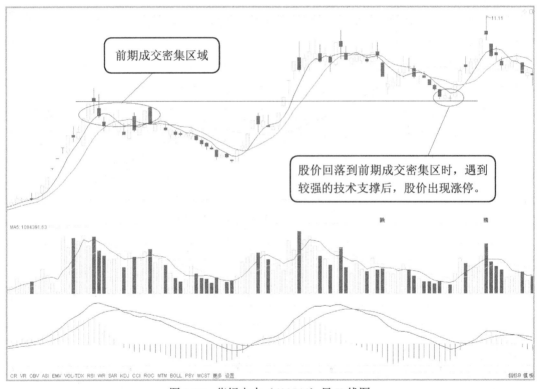

图 3-27 华银电力（600744）日 K 线图

在强势市场中，当股价回踩到一个重要的技术支撑位（线、点）时，往往又会遇到支撑而出现反弹回升，这些支撑除筹码成交密集区外，也包括均线、趋势线、颈线、前高（低）、整数关口以及黄金分割线等。

图 3-28，新疆交建（002941）：这是股价回落遇到 30 日均线支撑而出现的反弹走势。2021 年 8 月 16 日开始，股价连拉 4 个涨停。在第 5 板位置冲板失败后，股价连续向下走低，几乎回到起涨点。这时，正好遇到上行的 30 日均线支撑，8 月 31 日股价企稳回升，次日强势涨停，之后几日继续冲高 10% 以上。

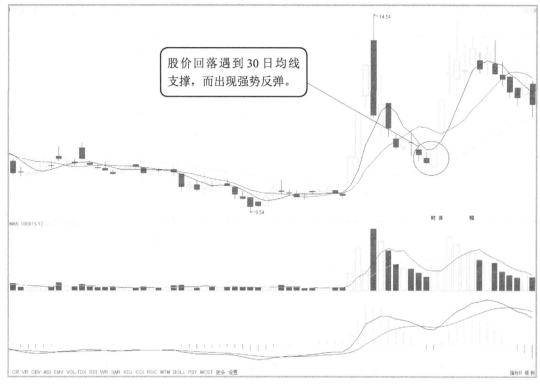

图 3-28　新疆交建（002941）日 K 线图

五、面临筹码真空区个股

筹码真空区主要是指两个筹码密集峰之间无筹码或只有很少筹码的区域，这通常是股价大跌或跳空下跌造成的，股价在进入这个真空区域后一般会出现加速上涨，甚至是涨停。

图 3-29，新日股份（603787）：该股从 2019 年 10 月 30 日开始出现大跳水，在筹码分布图中出现了一个明显的真空区。在低位经过长时间的整理之后，在 2020 年 2 月中下旬出现一波反弹行情，当股价回升到前期连续跌停开板位置时，股价受阻后再次回落，此后进入较长时间的调整走势。6 月 12 日，股价再次逼近这个筹码真空区域的下方以及前期反弹高点后，展开短期的整理走势。6 月 19 日，向上拉起并涨停，股价进入筹码真空区域，次日连板。之后震荡几日，股价再次上涨到前期大跳水的起始位置，受盘区筹码抛压股价回落整理。

另一种情况，在最高密集峰上方出现无筹码或只有很少筹码的区域，这通常出现在不断创反弹新高的个股中，也容易出现涨停的走势。

图 3-30，神驰机电（603109）：该股第一波反弹到前期高点附近时出现震荡整理，经过短期回落整理后股价企稳，2020 年 4 月 28 日突破涨停，开启第二波拉升行情。在第二波拉升过程中，很显然在最高密集峰上方出现无筹码或只有很少筹码的情况，主力拉升就比较轻松，股价容易出现涨停，4 连板后见顶回落。

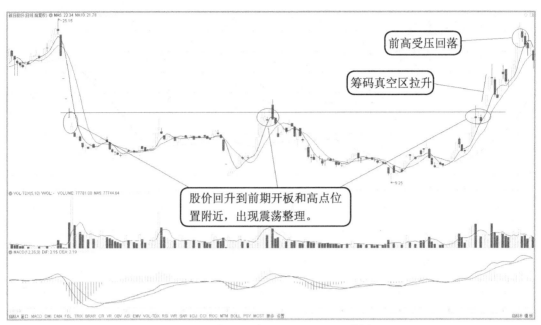

前高受压回落

筹码真空区拉升

股价回升到前期开板和高点位置附近，出现震荡整理。

图 3-29　新日股份（603787）日 K 线图

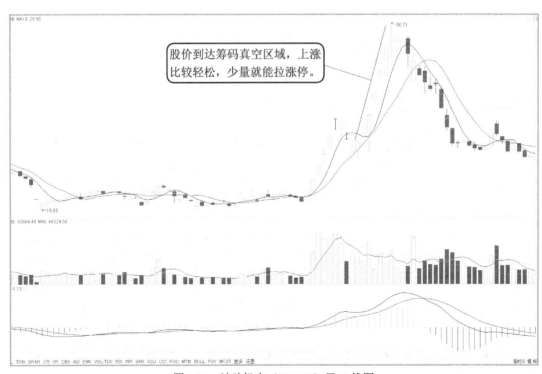

股价到达筹码真空区域，上涨比较轻松，少量就能拉涨停。

图 3-30　神驰机电（603109）日 K 线图

六、其他容易涨停个股

1. 上市不久次新股

次新股因为没有历史套牢盘的压力，当主力收集到足够的筹码后，就可以轻松地将股价拉升至涨停板，甚至连续涨停。

对于散户和主力而言，面对刚刚上市的新股，就好比是在同一起跑线上，即使有距离，也不大，而且新股在信息披露方面是比较积极的，散户也不担心踩到地雷。所以散户一旦发现有主力介入也会心甘情愿地抬轿，这样就出现了次新股经常涨停、换手率大的情况。

2. 高送配分红个股

高送配概念是每年必炒的板块，在中报、年报前后都能走出大黑马，发布高送配消息或除权之后也是最容易出现涨停的时间段。

为什么会出现这样强劲的走势？因为高送配除权之后可以将股价降低，为主力向上拉升打开了空间，同时还方便拉高出货。比如一只 20 元的股票要炒到 40 元，需要上涨100%，如果没有业绩支持，就已经算得上是股价高估了；那么如果推出了一个 10 股转增10 股的高送配方案，那么除权之后股价不过才 10 元，即使涨 200%，也不过才 30 元。

那么为什么发布高送配消息或除权之后最容易出现涨停走势呢？在发布高送配消息之后，出现涨停是因为"抢权"，特别是发布超预期送配方案的个股，投资者和主力积极买入造成股价的涨停，如果送配方案超出预期，往往一字涨停。而在除权之后，只要主力没有选择在除权之前出货，那么通常会走出一波填权行情，在除权当日，主力往往会选择拉涨停的方式发动行情，开始最后的疯狂。

3. 重大利好消息股

重大利好消息对股价的上涨有直接有刺激作用，特别是个股宣布进行资产重组、发布摘帽消息、发布巨额投资项目、突发的自然灾害等，股价通常会以一字涨停、大幅高开涨停的走势来兑现利好。

以东晶电子（002199）在 2011 年 2 月 24 日的走势为例，当日早盘发布了投资 12 亿元实施"年产 750 万片 LED 用蓝宝石晶片技改项目"的公告，股价一字涨停。

次日继续涨停价开盘，开盘后 5 分钟经过打压之后再度牢牢封死涨停板。2 月 28 日股价继续大幅高开 4.31%，早盘大幅震荡之后，14:10 左右再度封死涨停板。

最后，要提醒各位"打板"投资者一句：在追这类因重大利好涨停的个股时，需要防止主力借利好出货，正所谓"利好出尽就是利空"，少参与那些累计涨幅已经比较大的个股。

4. 复牌补涨潜力股

在股市中，大部分股票的走势还是跟随着大盘的。因召开股东大会等原因停牌的个股，如果在停牌期间，大盘指数出现大幅上涨，那么复盘之后通常会出现补涨，往往会以高开高走封涨停甚至一字涨停的走势出现。

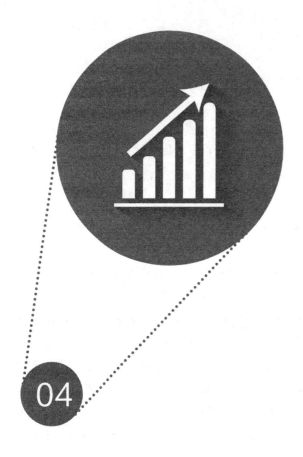

04

第四章 | **涨停分时走势**

第一节 涨停分时盘口解读

一、拉升基本波形

在解读涨停分时盘口时，必须对拉升的基本波形有所了解，否则盘面分析将无法入手。股价拉升中的分时波形有很多种，有直线流畅的，有上蹿下跳的，有平坦呆板的，有代表性的是圆角波、尖角波和锯齿波这三种基本类型，其他各种各样的分时走势都是这三种基本波形的变异，见图4-1。

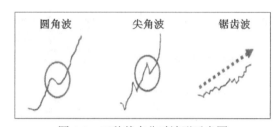

图4-1　三种基本分时波形示意图

1.圆角波

这种波形攻击性强，持续性一般，大多为市场行为。通常出现在洗盘后拉升或持续拉升阶段，往往换手充分，主力控盘良好，股价处于良好的强势上涨阶段。

圆角波的特征是在每一波的上涨或下跌中，都会山现一个"圆角"。这种圆角是由买卖双方从不平衡逐渐到平衡的过渡。

圆角波的出现多为市场自然成交的结果，无论是上升还是下跌，买卖双方都有一个不平衡—平衡—不平衡的过程，其间的价格过渡相对平滑，一般为股价的单边上升或单边下跌的分时语言。圆角波还会延伸出圆角短波、圆角脉冲波和圆角长波三种波形。

（1）圆角短波。圆角短波是一种以市场力量为主的吃货或跟风图形。当上方有卖盘压单时，主力会先行吃掉一些卖盘，但又不完全吃掉，目的是让市场看到主力的动作以吸引市场跟风盘介入。圆角短波在高位出现时，就有主力出货嫌疑，在低位出现时则可以适当关注和跟风。

（2）圆角脉冲波。圆角脉冲波是主力和市场共同大力买入的一种行为。当上方压单很厚时，主力仍然是采取先行买入的策略以吸引跟风盘的介入，当卖压挂单被越来越快地吃掉时，就会产生一种向上的巨大惯性，于是就产生"脉冲"走势。这种脉冲当然是主力资金在快速跳跃式地吃掉上方的层层挂单，在分时图上就出现了一段接近90度直线的脉冲波形，这就是圆角脉冲波。圆角脉冲波是主力集中力量把股价迅速拉高来脱离成本区的"吃货＋拉升行为"。

（3）圆角长波。圆角长波则是介于圆角短波和圆角脉冲波之间的一种波形，它在实盘中比较常见，往往在整理形态的颈线位置出现，具有吃货、洗盘和拉升的共同性质，是一种主力与市场共同作用的行为。

注意，在相对高位所形成的圆角波，往往有主力出货的痕迹，所以圆角波出现后就离下跌不远了。

2. 尖角波

这种波形攻击性强，持续性好，大多为主力行为。通常出现在拉升过程中，在小盘股、热门股中较多见，股价处于持续上涨阶段。

尖角波的特征是在每一波上涨或下跌中，都会出现一个尖锐的锐角，这种尖角波是大买单或大卖单突然成交的结果，其间没有任何过渡。尖角波可分为尖角短波、尖角长波和尖角脉冲波三种。

股价在上涨或下跌时，出现的尖角波可分为两种情况。

一种是主力吃货的尖角波，通常发生在相对低位，称之为"尖角短波"，这种波形一般较短，第一个尖角波与第二个尖角波之间会有一个时间间隔，这是因为主力把上方的卖单吃掉后，还要等待新的卖单挂出后才能吃第二口。同样，下跌中出现的尖角波通常是主力出货的痕迹，其运动特征与上涨时一样，只是方向相反。

另一种是主力拉升的尖角波，称之为"尖角长波"，这种波形一般较长。第一个尖角波与第二个尖角波之间的时间间隔很短，这是因为主力急于把股价拉上去，不给市场有从容吃货的机会。同样，在下跌中出现的尖角长波大多是主力在出货，有时候也是市场恐慌盘打出的结果，只不过方向相反而已。

值得注意的是，在股价上涨途中通常尖角波的上涨具有持续性，如果一只股票先出现尖角波的阳线，往往意味着后市还能继续上涨。而之后如果出现圆角波的阳线，则可能预示股价很快就会转入下跌，这是因为尖角波是一种主力行为，而圆角波则带有市场行为，其买力自然不如主力的强。

尖角脉冲波是所有上升波形中最强的一种波形，尖角长波是一种仅次于尖角脉冲波的拉升波形，它所出现的频率要远高于尖角脉冲波。尖角长波形成的涨停板或大阳线也往往意味着后市继续看涨。但是，如果之后出现以圆角长波拉升的大阳线或涨停板，就预示着市场有资金介入。那为什么低位没有市场资金介入呢？这是因为当一只股票在刚刚启动时还没有引起市场资金的关注，只有该股走高一截后才会引起市场的关注，这时才会有跟风盘的出现，于是圆角波便形成了。

3. 锯齿波

这种波形攻击性弱，持续性好。多为机构股的盘口语言，在盘升行情中较多见，经常出现在大盘股、冷门股之中，表明主力处于吸筹、洗盘、推升阶段。

锯齿波指无论是上涨还是下跌的分时图上，都呈现出一种类似锯齿状态的走势，也就是说股价在微幅波动中的单边上涨、单边下跌或横盘走势。

这种走势通常为市场在主力诱导下的成交痕迹。其特征是无论上涨还是下跌，股价都沿着一个方向斜行，斜行中的波动幅度非常小，如同锯齿一般颤抖着运行。

为什么说锯齿波是在主力"诱导"下形成的呢？这是因为主力挂单所致，比如主力在某个价位买单和卖单，形成一个"夹板式挂单"模式，结果市场在吃掉了一部分卖单后，有人一看只有少量压单，于是就选择买入，反之也是一样的道理。

锯齿波也有三种延伸：锯齿斜波、锯齿横波、大锯齿波（也叫鱼刺波，即波动幅度较大的锯齿波）。

锯齿波的形成原因有两种：一种是主力在力不从心时，诱导市场来"帮忙"完成任务。所以即使锯齿波把股价推向涨停时，通常在第二天股价也会有一个回落。相反，由锯齿波导致股价的下跌，往往也会在后面出现一定的反弹。所以一旦股票出现锯齿波就要注意了，后面很可能有一个相反的走势即将出现。另一种是主力的刻意而为，特别是主力先在一个极小的空间里给市场自然换手，就会在买卖价位上各自挂上大买单和大卖单形成一种"夹板式挂单"，使市场的成交价在"夹板"中进行，在分时图上就出现了锯齿波形态的横盘走势。通常，锯齿波是诱导市场在某一价位进行自行换手的盘口语言。

注意，这种横盘的锯齿波如果在分时图的相对高位出现缩量走势，是一种典型的洗盘行为，洗盘结束后还有向上一冲的动作。如果是放量横盘，则可能是主力出货行为，要引起高度警惕。如果在上涨过程中出现了锯齿波，特别是中小盘股中由非锯齿波上涨（尖角波、圆角波）到锯齿波上涨时，就要注意了。这说明买力严重不足，股价即将出现下跌。

还有一点也是非常明确的，就是当一只股票在相对的高位先出现一根大阳线，之后便是缩量下跌状态的锯齿波时，那肯定是主力在出货。

4. 特别提示

圆角波、尖角波和锯齿波这三种分时图形，在大多数情况下不是单一出现的，它们往往在一天的走势中交替出现，但以一种走势为主，其他走势为辅。需要注意的是，当一种走势被另一种走势所替换时，就意味着股价即将出现变盘行为，这种变盘的瞬间信号，会对实盘操作有一个正确的提示作用。

在这三种基本盘口语言中，往往有一种语言是当时最重要的语言，如有时候是挂单语言，当盘口频繁地出现"挂而不交"的现象时，说明主力自己不想交易，想让市场来替主力买卖；当盘口出现"不挂而交"的现象时，则往往是主力自己在埋头交易，不想市场参与买卖的盘口语言。有时候从一两笔重要的成交语言中，就能大致判断出主力对该股的真实意图，而分时图的转折性走势也会给大家以恍然大悟的提示。

所以，三种基本盘口语言不能单独运用，要综合地分析。但需要注意的是，三种盘口语言在不同时段以其中一种语言最有价值，那么只要抓住这种最有价值的语言，来判断当天的走势就可以。当某一天的盘口突然出现了最关键的一种语言提示后，甚至可以给我们在今后一段时间的操作以标志性的判断。

二、阶梯型涨停

阶梯型涨停是指在分时图走势上，股价不是一步到位，而是呈现类似阶梯形态的运行方式。股价在达到涨停前，出现一段或两段横盘整理，在不断抬高的平台上让市场充分换手，洗出获利盘，引出套牢盘，以达到垫高市场平均持筹成本的目的，为即将攻击涨停作铺垫准备。

阶梯型涨停有两大形态：高位阶梯型涨停、低位阶梯型涨停。

1. 高位阶梯型涨停

高位阶梯型涨停是指分时图全天都运行在红盘区的上半部分，一般在涨停之前大部分时间运行在5%~7%的价位区间。通常有跳空缺口和无跳空缺口两种，有跳空缺口的"阶梯"大多只有一个阶梯形状，无跳空缺口的"阶梯"大多有两个或两个以上阶梯形状。

（1）缺口性阶梯型涨停。股价以向上跳空开盘形成缺口，快速上冲到某个价位就停止拉升。这种拉升方式，有时是直线的，有时是N型的，然后进行窄幅盘整，分时图呈现一条准直线性横向运动，形成"阶梯"时的成交量保持在相对平稳状态。当委卖栏中突然出现明显的大单压单时，说明主力即将进一步行动（买点形成），一旦吃掉这些大卖单，股价就会再上一个台阶或直接上攻涨停板。

（2）无缺口性阶梯型涨停。这种走势主要是指股价平开或略微低开后迅速回补缺口，分时图中不留下交易空白区，股价迅速冲到红盘区某个价位进行盘整，形成分时图上的"台阶"。它与缺口性阶梯型走势的主要区别是，大单挂单时间较长，价位较厚，横盘震荡的幅度相对较大，不像缺口性阶梯型的压单一旦出现就会很快被打掉。无缺口的大单往往长时间地挂出，有一种引而不发的洗盘意图，所以它的"阶梯"相对较厚（振幅较大），如果阶梯较窄，通常还会出现两个以上的阶梯走势。

图4-2，天山股份（000877）：2021年8月20日，形成二级阶梯走势，午后股价强势拉涨停。买点一：盘区低点（均价线附近）入场；买点二：放量向上突破盘区高点时跟进。

2. 低位阶梯型涨停

低位阶梯型涨停是与高位阶梯型涨停相对而言的概念。一般是指它的盘整阶梯的高度不超过3%，通常在前一天的收盘价附近，有时候甚至在绿盘区搭建"阶梯"。低位阶梯型涨停的走势，带有明显的吸筹和洗盘意图，通常出现夹板式挂单显示，它的买点出现往往是突然的、快速的。

图4-3，中材国际（600970）：2021年8月20日，在前一天的收盘价附近震荡整理半个小时左右，然后稳步向上推高，直至涨停。

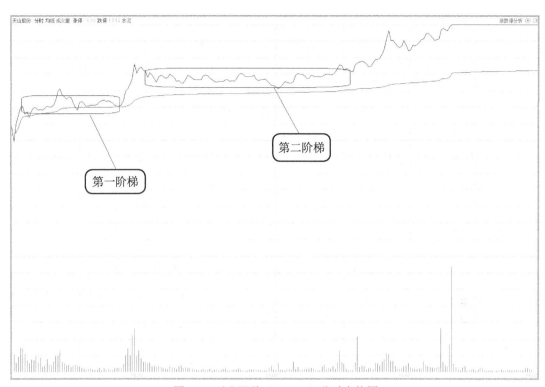

图 4-2 天山股份（000877）分时走势图

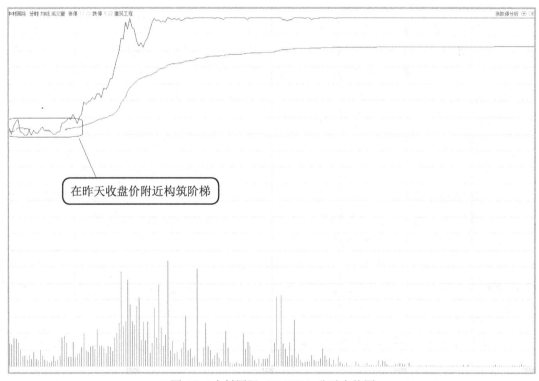

图 4-3 中材国际（600970）分时走势图

3. 买点特别提示

（1）看是否有向上的跳空缺口，有缺口比没有缺口的语言含义更加清晰。

（2）在形成"阶梯"阶段，一般不要轻易买入，只有看到委卖盘中的大单被吃掉时，才能确认主力要攻击涨停板，此时介入，胜券在握。

（3）当出现两个"阶梯"时，股价突破第二个阶梯时是最后买入点（此时的盘口语言是带有"宣誓"性的）。

（4）遇到低位阶梯型走势时，买点往往稍纵即逝，解决的办法是：高挂几个价位介入或提前埋伏。

三、斜坡型涨停

斜坡型涨停是指在分时图走势上，股价基本沿着一条近似45度角向上盘升，中间没有明显的停顿，成交量也稳定平衡，中途没有明显的忽高忽低现象，其盘口一个重要特征是连续式挂单频繁出现。这种连续式挂单大多是上下基本对称的盘口，说明参战资金众多，多空双方显得势均力敌，但股价还是不断向上，说明这些大单挂单是真实被吃掉的，多头主力略胜一筹。

斜坡型涨停有两大形态：大斜坡型涨停和小斜坡型涨停。

1. 大斜坡型涨停

大斜坡型涨停走势是指股价从开盘到涨停板，全程运行在上、下午两个交易时区里（前市＋后市），以30~45度角向上运行，成交量始终保持平稳的均量状态。盘口的大单挂单大多呈连续对称式显示，分时图不受大盘走势的影响。

图4-4，三维股份（603033）：2021年8月20日，股价平开后略做震荡，然后以30~45度角向上顽强推升，下午股价冲向涨停。

2. 小斜坡型涨停

小斜坡型涨停走势是指股价从开盘到涨停板，全程运行在上午交易时区里（前市），以45~60度角向上运行，但往往在接近涨停板的时候会出现一定的加速现象，此时成交量会相应地放大。这里因为小斜坡型上涨的大单挂单大多为非对称性挂单，一旦多头吃掉这些大单，上方会显得较为空荡，从而引发市场抢盘。

图4-5，卓翼科技（002369）：2021年8月20日，股价平开后震荡走高，以45~60度角向上强势推升，10:30之前股价就封于涨停。

3. 买点特别提示

斜坡型涨停的买点相对有一定的难度，小斜坡型有一个明显的买点，那就是在其加速上行时，虽然价位较高，但盘口提示明显，买入涨停确定性高。但大斜坡型的走势却没有明显的加速现象，买点怎么把握呢？运用7%买入法：把买点设在当日涨幅的7%附近，如果股价盘升至此，大概率会涨停；如果股价没有升到7%就回落，说明该股当日不会涨停，也就没有必要买入。

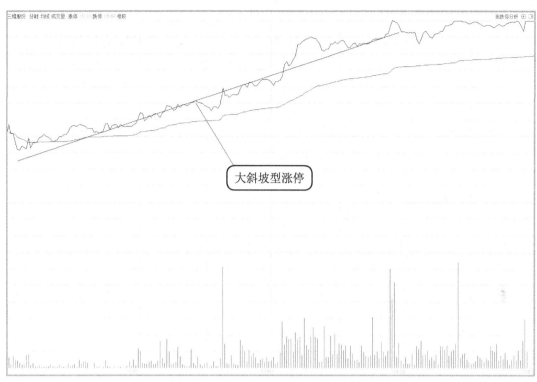

图 4-4 三维股份（603033）分时走势图

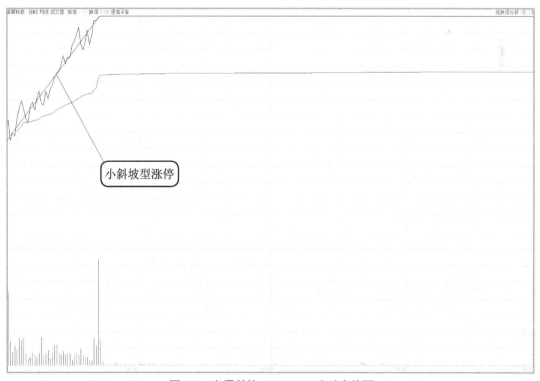

图 4-5 卓翼科技（002369）分时走势图

斜坡型涨停运行特点如下。

（1）从开盘时就开始以一个固定的角度上涨，半小时以后的斜坡型上涨，特别是下午的斜坡型上涨往往是无效的，第二天通常是下跌的，因为这不是主力计划中的行为。

（2）斜坡型上涨的大单挂单通常是连续式的，其变化在于有时是对称性连续式，有时是非对称式连续式（上连续式和下连续式）。

（3）小斜坡型涨停出现后，第二天往往会继续涨停；大斜坡型涨停出现后，第二天不一定继续涨停，但至少也能继续拉出阳线。

四、震荡型涨停

震荡型涨停是指股价在奔向涨停板途中，分时图出现大幅波动的特征，成交量比其他类型的涨停走势要明显地放大；大单挂单形式一般没有特定模式，往往是几种挂单形式交替显现。震荡型涨停走势通常属于主力吸筹或出货的两段性走势，其操作难度较大，但把握恰当，其利润也是较为丰厚的。

震荡型涨停有两大形态：高位震荡型涨停、低位震荡型涨停。

1. 高位震荡型涨停

高位震荡型涨停是指股价全天大部分时间运行在红盘区，一般会形成两三个震荡的区域，振幅在2%~4%之间，震荡的低位一般不会低于当天的分时均价线。成交量忽大忽小，大单挂单形式不拘一格，常见的有托盘式大单挂单、夹板式大单挂单和压盘式大单挂单这三种形式。在成交明细上，既有一口吃掉大单横扫，也有蚂蚁搬家式的多口吃，显示出主力与散户共同参与的盘口特征。这种震荡走势可分为顺势震荡型（震荡的节奏与大盘同步）和逆势震荡型（震荡是节奏与大盘相反），其最佳进场点在分时图的当日均价线附近。

图4-6，天山股份（000877）：2021年8月20日，呈现高位震荡走势，在当日均价线附近形成较好买点。需要注意的是，不是股价跌到均价线时就买入，而是触摸均价线后放量掉头时进场，因为只有股价掉头向上才能说明多头开始发起攻击。

2. 低位震荡型涨停

低位震荡型涨停是指股价全天有一部分时间运行在绿盘区，形成泾渭分明的绿盘震荡区和红盘震荡区两个股价运行区间，但一般来讲，顺势震荡型的涨停走势中，股价在绿盘区的振幅都比大盘要大，但在进入红盘区后，其振幅同样大于大盘。逆势震荡型的涨停走势则不同，无论在绿盘区还是红盘区，其振幅都明显小于大盘的震荡幅度。这是因为主力有计划地进行洗盘和拉升，属于主动性控盘；而顺势震荡型的涨停走势，其本质大多属于相对被动性的涨停，是主力借助市场拉动上涨，所以这类涨停很难有持续性。

图4-7，盐湖股份（000792）：2021年8月20日，出现低位逆势震荡型涨停走势。这类涨停买点有两个：一个是大盘没有进入红盘区，而该股率先进入红盘区时买入；另一个是在该股突破第一个震荡区的顶部时买入。

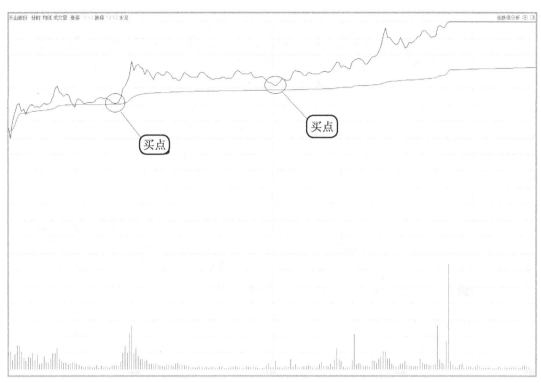

图 4-6　天山股份（000877）分时走势图

图 4-7　盐湖股份（000792）分时走势图

3. 震荡型涨停特别提示

这类涨停的本质特点是股价运行的"空间性"，即震荡的方式和幅度（前面已解读），但它的另一个重要特性也不能忽视——涨停的时间性：该股什么时间段里涨停，与其震荡的幅度和形态都有着一定的因果关系。一般而言，震荡型的涨停时间多在下午，涨停与震荡的幅度成正比，即震荡开始的时间越早、震荡幅度越大，其涨停的时间就会越晚，这是因为主力一开始就设计了这个程序，具有洗盘、震仓和出货的多重性质。

五、脉冲型涨停

脉冲型涨停板是指股价在一段平淡的盘整后突然拔地而起，分时图出现巨大的脉冲波直奔涨停板。这种走势往往是冰火两重天，在盘整时期少有大单挂出，盘口显得苍白、淡静，而一旦大单挂出，就会立即被横空出世的买盘以迅雷不及掩耳之势迅速扫光上方的卖盘，股价以达到接近90度的极致涨速冲向涨停板。

1. 横盘型脉冲走势

股价在一个相对的低位进行横盘整理，成交量很小，振幅也不大，分时图走势显得磨磨蹭蹭，股价趴着不动，只在大盘有大幅波动时股价才跟着反应，否则就是有气无力地进行稀疏的交易。其实这是一种"假寐"状态，主力是想在拉升前放手让市场自由成交，以最后检验市场的抛压到底有多大（通常这种检验时间为1~3个小时），当主力确认市场浮筹很少时，便会突然发动"脉冲"拉升，以迅速脱离主力成本区，目的是不想让其他人在这个低位吃到筹码，因此脉冲型涨停多为主升浪的上升性质。

横盘型脉冲涨停有两大形态：一波式横盘型脉冲、两波式横盘型脉冲。

（1）一波式横盘型脉冲。股价经过一段时间的横盘后突然冲向涨停板，中间没有任何停顿，一波拉至涨停，其成交量随着股价的上升而放大，到达涨停板以后再逐渐缩小。

图4-8，中广天择（603721）：2021年4月13日，开盘后横盘整理了一个上午，午后以接近90度一波式拉涨停，封盘后立即缩量。

需要特别提示的是，抓住一波式横盘型脉冲涨停的买点是个高难度动作，主要是脉冲的速度太快，时间太短，来不及挂单买进。具体解决办法如下。

一是高挂买入：以高出市价几个价位挂单买入，甚至直接挂涨停价买进。

二是次日集合竞价买入：通常来讲，这种脉冲型涨停多属于初升型涨停，往往后面还会有一两根大阳线，第二天买入仍然能获利。

（2）两波式横盘型脉冲。股价经过一段时间的横盘后，开始以脉冲形式向上冲击，中间略有停顿，形成一个N型的快速下蹲后，便又以脉冲形式直奔涨停板（有时候会形成两个N型下蹲，形成两波以上的脉冲走势）。在大单挂单方面，当第一波脉冲形成短暂停顿时，会看到压盘式大单悬在半空，但会很快被凶猛的买盘迅速吃掉，之后基本看不到大单的挂出，但成交量仍然很大，这是主力的空中成交所为，所以脉冲型涨停的买点一定要"高攀"，难以低吸。

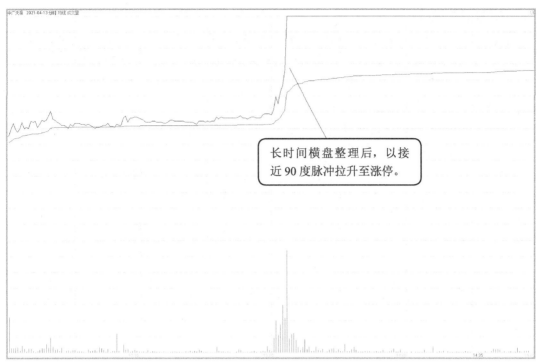

图 4-8　中广天择（603721）分时走势图

图 4-9，丰产文化（002862）：2021 年 5 月 20 日，开盘后先作修复性整理，10:15 开始出现一波脉冲式拉高，然后在涨幅 5% 上下整理约半个小时，10:43 开始第二波放量拉板。

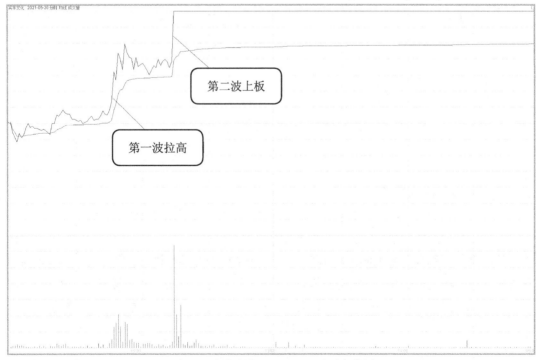

图 4-9　丰产文化（002862）分时走势图

2. 缺口型脉冲走势

缺口型脉冲涨停走势是指该股开盘有一个向上的跳空缺口，股价不进行回补或没有完全回补，就直接发动"脉冲"直奔涨停。这种缺口型的脉冲往往从开盘到涨停只用了很短的时间就完成了，中间少有停顿，成交量巨大，基本上是空中成交（因为涨速太快，还没有来得及显示挂单就已经成交）。

缺口型脉冲走势也分为两种：一种是一波式涨停；另一种是两波式涨停（有时为两波以上，但其性质相同），其买入的难点是一波式脉冲型涨停。

图 4-10，旭光电子（600353）：2021 年 8 月 20 日，跳空高开 1.92% 后，不回补缺口，直接放量拉升，形成一个 N 型下蹲后，第二波脉冲式放量涨停。

图 4-10　旭光电子（600353）分时走势图

3. 脉冲式涨停特别提示

（1）对于没有大单成交的脉冲一定要慎重，这很可能是散户抢盘行为。

（2）对于脉冲型涨停走势，有时候与阶梯型走势相似，区别在于阶梯型的横盘时有较高的成交量，这是在主力诱导下的高位换手造成的，而脉冲型涨停的横盘往往是无量的，是市场的自然成交，主力一旦拉起股价便会一气呵成，少有停顿，以快速摆脱主力成本区。

（3）要想吃到脉冲型的涨停，必须有一种敢于追涨的勇气和技巧，最好的办法就是高位埋单法。操作这一类型的股票，不要计较当天的盈利，意在第二天的获利。通常情况下，脉冲型涨停之后，至少会再给你一个涨停的幅度。

六、特殊型涨停

特殊型涨停是指在分时走势图上，不同于上述四种类型的另类涨停走势。它在实盘中出现的频次也较多，需要认真研究。

特殊型涨停有五种形态：凹字型涨停、凸字型涨停、一字型涨停、T字型涨停和天地型涨停（在《短线抓涨停》一书中，专门讲述了这方面的内容，这里仅做提示性介绍），这五种涨停各具特色，又各有功能。读懂了特殊型涨停的盘口语言，就可以在它们现身时抓住机会，从而成为一名全天候的短线抓涨停专业高手。

1. 凹字型涨停

凹字型涨停是指股价在快速封住涨停板以后，中途被打开一段时间又重新封上的走势，其分时图如同一个"凹"字，故称凹字型涨停。为什么会出现这样的走势呢？原因有二：一是部分获利盘或套牢盘趁涨停时出局；二是主力故意撤掉涨停封单或用自己的筹码砸开涨停板，待洗盘任务完成后又重新封板。股价回封后，是放量还是缩量，这是区分主力出货还是洗盘的重要标志。

图4-11，甘化科工（000576）：2021年8月20日，小幅高开后立即回补缺口，然后强势拉起，股价三波拉板封涨停。由于受当日大盘深跌影响，主力选择开板震荡，释放了大量的短线获利筹码，然后重新回封。回封后立即缩量，说明主力控盘良好。

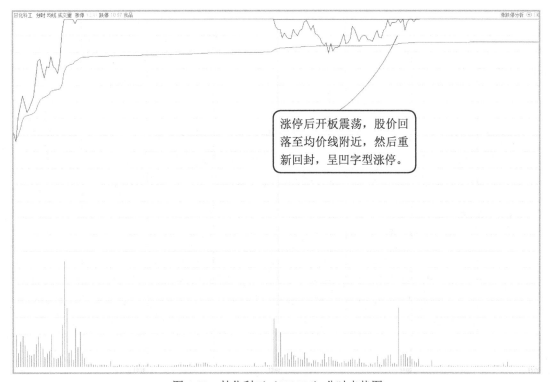

涨停后开板震荡，股价回落至均价线附近，然后重新回封，呈凹字型涨停。

图4-11 甘化科工（000576）分时走势图

2. 凸字型涨停

凸字型涨停是指股价封住涨停后又重新打开，直至收盘都没能再次封上涨停的走势。因其形酷似"凸"字而得名。一般来说，凸字型涨停多为出货型涨停。

图 4-12，郑州煤电（600121）：2020 年 12 月 31 日，高开 6.09% 后迅速回补缺口，然后强势拉高封于涨停，可是下午巨量砸盘，尾盘震荡走低，形成凸字形态，股价从此转弱。

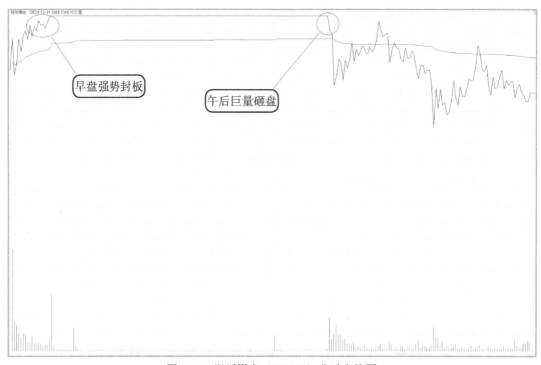

图 4-12　郑州煤电（600121）分时走势图

一般而言，凸字型涨停走势属于失败的涨停，之所以失败是由于主力无法控制涨停盘面，被空头打开涨停，后市大多出现滞涨或下跌。如果投资者遇见凸字型涨停板走势的个股，要结合相应位置、技术形态等密切观察，若有不妥，应及时卖出。

3. 一字型涨停

一字型涨停是指股票直接以涨停板开盘，并且一直到收盘都维持在涨停板的价位上的走势。一字型涨停往往是受到基本面突发性重大利好刺激而形成的一种极端走势，盘口上往往是巨量买单牢牢封住涨停，空头往往被这种气势吓住而少有抛单，因此成交量极小，对于已经拥有该股者，则可以持股不动，股价往往会连续上升。从参与角度看，如果股价涨幅不是特别大，在第一次打开涨停时果断介入，往往会有较好的短线收入。

图 4-13，陕西黑猫（601015）：2021 年 1 月 21 日，该股收出一字涨停板，次日高开低走阴线，疑似有调整要求。但股价并没有回调，反而再拉两个涨停。

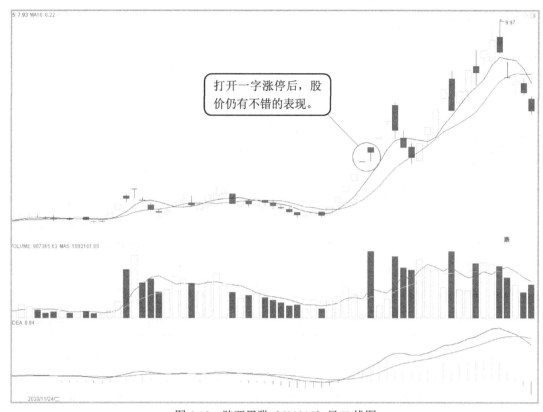

打开一字涨停后，股价仍有不错的表现。

图 4-13 陕西黑猫（601015）日 K 线图

一字型涨停特别提示：对于一字型涨停第一次被打开涨停之后的上涨，其本质是惯性上涨，因为主力要出货必须有成交量，而惯性上涨就是放量的过程，尽管这个过程的本质是主力出货，但其短线仍然能有获利机会，原则上是快进快出、见好就收。

但是，有两种打开涨停的走势是不能参与的：一是打开涨停后，回落封于跌停；二是起涨时先以实体上涨，而后再以一字型加速上涨的，打开涨停后股价也会下跌。原因是，前者是假打开，真出货；后者是股价在实体上涨部分是主力吃货，一字型上涨部分是主力拉升，而打开涨停则是开始出货的标志。

4.T 字型涨停

T 字型涨停与一字型涨停在形式上几乎一样，也是以涨停板开盘，涨停板收盘。不同之处在于其涨停中途曾被打开过，打开后或立刻被重新封板，或在收盘前被再次回封，K 线形成一个 T 字型，故称 T 字型涨停。该类型涨停板往往是中继型的涨停板，后市仍有较大的上升空间。从实盘角度看，T 字型涨停相比一字型涨停比较容易参与，但一定要眼疾手快，最好的办法是先在某一个价位埋伏等待，只要涨停打开快速下探，就会很快得到成交。

但是，在大涨后的加速过程中出现的 T 字板，有短期见顶之虞，应谨慎参与。

图 4-14，哈森股份（603958）：该股连续拉出两个实体板后，接着一个 T 字板和一字板，

短期股价出现加速走势。2021 年 7 月 1 日，高位形成 T 字板，这个板有短线见顶的可能，该位置不宜入场。

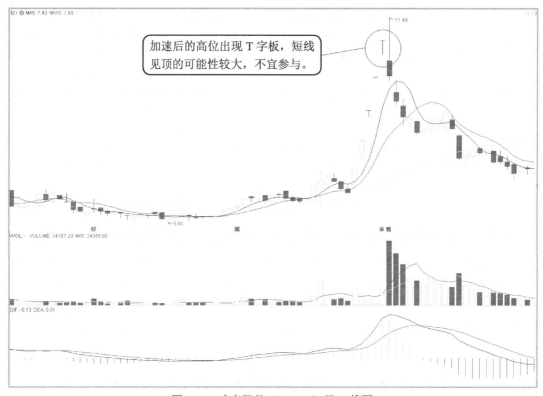

图 4-14　哈森股份（603958）日 K 线图

5. 天地型涨停

顾名思义，天地型涨停就是指股价从跌停板开盘到涨停板收盘的一根光头光脚的大阳线，分时图中出现顶天立地走势，故称天地型涨停。

这种涨停分为两种情况：从涨停开盘到跌停收盘（包括盘中冲涨停后回落至跌停板收盘），为天地板；从跌停开盘到涨停收盘（包括盘中触及跌停后回升至涨停板收盘），为地天板。两种情况习惯叫法，统称为"天地板"。

这是一种罕见的极端走势，它反映了多空双方优劣态势的大逆转，往往是多头反击的开始或洗盘、震仓的结束。其盘口先是大单压死在跌停板上，突然被连续的超级大单快速吃掉，股价就像火苗一样上蹿至涨停板，之后便会直奔涨停板，在涨停板上往往会有锯齿形开合走势，但最终还是封住涨停板。

无论是天地板还是地天板都有两面性，有时候为见顶信号，有时候为见底信号，关键看所处的位置和性质。按性质不同，可分为底部转势性、上升趋势中的震仓性、高位见顶性，以及下跌趋势中的出货性。一般来说，上升趋势中如果不放量，通常会继续上涨。然而，需要特别注意的是，在下跌趋势中的天地型涨停，如果要放出巨量，不仅不能马上上涨，往往反而会继续下跌，这是因为主力为了吸引市场接盘，故意运用对倒盘造成有抄底资金进场的假象，当跟风蜂拥而入后，第二天继续以跌停板开盘，并以大单封死，把跟风者悉数套牢，而后通过连续地大幅下跌，远远摆脱套牢盘再在低位伺机震荡出货。对于投资者来说，读懂天地型涨停板的盘口语言，可以大大提高狙击涨停板的概率。

图 4-15，郑州煤电（600121）：股价连拉 4 板后，主力展开洗盘整理，2020 年 11 月 26 日一字板跌停。次日，低开 5.84% 后盘中震荡走低，一度封于跌停板。之后，打开跌停板，股价向上拉高，午后强势拉板，形成"地天板"。这里充当的是洗盘角色，股价接着连续涨停。

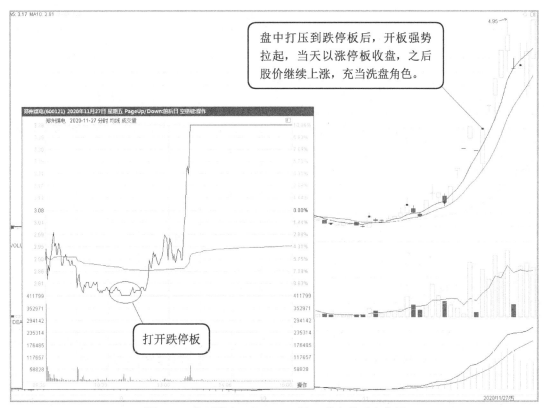

图 4-15　郑州煤电（600121）日 K 线和分时走势图

图 4-16，春兴精工（002547）：股价连拉 4 板后，在高位出现震荡，2021 年 6 月 10 日接近跌停板（差一分）开盘，盘中震荡走高，午后强势涨停。这里却是主力出货行为，与郑州煤电的性质完全不同。

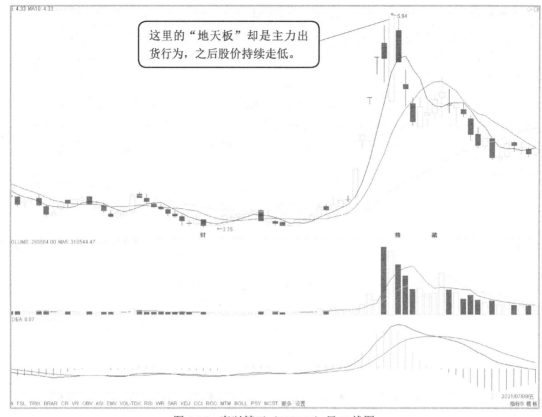

这里的"地天板"却是主力出货行为，之后股价持续走低。

图 4-16　春兴精工（002547）日 K 线图

● 七、无规则涨停

　　通常情况下，事物都是有规律可循的，特别是股票市场，因为股市中的任何买卖都是人为的，通过观察就可以发现一些蛛丝马迹。但对于涨停板类型来说，其中有一种类型属于无规则涨停，投资者如果去研究也完全没有意义。

　　图 4-17，大东海（000613）：2021 年 1 月 20 日，小幅低开后，全天窄幅震荡，股价重心下移，14:43 股价从下跌 4% 多开始直线拉涨停。这种类型的个股表现在分时图中，毫无规律可言，走势上蹿下跳，完全看不懂主力在干什么，以及将要干什么，即使有的投资者买到了这类个股，也是运气使然，与技术无关。

　　知己知彼，百战不殆。在股市也一样，研究股票都是根据历史的经验去分析一只个股涨跌概率怎么样、盈亏比如何，从而在充分的分析判断后，觉得胜率大的情况下进场操作交易。但是有一种情况完全让你措手不及，即一些个股在毫无预料的情况下就涨停了，这时的你也可能望洋兴叹，感叹自己为什么买不到呢。其实这类涨停个股没有什么研究价值。

　　当然，具体问题要具体分析。在这里也不能一锤子就把这种类型个股的操作价值打死，有一种情况还是有研究价值的，但这需要投资者有大量的实盘经验。比如，2017 年 7 月

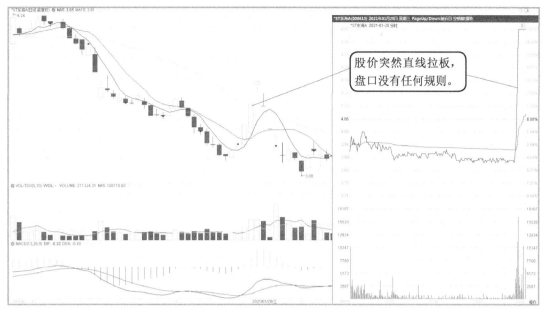

图 4-17 大东海（000613）日 K 线和分时走势图

18 日，指数在下午开盘后一路震荡下跌创出日内新低，很多投资者者由于受前一天大幅下跌影响而心惊肉跳，从而担心个股继续杀跌。在这个关键时刻，前期跌出一地鸡毛的创业板个股腾邦国际（300178）在大家毫无预料的情况下，一竿子就将股价拉到涨停板。由于羊群效应的影响，很多前期超跌的创业板个股纷纷出现反弹，截至当天收盘，创业板个股出现多个涨停板，这就是市场的联动效应。

第二节 涨停板分时规律

一、分时基本波形

1. 一波拉涨停

一波拉涨停指在分时走势中，开盘之后或在盘中某一时段出现拉升，股价沿着某一个角度很流畅地上行，中途没有回调或回调幅度很小，一波直接拉至涨停。这种涨停的拉升气势，仅次于一字涨停，盘面气势磅礴，势如破竹，说明多方明显占优势，空方弃守观望。这种盘面后市大多具有继续上升动力，是中短线介入品种。

为了便于理解，可以对分时走势的波长进行分类，通常将涨幅在 2% 以下的波形，称为短波；涨幅在 2%~6% 区间内的波形，称为中波；涨幅在 6% 以上的波形，称为长波。

图 4-18，远大智能（002689）：该股向下打压后渐渐企稳，2020 年 3 月 4 日高开 5.83%，后，股价一口气拉涨停，形成"秒板"，中间没有回调，巨量封单不动，当天收出一根

涨停大阳线，盘面气势磅礴，势不可当，之后股价连拉 6 个涨停。

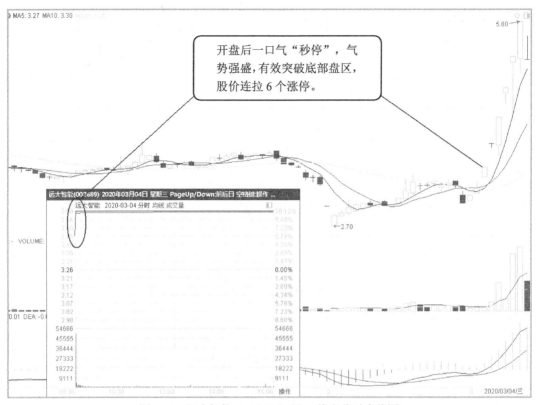

图 4-18 远大智能（002689）日 K 线和分时走势图

主力有时候在开盘后，先进行震荡整理，以观察当天大盘和个股盘面情况，在确保基本稳定的情况下，在盘中某一个时段以直线式拉至涨停，并以大单封板，这种走势在实盘非常多见。

图 4-19，小商品城（600415）：该股在长时间的低位调整中，主力吸纳了大量的低价筹码，2020 年 6 月 1 日高开 3.77% 后，基本维持横盘震荡，午后借助"地摊经济"新热点，直线拉涨停，气势强盛。遇到这类盘面现象，要快速作出反应，可高挂几个价位入场，有时候封盘后可能出现开板现象，这时就有时间结合市场热点、大盘环境及个股所处位置等因素进行分析，以决定是否入场。

个股盘面进入强势之后，走势往往就是这样的，不给等待低吸的投资者任何机会。一波就冲至涨停的股票，通常有以下几个特点。

（1）大多有较大幅度的高开，一般会高开在 2% 以上。

（2）通常冲击涨停的时间较早，一般在开盘的 10 分钟内较为常见。

（3）在当天有利好消息的情况下，出现这种形态的概率较高。

（4）只要当天封死涨停，次日大概率会高开高走，尤其是全天封盘没有开板的，就更是如此。有不少股票，次日甚至还会连续涨停。

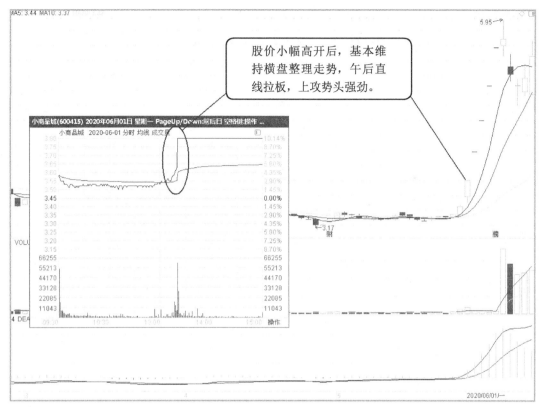

股价小幅高开后，基本维持横盘整理走势，午后直线拉板，上攻势头强劲。

图 4-19 小商品城（600415）日 K 线和分时走势图

2. 二波拉涨停

在分时走势图中，股价分二波拉升，经过一波拉高后出现回落洗盘蓄势，然后大幅上拉直至涨停。这种盘面后市具有较强的上升动力，也是中短线介入品种。

这种盘面表明多头攻击力量强大，同时也给市场部分投资者带来了获利空间，致使抛盘加重，从而迫使股价回调。经回调蓄势后，多头不断储备力量，并且在较短时间内成功阻击空头的打压，再次向上发力上攻，从而推动股价涨停。通常盘中回调幅度不大，说明主力不愿让市场跟风盘获得更多的廉价筹码，一般均价线是向上的有力支撑。

这种盘面在启动点开始上升，第一波通常涨到比较高的位置附近，一般在 4%~6% 之间，第一波的上涨幅度不能太低，就是为了后面经过调整之后，第二波上涨轻松封于涨停。如果第一波涨幅太低，比如第一波上升只有 2% 左右，那么回调之后再涨就要 8% 以上才能冲到涨停，这样拉板难度比较大。

这种涨停的气势，其强度又次于"一波涨停"的个股，但上涨气势也不可阻挡，实际涨幅也不见得小于"一波涨停"个股的幅度。

操盘技巧：市场悟性好的投资者可以在开盘时立即介入，一般投资者可以等待第一波拉升结束后，当股价回落到均价线附近并获得支撑后，再次拉起时比较理想的买入点位。

图 4-20，江淮汽车（600418）：该股主力完成筑底后，在 2020 年 5 月 20 日股价放量强势涨停，收出一根具有看涨意义的突破性大阳线。从分时图中可以看出，股价开盘

后就出现向上拉高，第一波就拉升到了 5 个多点，显示主力做多决心，然后进行快速调整，第二波轻而易举地将股价拉向涨停，拉板后封盘不动，上涨势头非常强劲。

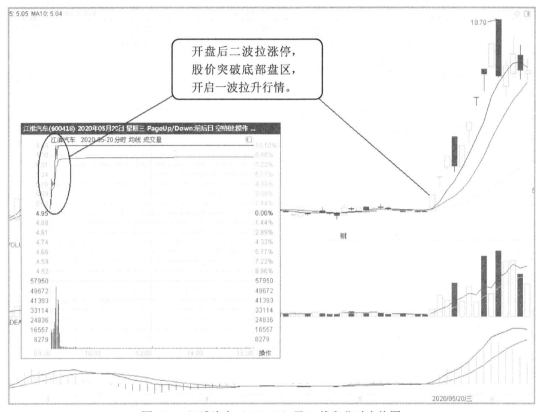

图 4-20　江淮汽车（600418）日 K 线和分时走势图

在二波涨停股票中，第一波拉高明显地带来一定的获利空间，部分获利筹码很容易在这个时候涌出，从而迫使股价回档，而多头的能量一般不会在第一波拉高中就损失殆尽，所以往往会在很短的时间内重新聚集力量，再次向上发力，推动股价奔向涨停，因此参与价值较高。两波冲至涨停的股票，通常有以下几个特点。

（1）往往两波上涨的幅度较为接近，大体都在 4%~6%，上攻的角度较为陡峭，而且两波的上攻角度基本相近，两波的上涨波型显得较为对称。

（2）回调的时间很短，一般在 1~3 分钟。

（3）回调的幅度也较浅，一般不会超过 2.5%，或者是第一波涨幅的 1/3。调整往往不会跌破当日的分时均价线。

（4）冲击涨停的时间也较早，通常是在开盘的 20 分钟以内，更多的是在开盘 15 分钟以内就完成。

3. 三波拉涨停

在分时走势图中，股价分三波拉升，中间出现两次回调蓄势走势，然后强势拉至涨停。这种走势的盘面气势也是非常强劲的，但弱于前面两种形态。这种盘面后市仍有上升动力或冲高动作，也是短线介入品种。

股价开盘之后出现拉升走势，当达到一定涨幅后，由于短线获盘的出现，股价出现回落，在股价回调至当日开盘价或均价线附近时获得支撑，企稳后股价再度走强。当第二波上涨达到一定幅度后，新的获利盘再次出现，股价第二次回落，当股价再次遇到技术支撑而企稳时，出现第三波上涨，股价直拉涨停。

在强势市场中，开盘价附近有着强大的支撑，所以股价回落到此，往往会获得很大的支撑，而掉头向上，甚至拉出涨停。同样，当日均价线在弱势时是压力线，在强势时常常又是支撑线，它往往可以阻止股价下挫，使其掉头上涨。这种方式涨停的股票，在分时走势图上形成的轨迹是逐浪推升，拾级而上。

操盘技巧：前一日或几日盘面表现良好的，可以在开盘价附近买入，也可以在均价线或前一日收盘价附近买入。如果第二次回落较深，可以在第一波的顶点附近或低点稍上位置买入。

图4-21，中潜股份（300526）：该股经过一段时间的横盘震荡整理后，股价开始向上突破。2020年3月2日股价低开1.60%后，分三波拉至涨停。在分时走势中，股价小幅开盘后，没有出现下跌走势，立即向上拉起，盘中三波拉升，节奏清晰，动作分解而连贯，量价配合颇具韵律，说明主力盘面把控非常好。对于这类个股，投资者可以在前一日收盘价、当日开盘价或当日均价线附近介入。

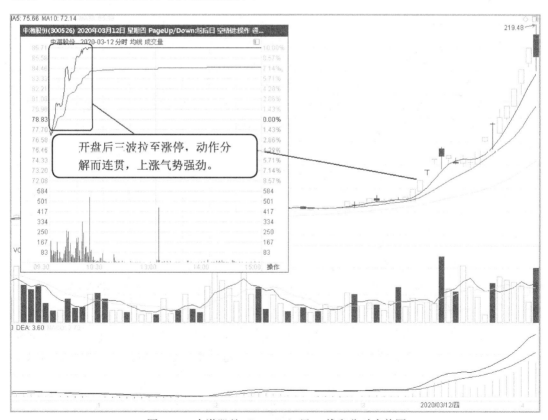

图4-21　中潜股份（300526）日K线和分时走势图

在三波拉涨停中，第一次回落与第二次回落在时间、幅度和力度上都具有一定的互换性。具体地说，就是如果第一波回落幅度较深，那么第二次回落时往往幅度不会很大；如果第一波回落幅度不大，那么第二次回落时往往幅度较深。在时间上，如果第一波回调时间较短，通常第二次回调时间往往较长；如果第一波回调时间较长，通常第二次回调时间往往较短。在力度上，也是如此。三波拉涨停主要有以下几个特点。

（1）通常出现在一波较大上涨行情的初期，在第一个涨停时的机会较多。

（2）每一波上涨之后的调整，与两波涨停的形态较为类似，调整时间较短，调整幅度也较浅，两波调整的时间和幅度也大体相当，通常不会跌破分时均价线。

（3）这种形态在第三波，也就是冲击涨停的那一波的上攻角度往往是最大的。

（4）通常不会有较大幅度的高开，有时还会出现小幅低开。

（5）冲击涨停的时间，一般在开盘之后的 30 分钟以内。

这里要强调的是，早盘主力如果要封涨停板，一般分时三波就能封死涨停板。因此，如果分时图在走出三波攻击波的情况下，股价还无法封涨停板，那么就不建议投资者继续追进了，因为分时三波封不住涨停，一方面说明该股主力实力不行；另一方面也说明主力当天封板意愿不大。

二、高开回档涨停

股价大幅高开，随后快速回落，之后又拉升至涨停。在分时走势中产生"√"型涨停或 V 型涨停。这种涨停方式，一般有三种情形。

第一种情形：分时图中不留"√"型涨停或 V 型涨停。这是由于开盘后下探速度非常之快，只是瞬间的颤抖动作，一闪而过，在分时图上不留任何痕迹，只是在成交明细上有打压记录，在 K 线形成一条下影线，然后快速拉起直奔涨停，这种盘面其实就是强势 T 字板。

第二种情形：出现"√"型上涨，在拉升时也是直线式上涨。

图 4-22，佳云科技（300242）：2020 年 5 月 29 日，股价开盘后先是出现小幅下探动作，然后反转向上一波式直拉涨停，全天封盘不动，呈"√"形态。这种盘面表明主力通过下探动作释放了短线获利盘，然后轻松拉向涨停。

投资者遇到这种盘面形式时，可以在下探过程中轻仓介入，或者在股价冲破均价线（黄线）、前一日收盘价或（和）当日开盘价时买入。在实盘中，大多数强势股都有这种走势（尽管后面走势各异），投资者应多加研判。

第三种情形：V 型涨停。这种涨停有的形态比较标准，有的形态产生了变异。股票后期走势的强弱和形态完成的时间长短密切相关。通常完成整个 V 型涨停形态用时较短的，走势会更加强劲。

V 型涨停是一种较为强势的涨停形态，通常有下面几个特点。

（1）往往之前会有连续至少两个一字涨停板出现。

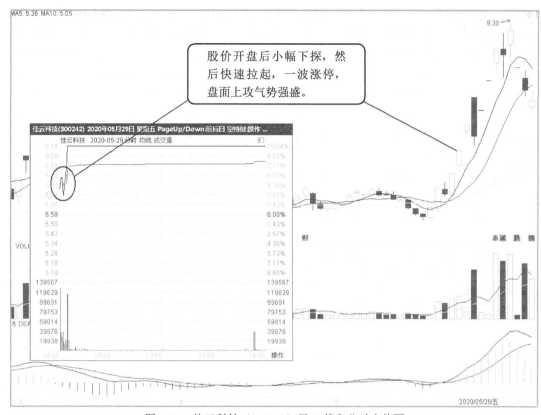

股价开盘后小幅下探，然后快速拉起，一波涨停，盘面上攻气势强盛。

图 4-22　佳云科技（300242）日 K 线和分时走势图

（2）当天往往会以接近涨停价，甚至直接以涨停价开盘。

（3）调整的时间不会很短，在 20 分钟左右的居多。

（4）调整的幅度往往在 4%~6% 的居多。

图 4-23，杭州热电（605011）：2021 年 8 月 17 日，大幅高开 9.71%（接近涨停板开盘）后，股价出现快速回落，瞬间释放了大量的空方能量，然后多方强势　波拉板，形成 V 型分时走势，次日股价继续涨停。

上述三种情形的盘面含义基本相当，都说明空方先是来一个下马威，但维持不了多久即被多方制服，最后市场向多方一边倒上涨，直至涨停。同时，也表示多方仍在加紧收集筹码，兼有洗盘性质。当然这种情况如果出现在大幅上涨后的高位，也可能是"出货型涨停"走势。

先回档再拉涨停，盘面比较复杂，如果前几日是弱势，空方能量往往会突然跑出，使股价跌落，但多方能量较大，仍可以再拉出涨停板。

操盘技巧：在快速下探过程中轻仓介入，突破前一日收盘价或当日开盘价时，可以适当加仓，也可以在均价线附近买入。

要点提示：V 型涨停较多发生在股票连续一字涨停之后，往往是因为股票有重大利好，导致投资者做多热情高涨。但是，在短期积累一定的涨幅以后，一部分筹码有了兑现的要求，多空双方展开激烈的搏杀，导致股价波动加大。不过，一般在第一次连续一字涨停打开以后，出现这种 V 型涨停，在高涨人气惯性的作用之下，后面往往还会有涨停，甚至是出现连续的涨停。

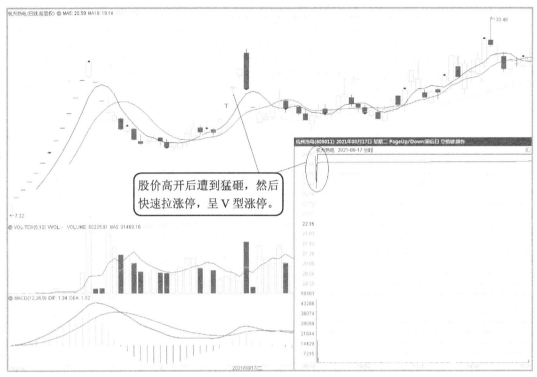

图 4-23　杭州热电（605011）日 K 线和分时走势图

三、先抑后扬涨停

先抑后扬涨停，是指股价小幅高开或平开后，就马上进入调整，之后又强势封上涨停的形态；或者，股价大幅低开后，先做一段时间的弱势震荡，然后主力发力拉起直奔涨停。这两种现象都是主力强力做多较为常见的涨停方式。从投资者心理角度分析，无论是散户还是机构，只要是参与短线炒作，更多的是遵循追涨杀跌的操作原则。所以，在绝大多数股票炒作中，那些高开高走的股票，往往会受到投资者更多的追捧。事实上很多股票在后期也的确表现出众，时常会上演连续的涨停现象。

在资本市场中，投资者的想法可谓瞬息万变，经常是在前一天早就计划好的操作策略，但是在临盘交易时，受到市场盘面的各种变化影响，往往就会临时改变操作策略。股票高开高走，只能说明该股追涨的人气较旺。但是，如果股票不能持续上涨，那些手上有筹码的投资者，更多地就会选择卖出；那些本来想要介入的投资者，很多就会选择观望。

这种由于股价的短期趋势由升转跌而导致的多空力量对比，在瞬间发生巨大的转变，也使得股票在出现调整之后，是否能够继续上涨，就具有了较大的不确定性。而先抑后扬涨停，可以在很大程度上克服上述的缺陷，它彰显出主力的做多决心和实力，将不确定性适当减低。

由于开盘之后就进入快速下跌，前一天买入的投资者在心理上会产生对该股走势不佳的预期和厌恶情绪，做好了随时卖出的准备，甚至是作出马上卖出的决定。而在前一天的交易时间，由于种种原因没有买到该股，或是在收盘以后，经过分析看好该股，准备在今天买入的投资者，在股票开盘走势就不利的现实面前，大部分人又会动摇买入计划，改为选择持币观望了。

在股票调整之后，如果依然能够保持强势，这无疑是给上述两类投资者吃了一个定心丸。在股票结束调整，股价突破当天的最高点后，往往还会加速上扬，甚至直奔涨停。由于主力强力做多的意愿和雄厚的实力表露无遗，所以这种形态的出现，往往预示着股票后续依然会有一段较为可观的上开行情。

图 4-24，华银电力（600744）：2021 年 3 月 9 日，分时走势最典型、最强势，也是最简单的先抑后扬涨停形态之一。股价小幅低开 0.91% 后，两波快速打压至跌停价，然后进行弱势震荡整理，10 点前后主力发力直线拉涨停，当天产生"地天板"走势，在其后又拉出 5 个涨停板，强劲态势一览无遗。

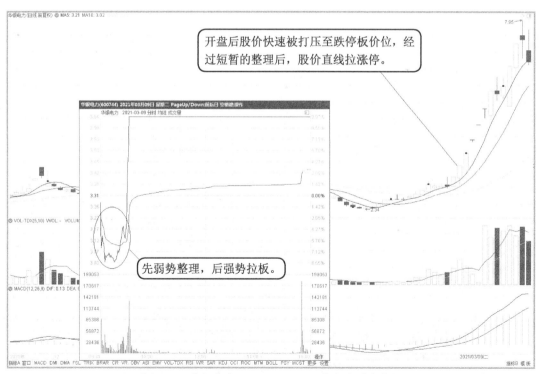

图 4-24　华银电力（600744）日 K 线和分时走势图

在市场中还有很多先抑后扬涨停的延伸和变异形态，它们的基本原理都是一样的，只是由于下调的幅度、封涨停的时间、涨停开板的次数、走势的流畅程度等原因，各种形态所反映出来的股价强弱程度存在着较大的差异。

图 4-25，上能电气（300827）：2021 年 7 月 29 日，高开 7.92%（20 cm），之后几次小幅上冲，力度均显不足，此后股价渐渐滑落，一度翻绿，似乎感觉主力做多意愿不强。但是，午后一改疲态，股价出现逐波走强，最终以涨停板收盘，全天呈现先抑后扬走势。

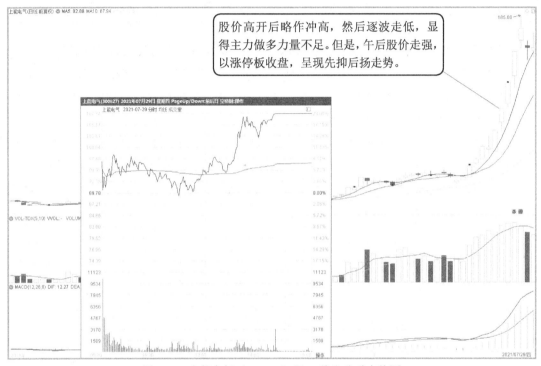

股价高开后略作冲高，然后逐波走低，显得主力做多力量不足。但是，午后股价走强，以涨停板收盘，呈现先抑后扬走势。

图 4-25　上能电气（300827）日 K 线和分时走势图

由于短期股价有一定的涨幅，遭到较多抛盘的打压，也是在所难免的，当筹码进行充分换手后就展开了强有力反攻，并以涨停板收盘，显示出主力不凡的实力和稳健的操盘手法。该股这种盘面走势是所有涨停形态中波动幅度较大的一种，通常出现在大盘环境不佳的情况下。不过，可以看出，拉升还是十分有力的，走势也较为流畅。

这种形态和见顶出货涨停形态有不少相似之处，为了较准确地加以区别，要结合股票的中长期走势的 K 线图分析。两者最重要的区别就是出现的位置不同，若是处于股价上涨初期，在涨幅不大的情况下，这种形态还是较为可靠的。虽然见顶出货涨停形态也同样是大幅的震荡，但它一般出现在阶段性的高位，而且往往出现在多个连续涨停以后。

四、收敛突破涨停

收敛突破涨停在分时走势图中表现为随着时间的推移，股价走势明显呈现出波动不断收窄的形态，最后股价成功突破封涨停。

其盘面表现是：在开盘不久，股价出现一波或两波上涨，甚至冲击涨停，或是到达涨停价附近，然后进入调整，之后开始震荡上行，下方低点向上抬高，最后封住涨停。有的股票在此之后，涨停板可能还会打开几次。但是，只要股价位置不高，当日收盘前能够封住涨停，次日大多会有溢价。

收敛突破涨停分为两种：一种是在大的调整前曾经冲击过涨停；另一种是在大的调整前，仅仅是接近了涨停。前一种形态，往往是由一波涨停或是两波涨停形态演化而来的。

这类个股的买点有二：一是当日均价线附近低吸；二是最后封涨停时打板入场。

图 4-26，鑫铂股份（003038）：2021 年 7 月 22 日分时走势，股价以涨停价开盘后，盘中快速下砸到 3% 之下，之后企稳强势向上拉高，呈现多空拉锯式走势，但下方低点不断向上抬高，表明主力实力强大，最后成功封住涨停，形成收敛突破涨停形态。

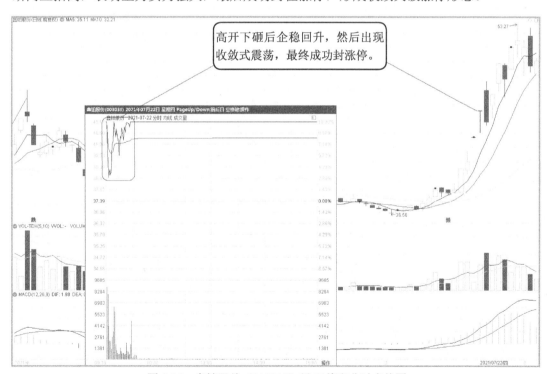

图 4-26　鑫铂股份（003038）日 K 线和分时走势图

收敛突破涨停通常是一种较为良好的涨停形态，少数涨停板虽然多次被打开，但走势依然令人放心。这种涨停形态很难出现主力由于资金实力不足，而投机取巧诱骗投资者的现象，因此可以较为准确地表露出主力的真实意图和实力。

其中的道理就是，在开盘不久就快速上冲至涨停附近，显示出主力当天做多的意愿和强大的实力，在大幅调整之后，能稳步拉升至涨停，以及之后涨停板多次被打开，最后还能够牢牢封死涨停，这些都显示出主力具有吸纳大量筹码的意愿和实力，这也就预示着该股后期继续会有较好的表现。

要点提示：首次冲至涨停或冲至涨停附近的时间不能太晚，一般在开盘之后 20 分钟以内较佳，而且经过收敛整理后，在上午收盘前应该坚定封住涨停。在一轮行情涨幅已经很大，尤其是之前出现了连续多个涨停，而且当天成交量也较大的情况下，就要谨慎操作，规避可能高位被套的风险。

五、拉升蓄势涨停

拉升蓄势涨停在分时走势图上表现为股价高开之后，先出现一波流畅的拉升，随后进入窄幅震荡整理，之后又以一波上涨直奔涨停的形态，这也是一种常见的较强势的涨停形态。

图 4-27，红星发展（600367）：2021 年 5 月 21 日，在股价开盘之后就向上拉高 4%以上，显示当天做多热情较高，多方也具有相当的实力，由于短期涨幅过大，需要消化盘中获利筹码，就转入整理阶段，从而为后续的上涨积蓄能量，经过较为充分的换手之后，股价在上午收盘之前出现一波有力的上升冲至涨停。

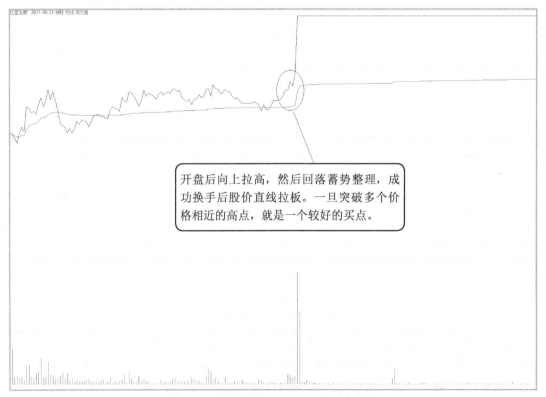

开盘后向上拉高，然后回落蓄势整理，成功换手后股价直线拉板。一旦突破多个价格相近的高点，就是一个较好的买点。

图 4-27　红星发展（600367）分时走势图

拉升蓄势涨停在走势上主要有以下三个特点。

（1）通常出现一定幅度的高开，随后的一波拉升幅度在 5%~7.5%。

（2）无论是第一波拉升，还是冲击涨停的上涨波形，都较为流畅，中途看不出有明显的调整迹象。

（3）盘中调整时间，一般在 30~60 分钟，其间振幅不大，分时走势在均线附近有较强的支撑。

要点提示：在选股时最好挑选第一波上涨就达到 7% 左右的形态，由于股价所处的位置较高，在最后上冲涨停时，就会较为轻松，当天成功封死涨停的概率就会较大。另外，在震荡调整过程中，出现两个以上高点价位较为接近的形态，当股价突破其中最高点后介入，就会有较高的可靠性。

六、强势推进涨停

1. 波浪推进涨停

波浪推进涨停在分时走势中，就像波浪一样，不断推升股价逐波上行，最后封于涨停。其主要上升推动波在外部形态上均较为相近。

波浪推进涨停至少是由形态较为相似的 3 波（包括 3 波）上升推动波所组成。一般建议只关注由 3 个上升波所组成的波浪推进涨停，因为只有这种类型才具有较高的分析价值和实盘意义。由数量较多的上升波所组成的波浪推进涨停形态，必然由波长较短的上升波所组成。但是，如果上升波形较短，就很可能是主力实力有限，或多空力量差异不大，做多动能不太充足的一种外在表现形式。因此，这样的形态就不那么强势了，后续股价走势自然也就存在着较大的不确定性。

波浪推进涨停在走势上，主要有以下两个特点。

（1）每一个上升推动波，在上涨幅度和时间以及调整的幅度上均相差不大，一般调整的幅度多处于上一波涨幅的 1/3 左右。通常越往后的上升波，之后调整的时间也越长，一般不会超过 40 分钟。

（2）在多波上涨之后，也就是在最后冲击涨停之前，不应再有太长时间的调整。否则，当天就很可能难以封上涨停板，而出现冲高回落走势。

2. 稳步推升涨停

稳步推升涨停在分时走势中，全天走势总体上呈现稳步上涨态势，大涨小回，重心上移，上升波与调整波在波动的幅度上均较小，主要都是由大量的较短波形构成的涨停形态。

图 4-28，兴齐眼药（300573）：2021 年 9 月 1 日，开盘后稳步向上走高，波形都较小，盘面稳健，看不出明显的回调，股价在不知不觉中推至涨停，不给散户低吸机会。

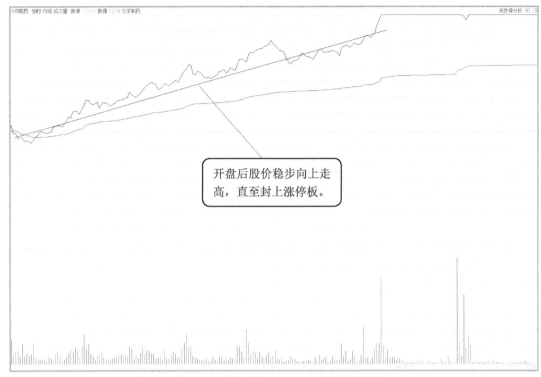

开盘后股价稳步向上走高，直至封上涨停板。

图 4-28　兴齐眼药（300573）分时走势图

从走势上来看，稳步推升涨停主要有以下三个特点。

（1）股价经常出现小幅低开。

（2）很少出现一波大涨的情况，主要由若干短波构成。

（3）通常封上涨停的时间较晚，大多是在 13:30 以后出现。

要点提示：从稳步推升涨停的三个特点可以看出，对于主要依据大幅放量高开、波形流畅强劲、较早封住涨停等这些短线强势股的走势特点来进行操作的投资者来说，稳步推升涨停没有一条符合。短线投资者应尽量回避这种涨停形态，原因是股价后续走势的可预测性太差，难以把握。不能说出现这种走势的个股，后续表现就一定不好。只是说，应该去寻找那些走势上有较强规律性的股票来操作，这样成功的概率才大。收盘既然能够封住涨停，自然是强势股无疑，但是能否较为准确地预测其后的强势，那要另当别论了。

3. 依托均线涨停

这种类型的涨停主力操盘手法很温和，比较有规律，盘中可以一目了然。早盘开盘后小幅拉升，在拉升过程中遇到抛压出现小幅回踩，但每当股价回踩到均线后主力都会用大单迅速拉升，股价依托均线拉升一段时间后，最后出现一波放量加速拉升，将股价成功拉至涨停。主力这样做是有目的的——在拉升过程中刻意维护均线不跌破，一方面盘面分时走势不会太难看，另一方面也告诉投资者主力要把股价做上去，这样能减少市场的抛压，同时也会在盘中给大家多次买点的机会。

七、大幅震荡涨停

大幅震荡涨停，从分时走势图来看，一般是指当天的振幅至少在 12%，收盘涨停的个股。从性质上来说，主要分为底部和顶部两种。若是仅仅只看分时走势，很多情况二者是根本无法区别的。

图 4-29，四方股份（601126）：该股短期出现较大幅度的上涨，2021 年 9 月 2 日的分时走势中，股价小幅低开 0.55% 后，被快速打压至距离跌停价只差一分钱，然后逐波拉起，午后两度冲击涨停价只差一分钱，收盘时上涨 6.27%，全天振幅 19.91%。

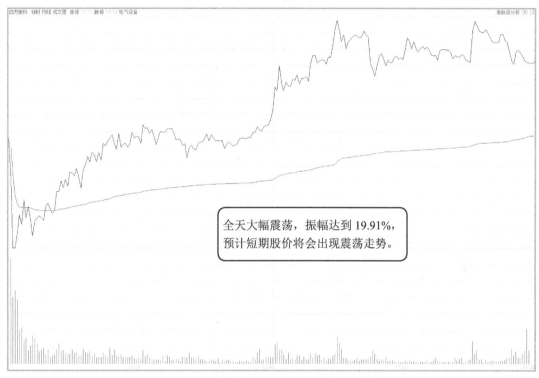

全天大幅震荡，振幅达到 19.91%，预计短期股价将会出现震荡走势。

图 4-29　四方股份（601126）分时走势图

这种形态即使当天封上涨停，但后市由于前天在低位介入的投资者获利丰厚，通常也会遭遇到较大的抛售压力。若是在长期大幅下跌之后出现了这种涨停形态，虽然看似风险不大，但是由于人气的长期低迷，往往也会遭到强大卖盘的打压，在之后的一两天内，调整的概率相对也较大；若是出现在阶段性的顶部，就将随时面临大跌的风险。

要点提示：大幅震荡涨停是一种出现频率相对较少的涨停形态，同时，也是一种不好把握的涨停形态，在出现之后的次日，股价通常要么是以小阴小阳报收，要么就是大跌，不具有太大的短线操作价值。为了稳妥起见，还是敬而远之或者再观察几天为好。

八、两级台阶涨停

两级台阶涨停形态，上涨波均是强有力的长波，在快速大涨之后，调整时间并不长，在第二波上涨至接近涨停附近，采取振幅不断收窄，尤其是在封涨停形态上，底部逐级抬高的方式接近涨停，可以看出封涨停的上升曲线角度非常平缓，显示投机成分很小，整个分时走势流畅有力，张弛有度，强势特征明显。

这种盘口分时结构是：上涨—横盘—涨停，这类涨停板的性价比是最划算的。主力在操作一只个股时，由于某种原因，如手中筹码不够、实力不雄厚、市场行情不稳定，在拉升股价时不会像攻击型那样一波就将股价拉至涨停，而是通过小幅拉升后，形成一个很明显的分时平台整理，并且在震荡区间不跌破均价线，这样一方面主力可以拿到足够多的筹码，另一方面也可以看成一种洗盘行为，让一些小幅获利但不坚定的投资者离场，这样有利于后市的拉升；或者说市场行情不好，主力小幅拉升后就横盘震荡，这样主力进退自如，当市场行情确定后就顺势拉涨停。投资者买卖这种类型的涨停板风险较小，成功率相对较高。

图4-30，新城市（300778）：2021年9月1日走势明显就是两级台阶涨停。第一波拉高后作蓄势整理，第二波拉高后继续推高逼近至涨停附近，最后用力一推，成功封板。

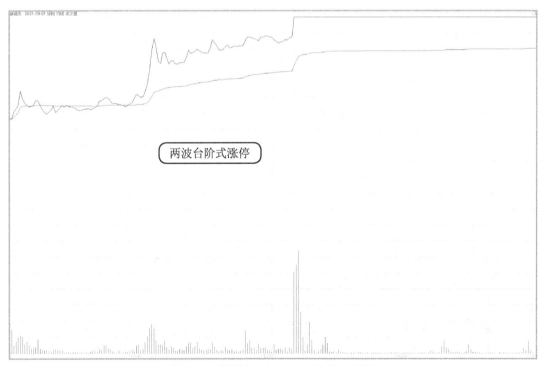

图4-30　新城市（300778）分时走势图

实盘中还有多级台阶涨停方式，在分时图中一波三折，多次整理，节奏分明，总体上低点越来越高，高点不断被打破，低点和高点逐级而上，直到冲击涨停。在涨停个股里，这种盘口气势较弱，但主升浪一旦形成，其上涨力度也非常强劲，而且往往持续较长时间。

操盘技巧：在当日均价线附近介入，要求均价线处于上行状态，起码均价线也要保持水平运行，绝对禁止在均价线转为下行状态时介入，因为下行的均价线说明股价已经开始走弱，甚至出现尾盘跳水现象。

第三节　十种涨停分时实盘图谱

在分析涨停板市场含义时，从技术角度出发，一要看 K 线形态、量能变化；二要看分时形态。有的时候，K 线形态、量能变化很重要，而有的时候，分时形态更重要，这既取决于每个人的交易理念，也取决于市场的环境。如果从事超短线交易，那么涨停分时图形态无疑是最重要的；如果从事中短线交易，K 线形态、量能变化，则相对更重要一些。

通常而言，超短线与短线并没有明确的解析，股价走势飘忽不定、出人意料，因而实盘中需要综合各种技术手段。为了突出涨停形态的特征，方便投资者在实盘中对比借鉴，这里将从短线打板技巧的角度，对 10 种涨停分时形态实盘图谱进行解剖，帮助投资者了解哪些涨停分时图形预示着短线上攻走势，及时把握买入信号。

一、高开一波秒板

1. 图形特征

高开一波秒板形态是指个股当日开盘时，股价至少高开 3%，盘中在大买单的推动下，股价急速上行，直接冲至涨停板并牢牢封板至收盘。

2. 涨停玄机

高开一波秒板是除无量一字板外最为强势的涨停分时形态，是主力短期内强势拉升个股的明确信号，高开所形成的缺口一般不会回补，个股随后出现加速上攻的概率极大，预期着一波飙升行情有望展开。

3. 买点提示

若个股有题材面或是利好消息支撑，高开后冲击涨停板时，可抢板入场；若当日未能及时买入，只要个股短期涨幅不大，在利好性题材面支撑下，次日仍可追涨买入，毕竟行情才刚开始。但如果个股无题材面支撑，且中短期有一定涨幅，则次日不宜在盘中高点追涨买入。

4. 实例解剖

图 4-31，氯碱化工（600618）：2021 年 9 月 7 日的分时走势。当日大幅高开 6.44%，高开后快速冲击涨停板，直到收盘封板不动。这种异动正好符合当时的市场热点：氟概念，而且该股之前处于缓慢的上升通道中，当日的跳空突破是一个明确的加速上涨信号，个股冲击涨停板的真实性强，抢板买入的风险并不大。

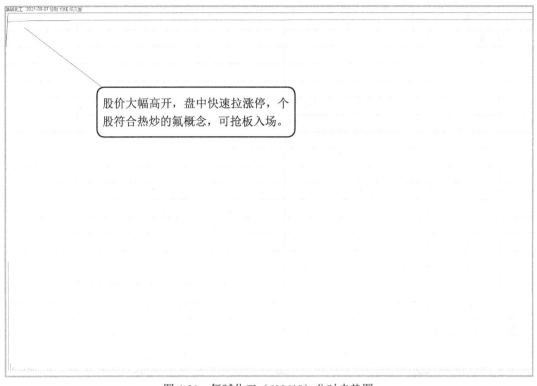

图 4-31　氯碱化工（600618）分时走势图

高开一波秒板有三个特点：第一，大幅高开；第二，迅速涨停；第三，热炒概念。三者同时具备，缺一不可。

高开一波秒板的个股，通常在以下几种情况出现，这一点必须提前了解。

（1）受消息面的影响。比如公司获得了重大技术突破、业绩大幅预增、政府大幅补贴或者国家突然出台了某项政策对公司造成直接利好影响。这些消息一旦收盘公布，必然在第二天集合竞价得到，造成股价的大幅高开，之后迅速涨停。

（2）主升浪期间。一只个股走主升浪时，表现在盘面就是以大阳线收盘，但由于市场买盘力量过于强大，市场供不应求，就会造成股价在集合竞价期间大幅高开，之后迅速涨停。

（3）股票复牌后。一只个股由于某种原因停牌后，在停牌期间市场出现一波不错的上涨，或者个股带着自身利好消息复牌，在这种情况下股价复牌后有可能补涨或上涨，出现大幅高开迅速涨停也就是正常现象。

● 二、高开缓冲封板

1. 图形特征

高开缓冲封板形态是指个股当日高开幅度较大，至少在 4%。开盘后，股价在开盘价附近横向运行一段时间，没有明显回落，也没有明显拉升，即在盘中高点横盘运行。随后，股价快速拉升，冲击涨停板，并成功封板。

2. 涨停玄机

较大幅度的高开会使多空分歧加剧，股价能够维持在盘中高点横向运行，说明有主力积极承接，这也可以视作正式拉升前的一次短暂洗盘行为。随后的快速拉升、封板，则表明了主力的强烈拉升意愿。从短线角度来看，这类涨停板有较强的冲击力，是追涨买入的信号。

3. 买点提示

高开缓冲封板的第一买点出现在高开之后的横向运行中，此时可以结合个股的消息面、日 K 线图的突破形态低吸，并预判其涨停板的可能性；第二买点出现在个股快速拉升、即将封板的一瞬间，抢板买入。

4. 实例解剖

图 4-32，意华股份（002897）：2021 年 8 月 24 日的分时走势。从日 K 线来看，股价回落到 30 日均线附近得到有力支撑而出现回升，当日股价大幅高开正好处于前期整理区域，在分时中维持半个多小时的横盘整理，目的是消化前期盘区的压力。因此，可将这个高开缓冲封板视作主力震仓完毕、有意强势拉升的信号，可以跟风买入。

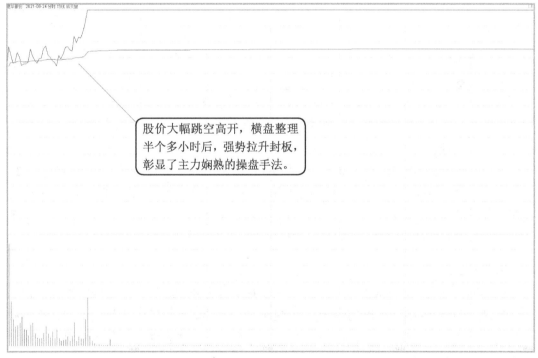

图 4-32 意华股份（002897）分时走势图

三、拉高整理一波封板

1. 图形特征

拉高整理一波封板，也称"游弋于均价线之上的一波封板"，开盘后就出现一波强势拉高，随后股价一直游弋于均价线上方而不回落。经过一段时间的休整之后，股价再度出现了一波流畅的拉升，并封于涨停板。

2. 涨停玄机

开盘后强势拉高说明有主力资金从中积极运作，能够稳站于均价线上方则说明市场抛压相对较轻，主力没有在拉高中出货。以均价线为支撑上冲封板，这是主力当日做多行为前后连贯的体现，也说明了主力做多意愿强烈，做多行为坚决。

如果个股此时的日 K 线走势良好，短期内仍有上升空间，这种分时形态的涨停板往往就是短期飙升走势将展开的信号。在实盘操作中，不应错过短线买入机会。

3. 买点提示

这种分时形态的出现大多与主力蓄意拉升个股的操盘意图相关，在实盘操作中，应结合个股早盘的上涨幅度给予关注，并把握好买入机会。

（1）若开盘时的一波上涨，幅度较大，股价随后横向整理运行时离涨停板较近，则应实时关注它。因为这类个股随后一旦开始冲击涨停板，就极有可能一波上冲就牢牢封板，不再给投资者买入的时机。对于这类情形，最好的策略就是在股价即将封盘时抢板买入。

（2）若开盘时的一波上涨，幅度相对较小，股价随后横向整理运行时离涨停板相对较远，则个股以均价线为踏板，一波上冲即能封牢涨停板的概率相对较小。

（3）实盘操作中，为了避免追涨买入那些仅仅是冲击涨停板但不封板的个股，投资者应多观察分析，看看个股在冲板之后是否有明显的回落。如果有，则不宜当日追涨买进，因为即使个股随后能封板，这种涨停板也是很弱势的，次日极有可能出现较大幅度的回调，使短线操作陷入被动。如果个股在冲板后仅仅是微幅回调（只裂开了一个小口），则个股随后回封的概率是极大的，此时抢涨停板买入，胜算较大。

4. 实例解剖

图 4-33，鼎龙文化（002502）：2021 年 9 月 9 日的分时走势。日 K 线上拉高后构筑平台整理，当日开盘后第一波上冲使个股呈突破形态，随后站稳于均价线上方并经一波流畅上扬牢牢封住涨停板。这种涨停形态彰显了主力的强控盘能力及做多意愿，在实盘操作中，应追涨买入。

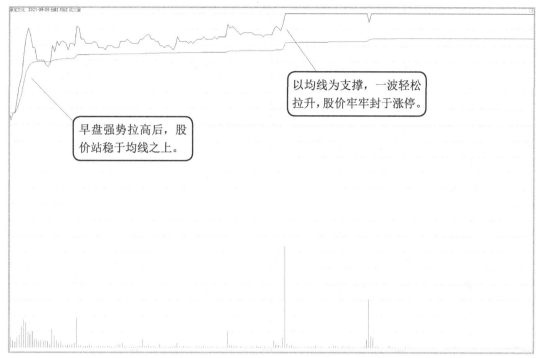

以均线为支撑，一波轻松拉升，股价牢牢封于涨停。

早盘强势拉高后，股价站稳于均线之上。

图 4-33　鼎龙文化（002502）分时走势图

四、冲板后短暂裂口

1. 图形特征

冲板后短暂裂口形态是指个股在快速、流畅上冲至涨停板后，并没有立即封牢涨停板，而是先出现了一个极为短暂、回落幅度很小的裂口，随后才正式封牢涨停板至收盘。

2. 涨停玄机

冲板时的裂口是大买单跟进不及时的信号，同时也说明有短线抛售的现象，但不能说明在封板时遇到巨单打压，主力有着较强的控盘能力，这是看涨信号。结合个股的实际表现来看，出现这种分时图的个股，其短线走势往往都很强劲，后市有连续涨停的潜力。

3. 买点提示

第一买点出现在冲板后的裂口中，虽然个股上冲涨停板时已扫掉了上方的所有压单，但由于没有立刻封板，因而会有相对较多的短线压单再度挂出。此时，这些压单仅仅是挂在涨停价位上，并没有低价打压，这时只要再度出现大单扫盘，就可以快速预判出随后会封板，进而立刻以涨停抢板买入。第二买点出现在次日的开盘时，只要个股的日 K

线图尚可，中短期涨幅不大，次日小幅高开后仍可积极追涨买入。

4. 实例解剖

图 4-34，恒润股份（603985）：2021 年 9 月 13 日的分时走势。三波涨停后不久开板，出现短暂裂口的涨停形态。这是一种较为强势的分时图，是主力有意拉升股价的信号。日 K 线图表明，个股当日正处于上升途中整理之后的突破点，这个涨停板使得突破态势明朗，预示着新一轮突破上涨行情的展开。在实盘操作中，可以在当日抢板买入，也可以在次日逢盘中低点介入。

上板后出现一个短暂的裂口，这是一个非常好的入场机会。

图 4-34　恒润股份（603985）分时走势图

五、稳步攀升游弋封板

1. 图形特征

稳步攀升游弋封板是指个股开盘较为平静，未出现大幅度波动，随后在盘中稳步攀升、午盘前后上冲涨停板，但并未封死涨停板，股价游弋于涨停板附近。"稳步攀升"主要有两种表现形态：一种是持续地、缓缓地上行，呈 45 度角推高状；另一种是在较长的时间段内出现了几波流畅拉高，使得个股盘中涨幅较大。

2. 涨停玄机

这种盘口形态常常出现在刚刚突破的位置点，此时的主力有意拉升股价，但持筹数量有限。通过这种稳步攀升，主力可以边推升边吸筹。当股价游弋于涨停板附近时，多空分歧会进一步加剧，有的散户看到股价封板不坚决而抛出筹码，这时主力则借机进一步吸筹。可以说，这是主力吸筹行为下的一种涨停盘口形态。

3. 买点提示

对于这种涨停分时形态，投资者应结合个股短期走势来把握买点。如果个股短期有一定的涨幅，则可于次日盘中逢回调低点买入；如果个股短期涨幅较小，则涨停当日买入较好。

4. 实例解剖

图 4-35，超华科技（002288）：2020 年 7 月 30 日的分时走势。早盘股价缓慢推高，几个小波上冲后接近涨停板，但并未一次性封板，股价持续游弋于涨停板附近。在日 K 线图中，短线涨幅不大，股价有蓄势突破之势，成交量放大。在实盘操作中，可以当日打板入场，也可次日逢盘中回落低点买入。

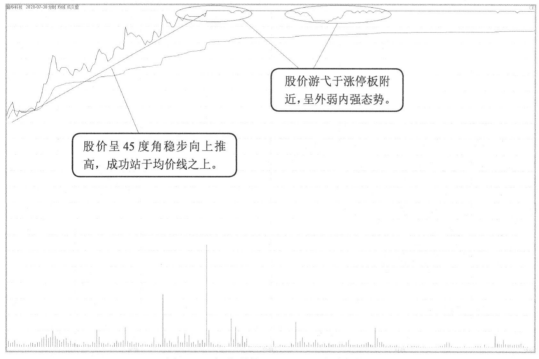

图 4-35　超华科技（002288）分时走势图

由于这种涨停形态代表着主力的吸筹行为，因此次日不会明显出现高开或低开，盘中跌幅也不会太大，这是投资者利用此涨停形态做多的关键。

六、0 轴启动横游封板

1. 图形特征

0 轴启动横游封板是指个股以接近上一日收盘的价位开盘。早盘阶段，个股在这一价位附近向上快速运行，经几波上涨之后，股价触及涨停板，却并没有封板，随后股价长时间停留于盘中高位、横向运行，之后股价封住涨停板。

2. 涨停玄机

早盘冲击涨停板，但没有封板，这是主力在测试高点抛压。午盘之后能够成功封板，说明主力控盘能力强，市场抛压相对较轻，浮动筹码得到消化。因此，这类个股只要日 K 线有突破上涨空间（或者是反弹空间），则有一定的中短线冲击力，这是一个上涨信号。

3. 买点提示

这种涨停形态蕴藏了两个买点：第一买点出现在午盘之后回封涨停板时，投资者要紧盯个股，一旦发现有超级大单向上扫盘，就意味着个股将封板，可以抢板买入；第二买点出现在次日盘中，个股的股价往往能回调到前一天涨停价附近，这时可以买入。

4. 实例解剖

图 4-36，卓翼科技（002369）：2021 年 8 月 19 日的分时走势。日 K 线刚刚形成强势，均线渐渐呈现多头排列。分时中平价开盘，股价从 0 轴启动，三波拉至涨停位置，但在涨停板附近横游，并没有直接封板，到了下午才封涨停。这是反弹或上涨行情即将展开的信号，可以短线追涨买入，积极做多。

七、阶梯式涨停板

1. 图形特征

阶梯式涨停板是指个股经一波流畅上行后，股价达到了盘中高点，然后是横向运行一段时间，而股价没有出现明显回落，这称为上一个"台阶"；接着，个股又经一波流畅上行达到盘中新高，再横向运行，这是再上一个"台阶"。盘面有以下特征。

（1）开盘时几乎平开，随后的盘中走势则是节节攀升。

（2）在攀升过程中，股价是一个台阶一个台阶地上行。

（3）股价逐级攀升之后，最终顺势封于涨停板，且封板后不再开板，牢牢封住涨停板。

（4）封板时间要在午盘之后，最好在收盘前的 1 小时左右。这样，个股之前的"台阶"式攀升过程才较为清晰，也才能体现出这种分时图独有的市场含义。

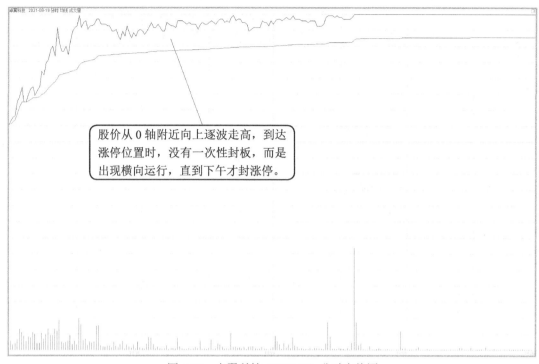

图 4-36 卓翼科技（002369）分时走势图

2. 涨停玄机

在台阶式上升过程中，连续大买单入场扫盘，推动股价再上一个台阶，这是主力资金积极做多的标志。随后的盘中高点，个股并没有明显回调，而是横向运行，这说明市场抛压不重，也是主力控盘能力较强的标志。

涨停板后股价牢牢封死，不再给场外投资者买入的机会，这是一种强势的表现。因此，只要个股前期 K 线走势较为稳健，量价配合理想，则这种分时图形态多是主力拉升个股的信号，可积极做多。

3. 买点提示

这种分时图是短线上涨信号，但是，也要结合日 K 线走势来展开操作。就个股表现来看，这种阶梯式攀升并封牢涨停板的形态多出现在中长线强庄控盘的个股中，这类个股往往累计涨幅极大。因此，如果个股处于稳健的上升通道中，且前期累计涨幅不大，则无论是中长线，还是短线，都可积极做多。此时，可将这种分时图看作个股新一轮上涨行情开始的信号。

如果个股处于下跌通道中，在低位整理平台后出现的这种分时图，可以看作反弹行情仍将延续的信号。在实盘操作中，可以短线做多、博取收益，中长线仍应顺势操作，不宜长久持股待涨，以免利润回吐。

4. 实例解剖

图 4-37，海源复材（002529）：2021 年 6 月 29 日的分时走势。该股在盘中经历了三

个台阶式的上扬之后，最终成功封板。每一次的台阶式上行都有着显著的特征：先是一波快速上冲，随后股价于上冲之后的高点横向运行。这种阶梯式涨停板，是中长线主力做多的标志。而且，日 K 线图上股价也处于低位，30 日均线保持上行状态。在实盘操作中，可以积极参与中短线做多。

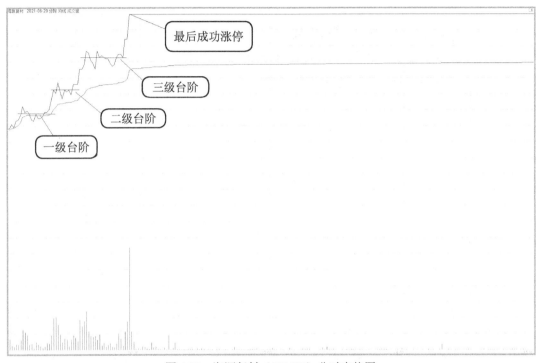

图 4-37　海源复材（002529）分时走势图

八、V 型裂口减压回封

1. 图形特征

V 型裂口减压回封是指个股在早盘阶段就牢牢封住涨停板。在封板过程中，由于受大盘、板块下跌拖累或主力因素影响，于中盘时间段出现了一个 V 型小裂口，持续时间较短，回落幅度较浅，V 型裂口之后，股价再度牢牢封住涨停板，且全天再无开板现象。

2. 涨停玄机

V 型裂口可能是主力出货所致，也可能是主力拉升个股过程中的一次"减压"行为。至于它究竟蕴含了哪种信息，可以从个股的日 K 线走势和 V 型裂口出现的次数来判定。

一般来说，在封板过程中仅出现一次 V 型裂口，更有可能是主力的洗盘行为。特别是在当日走势不好的情况下，主力极有可能借大盘回落之际，顺势小幅开板，从而达到洗盘的目的。

在实际操盘中，只要个股的日 K 线走势予以配合，完全可以把这个小裂口当成上涨信号。但是，如果盘中多次裂口，则更有可能是主力出货所致，这种情形当日不宜追涨买入，应注意风险。

当然，也要注意裂口出现的时间。经验表明，出现在中盘阶段的裂口才更有可能是主力的洗盘行为，而出现在尾盘的裂口则很可能与主力见大事不妙、大量抛售有关。

3. 买点提示

"流畅上涨后牢牢封住涨停板"和"封板过程中仅出现一次小幅裂口"，这两点是本形态的关键，也是投资者据此做多的标志。在实盘操作中，应加以辨识。

如果个股日 K 线形态呈突破状，且前期累计涨幅较小，可以于当日或次日买股入场。因为这种盘口形态极有可能是主力强势拉升个股前的一次洗盘行为。

如果个股短期内涨幅较大，通常连续拉升超过 20%（两个板以上，包括 20 cm），盘升上涨超过 30%，那么这时盘口出现的这种裂口形态就不具有看涨含义了。实盘操作中，个股的中短期走势是投资者操作的重要依据。

4. 实例解剖

图 4-38，爱康科技（002610）：2021 年 8 月 20 日的分时走势。开盘后两波流畅式拉升，股价成功封于涨停。但由于当天大盘逐波下跌，渐行渐弱，严重拖累市场人气。受此影响，该股 10:43 出现一次裂口减压，但股价回落幅度不大，持续时间只有 2 分钟，在 10:45 就再次回封。结合个股的日 K 线图来看，股价短线涨幅不大，可以将这种 V 型裂口减压看作主力的一次洗盘行为。操作中，当日或次日是短线买入时机。

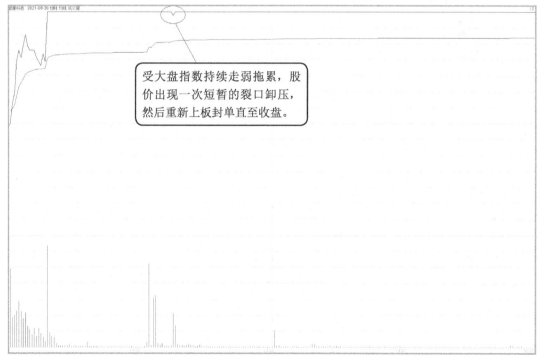

图 4-38　爱康科技（002610）分时走势图

九、首尾上冲涨停板

1. 图形特征

首尾上冲涨停板是指个股的开盘较为平静，但开盘之后立刻快速上冲，上涨幅度在5%左右。股价基本处于涨停价与开盘价中间的位置，维持一段时间的横向运行，然后股价再次出现一波拉升并成功封板。这里的"首"好理解，就是开盘不久先出现一波拉升；这里的"尾"不专指尾盘拉升上板，也包括午后再度一波封板。

2. 涨停玄机

首尾上冲涨停板是主力资金刻意运作早盘及尾盘的结果，表明主力有意拉升个股，而且，个股的全天盘中运行十分平稳，这也印证了主力的控盘实力。在实盘操作中，只要个股的日 K 线图较好，则可以积极买股做多。

3. 买点提示

首尾上冲形态的短线最佳买点出现在次日盘中，无论个股次日是小幅高开还是平开，因昨日尾盘的快速拉升，势必会形成一定的短线获利抛压，可以逢个股当日盘中回落之际买入。

次日买入的另一个好处是可以进一步验证主力做多的可能性。一般来说，如果首尾上冲涨停板不代表主力的做多行为，那么次日股价极有可能低开低走，若出现这种情况，则可以成功避开短线被套的风险。

4. 实例解剖

图 4-39，远兴能源（000683）：2021 年 2 月 19 日的分时走势。早盘和午后均出现了明显的拉升，这两波上扬的幅度大、分时线形流畅，全天的盘中运行呈较为强势的横向整理，这就是首尾上冲涨停板形态。结合日 K 线分析，股价正处于盘整后的突破点，当日这个分时走势预示着行情的启动，在实盘操作中，可以短线追涨买入。

这种形态有时出现首尾涨停，技术形态、涨停原理、分析方法、入场机会是一样的。

图 4-40，氯碱化工（600618）：2021 年 9 月 6 日的分时走势。开盘后一波拉涨停，封盘不久开板震荡，股价大幅回落。此时，市场多数人认为，股价回封上板无望。但是，午后股价强势拉升，再次封于涨停。

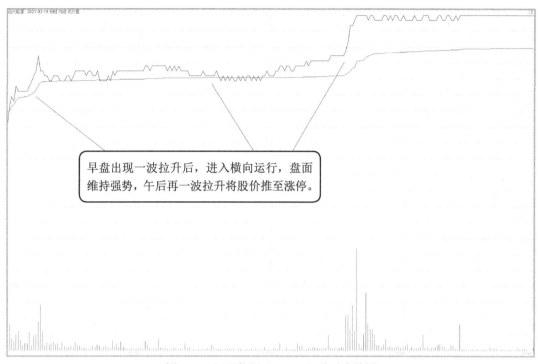

早盘出现一波拉升后，进入横向运行，盘面维持强势，午后再一波拉升将股价推至涨停。

图 4-39　远兴能源（000683）分时走势图

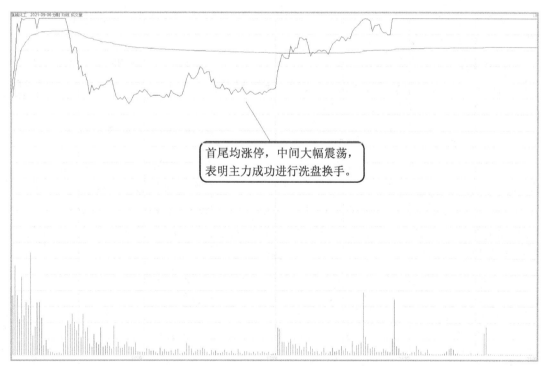

首尾均涨停，中间大幅震荡，表明主力成功进行洗盘换手。

图 4-40　氯碱化工（600618）分时走势图

十、整理后流畅尾盘板

1. 图形特征

整理后流畅尾盘板有两个特征。首先，从日 K 线图来看，个股持续地横向震荡整理，上下震荡幅度不大。其次，持续整理后的某个交易日，出现了尾盘封板的分时走势。

当日尾盘的封板过程是股价离涨停板较远，在连续大单扫盘的推动下，出现了极为流畅的拉升，快速上板封涨停，并且是一次性封板（或者是短暂停留，随后牢牢封板）。

2. 涨停玄机

一般来说，尾盘板的次日并不会出现明显的高开，但这并不意味着尾盘板不会成为个股短期行情启动的信号。如果尾盘板很流畅并能够一次性封板，而个股的日 K 线走势又十分优异，则尾盘板同样有较强的上涨倾向。对于窄幅盘整区的流畅尾盘板，如果个股此前累计涨幅不大，可以将其看成主力拉升的信号，预示着突破上涨行情的来临。在实盘操作中，可以积极追涨买入。

3. 买点提示

尾盘板的流畅拉升、强势封板、个股的日 K 线走势图，是把握这种形态的关键，也是实施操作的依据。

当个股在尾盘阶段强势封上涨停板时，很难判断它是否能一次性地牢牢封板，当日不宜追涨买入。可以等待个股成功封板后，于次日开盘后介入，因为若无明显利好消息助推，个股次日一般不会大幅高开。

4. 实例解剖

图 4-41，云维股份（600725）：2021 年 9 月 6 日的分时走势。从日 K 线图来看，股价小幅拉高后出现震荡整理，位置相对低位，这是一个典型的流畅尾盘板，个股在封涨停板时是一次性封板的。结合个股的日 K 线图、当日涨停分时走势，可以将其看作主力拉升股价的信号，预示着突破后加速上涨。在实盘操作中，尾盘板次日开盘后，就是中短线介入的最佳时机。

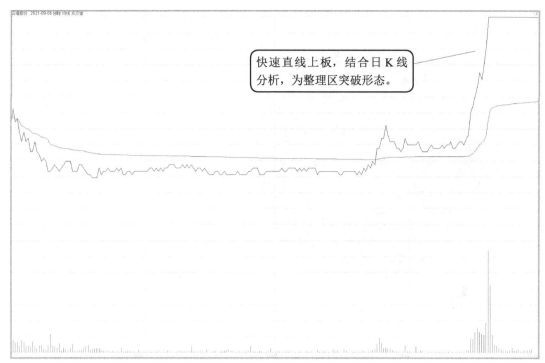

图 4-41　云维股份（600725）分时走势图

05

第五章 | **短线选股技巧**

第一节　正确选择股票方法

就中小散户而言，投资就是为了增值保值，除了防范风险，选择适合自己的投资品种极为关键。投资品种的选择，一定要适应自己的条件和模式，否则容易造成被动。比如，有些人并不适合短线操作却硬要做短线，结果在牛市中反而亏损。那么，如何正确选择股票？主要从以下几个方面进行考虑。

一、看资金流向选股票

资金流向的判断无论对于分析大盘走势还是个股操作，都起着至关重要的作用，通过资金流向可以从中窥视大资金及市场的动向。常说的"热点"，其实就是资金集中流向的板块或个股，而板块轮动其实就是资金流向轮动而产生的盘面效果。资金流向的判断分析过程比较复杂，不容易掌握，因此研判资金流向的方法很重要。

行情启动必须有资金涌入，从成交额上观察资金流向的热点：每天成交量、成交额排行榜前20名的个股就是资金流向的热点，所要观察的重点是这些个股是否具备相似的特征或集中于某些板块，并且占据成交榜的时间是否够长，时间长短和对资金吸引的力度的大小是否成正比。这里需要注意的是，在空头市场中大盘成交量比较低迷时，部分大盘股占据成交榜的前列，而这些个股的量比又无明显放大，则说明此时大盘人气涣散而不是代表资金流向集中。

选股时需要注意资金流向集中性，从涨跌幅榜观察资金流向的波动性。主力进场与散户小资金买进是不同的，大资金更善于图表上相对低位进场，挖掘预期有上升空间的投资品种，而散户资金是否集中进场更多取决于当时大盘行情是否向好。从盘面上来看，板块个股具有轮动性，并且大资金总体上进出市场的时间早于小资金进出的平均时间。

如何发现主力已经出手？这需要看涨跌幅榜。最初发动行情的涨幅居前、成交量放大的个股，往往最具备示范效应，因为资金具有轮动性。要知道，主力只会做抬轿的事，而不会干解放的活儿。此外，就是看跌幅榜居前的这些个股，前几天是否有过上涨行情，近几天成交量是否也比较大。如果是，则说明人气被聚集起来了，跟风的资金比较坚决，有利于行情的持续发展。当然，大幅上涨后放量下挫的，则不在此列。

上述方法是在行情上涨时的判断方法，也可以将此判断方法运用到下跌行情的分析中。相对低点大资金是否进场，行情是否会转折？相对高点大资金是否出场，行情又是否会转折？个股的选择上究竟是选热点短炒，还是打埋伏等大资金来抬轿？这些都与资金流向的判断分不开。

所以在分析股市时一定要把资金分析摆在重要位置，也就是市场说的低位放量跟进、高位放量离场。说到底，无论什么时候，股市永远是资金在博弈和推动。

二、看运行趋势选股票

1. 关口的种类

在股市中的阻力位和支撑位就是"关口"。根据关口的产生背景和前提的不同，主要分为以下几种。

（1）历史关口。因某种市场因素导致股价在某阶段形成的相对的高、低点。一般情况下，其距离当前时间越近，就越不易被突破；相反，则可能难以成为阻力位和支撑位。

（2）密集区关口。股价涨跌起伏，在某阶段形成的虽小但波动频率相对较大的区域，一旦被成功逾越，行情将顺势展开。

（3）心理整数关口。一般逢 5 和 0 的整数价位，在投资者心理有一种阻力作用，或认为其暂不可逾越，或认为一经逾越则势不可当，但往往是心理因素大于实际。

（4）技术关口。该概念内涵较复杂，"关口"概念本身就属于技术分析范畴，所以通常要看其具体用在何处，如技术指标位置、形态分析、波浪理论或其他分析等。

2. 研判关口的意义

关口对研判分析趋势，有哪些实盘指导意义呢？

（1）关口就是常说的支撑位、阻力位；在股价呈上升趋势但局部处于调整行情时，属支撑位的关口常常比较可靠；而在主升浪远未达到目标时，属阻力位的关口则常常会被轻而易举地突破。所以，解读"关口"依然要遵循顺势而为的基本原则。

（2）当多个关口集中在同一个价格区域时，该关口的地位会变得非常重要。此时，若是阻力位性质的关口，先落袋为安为上。

（3）在常用的趋势线分析法中，将连接股价运行趋势的辅助线称为趋势线。其中连接下跌行情中出现局部高点的连线叫压力线；连接其局部低点的连线叫反支撑线。连接上升行情中出现局部低点的连线叫支撑线；连接其局部高点的连线则叫反压力线。

趋势线的变化运用在上升、下跌通道时，将压力线平行下移至该下跌行情中出现的局部低点处所形成的一组方向朝下的平行线叫下降通道；相反则叫上升通道，水平状的叫箱形通道。

3. 涨跌趋势交替循环

根据道氏理论，股价在涨跌交替循环运动过程中具体表现为以下几方面。

（1）当股价由某个次低点向上运动，并成功突破前期高点时，再度向下一般会在前次高点以上得到支持，即不会重返前次高点以下；而一旦确定在前次高点以上获得了支持，则极有可能再次创新高，反复循环直至终结。

（2）上升趋势形成的重要特征：股价在长期以来的下跌趋势中成功向上突破某一个历史低点，且再度下行时未跌破创新低点。

（3）上升趋势结束的演变过程：股价在有规模地创新高后跌破前次高点，进一步下跌至前次上升行情展开时的起点，再度上升无力创新高，然后再度下跌时跌破前度低点，反复循环直至终结。

道氏理论最先提出"趋势"概念，为技术分析的不断发展和完善迈出了最为关键的一步。后来的波浪理论即是在道氏理论的基础上产生的。

三、看时间选股票

想要在股市中赚钱，只有先学会看盘，才能过渡到分析，然后选择有获利机会的个股。以下是几个重要时间段的看盘方法。

（1）9:00—9:15 的准备。短线投资者要做好操作计划，开盘后立即查看委托买卖笔数的多寡，研判大盘究竟会涨会跌。一般而言，如果开盘委买单大于委卖单 2 倍以上（如买单 1 万手，卖单 5 000 手），则显示买气十分旺盛，上涨胜算较大，短线可考虑买进；相反，若卖单大于买单 2 倍以上，则代表空方卖盘十分强大，当日沽空比较有利，开盘后立即卖出手中筹码，逢低再补回。

观察大盘的气势强弱，在涨跌幅榜中注意涨停板或跌停板家数的增减。由于 A 股市场常有追涨杀跌投机风气，越涨越追涨、越跌越杀跌。因此，发现大盘涨停板家数由几家迅速增加至多家，代表大盘气势强劲、上涨有力，并有继续上涨的可能，必须择机立即抢进；相反，如跌停家数迅速增加，且卖单大于买单，很快就会有多家甚至数十家下跌，则代表大盘气势极弱，必须立即抛出手中筹码，以锁定利润或免遭套牢，等待时机再行入市。

观察开盘即涨停、跌停的个股，并密切注意及追踪其价量变化。如果此时大盘买单大于卖单，上涨家数大于下跌家数，代表大盘偏多（买气较强），此时短线可考虑以市价买进选中的个股，次日一拉高至平盘即抛出 1/2，再拉高再抛余下的 1/2，即可获利。

（2）9:25 是集合竞价时间。这是每个交易日的第一个买卖时机，主力借集合竞价跳空高开拉高抛货，或跳空低升打压进货，这是常见现象。

开盘价一般受昨日收盘价影响。若昨日股价以最高价报收，次日开盘往往跳空高开，即开盘价高于昨日收盘价，俗称跳空缺口；相反，若昨日股价以最低价收盘，次日开盘价往往低开。跳空高开后，若高开低走，开盘价成为当日最高价，散户手中若有昨日收于最高价的"热门股"，有参加集合竞价抛货的机会，卖出价可大于或等于昨日收盘价最高价。若热门股昨日收盘价低于最高价，已出现回落，可以略低于昨日收盘价抛出。

此外，若准备以最低价抓一暴跌的热门股抢反弹，也可以参加集合竞价。因为昨日暴跌的最低价收盘的股票，今日开盘价可能是今日最低价。当然，也可以集合竞价卖出热门股，买入超跌股。若热门股超跌股仍有上（下）行空间配合利好消息（或利空消息）

及大成交量，可突破上挡阻力位（下挡支撑位），就不应参加集合竞价"抛货"（进货），待观察开盘后走势再行决定。但是，当 9:25 集合竞价出现时，若发现手中热门股缺口很大（一般股票开盘价比前收盘高开 5% 以上时），且伴随巨大的成交量，应立即以低于开盘价的卖出价"抛出"，以免掉入多头陷阱。此时，一般不应追涨买入热门股。相反，热门股集合竞价跳空缺口不大，成交量较大，经分析仍有上行可能，又有利好消息配合，有可能冲破上挡阻力位，可考虑在冲破阻力位后追涨买入或回挡至支撑位时买入；若开盘价靠近"支撑"位，可立即买入。该"热门股"若随大盘涨跌，就应考虑开盘股指是靠近支撑位，还是阻力位，以及股指上行的时候对该热门股的影响。

（3）9:30—10:00 是第二次进、出货时机，是要脱手热门股的一个时间，若股价高开高走，急剧上涨，最高价常出现于 10:00 以前，且成交量急剧放大，往往这个时间为热门股抛货的一个时机。假如股价平开高走，随成交量放大，股价平稳上涨，此时可用 60 分钟 K 线图、分时成交量图分析"热门股"走势，判断是否买入。

另外，昨日暴跌的股也往往在 10:00 以前出现最低价，因此可考虑买入抢反弹。是否买暴跌的股票，一要看是否跌过了头，跌到了支撑位；二要看消息面和主力意图，即暴跌股能不能再炒起来。

（4）11:30，收盘前为买入卖出股票第三次时点。若上午收盘时，股价高于或低于当日开盘价，那么当日收盘价也可能高于或低于上午收盘价，预示多方（空方）将取胜，热门股上午高收，也可能搏中午的消息。

因此，上午收盘前和下午开盘后的几分钟，为买卖股票的重要时机。高收者，下午可能高开高走；低收者，下午可能低开低走。中午，注意上市的公告，一般临时的重要公告均为中午发布。

（5）13:00 开盘，注意上午炒作的热门股走势。若成交急剧放大，股价徘徊不上，当心主力在抛货或会有较大的回调。

（6）14:00—14:30，为"T+0 平仓盘"时间。这是因为上午 T+0 买入的资金，要拉高抛货，此时为第四次抛售时机，股价容易出现当日最高价、次高价。因为，这时主力若出完货就有可能打压股价，不再护盘。

（7）14:30—15:00，为全天最后一次买卖股票时机。注意查询自己的买卖申报是否成交，该撤销的要撤销处理，防止误买误卖。这时全天收盘形势渐渐明朗，可预判第二天大盘、个股基本走势，可以根据个股强弱情况进行买卖操作。在高位或震荡时，这一时刻往往会出现异常走势，需要密切关注。

（8）收盘后做好梳理工作，从大单入手寻找大资金意图，把消息面、基本面理个思路。查看当日股市涨跌榜，分析大盘及个股情况，注意成交最大的个股榜及涨幅最大的股票群，看主力是在抛货还是在进货。周末，关注外盘走势、消息动态，分析宏观面、基本面及技术面，分析本周大盘与个股走势，预测未来走势，确定操作方案。

（9）星期一效应和星期五效应。星期一收盘股价收阳线还是阴线，对全周交易影响较大。因为多（空）方首战告捷，往往乘胜追击，连拉数根阳线（阴线），应予警惕。

星期五收盘也很重要,关系到周线的阴阳。它不仅反映当日的多空胜负,也反映当周的多空胜负。

四、看盘面选股票

对普通散户而言,看盘水平的高低会直接影响其短线盈亏,即使是中线投资者也不能忽视其存在价值。如果中线投资者在较高位介入,却不懂利用高抛低吸降低成本,即使获利,也不能称其为合格的投资者。

个股盘中走势是一天交投产生的形态,能够清晰地反映当日投资者交易价格与数量,体现投资者买卖意愿。为了能更好地把握股价运行的方向,必须要看懂盘中走势,并结合其他因素作出综合判断。一般理解,看盘需要关注开盘、收盘、盘中走势、挂单价格、挂单数量、成交价格、成交数量与交投时间等,但这只是传统认知,在实盘中其他因素也重要,难以一一罗列,所以说股市是综合智力的竞技场。

1. 短线好股票的识别方法

(1)买入量较小,卖出量较大,而股价不下跌的股票。

(2)买入量、卖出量均小,而股价轻微上涨的股票。

(3)放量突破趋势线、均线、形态等重要压力位的股票。

(4)前一天放巨量上涨,次日仍然放量强势上涨的股票。

(5)大盘下跌时微涨或抗跌,而大盘横盘时加强涨势的股票。

(6)遇个股利空消息,放量而股价不跌的股票。

(7)有规律且长时间小幅上涨的股票。

(8)无量(缩量)大幅急跌的股票(指在技术调整范围内)。

(9)送红股除权后又上涨的股票,这类股票的市场形象和股性都是当时最好的。

2. 短线差股票的识别方法

(1)买入量巨大,卖出量较小,而股价不上涨的股票。

(2)买入、卖出量均较小,而股价不上涨的股票。

(3)放量向下突破下挡重要支撑位的股票。

(4)前一天放巨量下跌,次日继续下跌的股票。

(5)遇个股利好消息,放量而股价不涨的股票。

(6)大盘上涨而个股不涨或小涨,大盘调整而个股加速下跌的股票。

(7)个股流通盘大,而成交量很小的股票。

(8)盘面经常出现异动,而股价没有明显上涨的股票。

(9)除权送红股后,放量下跌的股票。

通过盘中股价走势,判断买卖双方力量的强弱,决定了其对股票的买卖节奏的把握,也是其是否盈利或盈利高低的关键。高手区别于普通投资者的最大之处在于他们往往能从变幻莫测的股市交易细微处，洞察先机。而高手之所以能看出盘面变化传递的信息，是一种经验的积累，也即股市经历。积累往往是通过多年对其自身操作失败经历的反复总结而得，但有许多投资者入市多年也没有收获，就是其不善于总结的缘故。因此，看盘水平是衡量一个投资者实盘能力的重要依据。

五、按计划选股票

在实盘操作中，不少投资者经常出现"知道应该这样做，但却没有这样做"的情况，这主要是由于操作的随机性所致，而这正是股市投资获胜的障碍。克服这种障碍的重要措施有两点：一是在每一阶段中做好周密的操作计划，二是保持冷静理智的分析能力。能够做到第一点的人可以做操盘手与分析师，两点都能够做到的人才能做大赢家。要想在市场获得长期收益，必须在这方面多加努力。

制订计划时首先必须明确目的，主要目的有长线与短线、投机与投资、题材与成长性区分。计划是实施目的的手段，两者必须配合，如果两者有矛盾，结果就会产生偏差。在实际情况中就经常有这种现象，如某个投资者用技术分析某只股票可能要大涨，但因为这只股票的业绩不好而没有买入，结果该股票真的大涨，后悔不已，这就是典型的用投资的方法去追求投机目的。或者看到某个股业绩好但买入后就是暂时不涨，忍不住抛掉，之后该股大涨，又一次后悔不已。这更是典型的用投机的方法去追求投资目的，结果都是后悔。所以市场中，投资和投机两相宜，才是全能投资人。

（1）投资计划的制订与实施：投资业绩成长性最好的两只股票。实施方法是：在该股底部区域做第一次买进，以后每下跌一个区间均加倍买进一次，中长线持有，只有在明显的顶部时减仓。在发现更好的品种时，可以增加一个新的品种。

不少私募在热门行业中，在股价不高的时候第一次买进，以后每跌一个空间均加倍买进一次，波段反复操作、股价过高后调换品种。这种方法就是根据此位置采用蚂蚁叮庄进行分批吸纳，并且掌握好 T+0 方式的高抛低吸，一旦出现震荡就迅速出局。

（2）投机股价超跌的个股：超跌个股相比同价位的股票，业绩有明显的优势，但股价却相对较低，在出现连续放量时少量介入，只在低位加仓，有 20% 以上利润出局，适当高抛低吸。

（3）题材计划的制订与实施：投资送红股题材，这类个股含多年滚存利润，没有大送股历史，有主力机构主持，流通盘子不宜太大，价格低。

（4）投机小盘股：这类股价应相对较低，流通盘子小于 10 亿，业绩前景尚可。可在大盘发生急挫或中期见底时逐渐吸纳，中线持有并高抛低吸，但低位购买的筹码不应轻易全部出局。

投资者可以根据自己的资金情况和个人习惯，参照上述思路制订适合自己的一种或组合数种计划实施。更建议操作经验不丰富的投资者以中长线投资为主，这样一年的买进机会并不多。拥有上亿资金投资者一年也只操作几只股票，几万元钱更没必要操作太多的股票，更不要企望战胜庄家，和庄家拼实力是不可能的，但在某一阶段伏击几个庄家是完全可能的，不过要做到知己知彼。很多人在买卖时，往往不知己，又不知彼，就只会被套牢，六神无主。更要明白庄家的失败是败在自我，而不是被散户打败的。

六、按原则选股票

（1）趋势原则。在准备买入股票之前，首先应对大盘的运行趋势有个明确的判断。一般来说，绝大多数股票都随大盘趋势运行。大盘处于上升趋势时买入股票较易获利，而在顶部买入则好比虎口拔牙，下跌趋势中买入难有生还，盘局中买入机会不多。还要根据自己的资金实力制定投资策略，是准备中长线投资还是短线投机，以明确自己的操作行为，做到有的放矢。所选股票也应是处于上升趋势的强势股。

（2）分批原则。在没有十足把握的情况下，投机者可采取分批买入和分散买入的方法，这样可以大大降低买入的风险。但分散买入的股票种类不要太多，一般以在 5 只以内为宜。另外，分批买入应根据自己的投资策略和资金情况有计划地实施。

（3）底部原则。中长线买入股票的最佳时机应在底部区域或股价刚突破底部上涨的初期，应该说这是风险最小的时候。而短线操作虽然天天都有机会，也要尽量考虑到短期底部和短期趋势的变化，并要快进快出，同时投入的资金量不要太大。

（4）风险原则。股市是高风险高收益的投资场所。可以说，股市中风险无处不在、无时不在，有时没有任何方法可以完全回避。作为投机者，应随时具有风险意识，并尽可能地将风险降至最低程度，而买入股票时机的把握是控制风险的第一步，也是重要的一步。在买入股票时，除考虑大盘趋势外，还应重点分析所要买入的股票是上升空间大还是下跌空间大，上挡的阻力位与下挡的支撑位在哪里，买进的理由是什么，买入后假如不涨反跌怎么办，这些因素在买入股票时都应有个清醒的认识，就可以尽可能地将风险降低。

（5）强势原则。强者恒强，弱者恒弱，这是股票投资市场的一条重要原则。根据这一原则，应参与强势市场而少投入或不参与弱势市场，在同板块或同价位或选择买入的股票之间，应买入强势股和领涨股，而非弱势股或认为将补涨而价位低的股票。

（6）题材原则。要想在股市中特别是较短时间内获得更多的收益，关注市场题材的炒作和题材的转换是非常重要的。虽然各种题材层出不穷、转换较快，但仍具有相对的稳定性和一定的规律性，只要把握得当定有丰厚的回报。在买入股票时，应选择有题材的，放弃无题材的，并且分清是主流题材还是短线题材。另外，有些题材是常炒常新，而有的题材则是过眼烟云，炒一次就完了，其炒作时间短，以后再难有吸引力。

（7）止损原则。投机者在买入股票时，都是认为股价会上涨才买入，但若买入后并非像预期的那样上涨而是下跌该怎么办呢？如果只是持股等待解套是相当被动的，不仅占用资金错失别的获利机会，更重要的是背上套牢的包袱后还会影响以后的操作心态，而且有可能越套越深，也不知何时才能解套。与其被动套牢，不如主动止损，暂时认赔出局观望。对于短线操作来说更是这样，止损可以说是短线操作的法宝。股票投资回避风险的最佳办法就是止损，别无他法。因此，在买入股票时就应设立好止损位并坚决执行。短线操作的止损位可设在 5% 左右，中长线投资的止损位可设在更高一点。只有学会了割肉和止损的散户才是成熟的投资者，也才会成为股市真正的赢家。

七、十类股票的选择策略

1. 如何选择股性优异的股票？

市场中每只股票都有各自的波动特性，即所谓的股性。股性好的股票，股价活跃，大市升时它升得多，大市跌时人们会去抄底。而股性差的股票，其股价呆滞，只能随大市小幅变动，这类股票常常无法获取可观收益。

一般情况下，股性取决于企业的经营状况、分红派息方式、股本结构、题材是否丰富、二级市场供求程度以及地域特性等多方面的因素。这种股性是在长期运作中形成的，市场对其看法已趋于一致，因此较难发生突变。

具体而言，几乎所有的热门股都具有较好的股性，这类股票认同程度高，大多有主力机构介入，主力对其股性熟悉，会反复介入，从而也形成了该股的独特股性。此外，股本小的个股往往会成为主力炒作的目标，因为流通盘小的股票容易控制筹码，具备拉升容易的特点，十分有利于操作。

由于股性是长期形成的，因此要了解每一只股票的特点，需要付出时间和精力，收集信息、资料，分析、预测个股态势。当投资者全面了解个股特性后，对于股票个性出现的变化就比较容易认清了。

综上所述，选择股票时应该先考虑个股的市场属性，落后于大势的弱势股最好不要碰，而优先考虑市场热门股。

2. 如何选择有潜力的低价股？

股价低意味着风险较小，这自然也成为它的一个优势。低价股炒作成本较低，因此容易引起主力兴趣，较易控制筹码。由于其基数小，因此低价股上涨时获利的比率也就更大，获利空间与想象空间均很广阔。如果它同时具有较好的群众基础，这类低价股就会成为黑马股。

有潜力的低价股通常有以下特征。

（1）盈利收益稳定。公司盈利稳定或即将扭亏为盈是基本面向好的标志，最终会反映到股价的涨升上来。

（2）行业准入标准高。由于准入标准高使公司具有不可替代性，有稀缺性、垄断性优势，往往成为炒作题材。

（3）市场潜力大。一些公司当前市场并未完全拓展，但其产品或服务的市场前景却非常广阔，如果公司运营正常，迟早会使股价上涨。

但是，低价并非一定就好，如果上市公司亏损太多，扭亏为盈的可能性不太大，这样的低价股其实就是垃圾股，不买为好。

3. 如何选择新上市的股票？

新股上市第一天没有涨跌幅限制，因此被广大投资者关注。但新股上市第一天投机成分非常大，若选不好个股，不但不能获利，还会产生很大损失。在选择新股时应注意以下几点。

（1）应关注公司基本面情况。重点关注公司所属行业、大股东实力和募集资金投向。如果公司所属行业是朝阳产业，特别是一些具有充分想象空间的朝阳产业，其股票会定价较高，且容易获得较大上升空间。而大股东实力越强，上市公司就越有可能获得更多的支持。募集资金投向可帮助股民判断公司未来、成长性。投资者应根据招股说明书了解相关事项，判断未来公司发展前景。

（2）分析新股上市定价在当时的环境下是否合理。上市定价受大盘和板块热点的影响较大。如果大盘连续上涨，而该股又是板块热点，则其定价就相对较高。另外，上市前其他新股屡炒屡胜，则定价也会上扬。如果上市前其他新股股价大多高开低走，那么其上市定价就会较低。如果新股有好的亮点，那么就有可能得到较大的炒作。

（3）关注上市后首日的换手率。这是未来股价走势的关键，判断新股是否有短线机会，最重要的一点就是换手是否充分，如果首日换手接近60%，炒作的主力资金才有疯狂拉高股价，使价格脱离成本区的可能。

4. 如何选择强势产业的股票？

强势产业的股票常常是引领大市的主角，具有市场的指标作用。选择强势产业的领头股，常能领先于大市获利。在多头行情中的领头股，即使大市趋势出现反转，也能成为抗跌的好股票。

想要正确选择强势产业的个股，首先应该了解整个国家的经济形势与产业政策，明确哪些行业是当下经济周期中的强势产业，哪些是夕阳产业，哪些是国家产业政策扶持的上市公司。还应参考世界产业发展的趋势，关心国内外经济动态，培养对未来的前景观念。对于前景看好的尖端产业需具备长远的眼光，尤其要注意具有高科技和高附加值的产业。

已经持有股票的投资者，应该及时掌握产业动向，经常审视各类产业股票的表现形态，适时将弱势产业的股票，换为强势产业的股票。同时，应注意各产业之间的联动性，某一行业中的几个指标股出现强势劲头，就会带动其他同类个股。

5. 如何选择便宜的"实质股"？

实质股是指低于股票真实价值的低价股，也可称为便宜股。在股市，有时会推崇一种逆大众心理，即购买那些被其他股民忽视或错误回避的股票，这类股票代表的上市公司一般来说实质好，市场价位又偏低。其具有较高的投资回报率，可以吸引有眼光的投资者，从而使该股市价逐渐升高。

判别实质股，首先应获取有关资料，了解上市公司的经营实绩，判断股价是否低于其实质，并进一步分析是否具有上升潜质。总的原则是，如果该股票没有发展潜力，再便宜也没有购买价值。其次，确定低于每股资产净值的价位，若当前的股票资产净值比率超过前一年，则说明价位有上升趋势，再综合考虑最近5年间各年度的最高价、最低价及每股纯收益来计算最高市盈率及最低市盈率，并以此确定目前的高市盈率或低市盈率较前是否有上升趋势。

6. 如何选择高成长股？

成长股代表的是迅速发展中的上市公司，业绩与股价紧密相关，成长性越好，股价上涨的可能性就越大。选择成长股应注意以下几点。

（1）该公司所处行业应为成长型行业，而公司又是该行业中成长性优异的企业。当前成长型行业包括生化工程、太空与海洋工业、电子自动化与仪器设备及与提高生活水准有关的工业。

（2）该公司产品开发能力、市场占有率和产品销售增长率高于同类企业，同时社会对该公司产品的需求不断增长。

（3）该公司劳动力成本较低，劳动力成本不会成为公司成长的阻碍因素。

（4）该公司能控制所需原材料的来源和价格，不会因价格上涨削弱其竞争力，始终保持获利趋势。

（5）该公司能将利润的较大比例用于再投资而非给股东分配红利，以促进公司可持续发展。

（6）每股收益增长与公司成长同步，并保持较高水平的增长。

7. 如何选择投机股？

投机股是指那些被主力操控而使股价暴涨暴跌的股票。投机者通过买卖投机股可以在短时间内赚取相当可观的利润，同时，也要承担相当大的风险。投机股的买卖策略如下。

（1）选择优缺点同时并存公司的股票。这类公司当其优点被大肆渲染时，股价容易暴涨，当其弱点被广为传播时，股价又极易暴跌。

（2）选择资本额较少的股票。资本额较少的股票，炒作所需资金也较少，主力一旦介入会使股价大幅波动，投资者在这种大幅波动中能赚取可观的利润。

（3）选择新上市的股票。新股容易被主力操控而使股价出现大幅波动，投资者可从中捕捉获利机会。

（4）选择题材股票。主力对有收购题材，有送配股、分红题材，有业绩题材等题材股运作时，投资者可借机获利。

一般投资者对投机股要持谨慎的态度，不要盲目跟风，以免被高位套牢，成为大户的牺牲品。

8. 如何选择大盘股？

大盘股是指流通盘较大的股票，目前A股市场流通盘在20亿股以上的可称为大盘股。

大盘股的长期价格走向与公司的盈余密切相关，短期价格的涨跌与利率的走向成反向变化。当利率升高时，其股价降低；当利率降低时，其股价升高。

第一，大盘股的买卖策略。

（1）关注历史价位。大盘股在过去的最低价和最高价，具有较强的支撑和阻力作用，投资者要把其作为股票买卖时的重要参考依据。

（2）关注利率变动。当投资者估计短期内利率将升高时，应抛出股票，等待利率真的升高后，再予以补进；当预计短期内利率将降低时，应买进股票，等利率真的降低后，再予以卖出。

（3）关注经济景气程度。投资者要在经济不景气的后期低价买进股票，而在业绩明显好转、股价大幅升高时予以卖出。

第二，大盘股的操作要点。

（1）当久卧不动的低价大盘股成交量突然放大，周 K 线拉出长阳，股价站稳 30 日均线时，说明主力已完成建仓，开始拉升，此时应及时跟进。

（2）低价大盘股启动后，应观察短期均线排列状况，5 日、10 日、30 日均线呈多头排列时，可以放心持股。

（3）要看准低价大盘股中的领头羊，这样获胜概率会大大增加。

（4）除非短期连续拉升可适时做空，一般跟主力炒作低价大盘股，跑进跑出远不如中线持股获利机会大。中线持股利润锁定的目标可在 50% 以上。

9. 如何选择中小盘股？

小盘股是指流通盘较小的股票，目前 A 股市场流通盘在 10 亿股以下的可称为小盘股。中盘股的流通盘介于大盘股和小盘股之间。

中小盘股由于股本小，炒作资金较之大盘股要少，较易成为大户的炒作对象。股价涨跌幅度较大，受利多、利空消息影响的程度也较大盘股敏感得多，所以经常成为游资炒作对象。

由于中小盘股容易成为游资操控的对象，因此投资者在买卖时，不要盲目跟风，要学会自己研究判断，不要听信未证实的传言。在市盈率较低的价位买进股票后，不要跟风卖出股票，学会耐心等待股价走出低谷。而股票到了高价区，切忌贪心，要见好就收。

10. 如何选择资产重组股？

资产重组过程，往往是企业资产的拥有者、控制者与企业外部的经济主体共同进行的，对企业资产的分布状态进行重新组合、调整、配置，或对企业资产中的权利进行重新配置等一系列活动。一般来说，选择资产重组股有以下几方面的技巧可供参考。

（1）警惕重组信息的利好公告。一般来讲，如果重组信息公告前，股价涨幅已超过 100%，在重组消息公告前后往往成为庄家乘机拉高股价出货的良机，这类个股原则上不要碰。

（2）选择"有问题"的企业。股市中经常有这样的事实出现，"有问题"的企业往往会加大重组的力度，因此这个板块的长线有很大的炒作潜力。此外，这些有退市嫌疑的股票通常会跌得惨不忍睹，股价偏低，有很大的获利空间。而且随着整个经济环境的改善和各级政府对资产重组的支持，许多问题股也会置之死地而后生。

（3）关注公司的业绩。投资者应该认真研究重组后其业绩是否会持续上升，如果重组后只能带来一时的利润增长，则不能进行中长线投资，只能以炒短线为主。

（4）选择基础好的企业。基础好，是指资产重组的条件比较好。如企业负债少、包袱轻，容易被别的大型企业看中，收购兼并、买壳或借壳上市，这些企业容易实现资产重组。关注这些企业，往往能够抓住重组题材中的大黑马。

（5）关注是否有大股东介入。如果重组的部分在公司的资产债务中所占比重较低，则不宜介入；如果重组后有实力雄厚的新的大股东介入，则应重点关注，逢低介入。

（6）第一波行情宜舍弃。一般而言，第一波行情宜舍弃，因为其后往往会出现一次急跌的过程。通常第一波行情属于重组行情的预演，为知道内幕的人士哄抬筹码将股价抬高所致，所以随后必然会出现一次急跌洗盘的过程。

（7）把握好第一波行情冲高之后的急跌时机。一般情况下，第一波行情冲高之后的急跌，往往是逢低参与的时机。股市通常伴随着基本面的利空消息，如公布亏损的报表。急跌之后才是真正的投资时机，实际上这也是最后的利空消息，公司往往让报表一次亏个够，为日后的旧貌换新颜打下基础，股价因此出现急跌，成为散户参与的最佳时机。

（8）选择中小盘低价垃圾股。根据经验分析，股市中通常是中低价、中小盘的垃圾股最容易进行重组，并且重组后往往都会有非常出色的表现。而大盘、高价、绩优的公司重组的可能性相对较小，所以投资重组股建议以中小盘、中低价的垃圾重组股为主。

收购重组是企业发展的必然趋势，重组股也是股市中久盛不衰的题材，常常在重组股中诞生涨幅令人瞠目结舌的黑马股，但是重组失败甚至退市的个股也比比皆是，这就要求投资者在选择重组股时一定要慎重。

第二节　利用热点题材选股

一、根据市场热点选股

热点是指在某一特定时间内被市场热炒的板块或个股。这些在特定时间内被炒作的股票，称为热门股。通过股票涨跌排行榜，就会发现涨幅榜的前列大多是这类股票的身影。所以，在一些个股走势当中发现并捕捉热点就是获利效率很高的一种方法。

1. 热点选股的意义

（1）热点能够聚集主力资金，决定市场运行方向。因此，进入市场就要先找准方向，而要把握好市场方向就要找准市场热点，常说的"紧跟市场热点"的道理就在于此。

（2）通过热点选股可以提高获利效率。稍有经验的人都知道，每一波行情中热点板块和热点龙头股一般上涨最快，幅度最大。而非热点股要么不涨，要么涨幅明显落后于大盘。"赚指数，不赚钱"的原因，就在于手中股票不是热点。

（3）每当市场热点出现时，总有大资金积极追随，也会引起媒体的广泛关注，所以该类股比较容易发现。

2. 热点的发展过程

热点的酝酿过程就是主力资金介入的过程。一般来说，热点酝酿的时间越长，炒作持续的时间就越长。市场热点从形成到结束通常有三个阶段。

第一阶段：从单一热点发动行情，此阶段的热点持续时间较长。

第二阶段：由单一热点扩散到多极热点，其持续的时间较短。假如市场出现多个热点同时疯炒的时候，要注意大盘是否在走最后一浪。

第三阶段：热点转移和消退阶段，这一过程持续的时间更短。一般而言，当能炒的板块都被轮炒一番之后，大盘往往就会进入休整期，以孕育下一个单极热点。如此循环往复。

有些热点因为所在行业辐射性广、群众基础好，主力会反复加以利用，直到无利用价值时才把它抛弃。这类热点的特点是：相信它一次两次是对的，但是相信它三次四次就错了。在跟随市场热点寻找投资机会时，必须明白市场上不会有永恒的热点。"盛极而衰"是一种自然法则，也适合股市。当一个市场热点持续一段时间后，人们就失去了对它的新鲜感，跟风炒作的人越来越少，市场热点就会转向另一个新的更具号召力和认同感的热点。这时原先的热门股就有可能出现一次幅度不小的向下调整。

一般来说，在一波中级以上行情中，热点板块大约能持续几周甚至几个月的时间。因此，在热点板块里选股，胜算会大得多。

3. 如何用热点选股？

由于热门股的走势往往会超过大盘的走势，所以寻找到了热门股就是抓住了机遇，是获取收益的关键。但关键是投资者如何捕捉热门股，以下便是选择与投资热门股的技巧。

（1）使用热点选股法的前提。一般来说，使用热点选股法的前提是投资者的操作技术比较熟练，对于股市中各种现象的分析和理解都有一定的基础，而对于初学者及刚入股市的投资者来说，热点选股法最好还是少使用，主要是因为刚入股市的投资者往往把握不好进出场的时机。

（2）关注媒体的相关报道。通常来讲，要想真正地把握热点，关注媒体相关报道是一种很有用的途径。由于每当热点出现时，媒体都会集中予以报道，所以比较容易发现。比如，在身边经常会遇到媒体突出报道某行业的进展或某个领域新发生的变化，一定是"新"的。

（3）注意资金流向，以及是否出现成交量放大。一般来说，热门股的成交量在周 K

线图中显示比低点成倍放大，并保持相对均衡状态。此外，关注其是否出现成交量放大，热门股会出现放量上涨的态势。

（4）观察股价上涨过程中是否出现急速拉升和集中放量。这里所强调的是观察上涨过程中是否出现急速拉升和集中放量，如果连续上涨并出现急速拉升，有可能是短期强势，而不是热点。

（5）盯住热门板块中的领头羊。领头羊是主力为了使热门、板块能够顺利启动，也为了吸引市场而刻意塑造的一个市场形象。热门龙头股一般都是有行业代表性的股票，主力在扶持过程中往往也会不计成本，股价可以拉到惊人的高度。一般市场中大出风头的就是行情的领头羊，所以要力争及早发现，特别是发现主流热点和热点龙头。只有抓住主流热点和龙头，才能稳定迅速获利。

4. 题材选股应注意的问题

热点题材也具有正反两方面的作用。在利用题材寻找最佳投资机会时，操作上要注意以下几点。

（1）题材发现要早。当一个新题材出现时，只要新题材能引起市场共识，就应该顺势而为，充分利用题材来趋利避害。

（2）题材其本身并不重要，重要的是能否引起投资大众的共识。如能引起市场共鸣，形成炒作热点，可积极参与，否则尽量不要参与。

（3）除了股票的质地和业绩外，题材只是主力借用的一个旗号，那些被主力恶炒的各种概念终将会价值回归，盲目跟风就会成为主力的牺牲品。

（4）抢在题材酝酿之时加入，题材明朗之前退出。题材具有前瞻性、预期性、朦胧性和不确定性。题材只有处于朦胧状态时，对投资大众才有吸引力，股价才会上涨。而一旦题材的神秘面纱被揭开，题材炒作也就到了尽头，股价就要开始下跌。

（5）题材贵在创新，留恋旧题材要吃大亏。在创新题材刚推出之时，对这些个股宜采用耐心持有的中长线操作方法，这样往往可以获得大利润。但当该题材已在市场上宣传了很长一段时间时，就要采用投机性的短线操作法，如果操作慢了，就很有可能被套在高位。

（6）要注意题材的真实性，对虚假题材要警惕。股市不能没有题材，但杜撰的题材是没有生命力的，只有具有真实内涵的题材，才能在市场上发挥作用。

● 二、热点题材投资策略

不管市场是处于牛市还是熊市，总会不断产生热点，只是牛市中的热点铺天盖地，而熊市中的热点则零零散散。这是因为，如果一个市场不能为投资者提供任何盈利的机会，那么这个市场也就不可能存在了。此外，当市场由牛转熊时，散户可以弃之而去，主力却不能，为了吸引人气，主力必须不断地制造市场热点，虽然时间很短暂，却能够获取一定的利润。

1. 长期投资策略

在牛市行情中，值得长期投资的热点称为主流热点，它是贯穿整轮行情始末的市场热点。主流热点，也就是长期投资的亮点，它跟宏观经济发展状况相挂钩。一只股票或者一个板块要想成为主流热点，就必须要有长期的业绩增长作为支撑点。仅仅由资金炒出来的热点，是不可能成为主流的，对这些热点进行长期投资，获利的空间也不会太大。所以，投资者必须对宏观经济有一定的把握力和判断力。

对于主流热点的长期投资策略，概括起来有以下几点。

（1）只选择龙头股或者有望成为龙头股的股票。

（2）逢低点坚决买入，逢突破坚决追涨，逢调整坚决持有。

（3）宏观经济背景没有改变，坚决不卖出，直到拐点出现。

（4）牛市没有结束，坚决不卖出，直到主力撤退。

投资主流热点时，与其他长期投资一样，需要坚强的毅力，需要拿住股票。长期投资者永远只关注一点，那就是宏观经济条件是否已经恶化（包括股市大行情是否已经转势），而不会在乎股市涨跌的波段趋势。实践证明，长期投资才是股市投资的王道，其收益率往往高于一般的短线投资者。

2. 中期投资策略

虽然主流投资热点在整个行情中都会有不俗的表现，但是毕竟也会随着大盘的调整而调整，也会有持续的低迷阶段。中期投资策略就是避开大盘调整，远离低迷阶段，重点投资加速上涨时期。所以，中期投资选择的投资对象也是贯穿整个牛市行情的主流热点，只是在操作策略上与长期投资不同而已。

如何捕捉到主流热点的加速上涨期？经验丰富的投资者可以从个股的盘中表现察觉出来。用来捕捉个股进入加速上涨阶段的方法很多，如均线系统长期黏合之后的多头排列、K线对上升通道上边线的突破、股价向布林指标上轨线运行且通道口开始扩张等。如果想获取阶段性的最大收益，就必须在主流热点变成阶段热点之前建仓。

需要注意的是，所选取的热点必须是主流热点，并且当关注到这些热点时，股价往往已经有了一段涨幅，但还不是很高。假如股价已经翻番或涨得很高了，为了保险起见，还是不要介入。此时，投资者需要关注的是补涨股。

热点板块启动时，总是龙头股最先领涨，而业绩并不太好的股票，就会存在一定的滞后性。虽然这些股票的涨幅最终赶不上领涨股，但是比起热点之外的股票来说，还是具有一定的投资价值。当发现自己已经错过领涨股时，不妨把目光转投到具有相同热点，但是启动时间和涨幅相对滞后的股票，因为最终它们会有一定幅度的补涨。以下几种情况的股票通常会产生补涨效应。

（1）源于产业政策的同行业股票。当国家颁布一项对某个产业存在推动发展作用的政策时，这个行业内的股票总会与政策相呼应，行业龙头率先启动，一路领涨，然后才是同行业内其他股票的补涨。

（2）源于地域经济发展政策的同地区板块股票。如西部大开发、珠三角转型、浦东自贸区、雄安新区等政策，对股市都会产生较大的影响。

（3）源于某一题材的同概念板块股票。如碳交易概念、5G概念、资产重组概念等。

（4）源于整体上市消息的同一集团公司旗下的关联个股。比如一汽集团旗下的一汽四环、一汽轿车、一汽夏利、海马股份等，这些股票大致上能够保持同步涨跌的步伐，但是总会有个别股票存在滞后现象，这就为投资者提供了投资机会。

3. 短期投资战略

短期投资策略与中期投资策略的区别不在于投资时间，而在于投资品种的选择上。短期投资是根据牛市行情各个阶段热点的演化规律进行的投资。

（1）牛市初期。牛市初级阶段的热点比较好把握，那就是引起此轮牛市行情的热点。

（2）牛市中期。此时热点最典型的表现就是板块轮动，只要抓住板块轮动的步骤和节拍，就能获取巨大的利润。

找出轮动的几个主要板块之后，最重要的就是如何踩准轮动的节拍，即如何抓住轮动板块的启动时间。很简单，密切关注以前每次板块轮动中各板块的领涨股，一旦领涨股启动，说明轮动的转盘指向了该领涨股所属的板块。

（3）牛市末期。此时热点变化速度加快，变换顺序杂乱无章，让投资者很难把握。每个热点崛起的时间往往少于1周，等投资者发觉的时候，热点股的价位已经到了局部高点，买入就有被套的可能，因此，此时要想利用热点追踪选股法获利，就显得比较困难。

但是，风险承受能力强的投资者，仍然能够在这一阶段挖掘出投资亮点。此时的投资可以说是投机，因为在这个阶段，引领股市风潮的大多是垃圾股、绩差股和ST股。一旦投资者发现涨停板上这些绩差股居多，不妨大胆地投机一把，收获往往会出人意料。

投机于牛市末期的垃圾股时，一定要注意见好就收。因为垃圾股崛起之后，只有两个结果，或者是股市崩盘，或者是政府打压。无论哪个结果，投资者都会损失惨重。因此，一旦风向不对，投资者就要赶快清仓出局。

三、热点题材的持续性

热点的出现是股市进入可操作阶段的信号。但热点的持续性不一，有的连续表现，有的昙花一现。加强热点持续性的研判，是短线投资者的必修课。

（1）通过对大盘的带动效应研判。最简单的方法是观察热点对大盘的带动效应，如果热点板块振臂一呼，迅速带动大盘放量上涨，市场反应积极，说明热点的出现正当其时，是行情所需，可以参与；反之，则需谨慎。研判大盘的反应，还应注意：一是大盘的上涨必须放量，无量上涨，回调居多；二是在长期的熊市中，热点产生初期，对大盘的带动效应并不明显，往往热点已连涨2~3日，市场才苏醒过来，这时需要参考其他条件综合考虑。

（2）通过同板块的呼应度来研判。主力发动行情总是有备而来，多半会仔细研究大盘状态、同板块股票的上涨潜力，在拉升的同时，也非常在意同板块股票的反应。如果反应积极，跟风热烈，可能会继续拉升；相反，如果市场反应不积极，一般不能孤军深入，增加市场风险。板块股票呼应度如何，关键还是取决于主力的建仓状况、技术状态等。作为普通投资者，在观察板块呼应度的同时，应重点研究其中有多少股票从技术上具备连续走强的条件。当市场中具备连续上涨条件的股票寥寥无几时，还是谨慎为好。

（3）通过热点启动的次数来研判。在建仓初期，一段时间内（比如1~3个月），某些板块的股票可能会多次表现，但多数无功而返。反复表现的板块股票，应该引起充分重视，这往往是行情即将产生的信号。当主力通过反复振荡，吸足筹码后，真正的行情很快会来临。判断震荡吸筹的方法，是看股票的底部是否抬高。如果底部逐渐抬高，成交量逐渐放大，技术上逐渐向好，此时再启动，可信度较高。

（4）通过龙头股的阻力位来研判。热门板块的产生固然是适应行情的需要，但龙头股的激发作用也不可小视。一般规律是，如果龙头股上方无明显的阻力，板块股票的跟风会相对积极；相反，当龙头股上方有明显的阻力时，即使其执意突破，但其他市场主力从谨慎性原则出发，也不会跟风太紧密。市场跟风的弱势效应，反过来也会阻碍龙头股行情的深入发展。

四、捕捉热点题材的方法

所谓热点题材，说穿了就是以炒作一只股票为借口，用以激发市场人气。有些题材具有实质性内容，有些题材则纯属空穴来风，甚至是刻意散布的谣言。投资者通过对炒作题材的分析，可以为最终确定最佳的买入价位和时机提供依据。

对炒作题材的分析，主要是通过对个股基本面分析来实现的，个股基本面的分析对中线选股是相当有效的，而具体的操作价位和时机选择，使用技术分析的效果非常明显，但关键都是要掌握正确的方法。市场上热点题材变化万千，总的来说题材有以下几类。

（1）业绩改善或有望改善。从根本上来讲，业绩是股市的根本所在。所有的利好预期最终都会反映到公司的业绩上，因此这是最有号召力的题材。其中，业绩有望改善比业绩已经改善更有吸引力。因为投资者更看重公司的未来，这类题材每到公布业绩报告期间显得尤为活跃，而业绩公布完后，就暂时告一段落。业绩的改善可以是因为宏观经济的改善，也可以是因为微观经营水平的改善。

（2）国家产业政策扶持。从经济全局的眼光来考虑，国家必定会对某些产业进行扶持，给予优惠政策，其中最关键的是优惠的税收政策和优惠的贷款支持。处于这些政策扶持行业的公司从中可以得到很大的好处，其业绩改善自然就有了保证。同时，这些受扶持的行业也正是有市场、有效益的行业，投资者选股时应该偏重于这些行业的上市公司，投资回报的可靠性将大为增加。

（3）资产重组题材。资产重组题材常常炒得不亦乐乎，但资产重组对上市公司来说，究竟利益有多大，则要仔细分析。比如，某个资产重组项目的实施对提高公司技术水平、降低生产成本、扩大市场销路、改善经营管理会有好处，但好处究竟有多大，短期和长期每股利润的增长是多少，则要认真分析。当然，不管这种重组对上市公司利益大小，投资者都应关注庄家的行动和散户的反应后再确定对策。即使这种交易的实质意义不大，如果公众受惑于庄家的煽动，市场反应很热烈，那么采取短期的跟庄策略也是正确的选择。

（4）增资配股或送股分红。增资配股本身并不是分红行为，它并没有给股东什么回报，只是给股东一个增加投资的权利。然而，在牛市中这种优先投资的权利往往显得非常重要，并具有一定的价值，人们预期股价会上升，于是有配股题材的个股在牛市中被大加追捧，企图把配股权所包含的价值预先在股价中反映出来。

送股分红是上市公司给股东的真正回报，在这种回报真正出现之前，往往会出现抢权现象，因为人们预期牛市中会填权。因此，增资配股或者送股分红之所以成为一种炒作题材，是因为人们对牛市的预期。一旦市势逆转，人们预期熊市到来，则送股也好，配股也好，都不能激起人们的购买欲望。

（5）控股或收购。这是股市最有吸引力的题材之一，因为它给人以无限的想象空间。控股是指某财团在股票市场上大量吸纳某只股票，以求最终控制该上市公司大部分股份的行为。这种行为可能很复杂，会对上市公司产生深刻的影响。不过，在A股的二级市场上发生真正意义的抢股收购是不太可能的，这与上市公司的股本结构有关，所以就目前而言，控股或收购还仅仅是一个炒作题材，多数控股行为是由于主力炒作失当，手中的股票越来越多，以至于达到或超过举牌的界限，而不得不举牌。

总体而言，所有的炒作题材大都逃不出上述几类，在主力的挖掘和夸大之下，这些题材显得具有无穷的能量，激起人们的购买欲望。事实上，这些题材对上市公司本身有多大的好处，不是随便可以确定的，不能一概而论。但市场的特点就是只要有题材，就有人乐于去挖掘和接受，题材的真实作用反而被忽视了。

最后，应分析题材的真假。分析题材是真是假其实不难，可以通过上市公司的各种公告和报表来分析判断，但最好的方法是拿题材来与盘面比较，看盘面是否支持该题材的存在。对于真正的炒股高手来说，根本用不着整天打听消息，一切都在盘面上清楚地反映出来了。

盘面反应的是供求关系的变化，盘面的状态就是指目前供求关系的状态。比如，一根火柴能不能点燃一场森林大火呢？不一定。这不决定于这根火柴，而决定于当时森林的状态。如果正值风高物燥，林中干草遍地，星星之火可以燎原；如果正是春暖花开，湿气重重，就很难点燃。市场也是这样，市场气氛有干有湿，人气有旺有衰，同样的题材投入市场之中，反应常常因时而异。

只要懂得了题材与市场的这种关系，就等于已经站到了市场之上，置身事外来分析市场的反应。反过来，通过市场对题材的反应，也就可以看出前市场所处的状态。一个对坏消息没有什么反应的市场，毫无疑问是一个强势市场；一个主力鼓吹的好题材在市场上没有什么反应，则一定是个弱势市场。所以，题材只是借口，市场状态才是关键。

五、如何参与题材股炒作

1. 市场炒作需要题材

股市中每一个阶段都会形成一些炒作热点,如何准确地捕捉炒作热点、把握最大化收益呢?热点最初往往只是表现在某只领头股出现大幅上涨,虽然没有得到市场普遍的认同,但股价表现得异常坚挺。之后随着舆论的升温,市场对其股价的预期发生了变化,短线炒家追逐短期的收益并带动其相关板块随之升温,当市场中所有的投资者都意识到围绕该股形成的市场热点并普遍跟进之时,此热点实际上到了最危险的时候,可能随时出现爆炸性的风险。

虽然市场热点的形成过程会给投资者带来非常丰厚的利润回报,但这种回报往往只提供给有准备之人。一般来说,对于常规的股票,能够上涨 15%,便可考虑卖出了,但对于处于热点之中的股票,在升幅达 15% 之时,不但不应卖出,还可适当跟进买入,特别是对于其中的领涨股票,甚至可以全仓持有,因为这种股票得来不易,一旦握住,一年的收益便不用考虑了。"股价怎么涨上去的,将来就会怎么跌下来"。这也许是广大投资者经常听到的一句股市格言,因此在热点的末期,投资者同样会面临着巨大的风险,为了保住胜利的果实,投资者应在股价达到目标价位的时候及早抽身而退,将风险降到最低。

弱市中尤其是在熊市末期,如何辨别利空消息和利多消息、题材股的炒作是否具备持续性是投资者建立操作策略的要点。一般来说,股价的波动是以上市公司的内在价值为基础的,但是,这仅仅是内因,它往往还需要外因,也就是题材。

市场炒作需要题材,但道听途说的题材是经受不住市场考验的,题材的号召力有着举足轻重的作用,号召力的实质是题材本身的想象力和理论上的周期跨度,前者符合市场意愿,后者配合主力行动,在大盘处于阶段性底部时推出题材特征鲜明的市场"领头羊",两者相辅相成,才能凝聚成大题材,有大文章可做。

2. 题材的两个阶段

题材的产生来源于市场中存在的问题,这些问题也许人人都知道,但关键在于有人能否想出新的办法来解决问题,由此产生新的题材。对于题材的认识可分为两个阶段。

第一阶段是朦胧阶段。在其启动初期,市场上所有与题材相联系的股票都可能出现联动。由于题材的朦胧性,市场的投机气氛非常浓厚,当有关方面出面干预时,没有实质性重组题材的个股股价会大幅回落,散户投资者往往在短促的波动中被套。没有前期真真假假的轰动效应,真正的题材股会少人问津。

第二阶段为投资阶段。市场在淘汰了一批跟风的题材股之后,那些经过精心策划的题材会脱颖而出。在价值回归的驱动下,人们更加关注引发题材质变的"质",通过市场的多次动荡,认识到只有业绩改观的题材股,才能完成从量变到质变的飞跃。

3. 分析题材的要点

投资者应根据题材产生的时间和其技术形态判断题材的真实性,具有投资价值的题材股，当股价站稳中长期均线之后便不会再深幅回调。因此，新颖的题材是催化剂，能改变某些股票甚至大盘的运行轨迹。挖掘新题材、把握出击时机已成为主力投资的主要前期工作，投资者应该学会针对市场中存在的问题，辨清题材的真正效应，选好个股并坚决持有。其要点有以下几个。

（1）题材的挖掘。对市场有着敏锐的感知力，善于把握机会甚至创造市场机会。通过解读宏观的经济数据、政策的导向，关注国际市场的变化，从经济背景中或重大的行业机会中，挖掘市场可以炒作的机会。

（2）合理布局资金。作为一个较大的炒作题材，主力往往在同类题材中选取较大盘子的个股建仓，从而达到以较小的代价取得较大收益的目的。

（3）主力之间的默契和协同。对于群体题材性炒作，一般只靠一个主力很难成功推动其成为一个市场热点，当中需要多个主力之间的默契和协同。

（4）在拉抬股价的时候多采取连续涨停的方式。这个时候由于近期市场的低迷，当突然出现一个凌厉上涨的个股，很容易受到市场特别是短线资金的追捧，而这些资金参与也持一种极短的思路，参与其中有 10% 的获利即行出局，然后又被市场所承接股价再次推高，出局资金再次参与其中。

（5）时机的选择。一般题材股炒作，首先需要有宏观的背景做支撑，其次需要对市场状态深刻理解和把握。在市场经过下跌之后，整个市场比较沉闷的时候，大量空仓资金急于寻找获利的机会，这时突然发动，能够轻易引导资金成为题材热点的推动者。

（6）媒体的造势。一个较大题材炒作少不了媒体的造势，很多专家学者、评论员、分析师在公开的媒体上发表对此的观点的同时，可能无意之间就成了这个题材炒作的造势者。

（7）顺势的重要性。在对行情的推动中，题材股和指数的关系往往极其密切，发动行情往往是在市场犹豫的时候，拉升往往是在市场形成清晰底部的时候，出货往往在市场震荡的时候，洗盘往往在市场破位之时主力制造一些短线机会，诱多出局。这也是大家根据题材股的炒作可以感知市场行情方向的一种方法。换句话说，当投资者看到许多个股出现诱多形态的时候，那么短期极有可能市场会出现大幅下跌。

▌ 第三节　选择热点龙头股

● 一、如何识别龙头股

（1）从热点切换中辨别龙头个股。通常大盘经过一轮恐慌性急跌后，会切换出新的热点板块。

（2）用放量性质识别龙头个股。个股的放量有攻击性放量和强势股补仓性放量两种。

如果个股出现连续 3 日以上放量，称为攻击性放量；如果个股只有单日放量，称为补仓性放量。龙头个股必须具备攻击性放量特征。

（3）曾经是龙头的个股，经过充分调整后也可以卷土重来。多熟悉历史上有名的龙头股，便于在盘中及时捕捉热点。

二、龙头股基本条件

选择龙头股，必须具备以下五个基本条件。

（1）龙头股必须从涨停板开始。不能涨停的股票不可能做龙头。事实上，涨停板是多空双方最准确的攻击信号，是所有黑马的摇篮，是龙头的发源地。

（2）龙头股一定是低价的，一般不超过 10 元。只有低价股才能得到投资者的追捧，成为大众关注的龙头。

（3）龙头股流通市值要适中，适合大资金运作，大市值股票和 5 000 万以下的袖珍盘股都不可能充当龙头。

（4）龙头股必须同时满足日线 KDJ、周线 KDJ、月线 KDJ 同时低价金叉。

（5）龙头股通常在大盘下跌末端，市场恐慌时，逆市涨停，提前见底，或者先于大盘启动，并且经受大盘一轮下跌考验。

三、龙头股分析方法

在挖掘市场主流热点的时候，可以根据以下一些因素进行研判。

（1）价格。主要观察 K 线形态、走势、涨幅、涨速等因素。一般来说，走势稳健、涨幅领先于大盘的个股，最容易成为主流热点，还可以通过盘面数据分析挖掘热点，如在涨幅排名、量比排名中连续出现的个股，也可能成为热点。

（2）成交量。注意观察个股是否出现放量现象，如果热点股的成交量在日 K 线图中显示比低点成倍放大，并保持相对均衡状态，则成为市场热点的可能性将明显增大。

（3）市场影响力。影响力越大的热点，资金凝聚力也往往越大，行情的爆发力也越强。

（4）板块效应。同一板块的个股表现会相互影响，板块间的呼应作用不可轻视。

（5）资金性质。不同资金性质制造的热点会形成不同的市场效果，如跟随游资运作的热点要短线操作，而跟随基金运作的热点则应以中线操作为主。

在投资主流热点时，如何寻找其中的龙头股呢？龙头股往往会对板块的涨跌起到示范作用，而板块中的其他股票则独立性较差，受龙头股的影响较大，表现也逊色于大盘。

一些流通盘相对较大、成交换手极为活跃、其间上涨下跌领先其他同类个股的，成为龙头品种的可能性较大，应重点观察，寻找理想的投资机会；即使热点出现回落，主力由于对龙头股介入程度较深，一时也难以抽身而出，会采用不断震荡的手法出货，给介入的投资者以保全资本出逃的机会。

即使投资市场主流热点，也要注意获利了结。热点板块的运作对多头的能量损耗较大，因此，运作时间已久的板块继续上涨需要一个重新蓄积或损耗的过程，一旦涨幅过大，后继能量无法跟进，主流热点就会出现停顿。龙头品种在主力的大幅拉抬之下吸引了大量短线资金的介入，在分时走势上往往显得极为流畅，而到了高位以后，短线资金的获利退出与主力出货使股价的波动呈现出不规则性，在成交量上也呈突然放大或缩小。如果跟涨的个股出现分化严重，将使板块效应大为降低，提示板块热点正处于加速消退的过程中，此时投资者需要注意转换投资目标。

四、龙头股的买卖技巧

1. 买入要点

实盘操作中，要学会只做龙头，只要热点，只做涨停，选择操作的个股，要求同时满足三个条件。

（1）周 KDJ 在 20 以下金叉。

（2）日线 SAR 指标第一次发出买进信号。

（3）底部第一次放量，第一个涨停板。

买入要点：龙头个股涨停开闸放水时买入，未开板的个股，第二天该股若高开，可在涨幅 1.5%~3.5% 时介入。

2. 卖出要点

（1）连续涨停的龙头个股，要耐心持股，一直到不再大幅拉升时卖出。

（2）不连续涨停的龙头个股，用日线 SAR 指标判断。SAR 指标是中线指标，中线持有该股，直到 SAR 指标第一次转为卖出信号。

第四节　换手率、成交量选股技巧

一、利用换手率选股

换手率是一定的时间范围内某只股票的累计成交股数与流通股数的比率，它是判别某只股票是否属于最近热门股的有效指标之一。换手率高，说明近期有大量的资金进出该股，流通性良好。如果换手率高伴随股价上涨，说明资金进入意愿强于退出意愿；而换手率高伴随股价下跌，则说明资金退出意愿强于进入意愿。换手率对于判断主力仓位和个股多空局势具有十分重要的意义。

1. 换手率

换手率计算公式：换手率 = 某一段时间内的成交量 / 流通股数 ×100%。

一般来说，当某股的股价处于低位，当日换手率达到4%左右时，应引起投资者的关注，而上升途中的换手率达到20%左右时则应引起警惕。如何利用换手率来判断个股走势呢？可以分以下两种情况。

（1）一开始就是冷门股。一般来说，换手率越大，个股的动力也就越足。所以换手率高的个股，其股价的活跃程度亦高；反之，则是冷门股。如果某些股票趴在某一价位长期不动，一天成交不足十来万股甚至只有几万股，则被称为冷门板块的股票。

（2）冷门股转为热门股。如果某一只长期横盘、已被人遗忘的股票，在经过充分的筑底后突然放量，这就意味着该股可能要有所表现了。因为长期的大量换手，使不同时期购入的投资者成本趋于高度一致，杀跌动力接近于零，已是跌无可跌了。这时候如有可以触发的契机、题材，很容易被炒作起来。不过介入这类冬眠股，最好在放量启动时再跟进。

虽然说换手越积极、彻底，股价升得越轻快，但是并不能笼统地认为换手率越高，股份就升得越高。在股价升得还不是很高，还处于拉升阶段时，这样说是对的。但当股价已升得相当高（如已翻了一番甚至几番），已远离主力建仓成本区时，高换手率则会成为出货的信号。常说的"天量见天价"，指的正是这种情况。

2. 换手率选股五大原则

如何观察换手率？一般情况下，针对中小盘股而言，市场常态日换手率在1%~2.5%，70%的股票换手率基本都在3%以下，因此3%也就成了一个分界点。所以，当一只股票换手率在3%~7%时，则属于相对活跃状态；在7%~10%时，属于强势股；在10%~15%时，为主力密切操作；超过15%时，如果能持续多日则大概率成为大黑马股。不过，需要特别强调的是，新股或者次新股的高换手率则参考意义不大，以上换手率对应的状态对新股或次新股则可能不适用。

换手率的使用通常有以下五大原则。

（1）低位换手率非常高的，并不意味着主力在吸货，尤其是股价还在下跌趋势时，通常是继续派发的表现。

（2）股价翻了1~2倍时，在某一段时间换手率开始增加，看起来好像充分换手洗盘，有时其实却是主力在拉高出货。

（3）拉升的时候，如果一只股票当天的换手率超过了10%（新股和次新股除外），通常就表明主力在盘中开始活动了。

（4）密切关注一些不合理的回调，若大单成交少，散单成交多，那么很明显主力在压低吸筹。

（5）行情初始阶段，某只股票连续3天以上换手率较大，平均在10%以上，股价连续飙升，这时候就要注意，可能是板块中领涨的股票。

二、利用成交量选股

根据成交量的变化寻找黑马股是投资者要考虑的选股方式，因为成交量反映供需关系。当供不应求时，人潮汹涌，都要买进，成交量自然放大；相反，供过于求，市场冷清，买气稀少，成交量势必萎缩。

在实盘操作中，应当如何把握投资的良机呢？尽管多数情况下，主力吸筹的动作会比较隐蔽，成交量变化的规律性并不明显，但也不是无踪可觅。成交量是判断股票走势的重要依据，也为分析主力行为提供了重要的依据。所以，要想准确地把握投资机会，掌握盘中成交量的变化势在必行。

1. 用成交量组合法选择强势股的七大要素

掌握影响成交量变化的七大要素是选择强势股的必要条件。

（1）成交量温和放大，伴随股价小幅上涨，这种组合是上涨的前兆，后市一般会连拉出几根大阳线。

（2）如果 10 日内平均成交量非常接近一致，表示主力上攻之前成交量已调整到位，浮筹已清除干净；经过观察可发现 5 日成交均量与 10 日成交均量相匹配，在股价上涨之前发出的买入信号比较明确。

（3）当日成交量非常重要，它记录了当日多空双方在争夺中所投入的资金及消耗的力量；用 K 线图、技术指标与成交量预测后市发生矛盾时，以成交量为准。

（4）成交量放大伴随股价上涨，回档时跌幅不大且成交量急剧缩小，这种组合表示持股者惜售，预示着大行情即将产生。

（5）5 日成交量均线低于 10 日成交量均线，表示近期内成交量一直在萎缩，而后成交量突然放大并伴随股价上涨，超过 5 日或 10 日的成交均量，这通常是主力的试盘行为，在回档中赶快买入，大幅拉升即将开始。

（6）RSI 指标显示底背离时，成交量放大，5 日成交均量超过 10 日成交均量，表示主力此时出少进多，底部承接盘踊跃、买气旺盛，大底即将出现，最佳买入时机已到来。

（7）前一阶段，成交量一直呈缩量形态，K 线横盘整理，每日起伏很小，而后成交量突然放大，表明大行情来临，股价很快上涨。

2. 从成交量中寻找黑马股的策略

（1）寻找适度放量的个股。一般来讲，某只股票成交量较前日开盘时放大，并且日 K 线图在底部横盘放量的可选为黑马潜力股。如果个股放量过度，往往会极大地消耗该股做多的能量，使短期后继资金无法及时介入，个股的上涨将缺乏持续性的动力，从而使股价上涨往往一步到位，缺乏实际的投资价值。

（2）观察成交量均线。如果成交量在均线附近频繁震荡，股价上涨时成交量超出均线较多，下跌时成交量低于均线较多，这种情况说明该股蕴含着黑马股的潜力。

（3）领会股市行情，把握放量大小。当放量有了一定的升幅以后，主力就会清洗短线浮筹和获利盘，并允许看好该股的投资者介入，目的是抬高市场平均持股成本，减少股价再次上涨的阻力。由于主力看好后市，有计划地回落整理，因此下跌时成交量无法连续放大，在重要的支撑点位会缩量盘稳，盘面浮筹越来越少，这时候如果再次拉升股价，条件就具备了。因此，当成交量再次放大，且能够推动股价上涨的时候，就是介入的良好时机。

（4）结合股价的变化进行分析。大部分股票中都有一些大户，其短线操作同样会导致成交量出现波动，需要提醒投资者的是要区分这种随机买卖所造成的波动与主力有意吸纳造成的波动的差异。大家知道，随机性波动不存在刻意打压股价的问题，成交量放大时股价容易出现跳跃式的上升，而主力吸筹必然要压低买价，因此股价和成交量的上升有一定的连续性。

（5）利用量比排行榜分析。股价上升的首要条件就是成交量要有所放大，所以在开盘后 15 分钟，就可以从量比排行榜的前 20 位股票中选择黑马股。目的是翻看近期量比小的个股，剔除冷门股和处于下降通道的个股，选择那些曾经连续放量上涨，近日缩量回调的个股进行跟踪，待股价企稳、重新放量，且 5 日均线上行和 10 日均线形成金叉时，就可果断介入。

（6）买入放量突破前期高点的股票。一般而言，股价能够突破前期的高点，说明主力还要继续拉抬股价，所以可以介入。

（7）注意观察成交量的堆积。寻找涨停黑马股，成交量的堆积也是一个重要因素，它对于判断主力的建仓成本有着重要作用。除了刚上市的新股外，大部分股票都有一个密集成交区域，股价要突破该区域需要消耗大量的能量，所以该区域也就成为主力重要的建仓区域。

（8）不要追买连拉多日大阳线的股票。虽然这些股票每日都较之前一天放量，但是这离主力减仓出货为时不远，天天拉大阳线其中必有阴谋，并且风险太大，所以不宜追买。

需要注意的是，在主力开始建仓后，某一区域的成交量越密集，则主力的建仓成本就越靠近这一区域，因为无论是真实买入还是主力对敲，均需耗费成本，密集成交区也就是主力最重要的成本区，累积成交量和换手率越高，则主力的筹码积累就越充分，而且往往实力也较强，这类股票一旦时机成熟，往往有可能一鸣惊人，成为一匹超级大"黑马"。

3. 选择强势股的原则

（1）题材优先。开盘前浏览和分析各类消息，对应的相关龙头股要重点关注，以便在开市之后及时地跟踪和买卖。

（2）量比和涨幅优先。在开盘价出来之后，开盘量比大幅放大，且涨幅居前的股票，要么公布或隐藏重大的利好消息；要么就是主力有强力做多愿望的外在表现。

（3）大形态优先。识别涨停潜力股的技术面时，应该观察股票的大形态是否良好，若是不理想，就直接放弃。

（4）冲击涨停的时间优先。市场中的强势股票，往往在开盘不久就冲击涨停板，一般在 10:30 之前冲击涨停的股票可以重点关注。

（5）分时走势优先。上午开盘之后，有些股票在分时走势上表现出各种较为理想的状态，如走势流畅，上升波形较长，上涨放量、下跌缩量，上攻的角度较大，调整的时间较短，调整的幅度较浅，已经突破重要阻力位等，这些股票应该优先考虑。

（6）板块效应优先。要想具备较强的赚钱效应以及具有较大的操作价值，应该尽量介入具有明显板块效应的股票，尤其是龙头股。

三、从缩量中寻找黑马股

在实盘操作中，可以通过观察个股缩量情况，来捕捉短线黑马股。

（1）缩量上涨。有些股票在底部出现明显放量后，开始在一个上升通道中震荡上行，随着股价的上涨，成交量反而逐步缩量，反映了这些股票的主力通过在底部的吸货和洗盘，已经将筹码大量聚集在自己的手中，所以股价越是向上走，成交量就越会减小。这种情况，可在上升通道中逢低吸纳，会有较大的收益。

（2）缩量横盘。缩量横盘的特点是股票经过一轮上涨之后，在高位开始横盘，K线小阴小阳交错，成交量与其在底部时相比大幅萎缩，长期均线持续上移和股价逐渐接近，同时市场上关于该股票的传闻很少，丝毫不被人注意。这类股票的主力通常持仓量极大，也根本没有出货的机会，横盘正是在等待时机发动波澜壮阔的主升浪。

（3）缩量回调。一般而言，一只股票在拉升前大多会有一个砸盘的动作，就如起跳之前先下蹲一样。因为之前主力已经建仓结束，在拉升前的最后一次洗盘时成交量会比以前明显萎缩。如果投资者发现一只股票在底部温和放量、小幅拉升后，忽然收了一根明显缩量的阴线，此时通常是该股最好的介入时机。

缩量中虽然容易选出黑马股，但有一点需要投资者注意，在股价上涨末期，往往也会出现价跌量缩，这表明股价短期涨幅已大，虽然不一定就此形成头部，但出货迹象明显，投资者应该谨慎持股。但若次日股价反转，投资者则宜出局，保住胜利果实。出现这种走势的原因总结起来有以下两点：一是投资者看淡后市，卖多买少，所以急剧缩量；二是市场处于弱势，极小的成交量就能打低股价。投资者可等缩量到一定程度后，开始放量上攻时再买入。

第五节 黑马股选择技巧

一、黑马股的特征

什么是黑马股？黑马股是指价格可能脱离过去的价位而在短期内大幅上涨的股票。黑马股可遇而不可求，被大家都看好的股票就很难成为黑马，投资者不用刻意地去搜寻黑马，只要是好股票，就可以盈利。

很多投资者以为黑马股就是股市中的明星。其实，这个认识是错误的。因为黑马股不是人人瞩目的明星，也不是涨幅最大的个股，而是投资者本来不看好，却能够异军突起的个股。所以选黑马的技巧不是选择人人都知道的强势股，而是要透过现象看本质，从大多数人都不看好的个股中选出强势股。

在 2021 年市场中，投资者看到有色、煤炭、钢铁、碳交易、5G、芯片、光伏、半导体等热点板块相继受到资金持续关注，股价表现越发强劲突出。其中，美邦服饰（002269）成为市场最大黑马亮点，股价通过底部长时间的弱势整理后，完成了拉升前的准备工作，2021 年 4 月 20 日开始出现加速上涨。

只要认真地观察，就会发现黑马股有三个特征。

（1）低起点。低起点表示股价还在底部区。当然也有高起点之个股，但那是少数，绝大多数黑马股都是在低价位启动的。

（2）远景题材。股票具有远景题材相当重要，黑马股必须具有远景题材，并且远景最好具有很大的想象空间。虽然目前每股的盈利并不突出，但只要是其背后有动人故事的题材，想介入的人就会很多。在小时候听着故事长大，长大后还是喜欢听故事，最好这故事有曲折性与爆炸性，听起来更惊心动魄。

（3）动力。这是黑马股应具备的一个必要条件，上涨一定要有动力，不让散户失去耐心，尤其从周 K 线上观察，底部出了大量的个股，隔不了多久都会爆出大行情。如果具备诱人的远景题材，其爆发力就更大，在牛市中技术选股多看周 K 线，就会发觉选黑马股就是这么简单。

二、掌握黑马股的盘面现象

1. 黑马股的特殊盘面现象

黑马股在启动之前，有三个明显的特殊盘面现象。

（1）市场上的浮动筹码减少。具体表现为股价的震幅趋窄，交易非常清淡。黑马股启动之前，其成交量往往会出现连续多个交易日持续萎缩的情况。

（2）股价位于 30 日均线上方，并且 30 日均线开始缓慢上移。这意味着最近一个月买入股票的投资者多数处于刚刚盈利状态。这时主力拉升股价，可以获得市场上多方资金的认同，同时抛盘压力也不会很大。

（3）在周 K 线中，MACD、RSI 等技术指标处于低位或者超卖区域。日 K 线中的各种技术指标容易被主力操纵，制造各种骗线。使用周 K 线中的指标则可以有效地解决这个问题。如果周 K 线与月 K 线同时处于低位，该股更加具备黑马的潜质。

2. 捕捉黑马股的起涨点

如果投资者能准确判断黑马股的起涨点，在主力拉升的同时买入，自然可以获得不错的收益，但这样操作的风险是比较大的。许多股票明明出现了启动的迹象，但这只是主力的诱多陷阱，当投资者买入后股价却持续下跌。

为了降低操作风险，投资者可以等到主力拉升一段时间后，上涨趋势确立时再买入股票。这样操作虽然放弃了"鱼头"部分的收益，但买入股票后的风险大大降低了。在选择已经进入上涨行情的黑马股时，投资者可以参考以下三步。

（1）选定目标。投资者可以翻看沪深两市的涨幅榜，从涨幅榜中选择目标股。在大盘上涨的基础上，表现能超过大盘2%~3%的股票，就有可能是刚刚启动的黑马股。

在确定一个大范围后，投资者可以继续观察个股的均线、价位区间和成交量几个指标。如果股价在30日均线上方、日均线缓慢上行、同时股价处于相对低位、成交量逐渐放大，则投资者就可以将其作为重点观察对象。

（2）观察盘口。通过第（1）步划定一个大致的范围后，就可以观察个股买卖盘口中主力的运作迹象。市场主力的资金量很大，其买卖股票时肯定会在盘口上留下痕迹。

比如，上档挂出的卖单非常大，但无论挂出多大的卖单都会有相应的大手笔主动性买盘涌入，将挂单吃掉，随后上档又有大手笔卖单挂出，又有买盘将其吃掉。在如此反复过程中股价持续上涨。这就是典型的主力拉升股价形态之一。

（3）逢低吸纳。当确定主力在向上拉升股价时，投资者就可以逢低买入股票。黑马股启动时股价运作都非常流畅，股价快速扬升而缓慢回调。投资者可以趁股价回调时介入。一般而言，股价在分时图中不会跌破当天均价线。当股价在均价线上获得支撑时，投资者就可以买入股票。

3. 从基本面发掘黑马股

（1）企业本身的研发实力。一个具有足够强大研发实力的企业才能不断地更新产品，因此自主创新是企业生存的灵魂，这类企业本身具备强大的科研实力，能够面对瞬息万变的市场，生存和抗风险能力极强。如果说别的企业是市场的跟风者的话，这类企业就是新市场的开拓者。

（2）具有自主知识产权或垄断技术。拥有自主知识产权的企业，其产品就受到了法律保护，企业的发展不会因其他同类企业的产品模仿承受竞争压力，这对发展初期的企业来说，显然提供了利润保证。

比如，生产血必清的红日药业，生产藏药的奇正藏药，生产肝素钠的海普瑞，生产苗药的贵州百灵等。藏药和苗药的配方都属于国家级秘密，产品是不可能被模仿的，这类企业的发展壮大是有保证的。

（3）具备垄断资源。这类企业最为特殊，如具有丰富黄金储备的山东黄金、恒邦股份，具备稀土储备的包钢稀土、广晟有色。得天独厚的自然资源具有极强的垄断性，给企业发展带来了足够宽的"护城河"，所以这类企业特别珍贵。虽然黄金、稀土等稀有金属也受经济周期的影响，但从长期来看由于其垄断性，价格一波高过一波是必然，在估值较低或大熊市末期买入是不错的选择。

（4）被国家授予特许经营权。这类企业包括中国移动、中国联通、中国电信等。这类企业被国家授予了特许经营权，只此一家别无分店，所以其发展基本上不会遇到任何阻力和竞争，相关的码头港口机场类股票也可视作此类，但比起移动、联通，它们的发展潜力还是稍逊色一点。

（5）区域性龙头企业。这类企业的市场或许还没在全国铺开，但在当地却是实实在在站稳了脚跟，它们往往和当地政府关系融洽，也颇得当地消费者信赖，其他企业就很难攻下它的市场。这类企业一般收益非常稳定，伴随利润的积累常会有业务扩展的前景，所以往往是市场关注的焦点。该类企业有山东的零售类企业银座股份、深圳的商超天虹商场、宁夏的水泥生产龙头企业赛马股份、上海的酒类企业金枫酒业等。

（6）所属国家政策扶持的新兴产业。受国家政策扶植，新兴市场具备相当的宽度，由于这个市场的产品远未达到饱和状态，大家都有机会，所有的企业都可在相当长的时间内分得一杯羹，当然前提是要具备相应的技术。这类企业在发展初期的扩展速度是非常快的，在这个阶段投资是最理想的。

三、成就黑马股的条件

黑马股的启动不是偶然的，其中必然有主力资金推动。在黑马股启动之前必然有主力的大规模建仓过程，或是长时间地隐蔽建仓，或是快速地放量拉高建仓。只有主力依靠资金实力收集了绝大多数流通筹码后，才具备黑马股的前提条件。在捕捉黑马股时，不必研究主力是如何建仓的，只要看清黑马股启动前的形态就足够了。

一只股票成长为黑马股，一般需要以下几个条件。

（1）黑马股启动前会遇到各种各样的利空。利空消息容易导致投资者对公司的前景产生悲观情绪，甚至引发投资者的恐慌心理而不计成本地抛售股票。

短期利空通常会使个股出现杀跌趋势，如果提前股价弱势兑现了利空消息，利空之后就是利好，股价表现出不跌反涨的走势。这种形态的个股通常会出现震荡攀升格局，投资者还是需要短期性分析黑马个股的特征。

（2）黑马股启动前有过一段盘整期。绝大多数的黑马股在启动之前，都会有一段较长的吸筹期，时间为1~4个月，甚至更长。表现在K线形态上，就是较长时间的横盘。筹码分布状况中，低位的横盘并不代表主力吸筹基本完成，若过早介入，资金将被锁定相当长一段时间，这在资金调度上是极不合算的。到了横盘的后期，低位的筹码会在指标上出现极度压缩的情况。压缩得又扁又长的，甚至形成了细线状的，更为佳选，因为这种品相不仅表明了横盘吸筹的基本完成，更表明了主力超强的实力与决心。

（3）黑马股形成前的走势让投资者对其不抱希望。尽管终将会成为黑马股，但是在形成之前其走势却往往让大众投资者对它不抱希望，这主要是因为其走势非常难看，通常是长长的连续性阴线击穿各种技术支撑位，从走势形态上也会显示出严重的破位状况，各种常用技术指标也表露出弱势格局，使投资者感到后市的下跌空间巨大，心理趋于恐慌，从而动摇投资者的持股信心。

（4）在底部出现不自然的放量现象。能成为黑马的个股在筑底阶段会有不自然的放量现象，显示出有增量资金在积极介入。因为，散户资金不会在基本面利空和技术面走坏的双重打击下蜂拥建仓，所以，这时的放量说明了有部分恐慌盘在不计成本地出逃，而放量时股价保持不跌常常说明有主力资金正在乘机建仓。因此，这一特征反映出该股未来很有可能成为黑马股。投资者对这一特征应该重点加以关注。

绝大多数的黑马股在底部横盘时期的成交量均会大幅萎缩，在成交量指标上会形成均量线长期拉平的情形，犹如用细线穿起了一串珍珠。但应注意，直接目击测量虽然有着直截了当的效果，却不如用技术指标来得精确可靠，因为有的个股会出现成交量大幅萎缩，但量能指标仍没有调整到位的现象。

通常这种形态的个股走强会在形态构筑上产生变化，大形态震荡构筑头肩底或者大圆弧底当然需要一个时间周期，随后的股价缓慢走强，中短期均线维持多头，投资者可以第一时间发现。慢慢形成的趋势上行，证明参与资金已经完成对于该股的控盘。

四、黑马股的技术要点

随着股市规模的扩大，散户选择股票的范围也变大，以前齐涨齐跌的格局已被打破，如今股市中经常出现的情况是有的股票翻了几倍，有的却一落千丈，这种形势下，散户的选股能力就显得尤为重要了。

散户最期望的莫过于捕捉到黑马股，期望能骑上"黑马"快马扬鞭，短期盆满钵盈。但实际中，许多散户要么与黑马股失之交臂；要么骑上黑马，却又被黑马颠下来；要么是骑上一匹假黑马，被摔得头破血流。

那么，黑马股到底有哪些特征呢？散户如何才能成功地捕捉到黑马股呢？根据多年实盘经验，在选择黑马股时应把握以下几个要点。

（1）小盘。小盘股一直以来就是黑马股的摇篮。这是因为小盘股成长性好，具有逐步成长的潜质；小盘股具备股本扩张的潜力，是中长线投资的最佳选择；小盘股容易通过内在和外在的手段，如资产重组、注入资金等，大幅度提高业绩；小盘股容易被庄家控盘；小盘股受利空消息的影响最小，往往会出现逆向走势。

（2）低价。股价低本身就是一个优势，往往意味着低风险。有的股价格低，说明关于该股的种种不利因素多已被大众所了解。通常大家已经知道的事情，往往对市场不再发生作用，正如大家已经知道的利好消息公布之后无法再令股市上升一样。同时，低价的特性使得炒作成本下降，容易引起庄家的关注，容易控制筹码。由于比价效应，低价股上涨时获利的比率更大，获利空间与想象空间均更广阔，再加上群众基础好等原因，常常会使低价股成为大黑马。当然，并非低价就一定好，有些上市公司积弱多年，毫无翻身机会，甚至亏损累累，这种公司的股票最好还是不碰为妙。实际上，大家所关注的低价股，应是价值被低估的个股，一旦时机成熟，这类股票便会展现实力，价值重新被发现。对散户而言，如果发现价值被低估的个股，就应大胆吸纳。

（3）有资产重组题材。在股市资产并购和重组具有永恒的魅力，尤其是市场不是很活跃的时候。重组股的最大魅力就是资产并购和重组所带来的无限的想象空间，这也是散户对这些公司基本面大幅改善后的一种业绩成长的预期。资产重组是迅速、大幅度改善绩差公司基本面和业绩的唯一而且也是最有效的途径。重组并购板块为主力资金的运作提供了广阔的空间，大黑马往往都是从并购重组股中诞生的，历史上翻了几倍的牛股大部分都是重组股，充分显示了资产重组所催生的财富神话。

（4）行业属于成长型。高成长性一直是选取黑马股的要点，高成长性行业是符合高新技术产业导向的行业，如通信电子、生物医药、新材料、环保产业等。散户应该注意从高成长性的朝阳产业中选取黑马股。

（5）市场表现活跃。每只股票都有波动的某种特性，这就是常说的股性。股性好的股票，盘面活跃，大势升时它升得多，大势跌时波动大，时涨时跌；股性不好的股票，往往股价呆滞，只会随大市做小幅波动，这种股票很难赚到钱。

几乎所有的热门股都有活跃的市场表现，这些股票易大起大落，散户高度认同这些股票，往往一有风吹草动就大胆跟风，造成股价疯涨。大众认同程度越高，其市场属性越好，这些股票往往有主力介入，在其中推波助澜，甚至有些股票主力每隔一段时间便要折腾一番，似乎是吃定了这只股票。而主力对于长期以来介入较多的股票很熟悉，常常选择同一只股票多次介入，这是形成个股独特股性的重要原因之一。一般来说，选择股票时先要考虑的就是市场属性，落后大势的弱势股不要选择，而首选目标股应是热门活跃股。而某些冷门股经过了长期的盘整，有可能突然爆发，也是可以考虑的。

凡是涨幅惊人的黑马股，必定有一个长时间构筑的坚实底部，这是主力大量吸货造成的。寻找这些底部形态是实盘中捕捉黑马股的有效手段。

总而言之，个股的特征若符合以上的一两项，有可能成为"小黑马"，若符合三项以上，就可能成为"大黑马"。

五、从技术上看黑马股

准确挑选黑马的核心技术是识别黑马的特征，而黑马最重要的特征就是不被大众投资者看好。其具体特征如下。

（1）一般来说，次日会涨停或大涨的短线个股，一是流通市值不大，二是股价低。这样抛压就轻，主力易拉升，在大盘出现不利的情况时有能力护盘。

（2）长期下跌末期，股价止跌回升，上升时成交量放大，回档时成交量萎缩，日K线阳线多阴线少。阳线对应的成交量呈明显放大，表明主力处于收集阶段，每日成交明细中抛单数额少，买单大手笔数额多，这表明散户在抛售，而有只"无形的手"在入市吸纳、收集筹码。

（3）5日、10日、30日等均线呈多头排列，常规技术指标均呈强势，特别是MACD

出现红柱，指标形成金叉。

（4）股价形成圆弧底，成交量越来越小，下跌缺乏动力，主力悄悄入市，成交量开始逐步放大，股价因主力介入而底部抬高。成交量仍呈斜线放大的特征，在每日成交明细中留下主力踪迹。

（5）股价低迷时刻，上市公司公布利空消息。股价大幅低开，引发散户恐慌抛售，之后股价反而上扬，成交量放大，股价该跌不跌，反而大幅上扬，唯有主力才敢逆势而为，可确认主力介入。

（6）K线形态呈长方形上下震荡，上扬时成交量放大，下跌时成交量萎缩，主力经过数日洗筹吓退跟风者，然后进一步放量上攻。

六、从量价关系看黑马股

一般来说，价升量增、价跌量缩是健康的量价关系。当股价处于上升阶段时成交量往往很大；股价见顶时成交量就渐渐萎缩。而黑马股往往反其道而行之，它在低位时大幅放量，常常超过前期筑头时的成交量，这种情况被称为"巨量过顶"，表明该股后市看好。这种形态的特征表现为以下几个。

（1）股价到达前期筑头时（一年以内的顶部），有较大的成交量。

（2）前期一直处于下降通道中，目前有止跌回稳态势，并且在相对低位放出巨量，单日成交量超过筑顶时的成交量，一般换手率超过10%。此时底部放大量，可断定为主力大举进场的一个标志。同时底部的量超过头部的量，极有利于化解头部的阻力。

（3）放出巨量后股价继续保持企稳状态，并能很快展开升势。这通常表明股价的根基扎实，后市还有较大的空间，此时可以及时跟进。

有些黑马股在主力吸纳时，往往能在成交量上找出迹象，而有些主力则喜欢悄无声息地吸纳，在低位时并无明显的放量现象。这些个股上升过程中明显的特征是成交量萎缩，甚至越往上涨成交量越小，主力用少量成交即可推升股价，从而透露出这样可靠的信息。

第一，主力已经完全控盘，筹码高度集中，要拉多高出主力决定。

第二，上升缩量，说明主力无派发的可能及意愿，后市仍将看涨，未出现明显的头部特征时不妨继续持有。

（4）什么样的成交量才算缩量涨升呢？这又可分为几种情况。

第一，股价越往上涨，成交反而越比前期少，说明随着股价升高，愿意抛售的人反而减少，反映出市场强烈的惜售心理。

第二，换手率较低，日换手率一般不超过10%，以极少的成交量即可保持持续升势，说明上升趋势一时难以改变。

第三，上升时成交量保持平稳，一段时间内每天的成交量比较接近，无大起大落现象。进入顶部阶段之时盘中表现为：上升过程中放出大量，换手率一般达到30%以上，主力减仓迹象极为明显。

七、黑马股的底部形态

黑马股是指一些超出常态、在股市中异常活跃、往往脱颖而出、具有很大的发展前途的股票。如果投资这种股票，投资者往往可获丰厚的利润。那么，想知道要投资的是不是黑马股，必须掌握黑马股启动前的形态。其实，黑马股的启动也不是一种偶然现象，因为其中必有大庄潜伏。既然属于黑马股，那么在股价启动之前必然有主力大规模的建仓过程，或是长时间地隐蔽建仓，或是快速地放量拉高建仓。因此，只有主力依靠资金实力收集了绝大多数的流通筹码，该股才具备成为黑马股的前提条件。一般而言，黑马股启动之前的形态有以下几种。

1. 圆形底形态

这种形态是最可靠的底部形态之一。股价从高位不断回落，在低位逐渐稳定下来，这时候成交量很少，只有主力在悄悄买入，但还要考虑价格抢高的效应，因此只是有耐心地限价买入，于是股价就形成了一个圆形的底部。成交量在最初时缓慢下降到一个水平，随后又逐渐增加，在圆底之中成交量也是一个圆底状。整个形态显示的是供求力量，从供大于求转为供少于求。初时，卖方的压力不断减轻，于是成交量持续下降，在底部买卖力量达到均衡，因此仅有极少的成交量；然后，需求开始增加，股价随着上升；最后，买方完全控制市场，股价开始大幅上扬，出现突破性的上升趋势。圆底的形成一般需要较长时间，大多在 1 个月以上，经历时间越长的圆底就越可靠。当形态最后向上突破的时候，应果断买入，随后将有一波大的升浪。

2. 双重底形态

当股价下跌到某一低位之后出现反弹，但回升的幅度不大，时间也不长，股价又再下跌，当跌到上次低点的时候又获得支持，再一次回升，这次回升成交量要大于前一次反弹时的成交量。股价在这段时间的运行轨迹就像 W 型，这就是双重底。股价持续下跌令抛售者越来越少，而主力这时开始小量吸纳，于是股价小幅回升。但当上升到某一水平时，较早买入的短线盘获利回吐，原来在上方的套牢盘也趁回升时出货，加上主力有意令股价回跌，因此股价再次下挫。但主力在低位再次吸货，股价往往无法跌到上次的低位便已回升，并在主动性买盘推动下最终越过上次反弹的高点，此时散户可以大胆买入。

3. 头肩底形态

这是十分常见的底部形态，其形态与双重底相似，只是股价多一次下探过程，显示庄家吸筹量更大，更有耐心。股价探底的次数越多，底部越坚实可靠，为日后上涨积累的能量也越大。

股价从高位回落到某一水平获得支持并反弹，反弹幅度不大。之后股价缓缓回落，但成交量进一步缩小，这时的情形有点像双重底，所不同的是，这一次股价跌破了上次的低位，形成了技术上看淡的气氛。这种破位很可能是庄家有意打压的结果，但无论如何，股价却出乎意料地并没有大幅下挫，而是在刚破位不远的地方停止下跌，而且成交量萎缩到极低的程度。股价破位后并不大幅下跌，说明盘中抛售力量已经穷尽，股价创新低之后再次反弹，这次反弹成交量有所放大，而随后的回调已无法再创新低。最后，市场信心有所恢复，股价在成交量的配合下突破反弹高点向上发展。

头肩底的形成是买卖双方反复交战最终分出胜负的过程，而成交量的转变为散户看盘提供了帮助。头肩底的头部是成交量最萎缩的地方，显示抛压穷尽，右肩成交量在整个形态中最大，显示出买方信心的恢复和增强。当右肩最终构筑完成的时候，散户应当果断买入。

4. 几种典型的黑马股形态

（1）K线形状。黑马股在底部横盘时的K线形状往往具有鲜明的特色，排列得十分紧密、整齐；若在启动时慢牛式向上拉升，主力不仅掌握了较多的筹码，而且有较强的控盘能力。当股价在低位进行震荡时，经常出现一些特殊图形，出现的频率超出随机的概率。典型的包括带长上、下影线的小阳、小阴线，并且当日成交量主要集中在上影线区域，而下影线中存在着较大的无量空跌，许多上影线来自临收盘时的大幅无量打压；跳空高开后顺势杀下，收出一根实体较大的阴线，同时成交量明显放大，但随后并未出现继续放量，反而迅速萎缩，股价重新陷入表面上无序的运动状态；小幅跳空低开后借势上推，尾盘以光头阳线报收，甚至出现较大的涨幅，成交量明显放大，但第二天又被很小的成交量打压下来。这些形态如果频繁出现，很可能是主力压低吸筹所留下的痕迹。

（2）浮动筹码减少，振幅趋窄。如果没有主力的参与，则盘口的交易异常清淡，启动之前通常有连续多个交易日的阶段性地量交易过程。

这种个股形态如果出现在一种箱体波段中，可能短期杀跌过后并不能对个股的中期走势产生影响，短期恐慌只是假象，也许是个股构筑形态的一种自然运行趋势。黑马股出现之前，股价必将在底部连续震荡表现。如何发现黑马趋势产生？投资者可以积极研究跟踪相同牛股的形态过程，黑马总会被聪明投资者第一时间发现。

（3）成交量不断变化。经常出现上涨时成交量显著放大、涨幅不高的滞涨现象，但随后在下跌过程中成交量却以极快的速度萎缩。有时，则是上涨一小段后便不涨不跌，成交量虽然不如拉升时大，但始终维持在较活跃的水平，保持一到两个月后开始萎缩。由于主力进的比出的多，日积月累，其手中的筹码就会不断增加。

有时候，不少黑马股在底部横盘，成交量均会大幅下降，均量线长期拉平，这通常是主力悄悄吸货所致，当均量线向上抬头时，反映主力开始拉升，这时可以跟风买入。

（4）技术指标均处于低位。日K线技术指标处于低位不能说明什么，主力依靠资金实力可以比较轻松地将日线指标尤其是广大投资者都熟悉的技术指标如KDJ、RSI等做到低位。所以，只有周K线指标和日K线指标同时处于低位时，该股才真正具备黑马股的潜在素质。周K线反映的是较长一段时间的交易状况，短期K线出现的较大波动在周K线上一般都会被过滤和烫平。在实行操作中，首先分析周K线是否安全，然后再分析日

K 线的组合和量价关系配合是否合理，这样更容易抓到大黑马。

（5）个股与大盘走势背离。俗话说，乱世出英雄。若某只股票是超级大黑马股，则必将上涨。既然要上涨，那肯定很多时候是大盘跌，它却不跌或上涨。据此，寻找这类超级大黑马股，可以将每次大盘下跌时上涨的个股记下来，特别是当大盘暴跌时。所以，只需进行连续观察、统计一段时间，如果某只股票经常在大盘跌时却在上涨，同时伴随着大盘上涨常常也跟着涨，那么这样的个股就可被认为是超级大黑马股。

第六节　反弹行情选股技巧

一、容易反弹的十类股票

股价为何会反弹？深幅下跌之后，抛压减轻，场外资金进场"捡便宜"。所以股价大幅下跌，尤其是急跌，容易引发反弹。

实盘经验丰富的投资者，往往能从一波中级反弹行情中获取快速的短线收益，但是，也有众多投资者由于没有正确把握反弹操作的技术要领，不能准确界定反弹的性质和大小，以及无法有效把握进出时机，不但没有能够赚到钱，反而导致严重被套或亏损。因此，要抓住反弹行情，掌握必备的操作技巧非常重要。

反弹行情中选股十分重要，投资者可以重点关注以下十类股票。

（1）超跌类个股。投资者可以关注一些严重超跌股。这类个股股价跌幅较深，但是基本面较好，股价实际下跌动力并不强，只是因为受到大势疲弱的影响，个股如同是被压紧的弹簧一样潜伏在低价区。这类个股所积蓄的反弹动能十分强烈，往往能爆发出强劲的上涨行情。

但是，值得注意的是超跌股按照其下跌形态的不同，可以分为两种：一种是股价短期快速、连续性暴跌形成的超跌股；另一种是经过长期缓慢盘跌逐渐形成的超跌股。通常暴跌形成的超跌股所产生的反弹行情，远远强于盘跌形成的超跌股所产生的反弹行情，因此在选股时要重点选择前一种超跌股。

（2）下跌快、跌幅深的股票。大势不妙，大多数三线股缺乏业绩支撑，持股者心慌气短，往往廉价大抛卖，跌得最惨。这类股票一旦止跌，容易出现强势反弹。

（3）无量下跌的个股。一些业绩优良、价值严重被低估的个股，在几乎不存在抛盘压力的情况下，仍然无量持续性下跌，其原因主要是主力刻意打压或受大盘极度低迷拖累，一旦大势企稳反弹，前期曾经无量下跌的个股往往表现得弹性十足，让选中该类个股的投资者轻松获利。

（4）定位偏低的次新股。由于行情的影响，部分上市时间不长的次新股，没有受到主力资金的关照，股价没有得到充分炒作，造成上市次新股整体定位偏低，给后市行情的发展留出了空间。而且，老股票的套牢筹码多，反弹时解套筹码较多，阻力重重。而新上市的股票套牢筹码少，反弹时解套压力小，经常受到主力资金的关照，往往跑赢大市。

（5）活跃的小盘股。投资者必须明确，参与反弹行情是一种短线炒作行为，而不是一种长线行为。选股时要重点关注个股的短线投机价值，而非投资价值。因此，尽量不要选择具有投资价值但股性迟钝的蓝筹类个股或低价的大盘股，要注意选择流通盘较小、股性活跃的投机类个股。

（6）受利空打击股价大幅下跌的股票。这类股票因受利空消息影响，持股者大量抛售，股价受空方猛烈打压，跌得惨不忍睹。若利空消息扭曲了股价，则利空消息消除时为趁低吸纳之良机，股价必将还其本来面目，恢复其合理价位。

（7）领先反弹的个股。投资者宜选择那些先于大盘企稳，先于大盘反弹的个股介入。这样，当整个趋势走强时，该类个股往往已有波段盈利垫底，无论将来行情是大是小，也无论是反弹还是反转，投资者都足以应对自如。参与这类个股炒作时关键是及早操作，往往在大盘处于下跌趋势中就要选股，在大盘企稳时就要介入，而当大盘走高后，投资者可以根据对大势研判的结果选择卖出的时机。

（8）有主力关照的股票。有些股票由于受主力关照，不因大市下行而跌落或跌幅较小。一遇大市回暖，主力往往会全力拉抬，跟进者众多，反弹速度快、力度大。但需注意这类股票要及时卖出，以免成为替罪羔羊。

（9）有利好传闻但受大市拖累的股票。有的股票有利好传闻本应上涨，但受大市拖累该涨未涨，一旦大市企稳回升，必将脱颖而出。

（10）绝对价位低的三线股。反弹行情是短期的投机行为，投资者大多是打一枪就开溜，力求在短期获取大额利润，对股票的质地一般不太在意。价位低的三线股往往跌得最惨，支付的手续费又少，中小散户对其情有独钟，在反弹行情中表现出色。

二、超跌反弹股最佳时间段

不少投资者喜欢炒作超跌股，说明低价股有投资价值回归要求，但有时股价往往不一定是价值回归，只要应用得当，把握好时机，也是可以获利的。

对于这类股票应特别关注两个时期：一是公布年报预亏公告时，这段时间有许多年报预亏的股票应声倒下，连续大幅回调；二是年报出完之后，有年报利空的个股经过长期下跌，出现了超跌现象。

这两个时期是做超跌反弹的最好时机，错过这两个时机再炒作该类股票将会比较困难。这类个股大部分是短线炒作，快进快出，盈利10%~30%比较普遍，但是只有很少的个股在以后的资产重组的利好下走出大行情。

炒作这类股票一定要注意K线的形态和筹码的分布状况。如果一只个股在一个平台上做了较长的时间，筹码得到充分的换手，资金累积在这个平台上。当遇到利空时，股价应声倒下，出现大幅回调，深度到达20%~30%或者更多，这时则将是做反弹的好时机。

一旦有主力进场扫盘，可少量买入或者分仓跟进，特别是在最后的放量下跌时。上涨时则需要把之前放量的套牢筹码消耗掉，因而上攻力度通常更大。

由于在高位累积了大部分筹码，在上涨的空间区域筹码很少，因而主力炒作这类股票就较为轻松，即使是大盘股也相对轻松。这种股票的强势反弹要注意判断出货点，通常在股价上升到筹码区域的 30%~50% 时，就会出现大幅的震荡或者受阻回落。抢反弹者应该在这个区域离场，观望以后再作出决定。

如果股票能穿越筹码密集区后再上涨，股票走势可能会出现反转，就不是通常意义上的反弹。关于筹码的分布情况，可看分析软件的筹码指标，如果没有这个指标可看均线，强势反弹股通常会在 60 日均线附近受阻回落。如果是弱势反弹，通常上涨到 20 日或者 30 日均线附近回落震仓，再次下探二次筑底。如果大环境好、时间对，第二次探底可能会完成 W 底形态，通过较长时间的震仓后开始重新上涨。

投资者最好炒作强势反弹股，关键是如何发掘这类股票。在开涨初期不容易看出来，当涨了几天以后，虽然能够基本判断，但股价可能已高，进场后可能会出现股价滞涨，风险就会大增，所以炒作这类股票有一定的运气成分在其中。没有炒作过这类股票的投资者，切勿盲目入场，不要以为股价低就可以买入，一旦没有买好，损失就比较严重，因为这类股票由于长期跌落，下方没有支撑，同样很危险。

三、反弹行情中的换股技巧

换股是一种主动性的解套策略，运用得当的话，可以有效降低成本，增加解套的机会。一旦操作失误，也会陷入"两边挨巴掌"的窘境，所以投资者在换股时要非常慎重。那么，换股有什么具体方法，应该遵循什么方法和原则呢？

1. 换股方法

（1）以"强"换"弱"。主力资金操作一只股票，大致上可以分为吸筹、洗筹、拉升、出货、离场等几个阶段，当一只股票已完成主升浪，主力基本出完货，其上攻能量就会散尽，即使高位横盘，也只是强弩之末，上涨的空间较小，这时候投资者就不如选择正处于主力吸筹期的相对"弱势"股。

（2）以"弱"换"弱"。就是将手中被主力彻底抛弃的弱势股，调换成新主力资金进场的弱势股。因为前者在弱市中就像自由落体，底不可测，即使大盘走强，也往往反弹乏力，在整个行情中不会有出色的表现。后者由于有新的主力资金进场，尽管暂时表现一般，但终会有见底转强的时候。

（3）以"强"换"强"。有些股票经过快速拉升后，已经进入高位盘整，个别的也可能仅靠惯性上涨，但投资者追涨的热情明显不高，盘面出现放量滞涨的迹象。这时候，投资者应该及时将其换成刚启动即将进入快速拉升期的股票。

2. 遵循原则

（1）放量优先原则。也就是留下底部放量个股，把底部无量股换掉。因为凡是在底部无量的股票，其走势一般会弱于大盘，即使将来被主力选中，主力在建仓前也会把股价打下去再吸筹。即使该股已有主力进驻，如果底部不放量，说明主力早已吸够了筹码，很有可能在反弹时派发，将来的上升空间不会大。

（2）股性活跃原则。有些股票全天成交稀少，换手率也很低，每天仅在几分钱上下波动，这些就是典型的冷门股。如果投资者手中有这样的个股，应及早把它抛出，换入现在属于主流板块、成交活跃、市场关注度高但涨幅还不大的个股。

（3）弃"老"留"新"原则。由于受大盘持续暴跌影响，一些新股溢价不多甚至逼近发行价。但这些新股和次新股未经过扩容，流通盘偏小，主力资金控盘的可能性较大。所以，一些上市时间不长、没有被疯炒过的次新股，上档套牢盘很轻，很容易激发主流资金的炒作热情。

（4）留"低"换"高"原则。低价股的优势有几个方面，一是容易被市场忽视，投资价值往往被市场低估；二是低价股由于绝对价位低，进一步下跌的空间相对有限，尤其是在A股市场，由于缺乏退出机制，极少有上市公司破产，所以低价股风险较低。如果是从高位深跌下来的低价股，离上档套牢密集区较远，具有一定的涨升潜力。而高价股本身的价格就意味着高风险，面临较大的调整压力，所以，换股时要换出高价股，留住低价股。

3. 注意事项

投资者换股时，应该牢记以下几点。

（1）在弱市中，一般热点的持续性不会很长，因此不要盲目追逐热点，一定要对市场脉动有所分析。

（2）警惕大盘调整时的抗跌股，因为在弱势调整中的抗跌股，很有可能在大盘转强时被主力资金抛弃。

（3）不要追高换股，因为在弱市中不愁没有好的买点，要学会空仓等待。

（4）换股时要多考虑高成长、小盘、低价、次新、股本扩张能力强、题材丰富等条件的个股。

▐▐▐▐ 第七节　筑底行情选股技巧

● 一、筑底行情注重哪些股

筑底是指股价运行没有持续上涨或下跌的趋势，而是呈现出水平方向或倾斜运动；有时在两条平行的区间内反复震荡，如所形成的箱体运动等。这时投资者要紧扣热点，转变选股思路，并做好以下几个方面的准备。

（1）选择实质性题材股。一些实质性题材股往往会得到新资金的青睐，并伴随着成交量的持续放大渐渐走强。这从侧面反映出市场主力资金的择股标准已经发生了重大的变化，长期以来形成的价值投资理念正在被市场重新赋予新的认识，上市公司的成长性正成为主力资金选择建仓品种时的重要参考依据。

（2）注重业绩主线。业绩增长预期成为影响盘整走势的重要因素。近年来，观察盘整中走强的品种，很大部分都是具有良好中报或年报业绩预期的品种。

虽然在盘整行情中热点此起彼伏，板块轮动似乎杂乱无章，但其中始终围绕着一条主线，那就是"业绩"主线。所以，投资者在选股中要紧紧地把握这条行情主线，对于业绩较好的个股，不妨趁其股价不高时主动买进，这种方法更加有效、安全，中线获利也更加丰厚。

（3）不要贪图边缘化个股的便宜。与绩优股相比，部分庄股和即将退市的 ST 类个股却一跌再跌，有些个股早已严重超跌，股价屡屡创出新低，但每一次短暂企稳后，又会面临新的一轮抛盘。这表明投资者的理念已经趋于成熟，股市也正在向成熟化发展。市场的价格体系正在发生根本性变化，结构性调整将进一步深化，股价的两极分化现象将日益突出。因此，千万不能贪图一时的便宜，对于正在边缘化的个股（包括庄股、即将退市的 ST 类个股、绩差股等）要以回避为上。

（4）震荡市中，根据不同的操作方式选股。

一是波段操作。震荡市中套利的最主要形式就是高抛低吸的波段操作。高低的标准可以从三方面分析，分别是布林线指标、中轴线指标和箱体运动的箱顶和箱底位置。

当股价向下跌穿中轴线指标，到达箱底位置并且获得布林线的下轨线支撑时，投资者可以分批逐步建仓；当股价向上穿越中轴线指标，到达箱顶位置遭遇到布林线的上轨线时，投资者应该果断地一次性卖出。

对于波段操作的选股，主要选择在筑底阶段有放量现象、箱体运动规律较明显的个股，并在箱体的底边线附近低吸。

二是长线持有。虽然大盘表现出明显的箱体运动规律，但是小部分强势股却依然维持其强劲走势：大盘涨，这类个股领涨；大盘跌，这类个股也能保持强势。手中持有这类强势股的投资者应该抛开大盘箱体运动的影响，以轻指数、重个股的态度长线持有。

三是继续等待。平衡市中的箱体运动不是股市唯一的选择，突破将是最终的结果。无论大盘向哪个方向突破，都将产生一定的爆发力和新的市场热点。稳健的投资者可以采用等待的方法，耐心地等待市场做出选择，然后再根据当时的市场情况进行选股操作。

二、盘整行情中的选股技巧

盘整阶段的趋势特点是多空对峙，俗称"牛皮市"。在这一时期热点板块已经扩散，个股异常活跃，因此基本操作原则是轻指数重个股。短线投资者可以重点关注以下几种股票。

（1）庄股。盘整阶段能选到庄股是许多短线散户的希望所在。因为在盘整阶段来临之前，许多主力都已站稳脚跟。主力需要在这时进行拉升，短线投资者应紧紧抓住这个机会首先从形态入手选择庄股。如从每天的涨跌榜前 20 名和后 20 名中以及成交量或成交金额的前 30 名中寻找那些有独特走势的个股，因为不甘寂寞的主力总是在排行榜的这些位置出现。但要注意介入庄股的时机，一般来说主要有两种时机可以进行操作，一是标准的突破形态，二是连创新高的强势形态。标准的突破形态的介入和牛市相同，连创新高的强势股在介入时应该选择短期均线下探长期均线又返身向上时。

（2）超跌反弹股。超跌反弹是指上轮行情中有较大涨幅，经过长期回调，调整幅度较充分，一般回调幅度在 50% 左右，风险释放比较彻底，反弹过程中价量配合良好。

参与这些个股宜把握两点：一是快进快出，反弹股行情来去匆匆，稍一犹豫机会就擦肩而过；二是落袋为安，由于反弹的动力来自市场超跌后的自我修正，高度通常有限，股价难以逾越前期高点。本着短线心态参与个股，介入的理由发生变化时不宜再持股。

（3）处于拉升阶段的个股。这些个股先是小阴小阳缓缓推高，然后用大阳线向上突破，加速升段。其共同特征是：一是在上轮行情中升幅平平，成为弱市中的主角。二是上升过程中新高不断，明显处于拉升潮。有的投资者认为，这些个股不断创出新高，已有较大升幅，买入后风险太大。其实，处于拉升期的个股，强势盘面大多会持续一段时间，新高不断说明该股气势正盛，看似风险大，实际上恰好抓住了主升段。

在选股技巧方面，盘整行情一般在一个箱体中运行，上有顶、下有底，上下震荡，这时可以选择走势与大盘相仿的个股，进行一些短线操作。这类个股典型的形态是矩形，如果在矩形的早期，能够预计到股价将按矩形进行调整，那么就可以在矩形的下边线附近买入，在矩形的上边线附近抛出，来回作短线操作。如果矩形的上下振幅较大，则这种短线收益也很可观。

三、筑底行情投资理念

股市经过一段时间的快速下跌后，会进入筑底行情阶段。筑底行情走势往往震荡反复，这时投资者必须耐心等待，采用顺应市场趋势的投资理念。在战略上不盲目斩仓，也不急于抄底；在战术上可以用部分资金参与波段操作，在心态上要克服急躁心理，坚定持股信心。

（1）投资者要有耐心。在这种反复筑底阶段，行情走势往往不够理想，市场中获利机会稀少，获利空间不大。因此，投资者必须有耐心，细心选择顺应未来行情主流的板块和个股，趁筑底阶段股价不高时买入，并耐心持有。也可以用少量资金积极参与筑底阶段的波段行情，逢下跌时要敢于逢低吸纳，遇反弹上冲时要坚决逢高减磅。既不要畏惧市场的外在走势，也不要过度看多。

（2）辨别真正的突破性上涨行情。在大盘筑底过程中，会有多次脉冲式上涨行情，但真正的突破性上涨行情只有一次。识别上涨行情是否属于突破性质的最重要依据是股价波动幅度和成交量，当波动幅度和能量均不断收缩达到临界点时，所爆发的快速上涨行情属于突破性上涨行情，这时投资者可适当追涨强势股。

（3）稳定心态至关重要。大盘处于筑底阶段时往往走势疲软，投资者的心态比较脆弱，大盘刚一下跌就认为后市下跌空间巨大，慌慌张张地止损割肉。大盘稍有起色时又以为大行情来临，忙着追涨龙头股，往往几个来回后，不仅资金严重缩水，而且心态更是一蹶不振。

在筑底行情过程中，稳定心态至关重要。一轮强有力度的上涨行情，往往需要经过一个持续时间较长、反复构筑、不断震荡夯实的筑底阶段。因此，筑底行情是股市发展的必然过程。有效的筑底往往需要一定的时间过程，筑底时间的长短，取决于做空能量的消耗状况和市场中是否存有大量不确定因素。筑底时间的适当延长，不仅有助于夯实底部，使未来行情更有爆发力，也为投资者逢低买入潜力股提供了便利条件。但是，长时间的反复徘徊走势容易给投资者造成心理压力。这时候，投资者必须要克服急躁心理，坚定持股信心，耐心等待行情好转。

（4）选股的主要对象。筑底行情中选股的最大优势在于投资风险远远小于投资收益，选股的主要对象是：一是严重超跌，二是个股做空动能明显不足，三是在筑底过程中有温和放量的态势。

这类个股介入风险相对较小，并且具有较多的中长线机会，特别是已经脱离原来下降通道，目前经过反复筑底的个股，更具有投资价值。

筑底的过程较复杂，在经历了长期深幅下跌之后，无论是大盘还是个股都很难在一次探底中完成底部的构筑。这就决定了投资者在筑底行情中不宜过早地买进。需要将选股环节与买入环节脱离开，选股之后要耐心等待买进的时机。

（5）买入股票少而精。筑底行情中选择股票，在数量上要少而精。否则，在趋势尚未完全转好的震荡筑底行情中，如果持股种类过多过杂，一旦遭遇突发行情，将会严重影响投资者的应变效率，容易出现失误。

四、筑底行情中应注意的问题

筑底反弹的操作策略往往是以某根均线为重要支撑位，当股价回调至重要支撑位时，主力将采取护盘行为使股价止跌，随后主力通过小幅拉升股价以试探追涨盘的程度。而此时的投资者，往往会因急于解套或为减少损失而割肉出局，如此就正好上了庄家的圈套。

在实际操作中投资者应注意以下几点。

（1）当股价创新低或在前期成交密集区止跌企稳后，投资者应在股价上升至30日均线之上横盘期间建1/4仓位，只要股价不打破30日均线支撑位即可大胆持股。

（2）当股价依托30日均线横盘完毕，并依托30日均线向上突破时相对区域成交量开始放大，投资者应及时进行补仓操作，若股价攻击60日均线受阻，投资者应及时出局。

（3）待股价回调至30日均线处止跌后成交量必然极度萎缩，反映出主力并未出局，否则不介入。若股价再次上升至 30 日均线之上，投资者应及时回补筹码，因为股价即将进入拉升阶段。

（4）买入方式：在出现筑底的图形后股价站稳均线时逢低买入。虽然此时离底部最低价相差一定价位，但上升趋势已明确，涨势刚刚开始，所以是买入的良机。并且股价站上均线才买进股票，最大的优点是在上升行情的初期即可跟进而不会踏空，一旦判断失误，股价不升反跌时也有均线作为明确的止损点，损失也不会太大。

第八节　尾盘选股技巧

一、尾盘买入的优势

所谓的尾盘，一般是指股票收盘前半小时的盘面表现。尾盘是多空一日争斗的总结，故历来为市场人士所重视。开盘是序幕，盘中是过程，收盘才是定论。尾盘的重要性，在于它是一种承前启后的特殊位置，既能回顾前市，又可预测后市。

为什么选择尾盘买入股票？尾盘买入的优势有以下几个。

（1）不论大盘涨跌，在收盘前几分钟，一般能看出个股主力运作的意图和第二天拉升的概率。

（2）选股时间充足，盘面运行基本稳定，更有利于寻找下方支撑较强的个股。

（3）由于 A 股实行 T+1 操作制度，尾盘买入个股，若第二天开盘即跌，可立刻止损，能减少资金损失。

（4）早盘买入虽然也能买到涨停板股票，但是，下午面对大盘风险是短线高手很难规避的。所以，尾盘买股最大的好处就是能规避大盘的系统性风险，能够很好地预防大盘暴跌引发的资金被套。

二、尾盘拉升的基本情形

尾盘拉升是指在行情即将收盘时，股价出现大单快速拉升，突然上涨的局面。尾盘不仅是当日多空双方交战的总结，还是决定次日开盘的关键因素。主力拉升吸筹或放量震仓往往发生在尾盘，市场波动最大时间段往往在临收盘半小时左右。此时股价的异动，是主力取巧操作的典型手法，目的是为第二天的操作做准备。尾盘拉升的七种情形如下。

（1）主力为保存实力，在抛盘比较少的尾盘拉升，减少资金消耗。

（2）主力没有完成出货目的，需要快速拉高，明天接着出货。

（3）主力当天在底部获得了所需的筹码，需要快速脱离成本区。

（4）有资金突然获得了利好消息，比如明天有重大事项公布，出现尾盘抢筹。

（5）股价全天都在高位徘徊，最后推升封涨停，显示主力做多决心。

（6）全天都在次高位运行，大盘尾盘向上翘或回钩，追买气足。涨停则意味明天可能会高开或继续上涨，出现短线资金买盘涌入，将股价推至涨停。

（7）主力为修饰 K 线图，拉出光头阳线，显示做多信心。

三、尾盘选股注意事项

（1）判断大盘。首先看大盘 15 分钟的 K 线图，如果下午 2 点半过后，15 分钟 K 线图是处于上升趋势的话，就有机会在尾盘买进股票。注意：如果大盘是放量大跌，大家就不要进场选股操作，个股第二天大多会出现低开。

（2）选股条件。日内振幅在 5% 以内（如果分时走势比较平稳，此条件可以无视）；流通市值在 200 亿以下；换手率 3% 以上，近期有涨停板现象出现；量比在 1.2 以上。

（3）分时走势。形态选择好之后，观察分时走势，股价回踩均价线不破，并处于上升趋势，而且持续有大单买入，这就是要在尾盘买进的强势个股，次日冲高获利高抛即可。具体要求如下。

第一，个股开盘之后长时间围绕均价线运行，上下震荡幅度在 1 个点之内，震荡时间越长，启动拉出涨停的概率越大。

第二，在个股震荡过程当中，下方严重缩量，量缩得越小，个股启动拉出涨停的概率越大。

第三，启动的时候分时线和均价线一起上行，下方快速放出大量，可以果断买入。

（4）运行趋势。应当选择趋势向上的个股，选择中期上升趋势明确、短期回调洗盘即将结束的个股。可等股价均线向上发散收小 K 线回调时关注，K 线实体要小，最好收小阴小阳、T 字型、｜字星等。

（5）买卖原则。

第一，宁可不买，决不追涨。熊市里股市上涨的持续性往往不强，只宜高抛低吸，不宜追涨跌。如果大盘刚刚上涨了两三天，投资者就认为趋势已经反转了，就贸然追高买入个股，往往会因此被套牢。

第二，宁可错过，决不冲动。熊市里除极少数强势股以外，绝大部分个股行情的涨升空间都比较有限。如果投资者发现股价已经大幅涨升了，最佳的介入时机已经错过，就不要冲动性地购买。有时适当地放弃一些不适宜参与的炒作机会，反而容易把握住更好的市场机遇。

第三，宁可少赚，决不贪心。熊市里不要过于贪心，而是要注意及时获利了结。熊市里的反弹行情往往昙花一现，获利空间也不大。如果因为贪心而犹豫不决的话，必将错失卖出时机，使盈利化为乌有，甚至反而招致亏损。

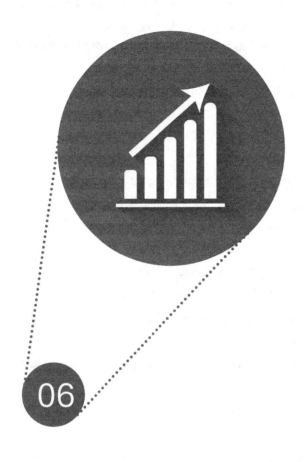

06

第六章 | **打板高手进阶**

第一节　抓涨停的思想境界

一、做好打板前的功课

抓涨停板就好比打仗，不打无准备之仗，不做无准备之事。在追涨停板之前，必须要做好功课、做足功课。归纳起来，功课的内容主要就是复盘、看资讯、看资金流向、做笔记。

（1）复盘。股市中的复盘就是在收盘之后，对当天的走势进行一次回顾和总结，包括大盘走势、板块走势、两市涨跌幅排行榜，以及自选股走势等，从中发现市场热点和主力运作痕迹，并据此确立自己在第二天或者近一段时间内的操作方向，以及修正操作计划和目标。

第一，指数走势。主要看大盘指数（包括创业板、中小板、商品期货、股指期货，以及行业板块等相关指数），看涨跌幅度、涨跌平个股家数、成交量的变化，结合 K 线图看整个指数的运行趋势是否良好，然后借助画线工具、筹码分布等分析出大盘压力位和支撑位，并选择次日是否"打板"。

因为很多个股跟商品期货的走势联动性很强，特别是有色金属期货、黄金期货、原油期货等，所以要密切关注商品期货指数的走势，一旦发现某个品种的商品期货走势大涨，那么就要关注相应的个股。

第二，涨跌幅榜。主要看涨跌幅前 2 板和后 2 板的个股，看看哪些个股开始走强、哪些个股开始走弱，有没有明显的板块联动效应，做到心中有数。如果走强的个股有明显板块效应，那么就结合分时走势图和 K 线图找出该板块的龙一、龙二个股，加入自选跟踪。

第三，看持仓股、自选股。打开当日持仓股、自选股的分时走势图、各时间周期的 K 线图，是否按照自己预想的运行。如果没有，那么就要找出原因，改进自己的选股方法，同时结合均线系统将趋势走坏的个股剔除。

（2）看资讯。打板是一种短线追求利润最大化的行为，这和题材、资金有关，往往与基本面无关。那么题材从哪里来？从最新公告以及影响股市和个股的重要资讯中去发现、挖掘。

首先，个股最新公告中凡是涉及并购重组、资产注入、高送配、摘帽等内容的，都视为题材，都有炒作的价值。学会快速浏览，快速挑选出最有价值的公告。

其次，影响股市和个股的重要资讯，包括各级人民政府的政务信息、公文公报、国际局势、重大自然灾害、重要体育赛事等时事新闻，财经新闻，行业规划、产业政策和标准，产品涨价信息等。凡是能有助于提升上市公司业绩的新闻资讯，都可以视为题材。

（3）看资金流向。有了题材，就好比万事俱备，只欠东风（资金）了，只要有资金流入，那么股价就能一飞冲天。

可以通过观察当日的资金流向，包括个股资金净流入、个股大单资金净流入等。察看自己的持仓股、自选股是否有资金净流入，净流入的额度又有多大等。同时还要结合盘后沪深两市发布的成交回报，了解有哪些"涨停敢死队"介入，净买入的资金量有多少。

（4）做笔记。对于每一个打板的投资者来说，需要尽量养成做笔记的好习惯，因为机会永远留给有准备的人。

对通过复盘、看公告资讯、看资金流向获得的有用信息做一个记录，了解支撑位或压力位，当前市场热点题材，持仓股、自选股、龙头股，对次日计划追涨停的个股设定买入价、卖出价以及止损价等。

争取把每天做功课的时间控制在 30 分钟以内，因为每个人的精力和时间都是有限的，看多了反而不容易消化。另外，在盘中选股的时间最好控制在 20 分钟以内，否则容易误战机。

二、打板的必备心态

"不是什么人都能追涨停板的。"这是很多打板高手的口头禅。虽然有炫耀技术之意，但同时也是句大实话。因为打板往往意味着追高，一旦打了个"烂板"，当日就有被套牢的风险，如果没有良好的心态就容易产生恐慌心理，最终导致非理性的割肉操作。

追涨停板就好比是驾驭一匹烈马，除了要有好的骑术，必须还有过人的胆量，否则是无法驾驭的。

1. 避免犹豫心态

"好板"从盘中启动到涨停往往只有几分钟时间，如果投资者下单犹豫不决，机会就稍纵即逝，次日再来一个板或者大涨，事后往往捶胸后悔。这种情况如果连续出现几次，投资者的心态肯定会失衡。在盘中只要看到个股大幅拉升，即使没有涨停潜力，也会一改往日的犹豫，果断追高。不幸的是，一追就是头部，一买就跌。

这都是因为犹豫心态造成的非理性操作。在实盘操作中，首先要养成良好的盘感，在进行多次模拟操作之后，用轻仓"打板"，买入、卖出坚决果断，而且要一次性买入，不存在分批买入的策略。随着打板经验的日积月累，肯定能获得不错的收益。

2. 保持平和心态

打板是高风险与高回报并存，在追涨的同时，投资者要考虑到万一"开板"、次日低开的可能性，保持平和心态，万一发生自己不想看到的情况，也要坦然面对，不要懊恼不已，责怪自己。

也许有人会反问："站着说话,不嫌腰疼!真要是亏了本金,还能淡定吗?"这是句大实话。所以,保持平和心态的前提是不能满仓或超出心理承受范围的仓位去"打板"。若是不走运碰到个"烂板"或当日回落,那么次日及时止损也不会伤到元气。

3.用止损调整心态

留得青山在,不怕没柴烧。本金就好比是青山,止损就是一种保本行为,只要本金还在,那么就有翻身的机会。如果不止损,进入大盘调整期,往往会出现深套,这样就会造成心态失衡,出现悲观情绪,最终索性坚决不卖,短线变成了长线,炒股炒成了股东。

对于"打板",投资者更要严格设置止损点,追涨停的个股一旦跌破止损点,就要果断卖出。这样,就不用担心被深套的危险。同时,还可以让自己冷静下来,进行操作反思,以利于心态的调整,从而让自己变得更加积极乐观。

三、打板的六种境界

不同性格的投资者,追涨停板的境界也是不同的,有的容易头脑发热,见涨停就追;有的喜欢挑剔,不精挑细选就不追;有的只追龙头,追不上龙头就观望。这里总结了追涨停板的几种境界,比照一下你属于哪一种。

(1)冲动型。这类投资者往往入市不久,没有太多的实盘经验,技术分析能力欠佳,容易头脑发热,从每天的集合竞价开始,一旦看到有涨停的个股,或大幅高开的个股,特别是股价处于低位的个股,就会热血澎湃,不论题材,不论基本面,不论是否是龙头,见到涨停就追,就好像是看到了金矿一样。虽然偶尔能追到"好板",但是随着操作次数的增加,成功率就会大打折扣。

(2)挑剔型。这类投资者有一定的基本面分析能力,在发现追涨机会的时候,往往会精挑细选,只选龙头股,而且流通盘够小、基本面要好,最好股价较低,至于股价在什么位置、K线形态好不好,基本不考虑。如果追不上龙头,就索性休息不做。

(3)理智型。跟挑剔型的投资者相比,理智型的投资者更加挑剔,除了要求是龙头股、流通盘够小、基本面够好、股价较低,还必须是热点板块,K线形态要好,最好是突破之后新高的涨停板。

相对于冲动型、挑剔型的投资者,理智型投资者的短线成功率要高很多,特别是在大势向好的情况下。

(4)回抽型。凡是有效突破的个股,如突破前期高点、突破成交密集区、突破技术整理形态等,在突破之后通常会有一个回抽确认的动作,然后再度放量拉大阳线,甚至涨停。

有些投资者就专门做这类强势个股的突破回抽,从各种突破股票的K线形态和运行趋势中找到其中的规律,通过成交量的变化,以及观察回抽某个关键位置的支撑力度来选择买入时机。

（5）想追就追型。这种境界的投资者不再局限于追龙头股的第一个涨停板，而是根据市场的节奏做龙头个股不同位置的涨停，如第一板、第二板、第三板甚至第 N 个板，想追就追，只看趋势，不看股价，信奉强者恒强的道理。

即使在第 N 个板追涨，什么"刀口舔血""刀尖跳舞"的股市警句，对他们来说只不过是耳旁风。

（6）随心所欲型。追涨停板的最高境界莫过于随心所欲型，凭着火眼金睛和良好的盘感，不管是普通股的涨停、龙头股的涨停、弱势股补涨涨停，甚至也会炒跌停的个股，想买就买，买什么股大多会涨停，成功率极高，几乎达到随心所欲、呼风唤雨的地步。

对绝大部分"打板"者来说，想追就追、随心所欲这样的境界是很难很难达到的。其实，"热点板＋龙头板＋新高板"才是最高的境界，追到热点板块中的第一只点火涨停的个股（龙头股）同时又是创新高的板，那么就可以高枕无忧，坐等不断创新高的机会。

四、打板的三种方法

打板的前提就是逻辑。在决定对个股打板之前，一定要对大盘、热点、个股有很好的把握，只在大概率能赢的情况下才进行打板，这样才能享受打板带来的高收益，否则，盲目打板、冲动打板、情绪打板都会吃大亏。正确的打板方法主要有三种。

1.扫板

逻辑清楚了，觉得能够涨停的，就可以在涨停之前直接扫单进去，不用等到涨停之后才考虑打板，为什么？因为在最后拉涨停之前，成交量已经超过近期最大成交，盘中浮筹已经清洗得非常干净，上方根本没有抛压，涨停以后大概率不会开板，所以这时候应该去抢筹，这就是"扫板"。这时候，就算没有买到，也能排到一个相对靠前的位置，成交概率很大。所以，成交量已经放得足够大时，可以选择直接扫板入场。

图 6-1，红宝丽（002165）：该股锂电池概念，原材料涨价受益。主力在底部完成建仓计划后，2021 年 9 月 7 日放量突破。在当天的分时走势中，午后明显放量，在拉涨停之前已经超过前期一段时间的成交量，可以在脉冲拉升时扫板进场。

2.排板

如果逻辑清晰，盘中异动上板概率很大，成交量也放出来了，但是还有部分浮筹没有被洗出来，如涨停价还有大单没有被吃掉，临门一脚需要有人来踢。这时候就需要等待大单彻底被人吃掉，然后再进场排队，这就是"排板"。事实上，很多股票涨停之后有开板现象，这是排板进场的时机。所以，在成交量不是特别大的情况下，要等待最后封盘的时候排板。

图 6-2，鄂尔多斯（600295）：2021 年 8 月 24 日，股价放量拉涨停后，主力利用前期盘区高点压力作用，主动开板洗盘，让盘中浮动筹码离场，然后重新封涨停。投资者遇到这种盘面现象，可以根据日 K 线结构和成交量分析，进行排板操作。

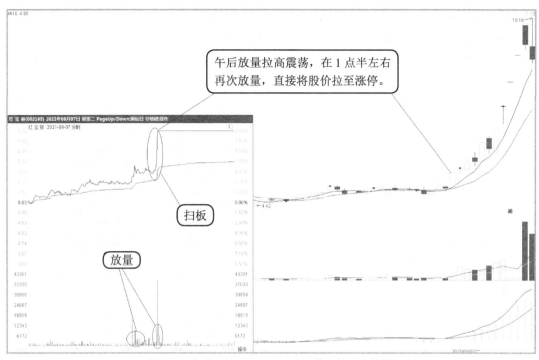

午后放量拉高震荡，在1点半左右再次放量，直接将股价拉至涨停。

扫板

放量

图 6-1 红宝丽（002165）日 K 线和分时走势图

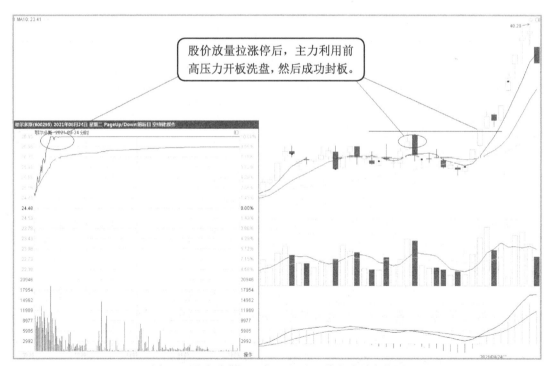

股价放量拉涨停后，主力利用前高压力开板洗盘，然后成功封板。

图 6-2 鄂尔多斯（600295）日 K 线和分时走势图

3. 回封

当逻辑没有问题时，在盘中第一次涨停后，但成交量还不够，盘中还有短线浮筹，就有可能还会砸盘，所以这时需要观望。当涨停板被砸开后，就要看下面的承接能力，如果逻辑足够强，短线浮筹基本离场，且有资金愿意拉涨停，那就是典型的分歧转一致，回封涨停板就是买点。所以，成交量不够的时候，要等炸板回封再买。

图6-3，氯碱化工（600618）：2021年9月6日，股价早盘强势突破涨停，盘中出现烂板震荡，前期浮动筹码得到很好的清洗，午后股价重新走强并成功回封。投资者可以在回封时打板，此后股价出现连板行情。

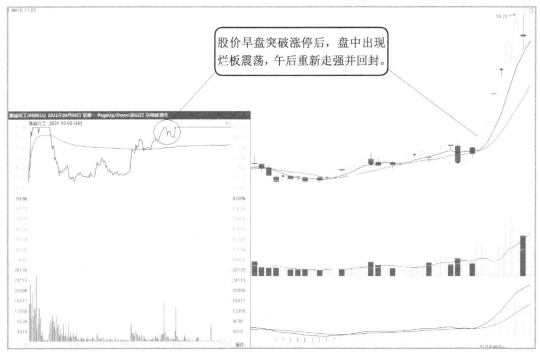

股价早盘突破涨停后，盘中出现烂板震荡，午后重新走强并回封。

图6-3 氯碱化工（600618）日K线和分时走势图

总之，打板就是涨停瞬间去挂买进，要盯着快要封板的时候，卖一大压单逐步被吃掉，估算差不多要吃完时就要下单，以涨停价或者市价委托。如果有些股需要更确认的话，就稍微慢一点，等板上封单刚刚出来时挂。这个时候的单了会和封单一起在排队，当有撤单或卖单就排进去了。但有种情况要撤，就是大笔封单突然撤掉，盘面或个股发生大变化时，涨停要被打开的，这种就及时跟着撤掉，再看回封时考虑是否打板。通常注意以下几种手法。

（1）挂涨停。关于买点的操作技巧，其实打板就是挂涨停。当股价即将涨停时挂市价委托，好处是成交确定性高，坏处就是万一封盘就烂板被套。

（2）做二封、多封。等待秒板后出现的烂板，能秒板的股一般是强势股，被环境氛围带开或者资金换庄途中可能又烂板，但还能回封就可以低吸分歧或涨停打板。

（3）半路板。就是拉升五六个点、七八个点时，看样子要上板就马上介入，这种手法不确定性大。通常技术派追涨用这种手法，失败概率大，不推荐。

（4）T字板。盯盘要求高，就是短暂快速回封缺口。烂板时间更短，回封瞬间打板进场才行。

▌ 第二节　打板心经和技巧

一、打板心经

打板手法由宁波敢死队创造，后被市场投资者学习，纯打板者依然是现在市场的主要玩家之一，绝大部分游资是不板不买的，涨停板价格也永远是筹码最多的地方，打板资金的吃货压力也远比追涨的资金或者低吸的资金要小。

打板因为买点确定，操作简单，许多开始学习超短线的新手都会由此入道（入坑），游资打板神话也激励着一批新韭菜前赴后继、不辞辛劳地打板，有的人因此悟道成了新镰刀，有的人因此潦倒变成了老韭菜。

1. 为什么要打板

在掌握打板的技巧之前，必须先弄清楚为什么要打板。打板如同武林招式中看似粗陋的一式，仿若直拳，在街头武师会，其中的高下之分在单纯的表现上难以辨别，而这个世道也正是如此，入道的门槛低，参与者络绎不绝，然成才率却低，而真正认清打板为何物者或许更少。

任何短线交易的方式，若无心法支撑，恐未伤人先损己，打板者追求的道是强者恒强和大势所趋，追涨停点火者追求的是以点带面引领全局，低吸者追求的是否极泰来转危为安。打板背后隐含的深意应是在变幻莫测的行情中找最稳妥的交易机会，也就是交易的确定性。

一般而言，次日的惯性高开都是打板者的利润空间，而烂板之后的低开抑或是当日触板下挫的幅度则是打板者的止损空间。以打板作为常规的操作手法，其实是精挑细选的结果，每个交易日里两市上板家数已是少数，是优中选优的交易手法。对于短线投资者而言，要时刻谨记：所有的交易手法与强势股发生关系。上涨趋势中，强势股表现必定超越大盘成为领涨的先锋，成为带领本金奔跑的火车头；下跌趋势中，强势股也表现出抗跌属性，成为本金的避风港。

2. 交易的原则

这与任何行业一样，没有规矩不成方圆，交易原则是控制自己能控制的方法，这与前面提到的交易的确定性是吻合的。投资者在日常交易中能控制的无非是本金安全与持股时间。

首先，确保本金安全的。止盈与止损是投资者的基本意识，主动规范贪婪与恐惧。不卖飞不足以谈投机，而不割肉无以成大器。对于普通投资者而言，止盈尚且容易，而割肉实在难受，但优秀的短线投资者心中都应明了：好的交易手法也只是一个高概率手法，常在河边站哪有不湿鞋，止损的意义是为了小概率事件一旦发生就有应变的机制，并将有限的资金投放到下一个大概率赚钱的交易机会里。割肉，刚开始是一个痛苦的选择，割多了也就习惯了。

其次，务必控制自己的投机时间。对于时间控制的概念，相关书本或文章少有提及。一位朋友曾经跟我说："我做超短线的，一年250来个交易日，每天全仓买进卖出，一年下来约500次交易实践，获得的经验是一般人所不能比的。"听起来在理，然却不以为然。重要的不是交易次数的多少，而是交易的质量。其实对于任何周期的炒手而言，规范时间都是大学问，时间长短直接影响心境，所以才有师训：短线靠热点，中线靠趋势，长线靠业绩，战法本身就不同。

这里讲的是超短线打板，那么今日上板，明日走势不及预期的个股都应离场，严格遵守自己的纪律，临盘作出的决定在大多数时候具有极强的随意性，在没有达到上善若水任方圆的境界时不可乱来，而换言之，如此境界也是千百次的训练所练就的直觉，所以一板一眼的职业精神必须有。

3. 打板者的境界

市场中打板者如过江之鲫，然水平良莠不齐，水准自然不同。初期打板者，分辨能力较差，可能打中好板，也有相当概率打到烂板，甚至冲高回落板，暴赚暴亏不甚稳定。稍有能力者，具有一定的技术分析功底，对于个股涨停出现的位置心中有数，打板成功概率较高，小亏小赚，能有效规避"大面"。打板者中集大成者，取舍更加严格，对于炒作逻辑心有定数，不易被技术指标迷惑，洞悉市场，只做龙头，小亏大赚。进一步解释，初学者只关注当日走势，小成者已识中线趋势，大成者则已看清大局，所以超短线并不是当日交易者，而是包容短线中线甚至长线。

至于境界，打板者能否真正体会其中奥妙？打板应是这个市场上最无贪欲的操作手法，毕竟买点在当日而言并无利润空间，选择打板也须屏蔽恐惧，甚至面临20%的理论跌幅。打板是做确定套利，脱身之后寻觅下一只猎物，并不重视是否做完一只股票的全部涨幅，理论上是回避任何级别的调整，这就像是吃百家饭，而不是独恋一家菜，真正打板者乃至超短线投资者是将大盘当个股做，重视的是市值曲线；同样，不太看重理论跌幅的风险，风险更多的是来自交易的随意性。打板者只关心一个问题，便是这只股票还能不能涨，爆发力是否还有。拥有能够控制贪婪与恐惧的手法，理应得到天道的馈赠，也是为何如此多的成功者受益于此。

二、打板技巧

涨停选股已是择优之举，而每日上板的个股中也有高低之分，对于涨停板的理解是打板者每日做功课的重点，而解析的重点又与临盘交易选择息息相关。这里将就打板技法做深入解析。

技术分析是交易者的基本功，看图说话，按图索骥，是标准意义上的术，对于新手而言，短期之内想要有快速提高，学习技术分析是入门良方。关于股市的术与道，窃认为一切可以通过训练习得的都是术，对于做价投的同行而言，解读财报同样是术。而道，在形态上是趋势，但往更深了讲就是感觉，或者说是直觉，真正高手之间的差别到了最后就是这一点上有高低之分，难以名状，所以老子也说："道可道，非常道。名可名，非常名。"说玄也不玄，新手以术入道，老手以道驭术。成事者，当勇猛精进，精研技术，自然由量变到质变。

1. 尊重大势

超短线投资者对大势的研判是重中之重，市场有"轻大盘、重个股"之说，其实不然，虽说无论行情冷暖都有个股涨停，但打板者应不以当日所做个股能否涨停或次日有无高开为主要目的，所选个股应是市场人气所向。但趋势是操作的导向，要知道之所以有打板的套利，是因为多头的爆发力在上板一刻得到了充分的确认。在行情犹豫、人气涣散时，真正的确定性是不确定，那打板的确定性便无从谈起，所有打板都切勿着相，紧盯个股忽略大盘是大忌。通常，大盘运行于30日均线之下属短期调整现象，趋势向下不可盲目做逆势之举。反之，若是大盘行情转暖之际，便是打板者觅食的好时机，顺应天时，大势强个股自然机会多。股道如兵道，即诡道，孙子兵法云：兵者五事，道、天、地、将、法。前三者无不强调顺应实势之重要。

所谓趋势，有短期、中期、长期之分，越大级别的趋势越不为人为的意志所转移。大盘有自己的势，个股也有自己的势，在两者契合都有做多意愿的情况下入场，成功概率无疑更高。许多打板新手只关注上板与否，不关注大方向，视野难免小了一些，更有经验的打板者应该能兼顾其中线以上的走势，以保护自身操作，对于周线、月线的关注度也应更高。所谓用市场做多氛围保护个股情绪，用中线趋势保护短线操作，希望大家多加体会。

2. 关注重要均线

A股毕竟是散户市场，散户的技术分析大多都是均线派。短线一般关注5日、10日和30日均线，而中线一般关注5周均线。这类均线起跳的涨停板根基较稳，稳定性也逾强。相反，若重要均线反压，稳定性势必差得多，当日"吃面"概率也较大。其中道理很简单，均线理论充分展现了对于收盘价的尊重，以30日均线为例，它作为近30个交易日多空博弈的结果，股价于其上方运行，说明近30日参与的交易者大多处于盈利状态，而30日线起跳并出现涨停，也是近30个交易日的参与者做多热情的宣泄。

K线与均线的关系宛如人遛狗，K线是狗，均线是人，人决定着运行方向，而狗在人的身边来回溜达。股价涨高了，便有回调至均线附近的要求，而跌多了也有反弹至回均线附近的要求，市场中也有用乖离值作为买卖原则的技术派，正是遵循此理。然而，即便是均线起跳板，对于打板者而言更应该观察均线的运行方向，若是均线拐头向上，抑或是多条均线多头排列，则可谓是质量板；如若不然，充其量只是反抽而已，操作价值将大打折扣。

3. 关注成交量

量在价先，成交量是最好的人气指标。成交量是市场活跃与否的重要指标。单个成交量的分析毫无意义，其大小是在某一个阶段相对其平均量能而言，粗略地划分出平量外，也仅是放量与缩量，二者的极端表现就是天量与地量，放量代表市场观点分歧，缩量代表市场态度一致。

一般来说，量价齐升是盘面换手活跃的表现，量越大，则股价的弹性就越大，参与博弈价值也就越高，对于打板者而言做倍量涨停是最理想的模型。而对于缩量板，大多为两类：公告利好板与连板时期的加速段，二者的技术含义相同：缩量代表惜售，遂一致上板。

这里重点探讨连板的模型，前日放量涨停后，在其第一次缩量涨停时可大胆介入，其运行的节奏便是前日解决分歧，即意志不坚定的参与者作为空头离场，换入一批当日多头，而这批多头今日并未有翻空迹象，筹码极度稳定，风险自然较小，而对于经过放量、缩量、放量再缩量的涨停务必要警觉，尾盘开板的风险巨大。

天量涨停的确定性，在日内较难判断，无论是首板或是连板，天量意味着分歧严重。若早盘分歧解决较快，盘面上的反应为分时图多为中波或长波拉起，盘口中的成交量持续大单活跃，一封便可控仓介入。若是分时相对纠结，须观察二封力度，其确定性还须有较强的逻辑支撑。"烂板出妖股"并不适用于大多数股票，牛股是砸不死的，但能称之为牛股的毕竟是凤毛麟角，其内在特质必定不凡，若是吃不准就不可轻易介入，宁可错过不可错买。天量出来，要么大好，要么大坏，其走势会在后续几个交易日得到市场的解答。优秀的打板者应是市场上风险偏好最低的一类人，用常人看似激进的模式赚着最确定的利润，控制回撤才有复利可言。

倍量首板的模型不胜枚举，这里以盛通股份为例作详细剖析。

图 6-4，盛通股份（002599）：2021 年 8 月 2 日，大幅高开涨停，对于打板者而言无疑是质量板，那时市场对婴童概念尚未形成认知，题材没有得到确认，此前以弱势震荡为主。涨停当日量比放大，高开 9.5% 后分时秒板，气势非常强盛，成交量为倍量，股价突破 30 日均线压力，到达 W 底形态颈线位附近，可看作疑似形态突破信号。次日成功二连板，位置上是突破 W 底形态颈线，但成交量放出近期天量，可谓分歧严重。对于打板者而言有一定风险，若是二板入场则当以天量涨停板的收盘价作为平衡线，上多下空，即收盘价上做多，收盘价下做空。

在盛通股份的主升浪模型中，也可用量能观察分析其重要买点，启动前夕该股一直处于低位弱势整理状态，但量能已萎缩至地量，说明筹码稳定，首板又为巨量板，且突破 30 日均线，对于入场者而言也须解决站队问题。8 月 13 日的放量冲板，但没有涨停，量能可视作倍量，即前一个天量涨停通过再次放量消化，说明股性被彻底激活。8 月 16 日缩量秒板，可作为优质买点介入，也可以看作起爆点。次日，放量分歧换手板，涨停也可作为优质买点。8 月 18 日缩量快速涨停，意味着主力有赶顶需求，快速封板一致上攻，后续几日涨停的参与价值相比而言已大打折扣，分时中震荡加剧，量能持续高位，分歧尽显。

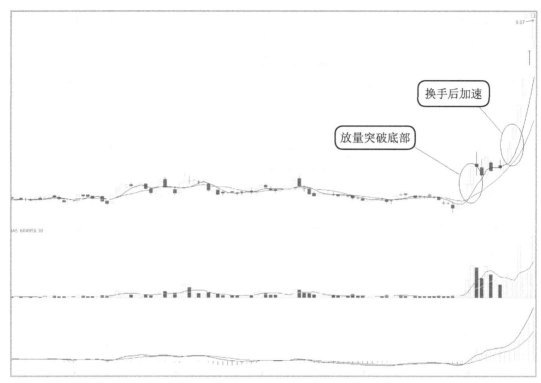

图 6-4　盛通股份（002599）日 K 线图

通过观察发现，一个连板模型一般会经历倍量启动—放量分歧—缩量加速—再次分歧的循环。对于打板者而言，最好的买点应是倍量突破点与缩量加速点。此处虽然是讨论涨停连板模型，但量能的内在逻辑放于任何模型都适用，仔细体会放量与缩量，对于各个级别的操作者而言都会有所增益。

4. 涨停的位置与预期

每口寻找打板目标时，审视位置至关重要，涨停板不会无缘无故地出现。涨停板出现的位置看似无迹可循，其实有理可讲。对于个股而言，无非是由弱转强（止跌）、由中势转强（突破）、由强转更强（加速）。市场上的各路游资对于这三类的喜好也各不相同，做首板能力最强的游资"佛山系""南北一环"对于止跌板有超强的嗅觉。

如果看清涨停板出现的位置，也决定了打板者的操作预期。做止跌板是低风险低收益，即使封板失败，或次日低开，也不至于大面；做加速板是高风险高收益，解决连板分歧，也有大肉，反之必有大面。而做寻常突破板需有板块题材的配合，毕竟是中势转强点，真突的概率与骗线的概率俱在。打板之法关注强势突破板，理论上所有的股票在没有创新高之前都可视为反抽，新高之后才能称之为反转，但凡是大牛股无一不以创新高翻倍为己任。在技术上，试错性打新高板可视为常规的打板模型，一旦打中不可谓不是一只人生赌注股，但为何讲技术上的试错，因为需要强者恒强的逻辑佐证。

对于位置的分析，可以东方通信为例作详细剖析。

图 6-5，东方通信（600776）：该股是近年宇宙妖王，其走势是教科书式的。2018 年

12月至2019年1月的走势为典型的庄股模型，市场参与度并不高，但从2019年2月初止跌其操作价值开始彰显。2月11日的30日均线反抽板，对于打板者而言可适时参与，但期望值不宜过高，连续调整的股票首次出现涨停一律视作反抽，属于否极泰来之兆，仅是征兆不作为确定信号。

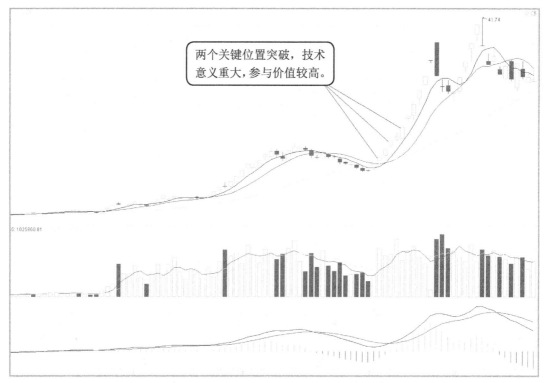

两个关键位置突破，技术意义重大，参与价值较高。

图6-5　东方通信（600776）日K线图

2月12日的涨停，属于突破均线系统的涨停，也是一路下跌以来出现的连板结构，上方仍有密集成交区域，打板者仍以观望为主，轻仓参与为辅，此后股价4连板。2月15日，遇到前高套牢盘和低位获利盘的双重压力，股价盘中摸板回落，K线出现突破后的震荡阳线，但股价仍收涨4.02%，当天量能也放出巨量，可视作突破后的换手。次日，小幅低开后强势走高，缩量涨停确认，可重仓介入。之后，2015年10月15日的涨停板亦可轻仓介入，为何介入仅以技术论？符合前文所述的均线起跳，且涨停基因良好。为何是轻仓？则是位置考虑，此处临近新高，进则主升，退则双头，有赌博成分遂不宜仓位过重，而后两日的涨停均可分批加仓，16日属于放量突破，19日属于缩量加速亦符合前文条件。

将这种走势分成了三大区间，一是弱势转强势，二是中势转强势，三是强势转超强势，之后面又走出了4连板，为鱼尾行情。仔细体会发现值得参与的涨停都在关键的突破点上，弄清楚突破的是什么，对于打板的确定性与预期可做良好的平衡。2月22日的突破是突破了前一个下跌结构与均线系统双重压力的共振点，2月14日的突破是突破了前高之后的历史性反转。突破的压力位级别越小，则参与的价值越低；相反，若突破的压力位级别越大，则参与价值越高。

三、打板深度解读

1. 打板的优点

从理论上来说，只要选准了主线就无须打板，随便买入主线龙头就可以。但实盘中做不到，因为市场千变万化、错综复杂、难以预测，想要每次都选准主线龙头绝非易事。尤其是考虑到节奏、时机、盘中突发等因素，看似"痴愚"的板上买入，实则是所有短线手法中最难把握的。打板操作的优点主要有以下几个。

（1）跟随市场避免主观，散户亏损的最大根源在于主观地预测某只股票将要涨停而追涨买入，结果涨停没吃到反而冲高回落，次日低开套牢。

（2）打板操作可以一定程度上变 T+1 为 T+0，对其他追涨、低吸操作的投资者实属沉重打击。试想，如果是 T+1 制度下没有涨停板，那么即使在 10% 处买入龙头，之后继续上涨到 16%，然后回落收盘 8%，次日才能卖出，那么也是赚不到钱的。所以涨停板制度下，打板操作可以变 T+1 为 T+0，次日龙头上涨后就可以抛掉止盈，之后回落到多少也与大家无关了，打板后次日抛出是短线操作的常态，次日连板的相对较少。

（3）涨停价是量变到质变的关键转折点，此处买入"效用最大化"。涨停价犹如水之沸点、物之燃点、飞机滑行之起飞点。

（4）打板可以自动排除强势股的冲高陷阱，同时可最大限度地使手里的筹码处于左侧。从交易结果的长远、整体上来看，打板操作是 A 股制度下的最优策略（短线），那些对打板操作具有排斥、抵触心理的交易者，其原因不在于谨慎、胆小，而是在思维上缺乏整体性、深刻性、长远性。缺乏整体性是指不理解机会成本的概念；缺乏深刻性是指不理解交易的本质及 A 股的制度漏洞（T+1 与涨跌停板）；缺乏长远性是指过分看重买入当日的盈亏而对交易的最终结果不敏感。

综上所述，为最大限度地确保交易的客观性、使资金运用最大化、使整个交易成绩最优化，打板操作涨停入场都是最佳选择，也是必由之路。

2. 什么样的涨停板溢价大

打板是为了获取次日的溢价（连板则类推），因此打板交易的成败关键在于如何判断"什么样的涨停板溢价大"。多年打板实盘经验总结，发现以下几类涨停板是打板者最喜欢操作的。

（1）利好股票与新股的错杀开板回封。

当一只股票由于利好或重组，其价值得到巨大提升而开启一字连板，过程中受大盘环境影响而提前开板，待环境影响因素缓解或消除后回封涨停，次日继续上攻。

新股则是由于折价发行，因此上市后都会有一定数量的一字板，一字板过程中如遇到大盘持续多日回调，那么新股会受到影响而提前开板，其中在大盘调整末端转折点当日开的板，开板后回封概率最大，溢价也最大。

（2）板块性热点的龙头溢价。

板块性热点是指某些个股走势之间具有联动性，同起同落时间上略有先后，那么就可以称其为热点。与之相对的是，有的个股自身的走势具有很强的独立性，独来独往没有跟涨跟跌的股票，那么就可以称其为"独苗股"。

当某个热点整体性走强时，会有一只率先涨停的股票，一般来说这就是人们常说的龙头。龙头涨停后其他个股则继续上涨，那么基于"比价效应"，龙头次日便有溢价（继续上涨一段）。

（3）独苗股的套利性机会和参与方法。

有的个股受到利好消息刺激而开始上涨，没有其他股票与之联动上涨，这类个股称为独苗股。独苗股的涨停板次日溢价不确定性高，而且当日开板率也很高，不是打板操作的最佳选择。虽然有时独苗股也能成为大牛股，但更应该看到独苗股更多的烂板、炸板，而在盘中短时间内，很难准确判断其强度以及上涨空间的预期高度（很难做出估计、权衡），这类个股打板操作只能在大环境好、涨停个股多、市场开板率小的时候操作。还有一个技巧是首封不参与，如果上板后再开板，则可关注是否回封，选择在安全性较高的二封时打板。

3. 打板操作的方法总结

（1）盘中即时发现的打板机会参与方法。

这主要是针对上文提到的第二类操作，其具体方式是：把市场所有板块题材按照涨速排序（涨速榜），这样盘中就可以及时观察到异动的板块，当盘中观察发现某板块题材出现联动性走强时，迅速找到它们中的领涨股，加入自选观察，同时注意观察该板块的技术形态，结合联动性强弱对板块上攻的强度及持续性做出判断。若强度足、持续性预期够强，则立刻挂单，龙头一旦上板，则瞬间买入，如暂时未成交则可继续排队。

确定性足够、想象空间巨大的，在涨到八九个点时便可以开始向上扫货，以防资金抢筹而错过买入机会。某个领涨板是否可以打板，除了分析板块的强度及持续性预期外，更重要的是要考虑大盘的环境是偏暖还是偏冷（整体风险大于机会，还是机会大于风险），尽量只在偏暖环境中打板。

（2）盘前研究备选型的机会参与方法。

盘前研究发现的某些具备强烈上攻动力和预期的备选个股，如带利好复牌的个股、复牌补涨个股、盘前有重大利好公告的个股、强烈看涨形态特殊的个股、一字板连板个股等，经过精心挑选后加入自选池观察，同时做好预案（计划好在什么样的情况下上板可打、什么样的情况下上板后不能打），次日观察若符合预期或超预期上板，则可打板买入。

（3）集合竞价发现的机会参与方法。

有一类个股，在盘前研究中没注意到或者想到，但集合竞价期间的超预期大幅高开，该弱不弱视为强，事出反常必有妖。对于这类个股，在集合竞价期间的超预期强势表现，在 9:30 之前可在涨幅榜中发现，观察开盘后是否能够上板。结合思考：大盘环境强弱、所属题材近期表现强弱，以及处于什么阶段、个股特质的优劣（股性、技术形态、想象空间等），综合权衡后再决定是否买入。一般来说，以上三个因素的重要性顺序是：大盘环境—所属热点强度—个股特质。

总而言之，打板操作的核心在于：在众多的涨停板之中准确地辨别出共识最大、认可度最高的那只涨停板个股。同时要结合大盘与个股所属热点的强弱来决定操作的时机，而要做到这些，首先就必须选出市场共识最大、认可度最高的热点题材。然后选择在大环境适宜的情况下再出击，当大环境不利时或热点进入衰退期时，即使个股走势强势也应放弃。

四、打板十大经验

很多人喜欢打板，但结果往往不理想。打板不仅要求基本功扎实，盘面技术精湛，还要有敏捷的反应能力和独特的思维方式，是一项非常高超的操作模式，因此新手并不适合打板操作。

打板分为很多种：T 字板、反包板、换手板、1 进 2 板、2 进 3 板、首板、首阴板等，打板应有严格的执行能力，有自己的一套操作系统。

打板毕竟是短线，最讲究效率。涨停封板前的一瞬间，跟随封板量买入，次日除非继续涨停，否则高开或冲高时坚决出货，找下一个短线机会。这里给大家分享打板的 10 条经验。

经验一：做任何事情之前，都要有充足的准备。所以投资者在打板的前一天一定要做好功课，分析第二天的热点会是什么，然后把目标股列入自选中，如果这个板块引起了联动，率先启动的应该就是龙头，所以可以立即打板买入。

经验二：封板的时间，原则上在上午的 10 点半之前上板是最好的。

经验三：如果碰到行情火爆，上板的股票一定要是巨量封死之后，不再打开，不让人有跟进的机会；在行情疲软的时候，往往会板上打开，换手后再次封板，这时介入的风险相对就小一些，因为换手后的主力成本也是非常高的，第二天的抛压就会比较小。

经验四：资金分配。追板的时候要根据情况，合理分配资金，如果行情火爆，市场人气比较足，大家都在抢盘，预计板后第二天高开可能性相当大，那么就可以直接果断地全仓买入，以免错失良机。如果第一个板没有及时介入的话，那么后面几个板可能就没有机会了，当然这是针对强势中的龙头股而言的。

当然如果行情是中等的话，那么就可以用一部分资金追板，如 1/4 或 1/2 的仓，一旦买进后下跌，就会有资金补仓，如果全仓追进，封不住下跌，那么当天损失就会增大。

如果行情是中等偏下的话，追板最好是追第一个板，在弱势中，很多短庄都是打一枪就跑，第二天冲高后就出货走人，所以这种行情只能追第一个板。建议弱势时只追底部第一板，而且是不板不追，板的一瞬间立即挂单，一般是会成交的。

经验五：历史上中低价股成为龙头的可能性比较大，而且大部分的暴拉龙头都是游资主导的。

经验六：分时走势上，封板时直线快速拉升，不给其他人机会的涨停质量较好，但由于属于抢盘封板，所以主力的成本也比较高，第二天拉高才能出货。

经验七：涨停板有很多，如底部第一板、小阳堆积后进入主力的第一板等，都是值得研究与参与的。当然大家要记住：弱势不要乱追板。题材都还没有弄明白，看到开盘冲板就追，那样很容易落入别人的圈套之中。

经验八：打板最好是选择历史股性活的股票，如果股票从来没有涨停过的，历史股性相当呆滞，最好不要出击，这种股票连板的可能性小，风险大。

经验九：如果第一天没有买进，非要第二天去买涨停的话，建议晚上一定要看一下龙虎榜，看打板的是哪些游资营业部，有些游资的口碑是很差的，其他游资只要看它进来了，第二天开盘就砸，所以这样的情况是要回避的。

经验十：最重要的一条就是，一定要提前做好功课，第二天追板的时候心里明白追的是什么题材，这个题材会不会持续等。

五、打板注意事项

打板是众多操作模式中的一种，虽然从结果来看是最优的一种（A股目前的游资大佬基本都是打板做大的），但打板并不代表必赚，有很多人打板亏损严重。因此，除了弄清楚哪些板可打、如何打之外，更应该明白通常造成亏损的打板操作原因是什么，以便在交易中时时警惕规避。

根据多年观察总结，以下几点打板需要注意避免的。

（1）不打龙头而打跟风板。跟风板或者龙二、龙三次日溢价小而炸板率高。

（2）打板时机错误。在大盘环境转弱或者大盘处于弱势区间打板操作，在板块题材到了强转弱的时候打板，在板块或者个股进入右侧区间后打反弹板。

（3）不打独苗板，独苗板炸板率高而溢价小。

（4）不打伪强势板（单看个股分时会觉得很强势，而其所属的热点整体较弱或处于下跌通道中）。

（5）思考过于主观臆测能上板而在涨停前提前买入。本质上打板是跟随，扫板提前买是赌博。扫板后若未能上板，则次日大概率低开；另外，领涨股不一定是龙头，有时候跟涨股会后来居上，抢先涨停抢夺龙头地位。

（6）打板次日遇到利空消息。

（7）一旦买错或买入后表现不及预期，未能及时了结卖出，造成亏损扩大化的同时错过好机会，心态失衡。买错后抱有幻想不及时止损是最坏事的习惯，不仅会买错时亏更多还会错过其他机会，其根源在于思维受到情绪化控制，认识不到机会成本及操作的长期性、整体性。

（8）缺乏耐心，经不住诱惑，二流机会出现时便急于出手，等到真正的一流极品机会出现时却没有资金进场。不仅浪费极品机会，还可能在二流机会上亏钱。

（9）缺乏主线思维，看盘抓不住重点，打了一些次主流、支流、莫名其妙的涨停板。须知打板操作只有打主流板才是最安全的。

以上九大类是打板中造成亏损的主要原因，短线打板者须重视，时刻警惕规避。

第三节　打板的逻辑和优势

一、打板原理深度剖析

打板是超短线操作的精髓，为何在股价涨停价买入？它的原理是什么？

（1）从 K 线理论看，涨停是最强的看涨信号，第二日上涨的概率最高。通常操作是在 K 线确认后的第二天买入，为了防止第二天高开不便买入或涨停根本买不进去，因此选择涨停当日买入，不但符合 K 线交易理论，还有可能买入成本价低于第二天的最低价，而且更核心的是第二天可以趁股价冲高时直接兑现盈利。

从风险角度看，如果涨停没有封住板就会有下跌的风险，不过在任何位置买入当天都会存在下跌风险，除非是跌停或收盘前几秒钟买入。而打板除了当天没有盈利空间，在风险方面和其他位置买入并没有绝对的劣势。而 K 线理论本身就是对上涨概率的总结，所以在操作中不需要额外担心下跌风险。

（2）从主力操盘流程来看，股价一定会经历洗盘、整理、拉升和出货的各个阶段。当主力收集好筹码，在拉升阶段一定是以最快速度运行，涨停就是最明显的拉升方式和标志。这种强势拉升很容易推动股价第二天继续连板。因此在涨停时买入，就很有可能买在主力启动拉升的阶段，尤其在有可能连板的情况下，也只剩涨停价位可以买入。因此，通过涨停识别个股启动拉升阶段的机会，然后参与股票拉升，属于最高效的赚钱模式。短线的精髓不正是做股票拉升阶段的行情吗？因此选择涨停买入的确定性就进一步加强，这也是吸引大家苦苦追寻打板模式的原因。

（3）从信号确认的角度看，股票买入讲究信号确认，各种交易系统都有确认信号的判断标识，而涨停板本身就是这个标识，股价没涨停前就不算是出现确认，因此提前买入有悖投资规律，理论上必须要看到涨停板再打。这是不早点买股票，而非要等到涨停打板的原因。

（4）从把握市场热点角度考虑，涨停的股票为市场指明了当前的板块动向和热点。炒股总是说要跟随市场热点，那不跟这些股票跟什么呢？每天看的研报、信息、政策等都属于基本面分析范畴，用来预测股市、板块或个股运行的大方向，但具体哪只股票能涨、什么时候启动，这还得跟着市场的指引走，提前预判比较难，尤其是做短线的投资者是受不了股票长期不涨的。

那么市场怎么给出信号？就是通过涨停给出信息。尤其是市场龙头的信号，更是以连板的信号给出。因此选择涨停个股本身，正是在做捕捉市场热点的动作，是捕捉龙头的方法。跟随热点去做了，失误率就能降低，收益水平自然也会提高。

（5）从游资吸筹的角度看，涨停动作是主力的行为，而不是散户的行为，且相当一部分力量由当天游资买入汇聚。为什么会这样？因为游资需要解决大资金吸筹的问题。在股价当天上升的过程中，往往由于速度过快，成交量很难放大，游资金很难完成大量买入，只有在涨停时市场才会出现巨大的价格分歧，成交量才会放得特别大，才容易满足游资的买入需求。当然也可以从反方向来理解，如果某些游资金已经提前进入股票，也倾向于把股价拉到涨停再卖出，比较容易大量出货。因此对于操控力强的主力，或者对于推动能力很强的游资，涨停板是一个适合它们的绝好操作点，而它们也倾向于主动制造这个点，因此涨停价位是游资的一个重要操盘点。

（6）从工作量角度考虑，既然是短线，每天选股、研究信息的工作量和压力就比较大。如何能在很短的时间内选出好股票，靠基本面选股不行，靠形态、指标选股也会选出大量的个股，从中再选还是很累，很困难。因此从 K 线涨停来选择股票就能大大减少工作量，方法最简单、最有效。当然，当市场好的时候，一天内涨停的股票也有几十只，牛市中一天百股涨停的事也是经常发生，同样工作量不小，但相对而言已经相当不错了。

（7）从复盘角度看，涨停跌停是市场板块和热点变化的信号，是每天必看必研究的内容。打板者正好把复盘和选股工作合二为一，工作效率和质量可以得到进一步提高，何乐不为？因此，打板正是因为拥有众多优势，才成为游资主力和私募大佬的最爱，也正是由于藐视简单的外表，让很多人乘兴而来，败兴而归，始终无法掌握其精要。

当然，市场每天都有很多个股涨停，但次日也有不少个股出现下跌，或者当天就炸板下跌，风险还是比较高的。所以，打板不是每个涨停就能打，还要从众多涨停股里优中选优，还需要进一步地综合分析。

二、超短线打板理念

打板理念就是做龙头股，挣第二天的收益，第二天不涨停就走。

（1）打板要做龙头股。每天涨停板数量比较多，而资金量始终有限，要做有质量的涨停板，自然非龙头股莫属。

什么是龙头股？就是在一个板块中，甚至在整个市场中，连续涨停、涨得最快、涨幅最高、提升人气最强的股票。这种股票往往是主力为了拔高整个板块或题材股价而重金打造的广告股，也可以认为是市场选出来的题材最热、最稀缺的品种，好势头自然会吸引各路资金追捧，涨幅和连板的概率是最高的。龙头股是主力重点护盘的对象，一旦遇到市场不好或大盘波动，该股的下跌幅度或者下跌动作会明显滞后于其他股票，甚至不跌反涨，当市场好转时又一马当先率先上涨，从而为投资者提供了珍贵的保本逃命机会。

因此，做龙头股可以实实在在地实现高收益低风险效果，而不是高风险高收益，更不是高风险低收益。这个理念和大家日常认知有所不同，大家可以仔细体会。

（2）打板是挣第二天的溢价。打板当天股价只有下跌，没有上涨的机会，很多人在心理上接受不了。一是感觉白白浪费一天的交易机会很可惜，那种交易后期盼股价上涨的紧张感和刺激感没了，心里有点小失落；二是面对当天只跌不涨的局面感觉很焦虑，没有安全感，好比当天没有更好的消息，只有更坏的消息，心理压力可想而知。虽然结果上相当于今天在任意价位买了只股票，等到收盘也没涨，只能等待明天再涨，但心理感觉还是不同的。这种心理感觉也是让很多人不习惯、不敢去打板的一个原因。其实，当天不痛快，就是为了第二天很痛快，只有脑子转过这个弯儿，才能在心理上做好充分准备，才能在执行环节不犹豫，该出手时就出手，不然根本没法打板。

（3）打板就是博第二天涨停。这点很重要，需要结合前两点逻辑关系做说明。第（1）条理念指出打板要做龙头股。虽然大家事前对标的很看好，判断它成为龙头的概率很大，但到底是不是龙头，只能事后走出来才看得到。而大家打板多数是在龙头股刚有苗头，还未成形的时候就进去的，失败的概率肯定是比较高的。在第（2）条理念中，说是打板是做第二天的收益，付出的时间成本、机会成本还是比较高。在高失败率、高成本的前提下，大家自然要求回报必须丰厚才行（高失败率不意味着高风险，这点要清楚），所以以涨停为目标。

（4）如果是真龙头股，真拉升启动，就应该保持它连板的强势性，判断依据仍然是涨停。但很多涨停主力以涨停板进行试盘，容易造成涨停股价成为阶段性的高点。在这种情况下，大家避免了套在还未准备好启动的股票里，以保持资金始终在热点中，不在弱势股中浪费时间。

（5）从第二日的操作角度来说，由于涨停板买卖时机都比较短，股价波动速度比较快，是否继续持股需要选择一个简单明确的判断标准。标准越简单，操作越坚决，心理负担越小，失误率越低。从资金利用的角度看，把连续涨停作为目标，既是作为对高成本的补偿，又是作为衡量龙头股判断逻辑的标准。因此如果没有涨停完全可以走人，腾出时间和精力做下一只备选的龙头品种。一旦选对股票，抓住连板，几天的收益将超过别人几个月甚至几年的收益。

打板最重要的是怎么找龙头股。龙头股有两种：一种是市场上已经公认的龙头；另一种是纯粹从技术分析的角度选出的个股，未来是否能成为龙头不好说，但是可以把它当成潜力的龙头来看待。

三、超短线打板选股技巧

利用技术分析大致能选出两类适合打板的机会：第一类是当天盘中看得到的机会；第二类是盘后梳理出来，等待第二天验证的机会。

第一类机会，这类股票往往是由于前天出现个股重大利好消息。内容涉及并购、重组、中标、业绩预告、技术新突破等之类的，一旦发现这些机会，就需要关注集合竞价和盘中表现，看有没有打板的机会。尤其当消息第一时间公布，抢筹效应明显，往往容易在集合竞价的时候就会高开甚至直接封板。实际上，盘前阅读一遍个股公告题目是专业投资者必做的工作，不过发现好消息是一回事，能不能参与进去是另一回事，这可不是专业投资者都能做的事。这方面就是打板模式的强项了，不懂打板的人只能看热闹了。

第二类机会，往往是通过盘后涨停个股的表现梳理出来的。着重选择以下四种类型进行第二天的观察跟踪或打板。

1. 日内市场最先打板的品种

从逻辑上看，当市场弱势时，当天市场最先涨停的品种尤其值得关注，因为主力在拉升的时候，也需要考虑市场人气，减少抛压干扰。敢于率先拉板，说明个股有重大利好，或主力实力强大，敢于走出独立行情。当市场强势时，个股拉升此起彼伏，仍然是优先观察和选择率先打板的品种。

选择方法比较简单，是把当天所有的涨停板放在一起，看看哪个最先打板，并且保持不开板到收盘。

当然不是说所有的第一个板都是最好的，也需要分析涨停的形成原因，如复牌或次新股的连续一字板应除外，找出那些开盘之后还能买得进去的，这样在第二天还是有参与机会的。否则都是一字涨停板，没有参与机会就没有意义。

找出这样的个股之后，结合基本面分析到底是什么题材或利好引起的涨停。有时候投资者费了半天劲儿，也没有找到涨停原因，如果涨停的质量很好，只是没有找到涨停原因也没有关系，纯技术分析就够了。对于这样的题材，主力可以趁大家不敢轻举妄动的时候连续拉升，这也是通常说的朦胧的题材具有朦胧的美，不知道原因就多了想象空间。当然，可以比较第二、第三只涨停股，看看哪只股票的综合利好信息最多，选出来作为第二天观察，时刻准备参与打板的对象。

2. 同一题材和板块率先涨停的品种

板块行情往往是主力集中推动的结果，手法上通常会推出一只龙头股作为领涨品种，这是打板重点关注的标的。通常大家为了放心，往往去参与板块涨幅较慢的品种，抓住补涨机会，好像那是个可以白捡的便宜，其实这就是不了解投资原理而造成的错误操作。

同一题材和板块率先涨停的个股，可以通过两种方法来找到。

一种方法仍然通过涨停板排序，然后挨个看每个股票所处的板块，观察整个板块上涨的情况。如果整个板块涨得都不错，甚至出现了好几个涨停。那么第一个涨停股就是重点关注对象。

另一种方法是直接通过板块涨幅排序，找出哪个板块涨得最多，再从该板块中找到率先涨停的个股，作为整个板块重点关注的对象。

有时候板块排序不是很准，因为板块的定义不同，包含个股数量也不同，所以涨幅排名第一的板块不一定是最好的板块，还是要多看几个板块。适合作为观察对象的板块，其股票数量比较多，最好有 20 只以上，涨停个数最好有 3 只以上，这样安全系数更高，选出的龙头股更具有代表性。

3. 连续涨停的品种

如果是每天盯盘，那么就知道连续涨停的品种是哪些，心里是有数的。如果不是每天盯盘也没有关系，可以通过回顾涨停品种前一天的表现，看看它是不是连续涨停。这种连续涨停的品种是大家重点关注的对象。

连续涨停是龙头股形成的初步迹象，通常会研究第二个板和第三个板，甚至会研究它连板结束后的走势。这种股票往往会连涨几板之后开始停滞或调整，或者继续大涨。其中停滞横盘的概率还是比较高的，并会为大家留下从容退出的机会。一旦上涨，那么大幅上涨的概率就会比较高。打板本身就是追求强烈的上涨预判的机会，两板股票就是明确的信号，可以省时省力地为投资者指引方向。当然正是因为它的诱惑性很大，所以在操作中必须更要坚持打板的原则。

4. 连续涨停横盘后再次涨停的品种（二波行情）

这类股票一般也只能在收盘之后，再复盘涨停板的时候，观察股票之前的表现。对于涨停后的横盘还是有要求的，首先这个股票之前的涨停，最好是 2~3 个板，或者也可以是因为停牌复牌之后的一字板，这个数量可以多一些，比如说四五个板。其次涨停后的横盘的时间不能太长，通常 1~2 周比较好，然后再次拉涨停时就可以密切关注。因为这类股票往往是主力获悉突发性利好，急于吸筹，可以通过快速拉涨停，拉到一定涨幅后横盘震荡，诱惑很多投资者交出筹码，完成一定的换手率，让散户的持股价格一致，接着在完成筹码收集后再次拉升。当然不是每一个这样的形态都是这种原因。

正因为如此，大家才会坚持如果不达涨停预期立马撤退的原则。其实无论是长线还是短线的交易，都是本着一个按照既定的预期来参与，当涨停预期没有兑现的时候必须撤出的原则。

上面介绍了从哪几个方面来寻找有机会的打板个股，具体分析判断还是参照日线级别。当同一类型的股票找到多只，不知道该选哪只好的时候，还需要进一步比较日内走势来筛选。无论是哪一种类型的股票，在分析日内特征的时候基本都遵从一致的规律。当掌握了日内的判断标准，就会对具体个股的选择有进一步清晰的认识。

四、优质板日内盘面特征

观察股价日内走势有两个作用：一是用于寻找优质的涨停板；二是直接落实目标涨停板的操作。对于优质板的日内表现，主要从以下几个方面来评判。

1. 封板时间越早越好

封板时间越早越好。如果从整个市场选择，自然是最早涨停的最好。但是如果从一个题材板块中选择，则未必要求个股在全市场中涨停最快，只要是涨停形态符合以下标准，一样可以被重点关注，这也意味着会有多种情况出现。

为了方便说明，从时间上划分为开盘半小时内的板、正常交易时间的板和收盘半小时内的板。实盘操作中关键在于涨停过程的形态，对时间的要求没有那么苛刻。

第一，开盘半小时的板（9:30—10:00）。

为什么选择半小时内，主要是开盘前包含的交易信息量比较大，准备拉升的主力在前一交易日收盘后已经制订了拉升计划，态度比较果断，基本只要看看盘面状况，就会按计划实施拉升，因此给予半个小时的时间比较充分了。这个时段打板的各种板型都是相当强势的。

这段时间又分为三种情况。

（1）集合竞价涨停。如果还是在筛选个股阶段，在前一天盘后还要分析一下题材背景；如果是已经锁定了目标个股，若是强烈看好题材，则完全可以参与集合竞价买入；当发现市场热度较高，则可以在集合竞价时间里挂单。

（2）平开或高开后直接封板。平开或高开后不久就直接封板，或拉升过程中经过几次停顿后直接涨停，都是不错的品种。显示主力操盘流畅，非常有计划性和目的性。

如果是筛选阶段就列为观察的对象进行跟踪，如果已是观察对象就可以参与打板。当然高开的冲劲更强，也是更优先的打板对象。

（3）低开后封板。实际上低开后封板的机会出现在股票大幅上涨的后期比较多，因为按照强势股票的特点，开盘出现低开的概率不大，或者低开后快速涨停的机会不大。因为低开代表多空双方有分歧，主力在拉升打板的时候就必须要多加考虑。如果多空双方势均力敌，那开板或下一交易日空方继续卖出的力量就比较强，或者主力借机震荡洗盘，这样的涨停还要观察当日后面的开板情况，要跟踪观察，做进一步验证。毕竟投资者可选择的范围还是比较多的。

第二，正常交易时段的板（10:00—14:00）。

（1）股价稳健拉升封板。由于涉及的交易时间长，就不太看开盘位置，而是重点观察上涨至涨停过程的形态是否稳健。什么是稳健？如果是开盘后拉升一截，盘整一下，再拉升一截，直至涨停，这种形态就是稳健，能反映主力控盘能力很强，可列入候选标的。若已经是观察标的，可以参与打板。

（2）横盘后突然迅速拉升封板。如果股价开盘后一直在某个位置横盘，没有明显起伏，突然之间迅速拉升至涨停。这种情况经常出现，有时也是突然袭击，如果拉升的幅度过大，如5%~7%，代表主力控盘能力有限，试盘的可能性较大。对于这类个股，可以对综合题材和同板块其他股票波动情况进行观察，不必着急入场，力求选出最好的品种。如果是高位横盘，距离涨停不远，则意味着主力试盘结束，开始启动拉升，可以参与打板。

很多时候股价随大盘上下震荡，最后拉板，这类股票打板的随意性比较大，若作为观察标的，需要再结合其他条件分析，不是优选对象。

第三，收盘半小时内的板（14:30—15:00）。

常见高位横盘后直接拉升封板。在尾盘才拉涨停，主力实力和计划还不够果断，多数时候是主力看大盘交投活跃，趁势拉涨停。

不过尾盘买也有好处，就是持有的时间短，避免当天持股的煎熬，又减少了持有风险，并获得了第二天卖出或 T+0 的权利，也是可以接受的。

其实，日内交易股价会有各种波动走势，列出上述几种重要的情况，并非有意忽略其他情形，而是希望尽可能挑选理想条件下的打板个股，提高打板品质，还能节省不小的工作量。毕竟，普通投资者的资金有限，只能最多参与几只股票的交易。

2. 开板次数越少越好或不开板

希望开板次数越少越好，最好不开板。实际操作中可以只选择未开板的品种，若实在觉得某些品种质地好、概念好，那也可以接受有一次小幅短暂的开板，最好是在刚封板的时候发生的。

开板本身表示有空方搅局，开多了主力第二日会打压股价释放做空力量，因此没法打板。如果是选择候选标的，开板的一般不选。如果已选为候选标的，那就不要参与。实际上由于开板是涨停后的事，当大家已经打板进去之后，若股价反复开板，那首先要考虑的是次日冲高要快速卖出。

3. 封单数量适中即可

涨停封单的数量适中即可。太小了不太稳定，也不能因为量很大而高枕无忧。通常有几万手或十几万手就好。太小了很容易开板，打击游资参与的士气，太大了有可能是引诱游资排板，途中悄悄撤单诱多。

实际上若是筛选候选股，封单太小就需要再多加分析，封单适中或超大量自然可以列为候选，只是要提醒投资者不要因为有特别大的封单就感觉高枕无忧，依然要仔细留意第二天的局势变化，尤其是当情况不妙时，不能因为留恋于昨日的大封单产生犹豫，不能果断卖出。

4. 用形态系统测量上涨空间

关于形态系统，如头肩底（顶）、W 底（顶）之类的形态，大家需自己学习，其不是本章重点内容，不展开说明。

上面论述了在筛选候选个股或者介入个股时，应该考虑的几种涨停的情况，这样大家应该能够筛选出优质股票，并具有一定参与打板交易的能力了。

五、打板与低吸半路板

按照打板思路选股，但不在涨停位置买入的方法称为半路板，不过这个半路板具有严密的逻辑性，不是毫无依据地乱买。这种方式适用情况通常有两种：一种是连续涨停后，出现短期横盘整理的时候；另一种是连续涨停后，日内盘中出现波动的时候。

1. 连续涨停后出现短期横盘整理

在操作上又可以分为涨停时的打板和未涨停之前的半路板这两种操作方式。

图 6-6，四方股份（601126）：2021 年 7 月 29 日开始股价连拉两个涨停后，在高位横盘整理 5 个交易日，股价调整到 5 日均线和 10 日均线之间。8 月 9 日，股价出现突破性涨停，表明主力洗盘换手结束，投资者可以低吸或打板买入。之后，股价连拉 4 个涨停，短线获利丰厚。

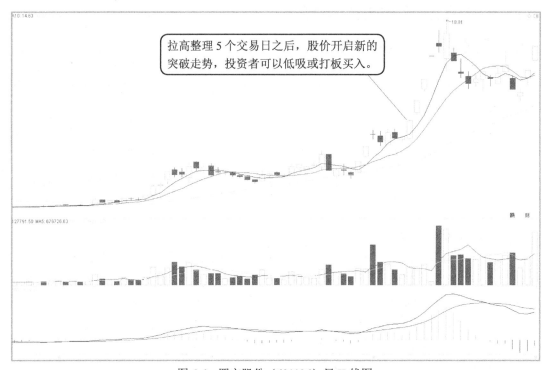

图 6-6　四方股份（601126）日 K 线图

当连续 2~3 个涨停板后，横盘一两周时间，打板的买点是第一个或第二个涨停位置，如果盯盘及时，第一个涨停是最为合适的。因为主力经过快速建仓、整理蓄势后，拉升的力量是非常大的。

那么在第一个涨停板出现之前，如果在持续盯盘，可能会发现股价开始持续几日小阳线上涨，因为是小阳线，通常会贴着 5 日均线上升。其实很难判断该股会在什么时间启动，如果发现某天市场热度比较高，可以在均线位置买入博当天涨停。由于之前有连板确定股性强势，根据龙头股主要通过均线确定买卖点的原则，应对随时要爆发的品种比较稳妥的方法就是在均线处买入。

有时候个股出现连涨机会，但没有板块参与共同上涨，比较难判断它算不算龙头股。对于这种个股，稳健的做法是等到股价出现日内或几日内的洗盘或盘整的时候，当股价回到均线附近时买入会更安全。由于股价连涨后通常离均线比较远，所以回到均线主要指回到 5 日或 10 日短期均线是一个较好入场机会。

2. 连续涨停后日内盘中出现波动

在操作上，同样可以分为两种操作方式：打板和半路板。

图6-7，华银电力（600744）：2021年3月8日出现首板，次日开盘后空方来势汹汹将股价按在跌停板，不久多方奋力而起，将股价拉至涨停，完成日内涨停过程。第三天，多方继续发力拉板，反映前一天的主力真实做多意图，而不是诱多行为。这时可以积极打板入场，享受后面连板盈利。

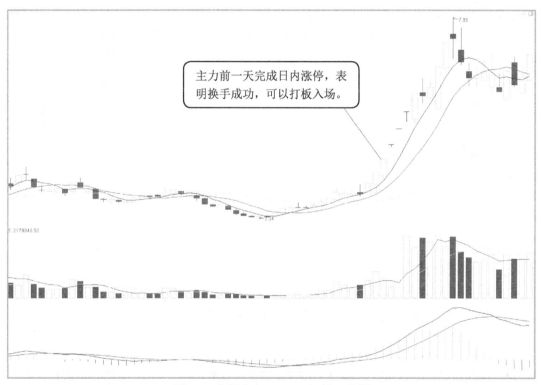

图 6-7　华银电力（600744）日 K 线图

当观察到股票连续涨停2~3板，若是板块龙头，之前涨停过程中经历了日内洗盘，可接受在第三个涨停位置打板，具体手法参照打板原则。如果没有洗盘，可能会有洗盘的风险，可以等到日内股价回到均线时买入博涨停。这种情况往往是利好重大，时间紧迫，主力只能边洗盘边拉升，也可能是游资接力炒作造成。主力通过比较大的波动幅度实现日内洗盘，有机会在连续涨停的几天内出现低开高走形态，低开或走低时很有可能会触及均线，出现低吸博涨停买入机会。

那么，什么时候以打板为主？什么时候以低吸博半路板为主？这和市场运行周期有关系。总的来说，可以参考以下几个不同阶段进行分析。

（1）当市场在上涨初期的时候，以打板为主。因为这个时候市场多方比较小心翼翼，没有明确的信号，不会轻易参与，所以等待涨停板确认信号出现再打比较稳妥。

（2）当市场上升态势明显，牛市在逐渐孕育中的时候，多方热情逐渐高涨，此时打板和低吸半路板可根据自己的偏好同时采用。

（3）在市场上涨后期，各板块出现快速轮动，板的数量增加，但质量下降。往往打板会打在高位，主力开始筑头出货，高低反复运行，这时适合低吸博半路板。

（4）当市场开始回落的时候，就该空仓观望了。不光是不做打板，其他的操作也该停止了。

按照上面的分类，大家可以很清楚自己在什么时候用什么方法，但是在具体操作时，很难清晰地判断市场到什么阶段了。所以往往是操作方法在先，市场判断在后。先以打板为主，做了一段时间发现低吸半路板的机会也不少，这时就是市场上升期到了；再过了一段时间，发现板的质量差，看好的品种很难连板，只能低吸博半路赌板了，这说明市场要到顶部了；再往后，发现怎么做都亏钱，那就该空仓一段时间了。市场中牛市时间都不会太长，做着做着就发现时间其实过得很快，所以要始终保持高度的关注度，通过收益变化来体会市场的变化。

六、涨停打板买入手法

根据对个股的盯盘，可分为当日盘中买入和集合竞价买入两种情形。

1. 当日盘中买入

这种方法可以是在涨停瞬间买入，就是 10% 点位。先准备好单子，最后几档交易量比较大，比较容易买入。有的时候大买单突然上来，来不及反应，股票就已经涨停。这时可以立刻挂涨停板价格排队等待成交。因为涨停最开始的几分钟，还是会有很多的卖盘担心涨停不能持续，或觉得涨幅不小了，而选择获利了结。因此，早先排队买入的单子还是有比较大的成交机会。

对于急速拉升的品种，按打板的思路可以分两笔等量买入，一笔是在股价突然低位拉升，看到有涨停迹象的时候买入；另一笔是在涨停位置买入。这就兼顾了当时的焦急情绪和对涨停的捕捉原则。

不过，涨停是一种确认信号，未涨停之前买入还是存在一定的不确性，因此第二笔一定要在涨停买入，如果没有打板，只会完成一部分买入，从而控制了买入数量。若市场表现不如预期，也留有仓位为明天的操作做准备；同时，若涨停板没有封牢，中途开板，也降低了单纯在涨停板买入的成本，同样为第二天的从容退出做好了准备。所以，两笔买入法的威力不容小觑，属于稳健的打板方式。当然缺点也有，就是打板的个股变数比较多，容易轻易冲动去打板，这点也不能麻痹大意。

2. 集合竞价买入

这种方法也有很多值得注意的地方。

首先是观察 9:15—9:25 期间的价格变化趋势。因为集合竞价很容易被操控，所以通过价格趋势来判断主力的当日操盘准备是否充分。

这个环节竞价如果是高开低走，尤其是从涨停价高开后持续下降，就不宜在集合竞价上挂单。因为这种情况往往是主力在试盘，拉涨停的意图并不是很强。

如果是低开高走，则可以挂单买入。

如果是平开，基本是主力没有参与，直接看市场的情绪表现，当价格逐渐升高时，主力根据市场情绪可以按照计划开盘后放心拉升。

如果一直是在涨停板，说明利好消息突然，封单坚决。这样也可以直接参与集合竞价的排板。

由于集合竞价能参考的条件比较有限，操作风险相对有点大，为了降低风险提高操作稳定性，通常只在集合竞价中买入一半仓位，另一半还是在涨停时买入。

其次是观察集合竞价最终结果。题材性强或在连涨的前提下，可在集合竞价高位买入。若题材重要性不容易判断，建议在竞价的 0 点附近买入（±2%）比较好。

七、涨停打板卖出手法

股票卖出实际是相当复杂的事，要考虑不同的卖出时机、卖出的后续操作以及心理接受程度。

在打板方法中，为了简化操作，记住股票当日不涨停即走的原则，不管是否在涨停板位置买入，目的都是博第二天的连板，若没有连板，股价变化又会多种多样，寻找对策又成为复杂的事情。因此，不涨停即走是比较简单有效的法则和可执行的操作。

打板买入有可能当天就被套，也有可能第二天被套，或者有收益但没有涨停，都可以执行卖出策略。

这里需要补充一点，炒股的基本止损原则。在亏损的时候必须止损，这个需要根据自己的风格和承受能力来设置具体的止损点。若打板当天被套，第二天开盘就要止损；若第二天先有盈利后来股价下跌，则可接受在收益为零的时候止损。总之，以保本为前提，亏损不用怕，因为按打板的风格，盈利的速度非常快，幅度非常大，暂时的亏损可以很快被弥补回来。

当在未涨停但也未收盘的时候，如果股价冲高回落，这时可以根据自己的喜好卖出，把保本价当作底线。不过正常的操作是耐心观察，等到收盘后再看，如果不涨停，股价涨幅没有出色表现，则寻找下一只个股。

如果涨幅比较大且有打板的冲击，则可以再等待一天。因为股价没有出现预期的涨停，说明主力还没有打算强势拉升，后面股价的变化就比较复杂，再等下去会浪费其他打板的机会。

如果虽未涨停，但涨幅还是比较强劲，那股价向上冲击的概率比较高，等待第二天的冲高或期盼涨停都是值得一试的。

八、涨停打板仓位管理

由于打板对盯盘注意力要求比较高，操作时机比较短，所以不能打太多，通常 2~3 只股最合适。当对一只股票采用两笔买入的时候，最多可以打 2 只股票。如果买卖都是全入全出，那最多可以操作 3 只股票。

实际上，大家做的很多股票都属于龙头股，数量本身有限，因此研究工作做得越足，对股票的要求就越高，可做的股票就更少。全仓一只股风险有点大，尤其是当资金量大的时候，会有流动性风险，且不利于提升运气。要是超过 3 只，则基本顾不过来。2 只是最佳的选择，可以平衡打板风格和可操作性。

在 A 股 30 多年的时间里，靠打板起家、扬名立万、名震股市的私募高手比比皆是，足以证明打板是一套独特的交易体系。当然，理论讲的很多都是方法，是解决心理认知和操作难题的，目的主要是启发大家，绝不能生搬硬套。遇到风险保本保命是首要原则，还需要大家努力去实践，相信大家通过笔者的讲解，一定会对股票投资有更新的认识和感悟。

第四节　短线打板技巧

一、打板的四大法则

凡事都要讲究方式、方法、准则、规矩，抓涨停也是如此。归纳起来，打板有四大基本法则。

1. 板块异动、关注龙头

在股市中，同一板块中的个股是相互联系、相互联动的，经常会出现同涨同跌的情况，当某一板块中的一两只股票率先涨停时，同一板块中的其他股票也会跟风上涨。这种联动效应是非常明显的，如果该板块是权重板块，还会引领大盘指数的上涨，如 2020 年 7 月强势上涨的券商板块、之后爆发的"中字头"板块等。

所以，在盘中要时刻关注板块的异动，一旦发现板块个股大幅上涨，就要快速锁定板块中的龙头股，也就是那个率先启动的个股。

2. 板处下单、随时出击

在锁定龙头股之后，打开委托交易系统，买入价可以直接以涨停价输入，确定买入数量，随时准备下单。

3. 不板不买、动手要快

一旦发现龙头个股放量大幅拉升，在攻击涨停、即将封住涨停板（封单不断增大）时，就要及时下单买入，动作一定要快，不能犹豫，否则机会稍纵即逝，哪怕是晚 1 秒钟下单，都有可能排在几万手封单之后，这样就很难成交。

4. 永不满仓、多练盘感

"尽量避免风险，保证本金"，巴菲特的这句投资名言相信大家不陌生。炒股是投资，不是赌博，投资首要的一点就是保证本金的安全，特别是短线投资。在"打板"的时候要牢记：永不满仓、留有余地。

可以分批买入，但永不满仓，始终保证手头还有一定的资金，然后通过不断的"打板"实践，来锻炼盘感。慢慢练就提前预判涨停的技巧，这样就不用每次在板上买或排队，而且还能获得更大的短线利润。

"拳不离手、曲不离口"，练武、唱歌的人，三天不练、不唱，就会手生、口生，"打板"也一样，三天不打，也会手生。在行情好的时候多打、打多，行情差的时候少打、打少。

二、打板的五种模式

不同水平的投资者，追涨停板的操作模式也不同，最常见的就是"板上买"，不见到涨停板则不买，赚的是次日冲高的钱。除此之外，还有短线打板高手擅长的"半路板"、股神才会的"埋伏板"、游资擅长的"隔日板"等。到底适合哪一种模式，下面具体分析。

1. 板上买

优点：确定性高，稳定盈利，操作简单。

缺点：弱势中成功率低。

在打板法则中重点提到"不板不买"的概念，就是股价涨停时才买，这其实是赚第二天股价冲高时的溢价，这是一种最容易赚钱的追涨停板模式，对投资者自身的要求不高，选股也非常容易，锁定涨幅前列的股票即可。如果是"好板"，次日股价冲高的概率很大，甚至还有连续涨停的可能。

2. 埋伏板

优点：风险小、获利多。

缺点：成功率低，选股不易。

这种模式就是在前一个交易日或早盘选定有涨停潜力的个股，然后在当日开盘后埋伏，或者是在上涨 2% 以下时买入，等待股价拉涨停板。个股一旦涨停，当日就会有不错的回报，即使没有涨停，当日也不会有多少损失。不过，在沪深两市 4 000 多只股票当中，选出能涨停的个股是相当难的。如果遇到大盘午后走弱，也面临被套风险。

3. 半路板

优点：利润较大，成功率高。

缺点：盘面不容易把握。

这是打板高手擅长的模式，一般是在股价上涨到 4%~7% 买入。如果当日能涨停，次日再冲高，那么利润是比较大的。不过，这种模式对投资者的要求比较高，投资者要有很好的盘感，而且要有敏锐的目光、对热点的精准把握，选择率先启动的龙头个股。不过，一旦碰到"烂板"，次日多数情况下需要止损出局。

4. 钢丝板

优点：买入机会较多。

缺点：成功概率较低。

钢丝板就是指那些当日封涨停板之后，反复出现开、封情况，最后勉强封住涨停板。这种涨停板，最大的优点就是当日有很多买入的机会，如果本来持有该股票，还可以做 T，涨停板卖出，打开之后低吸。不过这种模式最大的缺点就是成功率低，次日实现高抛的概率为 50% 左右。如果大盘向好，可能有机会高抛，否则直接低开，套牢涨停价买入的投资者。

5. 隔日板

优点：价位不高，稳定盈利。

缺点：对投资者操作要求高。

这种模式适合捕捉刚启动的龙头个股，对投资者的要求高。首先对市场的理解要达到跟涨停敢死队、游资一致的水平，还要选到他们愿意接力的龙头个股，而且要有铁的纪律：在第一个涨停板介入之后，次日冲高没有封住涨停板的情况下坚决止赢空仓，在震荡之后，第三个交易日再次涨停的情况下，果断追涨，毫不手软。

对于大部分短线投资者来说，要想在市场中取得成功，成为真正的短线打板高手，得熟悉以上两三种追涨停板操作模式，甚至是全部。

三、涨停板的承接力

涨停封板时要求量能持续递减，开板后抛压逐渐减小，盘面烂而不弱，说明涨停后承接力较强。观察重点：中途盘整时候，成交量不应明显放量，代表抛压已经慢慢减小，再次封板时就不需要太多的资金，筹码稳定，承接力强。

图 6-8，中国西电（601179）：2021 年 7 月 26 日上午收盘前，一封上板一柱擎天，但是当时总体量能还不足，午后不久开板补量，每一次回封的时候，量能都渐渐缩小，分时量能也逐渐平缓，说明抛压很少，承接力充分，烂而不弱，最后封死，之后股价震荡走高。

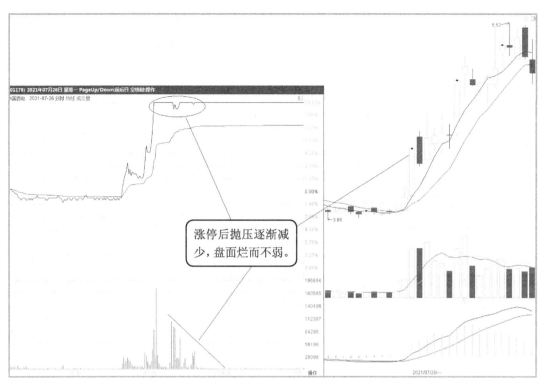

图 6-8　中国西电（601179）日 K 线和分时走势图

图 6-9，士兰微（600460）：2021 年 4 月 1 日涨停，虽然盘中反复开板震荡，但封板时成交量缩小，表明主力控盘良好，抛压很小。

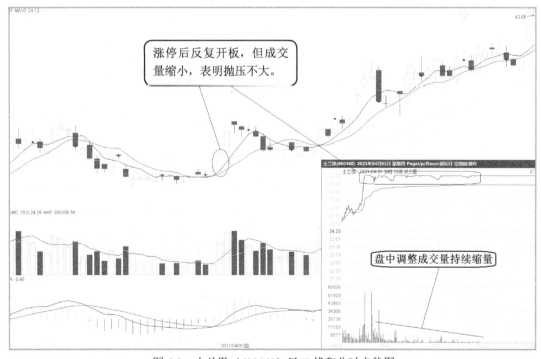

图 6-9　士兰微（600460）日 K 线和分时走势图

采用烂而不弱战法，在观察个股上板后的抛压情况时，还要综合分析个股筹码结构、大盘以及板块等因素，不可生搬硬套。大盘环境好的时候，可以适当减少考虑板块和整体环境的影响。

四、不能打的五种板

喜欢打板的投资者肯定经常听到这样一句话："不是什么板都能打的！"因为很多涨停板当日就可能被砸开，且开板之后不回封，这样就容易套牢。比如，冷门股的涨停板、熊市中的涨停板、放巨量的涨停板等是不能打的。

1. 不打冷门股的板

冷门股因为长期交投清淡，不可能因为一个涨停板的出现而改变其冷门的形象。而且因为是冷门品种，不容易受到主力资金的关注，散户也不会选择这样的股票。没有主力资金的拉抬和散户的跟风，短线即使出现涨停，次日也不容易继续上冲，打板者一旦被套，就很难解套了。

以2021年的互联网、网络游戏板块为例，因为行业关系从2020年以来备受冷落，除了板块中少数几只股票维持强势外，其他大部分个股都变成了冷门股。比如，中青宝的走势。

图6-10，中青宝（300052）：2021年互联网、网络游戏板块整体低迷，该股偶尔活跃一下，大部分时间维持低换手态势。在7月13日低开高走，二波拉涨停，看起来突破了盘区，但涨停后封盘不稳，盘中成交量大幅放大，创下一年来的最大量，显示空方抛压明显。次日低开低走，收跌8.34%，之后进入调整走势。

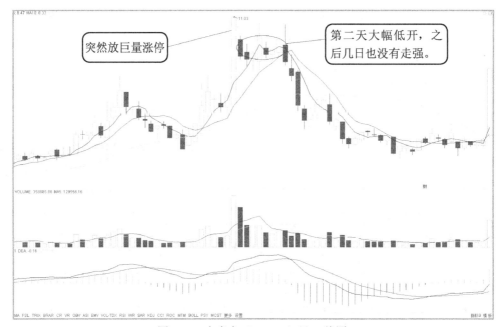

图6-10　中青宝（300052）日K线图

2. 不打巨量板

什么是巨量？就是几个月以来的最大成交量，或者是 5 日均量的 3 倍以上。除了冷门股容易出现巨量涨停，一些有利好消息的个股、连续涨停的个股都容易出现巨量涨停。

放巨量意味着多空严重分歧，强烈看多和看空的阵营相当，所以才会出现巨量的换手。谁会有那么多筹码做空呢？显然是主力，然后大量散户追涨接盘。既然主力都在减仓出逃，那么短线股价就很难上涨。所以这类巨量封涨停板的个股，特别是在股价高位区域拉出的巨量板，一定要放弃。

图 6-11，富通信息（000836）：2021 年 8 月 18 日涨停，次日小幅高开后，先作近 1 个小时的震荡整理，快到 10:30 时放量直线拉涨停，封盘近半个小时左右被巨量砸开，尾盘重新封板，当日成交量大幅放大，换手率高达 15.5%，超过了 5 日均量的 3 倍，这是两年多以来的最大量。次日，股价大幅低开后冲高回落，之后出现调整走势。

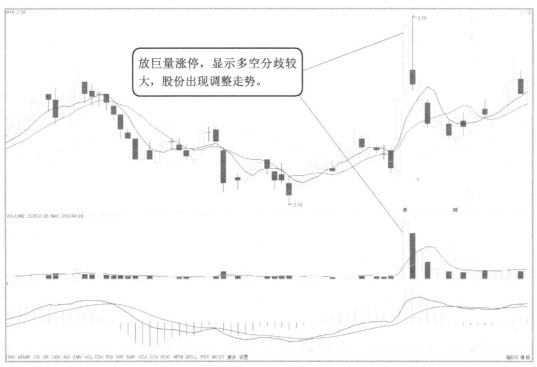

图 6-11　富通信息（000836）日 K 线图

需要注意的是，在股价底部或中低价区域出现的巨量涨停，也可能是主力的吸货行为，可以加入自选股进行观察，等到主力吸货完毕，充分洗盘后，再次拉升突破时介入。此外，一些爆炸性题材的板块个股，也可能出现巨量涨停的情况，此时要结合板块、后市的成交量来判断，板块联动、成交量持续保持高水平，是大牛股的标志。

3. 不打反弹板

这里的反弹板指的是强势股见顶回落后，在没有超跌的情况下（最大跌幅低于 30%），而出现的第一个反弹涨停。这种涨停往往是主力的自救行为，为的是拉高出货，这种涨停大多出现在尾盘，主力利用对倒，边拉边出，次日往往还有冲高的可能性（但是幅度不会太大），不过也有表现较差的情况，当日涨停之后没有封板。

图6-12，顺博合金（002996）：该股从2021年3月10日开始，在10个交易日中拉出9个涨停，3月24日跌停见顶，次日继续跌停，头部确立。3月26日低开下探后企稳，尾盘拉涨停，成交量大幅放大。次日，股价直接低开6.85%，盘中冲高回落，最终收跌7.31%，此后股价进入中期调整。

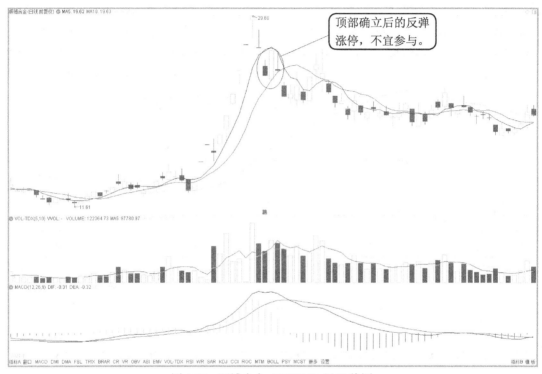

图6-12　顺博合金（002996）日K线图

4. 不打空头排列股的板

个股的均线系统一旦形成空头排列，就预示着一轮调整行情的来临。在调整行情中，任何一次反弹都是高抛的机会，所以即使出现涨停，也是高抛的机会，并不适合追进。相对于单边上涨行情来说，调整行情中"打板"被套的概率要大得多。

图6-13，竞业达（003005）：股价见顶后逐波下跌，形成明显的下降通道，均线开始出现空头排列，股价始终在30日均线下方运行，没有一次有效突破，其间不断创下调整的低点。2021年8月2日，小幅高开后5分钟内拉涨停。从涨停时间上看没有问题，但日K线中不难发现均线系统处于空头排列状态，这种环境下出现的涨停难有持续上涨走势，投资者不宜打板入场。

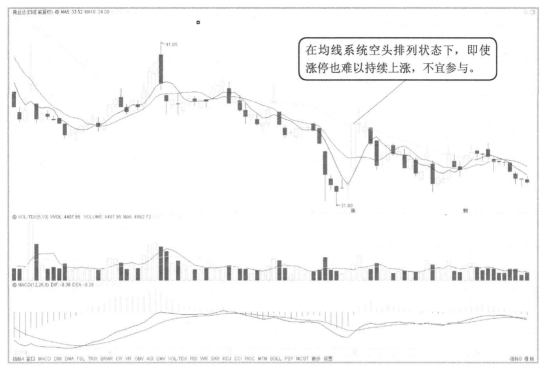

在均线系统空头排列状态下，即使涨停也难以持续上涨，不宜参与。

图 6-13　竞业达（003005）日 K 线图

5. 不打莫名其妙的板

没有基本面利好、没有政策面支持、没有题材传闻、没有板块联动、没有大盘走势配合、没有个股技术强势等因素，股价突然拉涨停板，这就是莫名其妙的板。"股市中没有无缘无故的涨停、只有无处不在的陷阱"，面对这种莫名其妙的涨停走势，大家只能欣赏，莫伸手，伸手必被套。

图 6-14，宏达股份（600331）：2021 年 4 月 8 日，当日早盘股价围绕前一天的收盘价弱势整理，延续前一段时间低迷的成交量。10 分钟后，风云突变，交投开始活跃，股价放量直线拉涨停。封板 10 分钟左右被大单砸开，盘面出现震荡，午后重新回封。纵观基本面和相关的板块，没有找到任何涨停理由，那么就是莫名其妙的涨停板。因此，这类涨停是不能跟进的。次日低开低走，股价重新蓄势整理。

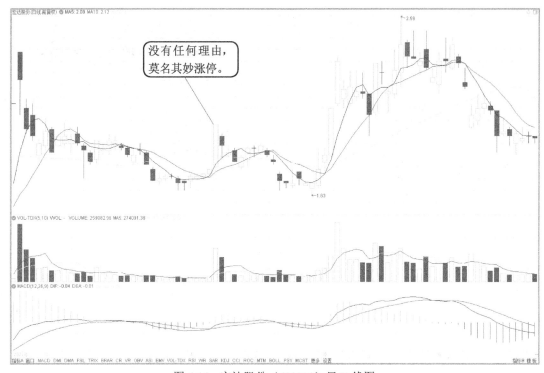

图 6-14　宏达股份（600331）日 K 线图

第五节　短线打板战术

一、打板被套怎么办

常在河边走，哪有不湿鞋。凡是经常打板的投资者，肯定都遇到过被套的情况。一旦被套，该如何应对？是壮士断臂，还是继续煎熬，要分情况区别对待。

1. 及时止损

如果在股价高位区域追涨停被套，当股价有效跌破重要的技术支撑（比如 5 日、10日均线，前一根大阳线的 1/2 位置等）或事先设定的其他止损位置时，那么就要及时果断止损，这是短线铁的纪律，要严格遵守。止损之后也不要再抱有幻想，即使止损之后股价再度涨停，也不用后悔。

2. T+0 操作

止损操作虽然比较痛快，但是感觉有些不分青红皂白。其实，并不是所有追涨停板被套的就一概止损了结，如均线保持多头排列、上升通道完整、处于底部区域的个股等，就不一定使用止损策略。

对于均线系统多头排列的个股，一旦追涨停被套，只要短期均线没有出现向下拐头，就可以选择 T+0 操作。比如手中持有 1 万股，在 5 日、10 日甚至 30 日均线处低吸 1 万股，在盘中冲高时卖出 1 万股；或者反过来操作，只要保证手头还是有 1 万股的资金即可。这样成功做一两次，就可以解套了。

3.继续持股

对于上升通道完整、均线保持多头排列、股价处于底部区域的个股，除了可以进行 T+0 操作，还可以持股待涨。为了提高解套并且获利的成功率，这里讲一下操作技巧：当收出一根涨停大阳线、开板大阳线后，在接下来的调整过程中只要"单阳不破"（大阳线之后的若干根 K 线没有跌破这根大阳线的最低价），就可以继续持股。或者，在收出一根涨停大阳线、开板大阳线时，如果有向上的跳空缺口，在后面的调整过程中不回补缺口，那么也可以继续持股。

图 6-15，盛通股份（002599）：2021 年 8 月 6 日涨停，但次日直接低开 2.9%，直接将前一天的打板者套牢，然后盘中震荡走低，以下跌 7.05% 收盘。但是，在之后的几天震荡过程中，股价仍然维持在 8 月 6 日这根涨停大阳线范围之内，保持"单阳不破"，那么即使被套，还可以继续持股等待机会。8 月 13 日，股价放量拉起，开启一波拉升行情。

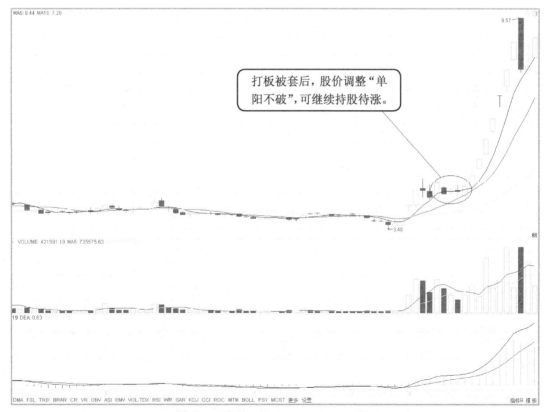

图 6-15　盛通股份（002599）日 K 线图

二、八补八不补

买入的筹码深套后，通常有三种处置方法：一是止损卖出，二是持股不动，三是低位补仓。一般情况下，只要市场政策面和个股基本面没有发生质的变化，止损卖出是操作的大忌，持股不动是中性的策略，低位补仓才是操作的上策。实盘操作中，补仓要注意以下"八补八不补"。

1.大盘：企稳时补、不稳不补

如果在整个大盘处于见顶后的始跌阶段，在行情既未止跌也未企稳时补仓，只会增加筹码的受套面，加大市值的缩水率，所以此时不宜补仓。

2 股性：熟悉的补、不熟不补

如果对参与补仓的个股基本面和股性都不熟悉，就会增加补仓操作的盲目性，心中无数、底气不足。如此补仓，当然难以得到理想的结果。

3. 业绩：良好的补、不良不补

一般而言，准备补仓的投资者应首先选择业绩良好的公司进行补仓，对于业绩出现问题的公司原则上不能加仓。虽然从最终结果看，一些问题公司不排除存在股价大涨的可能，但从稳妥角度考虑，仍不宜参与这种问题公司的补仓。

4. 走势：起涨时补、破位不补

从技术层面看，补仓强调的是稳妥原则，所以，对于一些长期处于上升通道、二级市场走势较稳的公司，当股价突然转势甚至出现破位迹象时，应放弃补仓。相反，对那些长期下跌、表现不佳的公司，当出现起涨迹象时，可及时跟进。

5. 涨跌：大跌时补、大涨不补

在补仓的时机上，一般选择在相关品种大跌甚至急跌时买入。需要注意的是：一些涨幅巨大、获利丰厚的个股，主力时常会借行情启动进行出货，辨识不清、补仓不当的投资者在这种股票大跌时补仓，也有可能成为不幸的高位接盘者。所以，大跌时补、大涨不补也有个前提，就是历史涨幅不能太大。

6. 盈亏：正差时补、反差不补

对于之前卖出的筹码，在补仓时一定要坚持这一原则，在卖出的筹码出现下跌，有正差收益时进行补仓。相反，当卖出的筹码出现上涨，没有正差接回机会时则不宜补仓。实在想补仓的，也须耐心等待一段时间，等股价回落后再"正差"补仓。

7. 节奏：回调时补、反抽不补

在符合上述补仓原则基础上，在实际进行补仓操作中，还须注意补仓操作的进出节奏。特别要做到：在等待股价回调、下跌过程中逢低吸纳，不要在反抽、上涨中抢筹。

8. 仓位：轻时可补、重时不补

在补仓时，还要留意单一品种占整个账户市值的比例，按照"控制仓位、做好搭配"的总要求进行补仓。当单一品种的仓位未达上限时可以进行补仓操作，反之则不宜进行补仓。即使对某一品种情有独钟，同样须坚持这一原则。

三、低位补仓三大技法

正确的补仓操作除了坚持"八补八不补"原则外，还须把握相应的补仓技法。主要掌握低位补仓"三大技法"。

1. 在补仓对象的选择上，须"弃生择熟"

在补仓操作时，正确的做法是：坚决不碰陌生股票，尤其不眼红涨幅榜上的大牛股，包括涨幅大的强势股和涨势急的热门股。与此同时，适量、逢低、按计划补仓熟悉的自选股，特别是之前曾经买过但买后被套甚至深套的"被套股"。

2. 在补仓时机的把握上，须"弃涨择跌"

这种补仓法正好与"追涨杀跌"法相反，可能在补仓前后投资者会觉得"不爽"，但从最终结果看，这是补仓操作的较好时机。而"追涨杀跌"式的操作，很容易犯下大错，且极有可能使原本低位补仓的操作最终变成高位追涨。正确的做法是：在补仓的时机上做到"弃涨择跌"，或根据大盘点位事先设好"待买点"，并在"到点"后的下跌中进行补仓；或根据个股价位预先设好"待买价"，再在"到价"后的回调中逢低补仓。

3. 在补仓数量的确定上，须"弃重择轻"

在补仓数量的确定中，一些投资者时常会出现极端式错误：满仓、一次性补入单一品种。结果，当补仓后大盘出现上涨、补入的股票不涨，或大盘大涨、补入的股票小涨时，就会影响心态乃至操作。正确的做法是：确保做到"两补"，一是不同品种之间的"搭补"，一般用"均分法"（几个品种之间平均分配补仓数量）控制单一品种的补仓上限；二是同一品种内部的"分补"，通常用"批次法"（单一品种内部合理安排补仓批次）确定每次补仓的具体数量。

▌▌▌ 第六节　弱转强技术精要

一、弱转强的八种形态

什么是弱转强呢？通常是前一天出现烂板或弱势，对第二天的行情预期不高，普遍认为低开或继续弱势表现，如果第二天盘面该弱不弱，反而出现超预期走强，甚至直接高开上板，并且开盘后的分时也是进一步超预期拉升，这种情况就是弱转强。这是短线投资者非常关注的一种盘面形式。但是必须明白，市场每天涨停的股票很多，不是每一只股票高开都是弱转强，一定要选择市场的主角——主力资金关注的个股，也就是说是市场当前热炒的题材个股，因为有了人气，有了群体效应，才会值得关注。

基本含义：弱转强的弱，是一种情绪上的弱，常见形式是烂板，也可以是没有跟风助攻等预期上的弱势。弱转强的强，实际上就是一种超预期，大家都知道烂板很差，次日按常理会低开下跌，结果次日却大涨，这种超预期会引来短线资金追捧，进而容易出现弱转强走势。

弱转强的表现形式，通常是涨停后的烂板，或者连续涨停后高开收大阴线，或者涨停被砸开回落不低于 5% 的涨幅，或者是大长腿涨停等，当然不要太拘泥于一种形式，只需要知道市场认知的弱转强就可以。弱转强大体有以下八种形态。

1. 放量烂板次日高开涨停

这是通常意义上的弱转强，也是大家最熟悉、最常见的一种盘面形式。操作说明如下。

（1）烂板次日涨停是确定性买点。有的强势股次日高开，竞价就可以适当参与。

（2）很多时候烂板第二天是不是高开并不重要，重点是得到涨停确认。

（3）并不注重是 2 板，或者 3 板、4 板。

（4）"烂板出妖股"，这种现象较为常见，复盘时每一个放量烂板都要认真分析，留意第二天弱转强机会。

图 6-16，氯碱化工（600618）：2021 年 9 月 6 日，开盘后快速拉涨停，封盘不久开板震荡，股价大幅回落，午后再次回升，尾盘成功封板，当天成交量大幅放大，形成放量大烂板走势。面对这种盘面走势，次日能否强势上涨，存在很大疑虑。第二天，大幅高开 6.44% 后，盘中秒板。这种烂板弱转强现象，可在次日高开时适当参与，或在涨停位置排单入场。

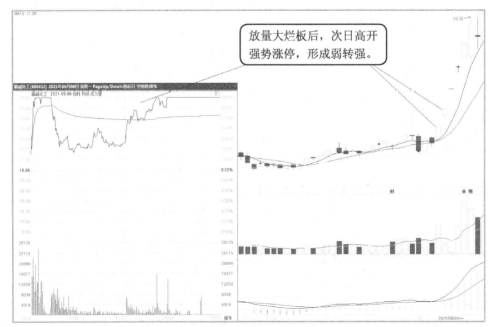

图 6-16　氯碱化工（600618）日 K 线和分时走势图

2. 尾盘弱势板次日高开涨停

这种情形大多出现在第 2 板位置，主力对第 1 板获利筹码进行很好换手，然后尾盘拉升形成弱势 2 板。第二天高开时，可以博弈 3 板机会。有的个股在 2 板位置往往会遇到前方某一个压力区，主力通过全天换手后在尾盘拉板。操作说明如下。

（1）这种弱势板大多在 2 板位置出现，博弈 3 板转一致机会。

（2）上板是确定性买点。有些强势股中的尾盘弱势板，次日竞价高开时可适当参与。

（3）这种弱转强也极易出现大牛股，在复盘时可重点留意。

图 6-17，康盛股份（002418）：2021 年 6 月 28 日，小幅高开后呈现横盘震荡，在尾盘半小时里直线拉涨停，形成尾盘弱势板，这种板很多人不感兴趣。第二天高开后，强势拉涨停，虽然盘中也出现烂板走势，但盘面气势比前一天明显强劲，因此可适当参与。其实，从 K 线结构可以看出，主力在 2 板位置出现震荡，有两个明显意图：一是驱逐低位获利筹码；二是消化前期盘区压力。所以，可以博弈 3 板机会。

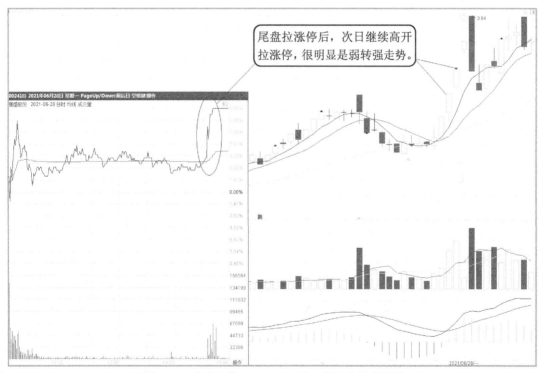

尾盘拉涨停后，次日继续高开拉涨停，很明显是弱转强走势。

图 6-17　康盛股份（002418）日 K 线和分时走势图

3. 大长腿后次日转一致

对于大长腿涨停，次日的正常竞价就是要低开消化前一天获利 10 个点以上的获利盘，盘中换手充分，游资才会再次参与接力，而大长腿后次日高开就是超预期，强势涨停就是确认信号。操作说明如下。

（1）大长腿本身并不能归类为"弱"，更多的是考虑到：大长腿当天获利盘丰厚，第二天容易砸盘，但大长腿次日仍能给高点，说明市场愿意接纳前一天的获利盘。所以从这个角度来讲，也将其归类为"弱转强"。

（2）大长腿次日无所谓高低开，重点是上板确认。有的强势股上0轴时即可适当进场，上板时加仓。

图6-18，顺博合金（002996）：2021年3月17日，高开3.43%后快速回落，盘中最大跌幅达到5.09%，之后股价强势拉起并涨停，K线呈现大长腿形态，看起来主力拉升有点虚假，且当天涨停又后出现大烂板，说明盘中有获利资金出逃。但是，次日股价超预期大幅高开5.73%后，不到5分钟强势涨停，这是非常经典的弱转强走势。弱转强后的强更强，股价实现6连板行情。

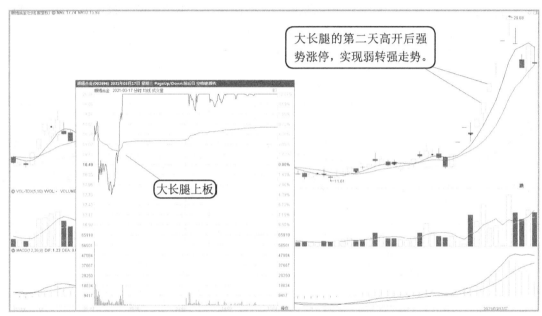

图6-18　顺博合金（002996）日K线和分时走势图

弱转强在龙头股妖股中会多次出现，但是涨了几个板后的弱转强买点，不免让人有点犹豫。要想让自己买入踏实，那就参与龙头股2板后的弱转强或最高空间板的弱转强，而很多板块爆发后在前几个板真正的总龙头并不知道，尽量参与前排的龙头，也就是通常说的日内的龙一、龙二、龙三。

4. 炸板后次日高开涨停

股价拉升至涨停后，封板一段时间被炸开，直到收盘也没有回封，形成炸板走势。第二天，股价高开在前一天的最高价之上，并强势涨停，形成弱转强走势。操作说明如下。

（1）竞价高开就是买点，上板可加仓。

（2）如果次日盘中出现回落，可在回落时低吸。

（3）多用于上影线反包，而阴线反包较为少见。

图6-19，三孚股份（603938）：2021年6月30日，开盘后强势拉升，9:47涨停，封板2分钟后炸板，直到收盘没有回封。这种盘面并不看好次日的行情，但是次日股价大

幅高开8.97%，盘中瞬间打压翻绿，后被巨量买单拉至涨停，几次烂板后成功封板至收盘。投资者遇到这种盘面时，可在高开时参与，回落时低吸，上板时加仓。

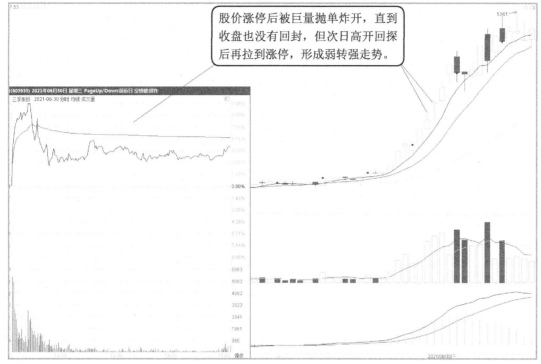

股价涨停后被巨量抛单炸开，直到收盘也没有回封，但次日高开回探后再拉到涨停，形成弱转强走势。

图6-19　三孚股份（603938）日K线和分时走势图

5. 放量大阴线后反包

当股价小幅下跌之后，能够很快出现回升，并覆盖前面的调整K线，就形成反包形态，这是弱转强的表现形式之一。前面回调K线称为调整线，后面回升K线称反包线。了解反包战法，可阅读《涨停28式》一书，中国宇航出版社，2022年2月。

主力反包的特点有三：一是龙头股的快速洗盘手法；二是聚集人气最快的方法；三是K线不走连板结构，这是躲避监管最有效的战法。操作说明如下。

（1）多用于龙头首阴反包以及个股跟风反包。

（2）反包形态基本上出现涨停或大阳线之后，有短线资金进场，次日出现阴线被埋，而这一部分资金在阴线这一天可能被消化掉了，也有一部分资金利用自身优势强行扭转势头，以涨停的方式实现自救。

（3）反包个股一定要有市场认可的、以前没有炒作过的题材或热点。

（4）反包成交量放大，股性要活跃。涨停封单要比平时大，这样才能吓住抛压盘，主力用气吞山河的涨停来告诉大家：我就要拉了，大家别跑。

（5）前面的筹码不能太集中，如果有大资金被套，谁敢去"解放"，谁就会被砸死。

（6）反包形态大多在市场不太好的时候出现，这样迅速拉升能够吸引市场眼球。当然，有时候市场也喜欢炒作一种图形。

图 6-20，红宝丽（002165）：2021 年 9 月 13 日强势涨停，形成加速之势，但次日高开 2.02% 后快速滑落，全天呈现弱势运行，当天收跌 3.11%，成交量放大。这种盘面给人的感觉并不好，可是第二天小幅低开后逐波震荡走高直至涨停，反包了前面的放量大阴线。投资者遇到这种走势时，可以在涨停板位置入场，之后股价连续涨停。

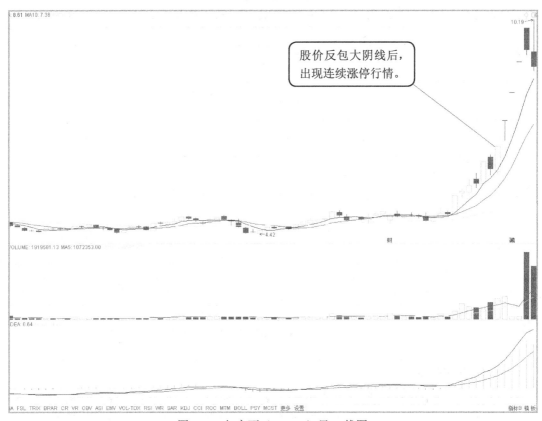

股价反包大阴线后，出现连续涨停行情。

图 6-20　红宝丽（002165）日 K 线图

6. 题材超预期

有时候一个题材出来以后，并不知道它能走多远、走多强，这样就要在第二天或随后几天确认，如 2021 年 3 月的碳交易板块，当时市场大多数人以为该板块走不远，难持续，而同期的"黑色系"是涨价大题材，后面空间很大，但是当中材节能（603126）连拉 7 板后，华银电力（600744）等一批碳交易概念纷纷走强，使整个碳交易板块走向火爆，题材行情超预期。所以，短线投资者要紧跟市场，市场热点在哪，就第一时间跟到哪。

图 6-21，长源电力（000966）：该股 2021 年 3 月 17 日收阴线，从 K 线结构分析股价面临调整压力，但第二天出其不意大幅高开 7.28% 后秒板，带领"碳交易＋电力＋风能"题材板块出现超预期走势。

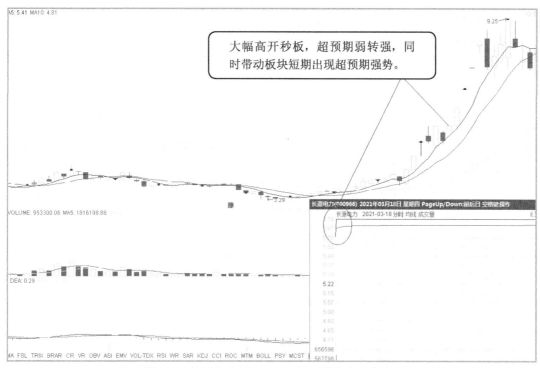

图 6-21　长源电力（000966）日 K 线和分时走势图

7. 游资一家独大次日高开

这种类型的个股多见于次新股和撬跌停板股，涨停当日龙虎榜中买一席位为一家独大吃独食，次日股价高开或涨停。

例如，2019 年 2 月 18 日，恒铭达（002947）在龙虎榜一家独大吃独食，次日弱转强高开。加之行情好，资金亢奋，次日连板。

还有很多投资者不理解撬跌停板，哪怕是出现地天板后，次日为什么经常还是以跌停价开盘？这样的地天板经常是尾盘偷袭涨停。

比如，2018 年 12 月 21 日，游资"割肉荣"（华泰证券深圳益田路荣超商务中心）在上海莱士（002252）跌停板位置花大资金撬板，盘中拉升花了 2 000 万元，封涨停用了 1 000 万元甚至更少，因为当天做空阻力最大的地方在跌停板上。散户看到跌停板被撬开后，首先想到的不是抛出，而是亏了这么多后见有人拉升就停止卖出，涨停后散户更不会抛售，盼望后续股价走高等待解套回本。第二天跌停板开盘或接近跌停价开盘，只要"割肉荣"在这一天能出货，可以算一下最大盈利多少钱。撬板的 1 亿元获利 10% 左右，封板的资金亏损 10%，即便盘中拉升的资金也亏损出局，当天还是赚钱的。股灾的时候，很多资金就是这样玩的。如特力 A（000025）、兔宝宝（002043）等。当然，不是所有的地天板次日都会以跌停价大幅低开。

二、弱势的极限和强势的起点

1. 弱势的极限

弱转强，首先是弱势的极限，其次是强势的起点，如果从买点的角度看，最好的买点不一定是回升出现以后率先大涨的股票，因为有可能弱势没有到极限。

不在极限位置尝试的弱转强，大概率还会再次走弱，所以要找到真正的买点，首先要会判断弱势的极限位置。

极限的判断是最难的，新手死在追涨上，而老手死在抄底上。投资大师利弗莫尔最终也死在了抄底美股，可见要明断弱势的极限，到底有多难。

难判断，并不代表不能判断，在股市里的每一次交易，都是判断的博弈。如果判断得更早更对，会更有优势，单纯的跟随，永远赚不到大钱。

如何判断弱势的极限呢？比较常用的方法是二次恐慌。简单地说，就是情绪龙头第一次走弱以后，可以继续等待，直到它出现第二次走弱，才去搏弱转强的尝试操作。

所以，弱势的极限，就是二次恐慌，这是核心要点。

比如，龙头 A 见顶以后，直接来一个跌停板，这是第一次恐慌，隔日有继续下跌风险，如果此时去搏弱转强，大概率会被套。正确的做法应选择等待，直到隔日它继续大跌，也就是二次恐慌以后，去寻找弱转强的机会。

这种策略背后的逻辑：第二天大跌，第三天继续大跌的概率很小，而超跌反弹的概率更大，一旦超跌反弹，恐慌趋于缓和，那么弱转强就能成功。

又如，龙头 A 见顶以后，没有大涨，也没有大跌。以震荡整理收盘，这同样是弱势，也是第一次恐慌。这时也不要马上去尝试搏击弱转强，而是等它隔日再跌一把，最好是大跌，这是二次恐慌，然后去找弱转强的机会。

这种策略背后的逻辑：龙头在高位震荡，无法判断高位承接的力度，只有大跌一把，让短期的恐慌来验证市场承接的强弱，从而判断场外资金是否有进场的欲望，最终决定要不要进场搏击弱转强。所以，二次恐慌，搏的是弱势的极限，也是恐慌的极限。

图 6-22，洪通燃气（605169）：在股价盘升过程中，2021 年 9 月 10 日在相对高点收出调整阴线，次日盘整走势，但不能因此断定股价调整结束，因为此时属于一次恐慌。第三天，股价继续收出大阴线，可视为二次恐慌，即短线弱势的极限，可以作为买点考虑。

2. 强势的起点

强势的起点，就是缩量上板。弱转强的买点，除了看弱势的极限，还可以看强势的起点。有时候二次恐慌之后，依然继续恐慌下跌，第一波情绪龙头连续大跌，第二波情绪龙头还是大跌，很明显市场产生了深度的亏钱效应。

这时候判断弱势的极限比较麻烦，总不能等三次恐慌、四次恐慌吧，第一次打得散户措手不及，第二次有可能是错杀，会有赢的概率，如果一直不断地恐慌，那么抄底怎么赢？所以抄底要有限度，错了要及时止损。

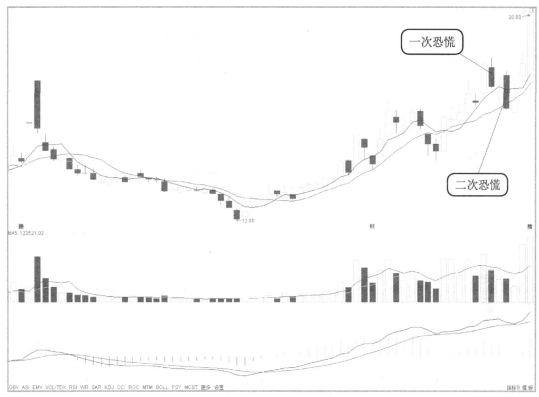

图 6-22　洪通燃气（605169）日 K 线图

遇到绵延不断的亏钱效应，大家要做的，除了观察恐慌有没有到极限，大跌个股有没有继续下跌，多观察或许会看到不一样的风景；如果出现了极度强势的高位股，往往是强势的开端。

比如，空间 3 连板被按了跌停板，一个不够还带一个，明显 3 板没人接力了，这时候忽然冒出一个 3 连板股，且 3 连板不够，还直接一字板加速，或者开盘秒板，弱势极限不明显，但是强势的开端非常明显。这时高位有人敢抢筹，投机资金敢做，也是弱转强的买点。

总之，弱势的极限，说明砸不动，接下来可以转强势；强势的起点，说明敢冲了，同样可以延续强势。比如，2021 年 8 月 23 日的鑫铂股份（003038）、2021 年 6 月 29 日的海源复材（002529）、2021 年 9 月 7 日的红星发展（600367）和世龙实业（002748）的走势。

图 6-23，意华股份（002897）：一波拉高行情结束后，股价持续阴跌下行，在"二次恐慌"入场仍然遭受被套。那么如何判断强势的起点？就是缩量上板。2021 年 8 月 23 日，高开 5.8% 后稍作下探，然后快速拉涨停，全天成交量不大，说明股价调整结束，迎来弱转强机会，此后股价强势上涨。

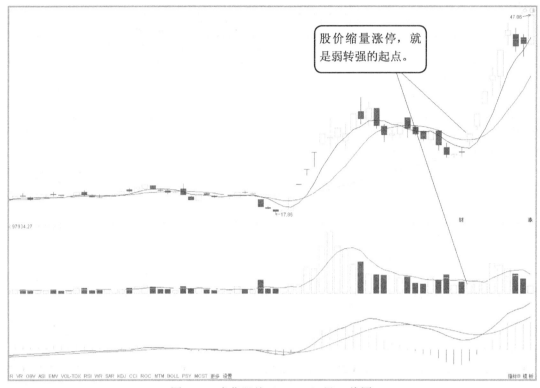

图 6-23　意华股份（002897）日 K 线图

三、弱转强实盘剖析

1. 弱转强的模式

弱转强是指前一天大烂板，次日却强势连板，本质上是一种超预期，这个模式比较暴利，一般当日涨停就能产生浮盈，多数次日均有冲高甚至摸板的机会，两个交易日大多能够保持收益。多数妖股在走妖的过程中，会出现弱转强这种现象。

什么是弱转强模式？最常见的弱转强是指前一天超级大烂板，次日正常预期会低开下跌。但是如果次日盘口表现强势，竞价超预期爆量高开，走出弱转强连板，那就是关注点。

图 6-24，思特奇（300608）：2021 年 6 月 9 日，首板炸板尾盘回封，形成典型的烂板走势，市场普遍对第二天行情预期不高。但是，次日出现标准的弱转强走势，股价成功一进二涨停。

图 6-25，科蓝软件（300663）：2021 年 6 月 10 日，首板涨停后烂板，市场预期不高。但次日股价高开走强，出现标准的超预期弱转强涨停。

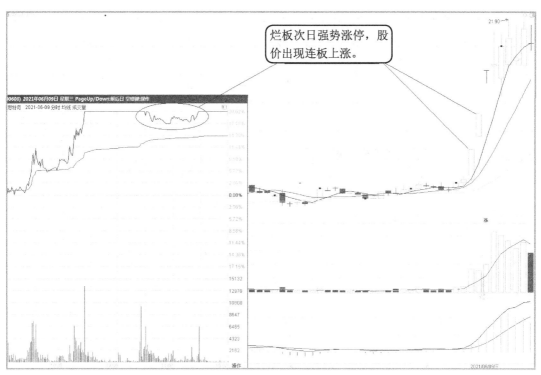

图 6-24 思特奇（300608）日 K 线和分时走势图

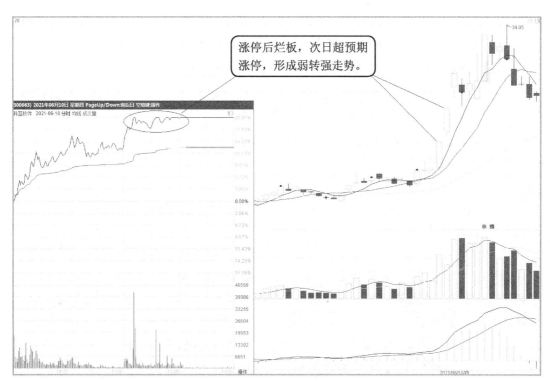

图 6-25 科蓝软件（300663）日 K 线和分时走势图

图 6-26，欣贺股份（003016）：2021 年 6 月 10 日，股价涨停后烂板震荡，虽然尾盘重新封于涨停，但市场预期不高。果然，第二天没有超预期走势，那样就没有买点。

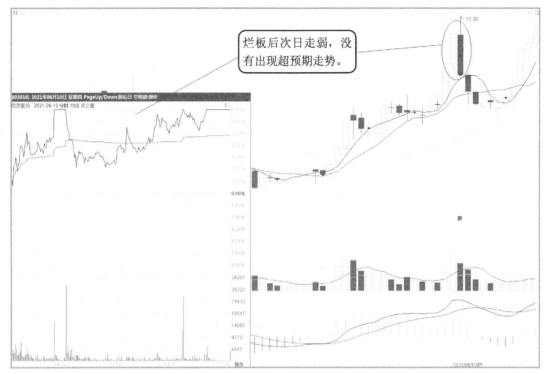

图 6-26 欣贺股份（003016）日 K 线和分时走势图

通过上述实例分析，可以发现一些弱转强准确率相对较高的共同点。

（1）大烂板当日放量最好在 10 个亿以下，成交量太大的个股，次日弱转强量能锁不住，所以往往是小盘股更容易走出超预期弱转强。

（2）烂板分时烂得越彻底，次日竞价高开胜率越高。

（3）弱转强的信号往往在于烂板后次日竞价的超预期爆量高开，竞价成交量直接占到了前一天成交量的 8%~10%。

（4）次日小幅低开迅速拉红或者直接超预期高开快速拉涨停，买点为低开拉红后在红盘区域低吸或者板上加仓。

其实，弱转强本质逻辑就是超预期，前一日分时走势反映主力资金做多力量不坚决，表现就是超级大烂板，有的甚至没有回封涨停。这按正常理解，次日竞价大多绿盘低开，开盘后直接下杀，但是次日表现超预期，竞价爆量高开，开盘 10 分钟左右就迅速上板，这就是做多力量由弱转强的标志，次日往往有不错的溢价。

图 6-27，顺博合金（002996）：2021 年 3 月 15 日，股价 3 进 4 断板，预示股价短期要调整，市场预期不高。但是，股价大幅高开 5.09% 后秒板，盘中烂板后快速回封，股价出现 6 连板。

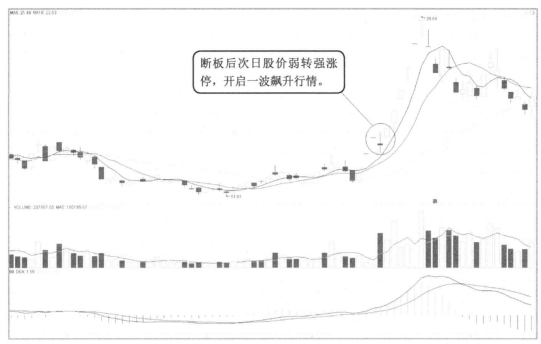

图 6-27　顺博合金（002996）日 K 线图

图 6-28，福建金森（002679）：2021 年 5 月 28 日，在高位出现断板走势，市场普遍认为股价面临回调风险，但断板后次日直接弱转强，竞价抢筹涨停，一字板开盘反包，后面继续连板涨停。

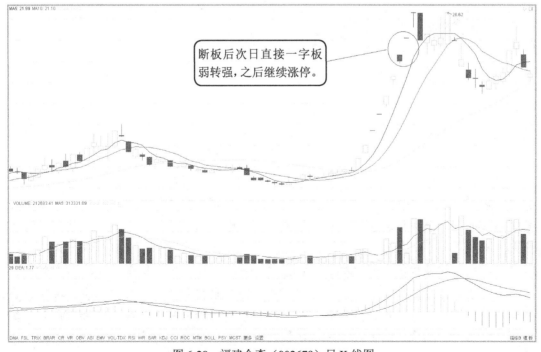

图 6-28　福建金森（002679）日 K 线图

2. 弱转强的判断技巧

在很多时候，最危险的地方往往是最安全的。这方面可以通过非常经典的弱转强个股做具体分析。

图 6-29，小康股份（601127）：2021 年 4 月 26 日，高开 8.01% 后，2 分钟内强势涨停，一直封盘到尾盘出现烂板，然后回封。这种尾盘涨停被打开，说明有资金提前出逃了，通常第二天会直接低开走弱，但是第二天集合竞价弱转强，高开 2.31%，虽然盘中回探到前一天的最低点附近，这时候就要关注资金承接力度，当下探后回升到 0 轴时就是最佳买点。

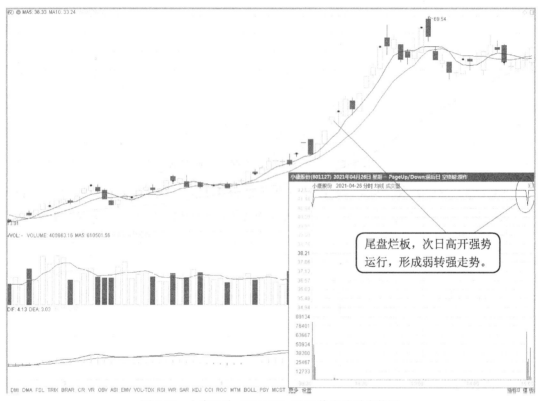

图 6-29　小康股份（601127）日 K 线和分时走势图

图 6-30，奥园美谷（000615）：2021 年 4 月 28 日的走势，符合前文讲述的炸板后次日高开涨停，本身就符合弱转强走势。29 日涨停后多次烂板，这种情况下第二天微幅高开下探后迅速拉起来，同时该股也是当时医美概念热炒的题材，这就是较好的买点。

图 6-31，华亚智能（003043）：2021 年 4 月 20 日，当天早盘迅速涨停，封盘近半个小时后开板震荡，直到尾盘才重新回封，而且封盘不坚决，几乎没有封板资金。这种情况，第二天低开基本没有悬念，尤其是次新股很多时候直接被跌停。但是，第二天反而高开 2.67%，快速下探后回升 0 轴上方维持强势运行，说明有资金承接，这就是买点。

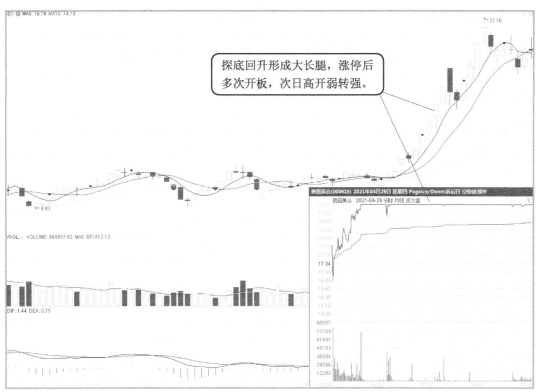

探底回升形成大长腿，涨停后多次开板，次日高开弱转强。

图 6-30 奥园美谷（000615）日 K 线和分时走势图

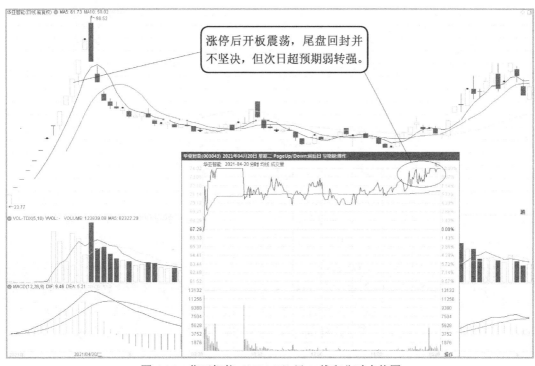

涨停后开板震荡，尾盘回封并不坚决，但次日超预期弱转强。

图 6-31 华亚智能（003043）日 K 线和分时走势图

3. 不宜参与的烂板

在实盘操作中，有些弱势股是坚决不能买入的，不少投资者总想着低开再买，总认为低开才是机会，岂不知高开是宝，低开是草。那么哪些烂板不宜参与？

（1）当天出现近期天量的烂板，不宜参与。

图 6-32，哈空调（600202）：2021 年 4 月 14 日，涨停后反复开板，形成大烂板走势，换手率高达 22.63%，成交量为近 5 年的天量，说明上方抛压很重，这就应引起投资者的注意。果然，第二天低开 2.86%，符合市场预期，盘中一度冲高 4.95%，然后逐波回落，当天收跌 7.63%。烂板后次日走弱，没有出现超预期走势，因此不宜参与。

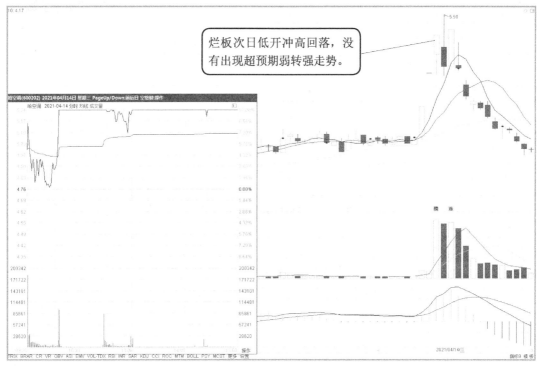

图 6-32 哈空调（600202）日 K 线和分时走势图

（2）股价涨幅巨大的高位烂板，不宜参与。

图 6-33，顺控发展（003039）：该股连拉 21 个涨停后见顶回落，2021 年 4 月 20 日涨停，盘中出现大烂板，显然是一个诱多动作。第二天大幅低开 9.92%，严重不及预期，这种情形下不要有任何幻想和冲动。盘中长时间处于跌停板状态，之后股价持续弱势运行。

（3）上方遇到重大压力的烂板，不宜参与。

图 6-34，惠程科技（002168）：2021 年 4 月 14 日，涨停后反复开板，尾盘回封，全天呈现大烂板走势。由于烂板本身预期不高，加之该股前期下跌时造成强大的套牢盘压力，而且当天成交量爆出天量，所以这样的烂板后市预期不高。果然，次日大幅低开 7.34%，略做冲高后回落跌停。

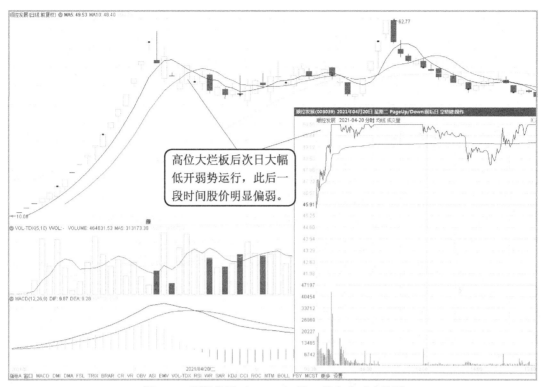

高位大烂板后次日大幅低开弱势运行，此后一段时间股价明显偏弱。

图 6-33　顺控发展（003039）日 K 线和分时走势图

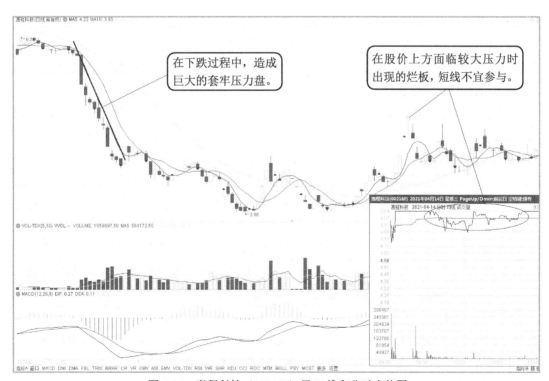

在下跌过程中，造成巨大的套牢压力盘。

在股价上方面临较大压力时出现的烂板，短线不宜参与。

图 6-34　惠程科技（002168）日 K 线和分时走势图

需要说明的是，这里只是告诉大家最浅显的知识，让大家知道什么是弱转强，怎么识别弱转强，并不是高开的个股都会弱转强，也并不是只要高开就可以买。弱转强的买点要结合市场当前的情绪、热点题材、资金的承接力度来参与，是市场资金合力的结果，没有超短盘感的投资者不要参与这种形态，因为搞不好就是一碗"大面"。

四、弱转强的板块阵眼

阵眼主管一个阵法的运行，其实就是能量来源。阵眼是阵的中心人物，根据阵眼动作触发特殊的事件，它们可以增益团队，也可增益个人。

大多数上升周期中，主力资金攻击是分阶段的，它们之间有协同、有配合、有组织、有纪律，也就是通常说的，一波一波地来。当然，一波走到底的也有，但是并不多见。

投资者必须读懂资金攻击的细节和路线，因为只有读懂这些信息，才算真正地看懂盘面，然后就是紧跟主力资金步伐，这样赚钱也是水到渠成的事情。

以2021年3、4月碳中和上升周期的路线为例，大致可以分为三个阶段，第一阶段为中材节能，第二阶段为华银电力，第三阶段为森特股份，而且第三阶段是靠情绪余温来维持，所以不能预期太高的高度。

市场每个阶段都有领涨阵眼和协同配合的个股，它们组成攻击阵型，如第一阶段阵眼：中材节能，协同：仁东控股＋一拖股份；第二阶段阵眼：华银电力，协同：长源电力＋台海核电，第三阶段阵眼：森特股份，协同：菲达环保＋顺博合金。

不管是哪一个阶段，如果能够第一时间识别出领涨的阵眼，哪怕是识别出了协同个股，收益也不会太少。那么，如何识别超预期股票中的板块阵眼？这还要从弱转强说起，一波进攻行情渐入尾声，领涨的龙头开始显示疲态，这个时候整体的情绪周期进入弱势，那么接下来的走向只有两种，一种是弱转强，另一种是弱转弱更弱，除此之外别无他路。

那么，我们就来讲一下弱转强这条路线。当看到当天龙头走弱，不涨停，或者闷杀到水下。这就说明情绪弱势了，但弱势抓手反而是机会，因为很可能市场要发"福利"了。如果在这时候怕了，那就说明你火候还不到。这时候怕的是散户，兴的是主力，记住这一点，你就进步一大截了。当然，这里还要做很多关于周期路线的分析，才能推导出是否可能产生弱转强，由于篇幅有限，这里不细说。

图6-35，华银电力（600744）：2021年3月15日盘中炸板，最终大烂板封盘。次日，低开3.76%，一整天小碎步上攻，最终封于涨停。

这和之前的一字板、T字板相比，是不是就显示疲态了？那么，在3月16日早盘，龙头进入水下的时候，可以确认为弱势。大家可以观察弱转强的阵型，看看是谁在领涨。就在这一天，菲达环保是一字板，森特股份＋台海核电低开，但是盘中闪电一样地秒板。然后就是顺博合金上板，情绪确认弱转强。

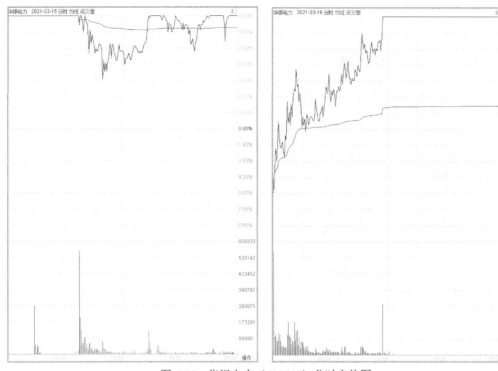

图 6-35 华银电力（600744）分时走势图

那么接下来的路线怎么走？无非是强转强更强，或者强转弱。3 月 17 日，森特股份被压在了水下，台海核电烂板，华银电力彻底走弱，顺博合金烂板，情绪确认转弱势。这样抓手机会出现了，市场又要发"福利"。

3 月 18 日，预期只有两种，一种弱转强，另一种弱转弱更弱。森特股份前一天在水下游走，这天预期应该按跌停，或者继续水下开盘。可是，股价却超预期高开 8.81%，主力很明显告诉市场：我要发"福利"了，快来入场。进一步观察前一天掉队的，华银电力＋中材节能，并没有砸盘。再看长源电力、顺博合金、菲达环保都高开。不过，森特股份有点可爱，连续几天一字板，积累了大量的获利盘，本来开盘准备砸盘，可以一眨眼，秒板了，顺博合金也板了。

很明显，弱转强成功。领涨：森特股份，协同：顺博合金＋长源电力＋菲达环保，老龙头华银电力可能陪跑一程，也可能会再次走弱。

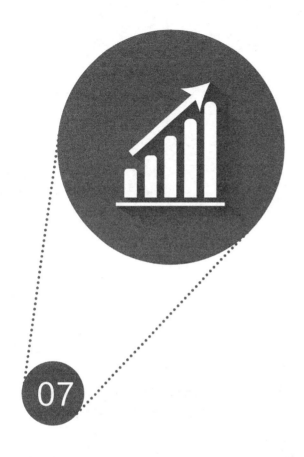

第七章 ┃ **强势股操作技巧**

▌▌▌ 第一节 强势股的启动特征

● 一、均线黏合蓄势

在股价启动之前，时常会有某些较为明显的走势特征表现出来，有些方面即使主力想要隐藏都是很困难的。比如，股价要想大涨通常至少要站在5日、10日均线之上，量能一般也会经历一个从不断萎缩再到开始放大的过程。有些股票由于试盘，还会在分时走势上留下较为明显的痕迹，发现这些较为有规律性特征的股票，就可以重点地持续关注。往往过不了多久，这些股票就可能启动一波较有力度的上升行情。

均线黏合蓄势，多条均线处于黏合状况，至少说明了两点。

（1）市场中的投资者在一定时间内的持筹成本趋于一致。

（2）股价很可能到了变盘的时点，即将产生方向性突破选择。

均线黏合现象要注意两个前提：对于之前已经大幅上涨的股票，应防止之后可能出现的大跌；对于前期没有大涨过的股票，就要留意可能出现的大涨行情。

图7-1，兴发集团（600141）：可以观察该股2021年5—9月的走势图。股价从低位走高至A点，随后下跌到B点，之后反弹到接近前高的点的位置，形成了次高点C点，随后下跌至D点企稳回升，股价出现新一轮上涨行情，快速实现了翻番。那么在股价大涨之前，能不能找到一些即将启动的走势特征呢？

A、C是调整中的两个高点，B、D是调整中的两个低点，而D点位置高于B点，成交量持续萎缩，表明下跌能量减弱，之后股价回升到E点，因此D点也是企稳回升的转折点。

由于D点处于多条短期均线黏合的上方，当股价回升到E点时，可以初步判断是主力的洗盘行为，而且洗盘已经基本结束。为了分析该位置是股价大涨前的洗盘，还是大跌前在构造顶部形态，需要做进一步的验证。

2021年7月9日，也就是E点之后的第三天，该股收出一根放量涨停的K线，突破了A、C两个高点，均线也由黏合转为向上发散，也就正式吹响了冲锋的号角。该股之后一鸣惊人，涨幅超过150%，可谓牛气冲天。

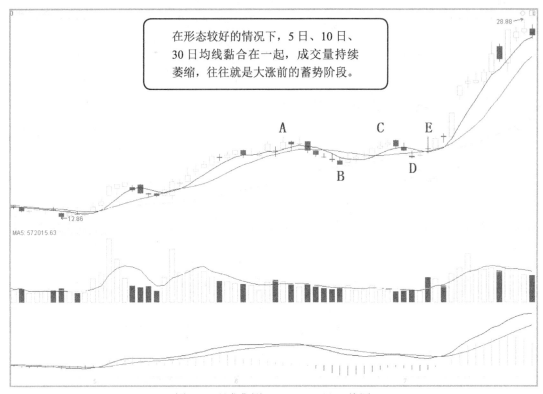

在形态较好的情况下，5 日、10 日、30 日均线黏合在一起，成交量持续萎缩，往往就是大涨前的蓄势阶段。

图 7-1　兴发集团（600141）日 K 线图

要点提示：在大形势也较为有利的情况下，5 日、10 日、30 日均线处于高度黏合状态，股价处于这三条均线与 60 日均线之间时，成交量也萎缩至近期地量，往往就是股价即将大涨较为经典的形态。因为，这通常意味着股价洗盘已经较为充分，上涨行情一触即发。

二、盘面强者恒强

1. 逆势走强

逆势是指个股不随大盘走势，在大盘下跌时，拒绝下跌或小幅下跌，在大盘处于盘整或小涨的情况下，涨幅远远强于大盘走势。出现这种现象，往往是实力强大的主力在积极介入的外在表现。因此，能够逆势逞强的个股，十有八九后续都会有较为出色的表现。

图 7-2，精功科技（002006）：2021 年 7—9 月的走势图。上证指数在 2021 年 7 月 23—28 日四个交易日内最大跌幅达到 7.32%，个股更是出现了大面积的下跌惨状，这突如其来的大跌在当时一段时间是极其罕见的。然而，沧海横流方显英雄本色，在如此恐慌的氛围之下，精功科技及所属的多晶硅板块却特立独行，走势远远强于大盘。图中圆圈内就是该股在大盘暴跌期间的走势，四个交易日中股价上涨 6.16%，远远强于大盘。该股上涨幅度和气势明显超过大盘，强势特征一览无余。

之所以在大盘暴跌期间该股还能表现如此出色，就在于有强大的主力看好该股的后市，认为股价的上涨空间十分巨大，所以才会乘大跌之际，来吸纳大量的筹码。该股后期，也的确成为当时最牛的黑马之一，在短短的一个多月时间里，股价涨幅超过 100%，着实令人叹为观止。

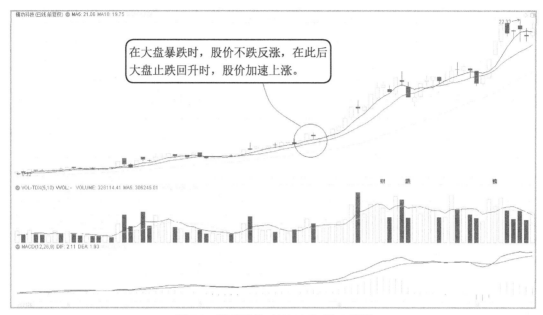

图 7-2　精功科技（002006）日 K 线图

要点提示：在大盘环境较好的情况下，主力实力的强弱以及继续做多的意愿，在很多时候，难以准确地把握和发现。但是，在大盘暴跌时，个股的强弱就会一目了然，所以此时就是寻找未来有可能成为大黑马的最佳良机。

2. 走势独立

"逆势走强"和"走势独立"，从字面理解，意思似乎差不多。其实不然，逆势走强是指个股和大盘的走势之间做比较；这里的走势独立是指个股和具有高度关联性的板块之间做比较，个股的走势，明显独立于板块的情况。

图 7-3，中青宝（300052）：2021 年 9 月，A 股掀起了一股元宇宙概念热潮，9 月 7 日中青宝涨停，宝通科技、华立科技、佳创视讯概念公司跟涨，次日继续承接强势运行。

但是，第三天大多数个股跌幅在 7% 以上，中青宝却是鹤立鸡群，虽然没能继续涨停，但还是强势上涨 14.31%，远比同板块其他股强劲。通过盘面对比，中青宝的强势特征已经非常明显了，能够在一片恐慌下跌的氛围之中，表现得如此神勇，自然是有超级主力的强力介入所致了，之后几日股价继续强势上涨。

要点提示：吉峰农机在上市之后的 21 个交易日，股价就上涨了 2.38 倍，走势远远强于创业板的其他股票。可见，能够与大的潮流和趋势作对，是要有足够实力的。走势独立与逆势走强这两部分内容，在选股思路上还是具有共同之处的。核心都是强者恒强，这也是市场中一个重要的且经常被不断重复的现象，对于短期强势股而言，尤其如此。

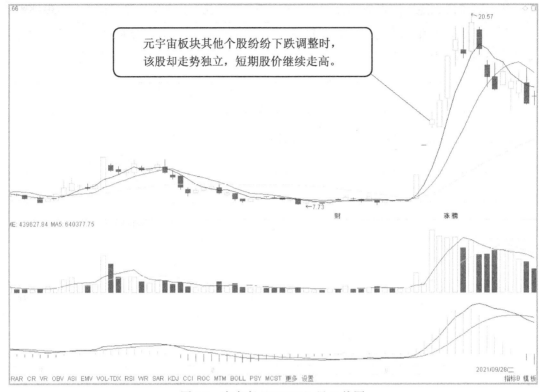

元宇宙板块其他个股纷纷下跌调整时，该股却走势独立，短期股价继续走高。

图 7-3 中青宝（300052）日 K 线图

三、主力拉升试盘

主力在拉升之前，通常要对目前投资者的持筹心态、市场的抛压程度和追涨意愿以及是否有其他主力存在较大干扰等各种情况进行测试，以便确定当前是否具备拉升条件。

若已经具备拉升条件，往往第二天就会高开高走，进入持续的上涨阶段。若是感觉拉升的时机还不成熟，往往就会继续洗盘整理。其中，常见的试盘主要有两种形式：一种是在当天开盘不久就进行拉升试盘；另一种是在当天快要收盘前来进行快速拉升试盘。

1. 早间试盘

早间试盘是指主力在开盘不久，就对股价进行快速的拉升。在拉升过程中，通过盘面表现的各种状况，来判定当前拉升的时机是否成熟。

具体在哪一个时间段来进行试盘，其实并不太重要，只要能达到较好的测试目的就可以，但是，若是在开盘不久就进行拉升试盘，对股价的表现有更高的要求，因为在这个时间段，市场追涨意愿是最为旺盛的，所以自然就应该水涨船高。

图 7-4，双良节能（600481）：2020 年 9 月 15 日的分时走势。当天股价跳空高

开 3.66%，然后快速拉起，二波上冲到 9% 以上，之后股价渐渐回落。从走势上来看，主力意识到马上拉升的时机还不太成熟，随后就放弃了继续拉升。开盘 5 分钟以后，股价就呈现出不断盘跌的态势。不过，可以看出，在股价下跌期间，成交量是较小的，属于良性回调。

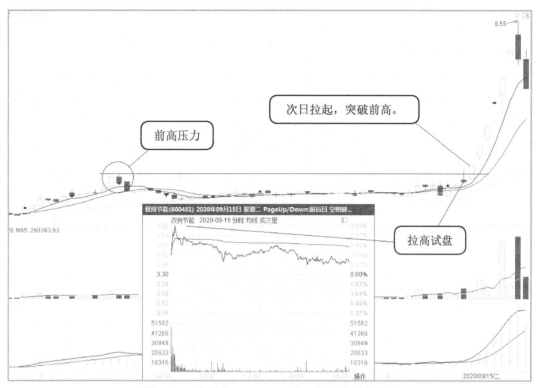

图 7-4　双良节能（600481）日 K 线和分时走势图

经过试盘拉升后，主力感觉到洗盘还不太彻底，就停止了当天的继续拉升，任由股价自由回落。通过这样的回落整理后，盘中浮动筹码得到较好的释放，进一步夯实底部基础。到了第二天，先是出现短暂的修整，让普通的短线投资者感到上涨无望，这也正是主力想要达到的效果。然后，成交量开始快速放大，股价也同步强势推升，5 分钟时间就封上了涨停板。

通过两天分时盘面表现，可以得出该股短期已经启动的结论，但是，后续是否有可能大涨，还是要从股票的中期走势方面去分析。从日 K 线走势可知，股价距离前期高点位置较近，只要有效突破，上涨空间就较为可观。在 9 月 16 日就创出了新高，以强势涨停的方式突破压力，股价之后也连续暴涨，一连拉出 6 个涨停板。

要点提示：在前一天，尤其是在开盘后 1 个小时，曾经有过明显上冲动作的股票，而收盘并没有出现让人看涨的盘口信息，但第二天有的个股就会重新启动上涨，特别是热点板块的龙头股，甚至还会强势收出涨停。

实盘中有不少股票，在前一天似乎看不出有明显的调整止跌迹象。但是只要次日股价大幅高开，且在开盘 30 分钟的时间内，股价一直高于前一天的收盘价，就表明股价短期调整可能结束，当天可能有较好表现。

2.尾盘试盘

尾盘试盘是指主力将拉升试盘的时间选择在了临近收盘时，较多是在 14:30 之后。在这个时间段进行试盘，对于判断股票后续的走势就提出了更高的要求。因为，很容易让人误以为是主力的实力或底气不足，由于担心大盘在尾盘跳水，所以才选择在临近尾盘采取行动。

这种担心是很正常的，因为大多数选择在尾盘拉升的股票，后面几天的表现确实难以令人满意。但是，也有"虚则实之，实则虚之"的意图，真假混杂在一起，让大众投资者摸不准主力用意，这正是狡猾的主力惯用的招数。

图 7-5，富临精工（300432）：2021 年 7 月 2 日的分时走势。在大半天的时间里，一直处于窄幅震荡之中，但是到了 14:20 以后，出现了一波流畅的拉升，一波涨幅就达到了 8% 以上，之后大幅度地回调，这就使得该股的走势显得扑朔迷离，让人很难看清楚主力的意图，到底是为了后续大涨而进行的有计划拉升试盘，还是超短线弱庄拉一把就走。

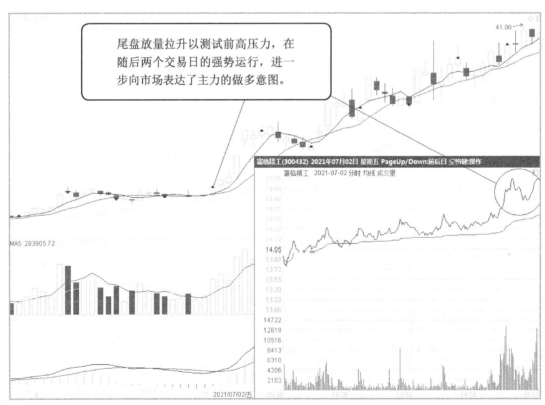

> 尾盘放量拉升以测试前高压力，在随后两个交易日的强势运行，进一步向市场表达了主力的做多意图。

图 7-5　富临精工（300432）日 K 线和分时走势图

毕竟在市场上，上演一日游的股票多得数不胜数。要想得出较为明确的答案，就要继观察该股后续的走势。

在之后的两个交易日里，虽然股价没有大涨，但始终维持在这一天的收盘价上方运行，并向上创出上涨的新高，这至少说明尾盘的拉升是主力真实意图的表现，而不是虚张声势的诱多动作。主力强烈的做多欲望和雄厚的实力，已经在两个交易日中向市场很好地展示出来。果然，经历了两个交易日的强势整理之后，7月7日股价放量逐波上行，将股价推上了涨停板位置，此后进入强势上涨行情。

要点提示：尾盘较为真实的试盘拉升，通常必须满足三个条件：一是一波流畅的上涨幅度通常在3%以上；二是持续上涨的时间一般不应低于3分钟；三是次日股价必须稳定在尾盘收盘价或最高价上方。否则，投机骗线的概率就较大了。

四、量价背离打压

当股价下跌时，许多投资者都会出现一定的恐慌，但并不是所有的人都会卖出，仅有少数人在股价快速下跌之初抛售股票，大多数人在股票下跌时或下跌以后都会以观望为主，因为股票下跌往往来得突然，而更多时候投资者总觉得价位远没有达到自己的心理预期价位，所以在跌势里投资者一般不会轻易卖出筹码，当然投资者更不愿意在股价下跌时买进，那么就可能出现股票下跌时交投不活跃的状态。

股价下跌时成交量不活跃，说明没有人卖出的同时也没有人买入，也就是通常所说的股价无量空跌。在很多时候，要想做到先知先觉，快人一步，就必须在量价配合关系方面进行深入的分析。比如，上声电子（688533）2021年10月29日前后的走势，就是启动前的一个空头陷阱。

图7-6，三峡水利（600116）：2021年7月21日股价冲高回落后，不断下跌并创出调整新低，之后股价开始震荡走强。在股价进入上升行情之前，盘面出现明显的量价背离打压现象，7月26日开始连续3天下跌，成交量依次递减，且呈地量状态，换手率分别为0.83%、0.76%、0.51%，表明在下跌的过程中，筹码的锁定性异常良好，做空动能不足。7月29日股价高开拉大阳线，出现阳倍量，换手率2.02%，由于这种现象出现在长期调整后低位，底部特征非常明显。

要点提示：当股价出现这种无量空跌走势时，获利的机会可能也随之而来。在股价下跌过程中没有放量，说明大部分筹码被锁在高位，无量空跌后，股价反弹受到的阻力必然很小，抢反弹的短线资金或者盘中被套资金很容易看中这段位置做一波行情，而反弹出现的可能性和反弹的高度与空跌的幅度成正比。在无量空跌的走势出现后，都会出现一波或大或小的反弹行情，但反弹的空间可能有限，投资者需量力而行。

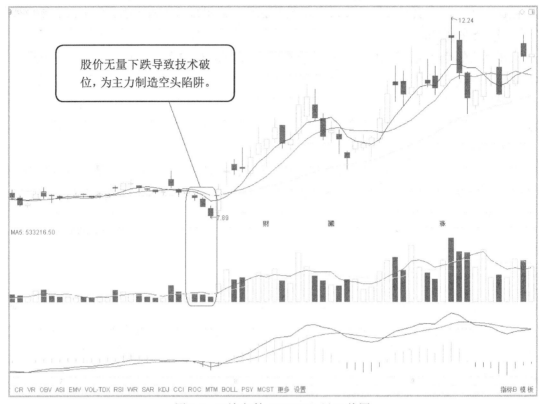

图 7-6　三峡水利（600116）日 K 线图

五、跌停洗盘回升

跌停板无疑是广大投资者最不愿意看到的盘面情形，这通常是股价走势最为弱势的外在表现。但是，如果主力为了吸纳大量的廉价筹码，时常会利用普通投资者对跌停板这一恐惧心理来进行相反的操作，刻意向下打压股价，逼迫投资者交出手中的筹码，从而达到自己的吸筹目的。

一般来说，主力通过跌停板洗盘具有突发性、巨量性和短暂性，也就是跌停来得太过突然，同时伴随巨大的成交量，但是跌停之后股价往往就开始大幅拉升或者是高开高走。

图 7-7，美邦服饰（002269）：股价连拉 4 个涨停后，出现大幅调整走势，盘面可谓惊心动魄。2021 年 3 月 23 日，大幅低开 4.37% 后，股价逐波走低，最终以跌停板收盘，次日继续低开低走，最大跌幅超过 8%。之后，股价反转走强，连拉 9 个涨停。

从该股整个运作手法上来看，主力深谋远虑，实力雄厚，非常具有智慧与魄力。其实不难发现，该股后续的走强，是有许多蛛丝马迹的，可以在事先察觉并有一些规律可循。首先股价调整充分；其次均线系统呈现多头排列；最后有主力刻意打压之嫌。

要点提示：跌停板往往能形成较大的恐慌，给市场以强烈的心理冲击，使得不少谨慎的投资者闻风而动、落荒而逃，以规避后期更大的损失。主力也因此特别青睐于运用

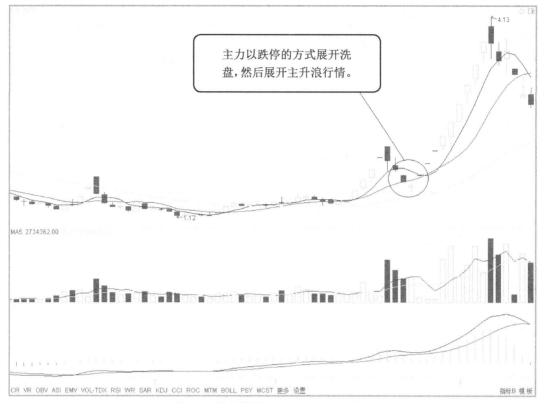

主力以跌停的方式展开洗盘,然后展开主升浪行情。

图 7-7　美邦服饰（002269）日 K 线图

杀跌停板这种凶悍的操作手法,在适当的时机直接将股价打压至跌停板上,引起全场震惊,能够很好地起到敲山震虎的作用,从而轻松地实现其或吸筹、或洗盘、或出货的目的。短线投资者如能慧眼识珠,甄别跌停板中隐藏的黄金,大可趁火打劫抓黑马,大胆吃进筹码。

六、量能突然萎缩

股价运行是有一定规律的,在涨幅达到一定程度后,主力就会进行洗盘,以顺利清理浮筹,提高投资者的持股成本,从而减少后续拉升阻力的目的。而量能不断萎缩,或已经不能继续较大程度缩小,或是突然比前一天大幅萎缩,通常就是洗盘即将结束的标志。

在技术上掌握以下几点:一是股价趋势必须向上运行,横向、下行不宜使用;二是股价回调到 30 日均线附近,且 30 日均线保持上行状态;三是前期成交量保持恒量活跃状态,不宜使用于巨量后的缩量;四是股价累积涨幅不大,主力洗盘性质。

图 7-8,新安股份（600596）:股价见底后进入上升通道,均线系统多头排列,在上涨过程中出现震荡整理,股价呈横向运行,成交量保持活跃状态。2021 年 8 月 9 日和 10 日连续两天成交量骤然萎缩,股价最低探到了 30 日均线附近,30 日均线保持上行状态。

30日均线通常是强势股的生命线，不会轻易被跌破的，因此，该股的洗盘就可能即将结束，该股从8月11日起，出现加速上涨格局。

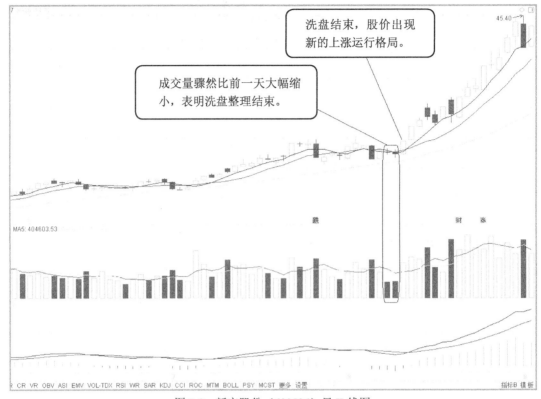

图7-8　新安股份（600596）日K线图

要点提示：在股价强势上涨运行过程中，中途出现短暂调整时，突然量能比前一天的大幅减少了一半左右，并且股价处于30日均线附近时，这就意味着调整将随时可能结束。在次日若股价出现放量上涨的话，往往就是介入的较佳时机。

七、十字横盘蓄势

十字星就是开盘价和收盘价差距很小的K线，通常表示在目前的价位多空双方暂时达成平衡。在大多数情况下，仅仅根据一根十字星，是难以得到较有价值的信息的，必须结合股价整体趋势、十字星所处位置以及对应的量能等多种情况来分析，才具有较大的意义，而在经过了一波拉高之后，多日收出十字星的特殊形态，就具有了非同寻常的意义了，它时常就是即将大涨前的征兆。

图7-9，天齐锂业（002466）：股价洗盘整理结束后，继续向上强势拉高，2021年6月23日放量涨停，突破前期整理盘区。突破之后，主力并没有直接拉升股价，而是进行换手整理，连续收出5根接近十字星的小K线，说明主力对盘面把控非常好。7月1日向上试盘后，股价进入新的上涨行情。

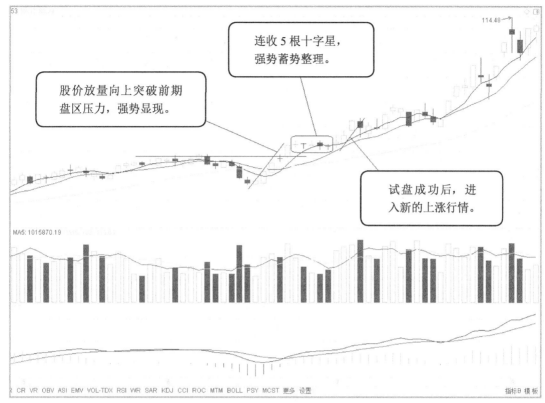

连收 5 根十字星，强势蓄势整理。

股价放量向上突破前期盘区压力，强势显现。

试盘成功后，进入新的上涨行情。

图 7-9 天齐锂业（002466）日 K 线图

要点提示：股价经历了较大幅度的上涨之后，进入调整阶段是很正常的，也是难以避免的。但是，调整有多种方式，不同的调整形态，蕴含的意义是完全不同的，而十字星横盘就是较为强势的调整形态。形成这样的形态，说明主力非常珍惜手中的筹码，不会在目前的价位轻易抛售，这样市场中遭遇到的实际抛压就要小得多了，而且，不排除主力仍在继续大力地买入。因为，就算主力没有卖出，市场中还有不少其他的投资者会选择抛售，如果没有足够的买盘来承接，股价怎么可能在大涨之后，会拒绝较大幅度的回调呢？明白了这些道理，在股价突破整理平台高点之时及时地介入，往往就会享受到主力可能展开的主升浪行情。

▓ 第二节　强势股的顶部形态

强势股的顶部特征，一是要求股价在短中期内具有较大的涨幅，这样见顶的准确率才会较高；二是这些常见的顶部形态可以用于任何类型的股票，且对于市场中较为活跃的题材股来说，更为适用。

一、单一结构顶部形态

价格和成交量，是股票分析中最为重要的两个因素。价格是所有投资者追求的最终结果；成交量与价格相依相伴，不可分割，是反映股价未来趋势的重要依据。在股票经过了较大幅度的炒作之后，主力必然要抛售股票，兑现收益。这样的意图，在成交量和价格的异常变化中可以较为明确地表现出来。

1.高位阴线大跌

高位阴线大跌是指股票之前经历了较大幅度的上涨，突然某一天出现了一根跌幅达到7%以上的大阴线，若是在大阴线的前几天，还出现过涨停板、跳空高开以及短期快速大幅的拉升等情况，那么见顶的概率就较高了。在高位阴线大跌出现之后，投资者应该首先出局，规避可能继续大跌的风险。

图7-10，鄂尔多斯（600295）：股价从11元下方开始上涨到23元上方，短期股价实现了翻番，主力有了足够的获利空间，自然随时都存在着出货的愿望。2021年3月4日，股价大幅跳空高开6.55%，盘中小幅冲高回落，股价渐渐走低，一度打到跌停板位置，最终以下跌5.33%收盘。从日K线分析，在高位如此的大幅震荡，往往是股价可能见顶的不祥之兆。

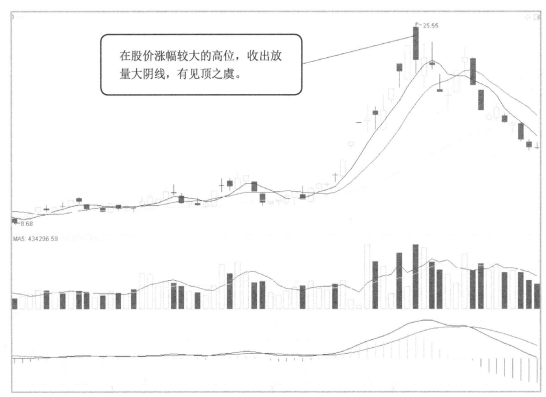

图7-10 鄂尔多斯（600295）日K线图

要点提示：在股票前一天收出涨停之后，次日却以跌停收盘，是股价盛极则衰、走势由强转弱的具体表现，在股价短中期均出现了较大涨幅的情况下，这也是最为明显的见底信号，准确性往往很高。

2. 巨量跳空阴线

在高位出现了长影线，有时候收盘价也不一定就是下跌的。这同样也是一种值得警惕的顶部信号。尤其是伴随着近期突然放大的天量，当天还是以跳空开盘的状态出现，那么股价构筑顶部的概率就更高了。

图 7-11，翼东装备（000856）：股价见底后震荡走高，2021 年 3 月 31 日以涨停收盘，换手率为 3.31%，次日高开 3.49% 后冲高回落，当天股价下跌 4.48% 收盘，收出一根带长上影线的光脚大阴线，换手率突然放大到 9.69%，为半年以来的天量。第二天，继续低开低走收跌 4.04%，成交量明显萎缩。如此看来，股价短期难以上涨，顶部形态较为明朗。

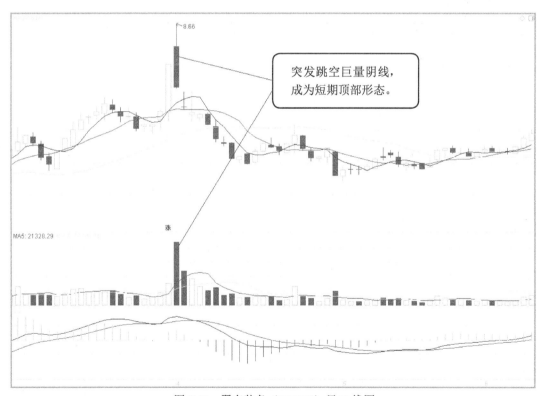

突发跳空巨量阴线，成为短期顶部形态。

图 7-11　翼东装备（000856）日 K 线图

要点提示：天量是一个相对的概念，是对于同一只股票而言的，主要是和该股的历史水平做比较，不同的股票没有太大的可比性。通常大盘股、绩优股、高价股的换手率较低，而短线较为活跃的题材股、次新股、小盘股的换手率往往较高。

3. 高位放量滞涨

一般情况下，在阶段性低点的成交量基本上都是较小的，出现近期放大量的现象往往就是离阶段性的顶部不远了。道理很简单，不管是上涨还是下跌，如果成交量不异常放大，主力通常是不容易大举出货的。当然，这需要一些很有耐心的主力将出货的时间拉得较长，以便使投资者难以发觉。这种情况大多数出现在中长线个股中，在短期热门股中是较少出现的。相反，若是放出较大的成交量，股价却没有明显地上涨，就有主力出货的嫌疑了，应引起大家的高度警惕。

图 7-12，润和软件（300339）：从 2021 年 5 月 12 日启动，至 6 月 11 日股价短期上涨超过 300%，很明显主力有兑现利润的意愿。图中圆圈内，连续 4 天平均换手率达到30%，对应的股价涨幅为 5.09%。在涨幅较大的情况下，出现了异常的放量滞涨，形成顶部的概率就非常高。此后，经过短期的横盘整理，股价慢慢向下走弱，使得顶部形态更加明确。可见，高位放量滞涨，很可能是出现顶部形态的前兆，明白了这一点，对于及时规避风险就很有帮助。

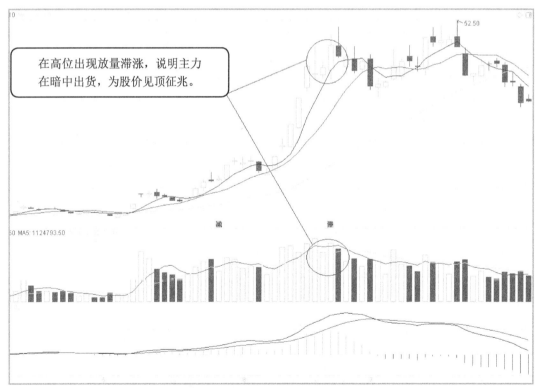

图 7-12 润和软件（300339）日 K 线图

要点提示：高位放量滞涨就是股价经过长期炒作后，已经处于相当的高度（或已经翻了数倍），然后在一段较短时期内出现成交量不断放大而价格却停滞不前的情况，这种现象表明主力出货的概率较大。当然也有另一种情况，在股价突破重要压力位时，也会放出巨量，但股价总体涨幅较小。放量滞涨分为高位放量滞涨和低位放量滞涨。

（1）高位放量滞涨。股价从底部区域逐步向上攀升之后，随着股价的不断上涨，盘中的做多热情也在不断地高涨，在这个过程中，成交量就会随着股价的上涨而逐步放大。

在股价上涨的过程中，成交量的放大主要来自场外资金的不断进入，也就是说，在上涨过程中买方主导着这个市场，形成了供不应求的市场格局，因此股价才能够持续地上涨。但随着股价的持续上涨，在底部区域或者是股价上涨初期入场的投资者，已经获得了丰厚的浮盈收益，这个时候有些投资者就会渐渐地转化为卖方。因为，只有把筹码转化成货币，才能在真正意义上赚钱，否则盈利只是账面上的数字。对于主力来说也是如此，当股价被大幅度炒高之后，必须趁股价上涨的机会出货，这样才能功成身退，最终把筹码转换成资金。

（2）低位放量滞涨。低位放量滞涨指的是股价在较低的位置出现成交量放大，而股价却一直不涨的或是涨幅非常小的情况。碰到这样的股票，应多加关注，主力一次试盘失败，还会长时间低位盘整，一旦时机成熟或碰到利好，实现向上有效突破重要压力，配合成交量的放大，这只股票就是未来的大牛股。

当股价经过长时间的下跌之后，处在一个明显的低位时，成交量持续放大的同时股价没有跟随上涨，这种情形很大概率上是主力在建仓，主力想在底部区域收集足够多的筹码，当筹码收集完毕后，接下来股价就会在成交量的配合下向上发起攻击。

二、组合结构顶部形态

上面讲述的几种顶部形态，主要是依据一根大阴线或是异常大成交量的 K 线，运用量价关系的分析，对股票的趋势做出初步判断。这些顶部形态特征，若是在后面又出现一根或是多根中阴线，则顶部形态就可以较为可靠地得到确认。下面讲的是由多根 K 线所组成的，在市场中较为常见的几种股价顶部形态。

1. 大幅震荡 + 长上影线

股价经过大幅上涨之后，在顶部阶段往往会出现大幅震荡。在初期时，主力一边出货，一边在股价跌到一定程度时，再适当地向上拉升股价。这样操作，对于主力而言，至少会有两个明显的好处：一是可以尽量将股价卖在较高价位；二是可以在一定程度上麻痹投资者，以便于自己高位出货。

图 7-13，金龙羽（002882）：该股连续涨停后，在高位出现大幅震荡，2021 年 8 月 18 日大幅低开 5.63%，震荡走高拉涨停。次日低开 2.09% 后大幅走高，接近涨停后走低收跌 5.26%。第三天，大幅低开 5.05%，盘中大幅震荡，收盘上涨 4.06%。连续三天大幅震荡，K 线收长上影线，表明多空分歧较大，结合股价短期涨幅较大，所以这里的顶部应该是较好判断的。

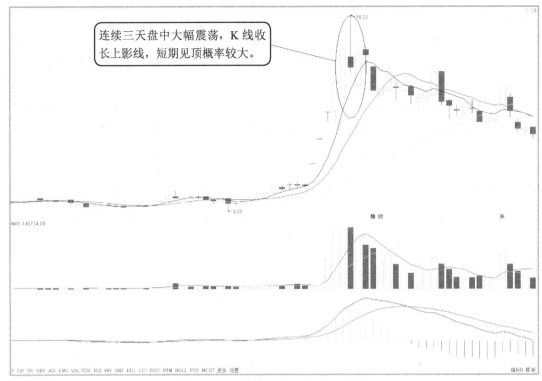

连续三天盘中大幅震荡，K线收长上影线，短期见顶概率较大。

图 7-13　金龙羽（002882）日 K 线图

要点提示：出现了大幅震荡跟长上影的 K 线组合形态，只能说明形成顶部的概率大增，但是，要想较为准确地确立顶部的形成，之后还要出现一根跌幅至少在 7% 的大阴线，或是连续两根跌幅至少均在 4% 的中阴线。

2. 两阴夹一阳

在股价连续大涨之后，先是出现了一根大阴线，接着又出现了一根大阳线，股价波动幅度明显加大，显示出投资者的分歧开始增大，或是主力已经有了较为明显的出货行为。但是，仅仅依据这两根大起大落的 K 线，还不能较为准确地判断股价顶部是否可能形成。这样，第三天的股价走势就显得异常关键了，若是不能创出新高，则走势就要小心了，若是收出跌幅超过 7% 的大阴线，则见顶的概率就会明显增加，形成了两阴夹一阳的形态。

图 7-14，广宇发展（000537）：股价连拉 9 个一字板和 4 个实体板，2021 年 9 月 27 日高开 2.16%，盘中小幅冲高后快速向下回落，当天股价跌停收盘。次日，股价低开 3.81% 后，逐波向上推高，尾盘股价封涨停。第三天，股价大幅低开 5.58%，盘中震荡走弱，当天股价跌停。这样，一个完整的两阴夹一阳的形态就构成了。再结合该股前期大幅飙升，短期股价涨幅巨大，因此断定该股见顶的概率较高。

要点提示：出现这种两阴夹一阳的形态之后，有些股票后续依然会继续上涨。但是，为了稳妥起见，还是先出局为宜。除非股票又以阳线创出了新高，等到那时再结合其他具体情况决定是否参与。

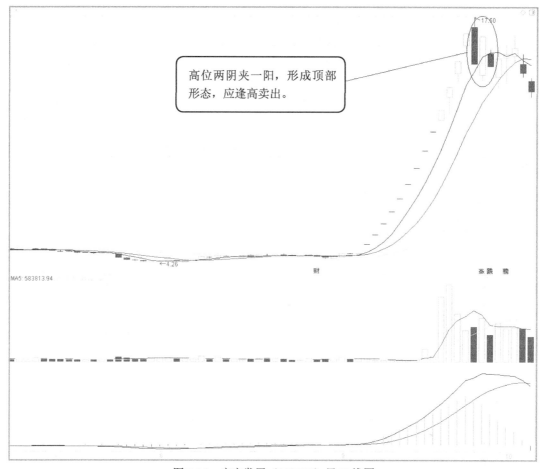

图 7-14　广宇发展（000537）日 K 线图

在股票运行的方向不明朗时，有时是要等到股价更高一些，在突破了重要的阻力位之后，介入往往反而更为可靠一些。那时主力的意图和实力也就较为明确地表现出来了。

3. 双长上影阴吞阳

为了顺利达到出货的目的，主力在最初出货时，往往不会一直地大举抛售筹码，会顾及市场投资者的感受，希望能够使投资者较晚地发觉到股票的大势已去，主力从而就可以实现利润的最大化。

要达到这个目的，主力通常就要在股价跌得较多时，适当地拉抬一下股价，这样在当天的 K 线上就会出现较长的上影线。若在短期大涨之后，先是出现了一根有较长上影线的中阳线，之后又出现一根有较长上影线的阴线，且这根阴线的跌幅至少在 7%，一举将前面的中阳线全部吞没，就形成了双长上影阴吞阳的形态，这时就要格外小心了。

图 7-15，山西焦煤（000983）：该股从 2021 年 8 月 6 日开始出现一轮翻倍行情，主力获利丰厚。9 月 9 日，在高点收出一根有较长上影线的中阳线，次日紧跟着收出了一根有较长上影线的阴线，这根阴线的跌幅为 7.34%。

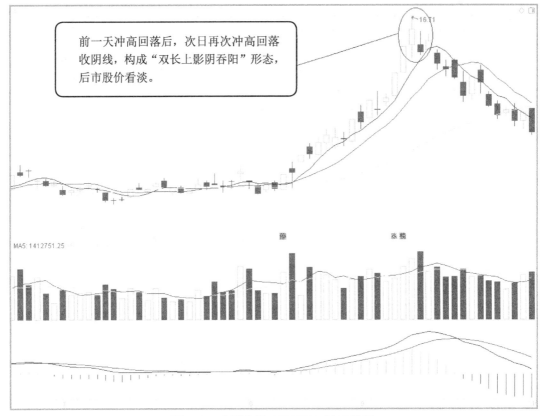

前一天冲高回落后，次日再次冲高回落收阴线，构成"双长上影阴吞阳"形态，后市股价看淡。

图 7-15　山西焦煤（000983）日 K 线图

从这两根 K 线组合分析，能够给大家提供什么信息呢？在前文讲过，短中期股价大幅上涨之后，只要出现一根跌幅较大的阴线，就有见顶的嫌疑，而在该股中的一阳一阴两根 K 线，还都带有较长的上影线，就使得股价见顶的概率更高了。

此外，还要注意"双针探顶"形态。股价的最高点只是某一天交易过程中的最高价，只有经过了一段时间之后，才能被有效确认，而在当时出现的时候，是很难作出准确判断的。若是在第一个高点形成之后的一段时间内，又出现过一次明显的冲顶走势，但股价却没能创出新高，那么就要警惕可能会形成顶部形态。通常在 10 天内，出现了两个明显高点，二者之间的价位较为接近，两天的 K 线都带有较长的上影线，且后一个高点低于前一个高点，这就形成了双针探顶形态。

要点提示：出现上影线的次数越多，较明显的次高点越多，高点之间的价差越小，见顶的可能性就越大。

没有出现大阴线的顶部是比较容易麻痹投资者的，很容易误判为是大涨之后的正常回调，这就要重点从股票的阶段涨幅来分析了。为了安全起见，短期涨幅较大的股票，只要是出现双针探顶形态，还是先出局观望为宜，等到股价创出了新高，再考虑介入会更稳妥。

4. 跌破盘整平台

主力为了有利于出货，往往会在顶部区域来回震荡，使得投资者对于股价的上下波动产生一定的适应心理，从而可以在之后大肆出货导致股价大跌时，尽量能迷惑投资者。

但是，不管是多么隐蔽的手法，都会露出破绽的。投资者可以根据股票的整理形态是否依然保持良好来进行鉴别。若股票跌破了近期的整理平台，应该坚决回避，这可能是形成顶部较为可靠的危险信号之一。

图 7-16，华联综超（600361）：股价连续 7 个涨停后，在高位出现横向震荡整理，其间几次向上攻击均无功而返，显示上方压力重重，同时也表明做多力量减弱。2021 年 9 月 22 日，股价跳空低开，盘中弱势运行，在技术上有双重看跌意义。一是跌破了盘整平台；二是跌破 30 日均线的支撑。技术破位后，短线投资者应该及时离场。

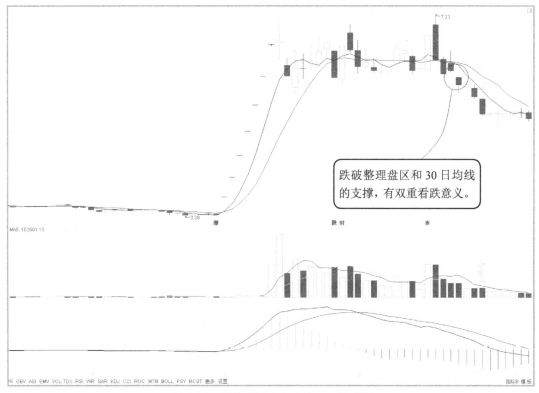

图 7-16　华联综超（600361）日 K 线图

这种形态，由于在顶部区域震荡了较长时间，主力已经兑现了不少获利筹码，所以在向下破位下跌时，成交量没有明显放大，但是之后的调整风险一样巨大。在成交量没有异常变化的情况下，以形态的好坏作为优先分析的依据和操作原则是可取的。

要点提示：选择止损位，通常是选择近期的明显低点，若是难以找到，可以考虑选取出现次数最多、价位较为接近的位置作为止损位。

三、异常走势顶部形态

前面主要讲解了根据量价关系、K 线组合形态等方面来分析的几种常见顶部形态的特征。这里所讲的顶部形态，主要是根据股票所表现出来的一些不符合常理、违背逻辑的异常走势特征，以及在用一般的顶部判断方法来研判时，显得较为困难的情况下的一些顶部形态的特征和内在机理。

1. 趋势股的加速大涨

将加速大涨判断顶部的方法运用在那些中长期处于慢牛爬升状态，尤其涨幅巨大的股票上效果更佳。其原因就在于，通常中长线的股票都是遵循着以时间换空间的基本原则。从短期来看，这些股票的涨幅往往并不是很大，很少出现像短期热门股那样，几天就可以大涨百分之几十的机会，短期的走势缺乏爆发力，它们一般不会受到短线投资者关注。

这是因为主力此时并不想大举出货，不愿意通过短期的大涨来吸引太多投资者的关注与介入。但是，当这些股票突然异常短期快速地大涨甚至连拉涨停，吸引到更多追逐快速获利的短线投资者介入的时候，也清晰地告诉了大家一点，那就是主力已经到了准备大举出货、兑现可观利润的时候，当前距离股价大级别顶部的时间也就不远了。

图 7-17，八一钢铁（600581）：股价见底后缓缓向上走高，形成趋势上涨行情，从 3.3 元附近起步，上涨到了 11 元多，涨幅超过 230%。不过，在快速拉升前的绝大多数时间里，走势一直不温不火，基本上保持着小阴小阳地稳步缓慢推升的态势。但是，从见顶前的第五天开始，股价上涨步伐出现加速，上涨角度开始陡峭。

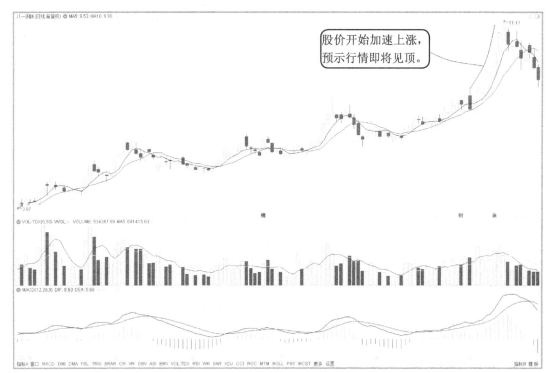

图 7-17　八一钢铁（600581）日 K 线图

主力之所以一反常态地快速拉升，无非就是想吸引众多投资者的目光，使得更多的投资者抵挡不住快速获利的诱惑，加入该股的炒作中来，而主力正好胜利大逃亡，将大量的筹码卖在高位，从而为一轮完整的炒作画上完美的句号。

要点提示：在加速上涨之前股价处于缓慢的上涨趋势中，加速意味着主力做最后的冲刺行情，加速结束就是趋势行情的结束，所以当高位出现见顶K线形态时，投资者及时逢高离场为宜，不要认为股价还会有拉升行情。

2.前高附近频繁长上影线

顶部形态多种多样，有的股票冲高之后，就快速大幅下跌；有的股票在一个区间内，盘整一段时间，最后破位下跌。但是，不管是何种形态，要想较准确地判断出顶部是否形成，就必须等到股价达到一定程度的跌幅之后才可以定论。这些都是在较为滞后，但可靠性较高的右侧交易卖出法的基础之上来分析顶部特征和确定顶部的。

要想更加及时地规避风险，作出较为前瞻性的判断，就必须采取左侧交易的方法，在发现有较明显顶部特征时，就出局规避风险。这样在很多情况下，可以卖在较高的价位。当然，顶部的不确定性也较大，一旦判断失误，就有可能错失股价后续的上涨行情。这种方法主要适用于操作较为谨慎的投资者。

图7-18，洛阳玻璃（600876）：该股经过一波拉升行情之后，股价进入整理走势，在整理期间多次向上突破，试图展开第二波拉升行情，但都冲高回落，突破均告失败，连续多天的K线出现较长的上影线。看到这样的形态，风险意识较高的投资者就会逢高出局。

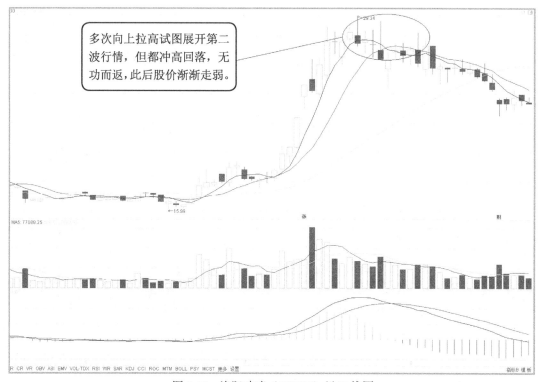

图7-18 洛阳玻璃（600876）日K线图

因为，根据最简单的技术分析理论，股价上升到了高位时，短线抛压通常较大，所以先出局观望为宜。若是还能继续看好后市，在形成第二波行情时，可在有效突破时再考虑介入。

要点提示：经过整理之后再次向上攻击时，重点关注是否有效突破，多次突破失败，说明上方压力大，主力做多意愿不强，市场跟风欠积极，遇到这种现象时应逢高卖出，不应盲目看多。

3. 上升规律被打破

只要经过认真的观察，就会发现很多股票都有一定的规律可循，而市场中最为活跃的强势股更是如此。这些规律一般包括：每一波的上涨幅度和时间；回调的支撑位和调整时间；短期拉升的持续性；拉升时机等。

鉴别股价是否可能转变为下跌趋势的最有效依据，就是观察股价的调整形态是否打破了之前所遵循的规律。若是的话，则后期的走势就不容乐观，阶段性见顶的概率就较大。最方便、最有效的方法就是基于股价的均线系统以及趋势线的运行规律来进行分析。

图 7-19，春风动力（603129）：从该股走势中，发现一个明显的规律，就是两次调整都是在 30 日均线附近企稳，然后展开新的攀升行情。这就说明，30 日均线是主力的重要防守线，只要主力还有心往上做多，就不会轻易跌破 30 日均线。但是，第三波上涨完成以后，股价回调时却没有能够在 30 日均线附近企稳，之后出现回落调整。

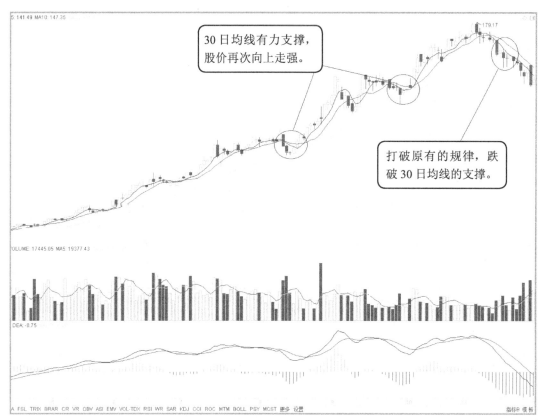

图 7-19　春风动力（603129）日 K 线图

在波浪理论中，一波大的上升行情，往往由三波较小级别的推动浪所组成。也就是说，经历了三波明显上涨的股票，见顶的概率就较大了。

从涨幅方面来看，春风动力股价从 30 元下方启动，上涨至 170 多元，涨幅超过 4 倍，也具备了形成顶部的基本条件。一般情况下，只要股票涨幅较大，在高位出现了大阴线，就应该先出局。由此可见，无论是从哪个分析角度出发，对该股的顶部判断都是比较容易掌握的。

要点提示：股价调整的低点，相对于均线以及上升趋势线的支撑，这两种常用股票运行规律的分析方法，在很多时候是比较接近分析预测结果的，有时几乎还会同时发出卖出信号。该股就是如此，在股价跌破 30 日均线支撑的同时，也跌破了上升趋势线的支撑。这就预示着股价良性的上涨运行规律已经被打破，因此股价趋势发生逆转的概率很大。对股票进行技术分析，若运用不同的技术分析方法，均得出相同的结论，则预测的可靠性就更高。

4. 多日不能再创新高

短期热点强势股都是依靠旺盛的追涨人气来不断推升股价持续上涨的，若是较长时间内股票不能够有较好的表现，要么说明主力有出货的嫌疑，要么说明投资者对股票的炒作热情在逐步减弱，因此对于短期涨幅较大、较长时间内不能再创新高的股票，就要格外留意，若是形成"两阴把门"的不利形态，见顶的概率就更加大了。

两阴把门和两阴夹一阳有类似的原理，都是在 K 线组合的前后，各出现一根实体较大的阴线。但是，两阴把门的两根阴线之间，夹杂的 K 线数量较多，通常至少为 3 根。

图 7-20，华银电力（600744）：对于短期热门股票来说，相邻两天的大涨和大跌的快速转换，并不少见。尤其是在一波大涨行情的发展过程中，当第一次出现这种情况，不少股票还会继续上扬。但是，在第一根实体较大的阴线出现后，股票经过一段时间的震荡整理，再次出现了一根跌幅较大的大阴线，就形成了两阴把门的顶部特征，这就说明股票上涨的动力已经枯竭，很可能会形成阶段性的顶部。

2021 年 2—6 月，该股出现两波大涨行情，第一波股价涨幅超过 200%，第二波涨幅超过 100%，累积股价涨幅巨大。5 月 24 日，冲高回落收光脚中阴线，之后进行了长达 15 天的横向整理，盘面呈现小阴小阳 K 线，显示股价已经处于变盘的关键时点。久盘必跌，果然在 6 月 16 日打破了这种僵局，一根跌停大阴线向下跌破整理盘区，K 线结构呈现"两阴把门"，然后经过回抽确认有效，从此股价出现调整。

要点提示：像该股这样在顶部区域窄幅盘整长达 15 天的情况，在短线热点强势股中是较少出现的。走势流畅的强势股，调整的时间一般在 3~8 天，最长一般也不会超过 10 天。若是超过 10 天，股价还没有启动的迹象，就要防止股票可能会构筑阶段性顶部。

该股"两阴把门"，也包括前两阴夹一阳形态，在出现的第一根实体较大的阴线时，不要求股价一定是下跌的。但是，确立顶部形态成立的第二根 K 线，必须有较大跌幅的阴线，通常至少跌幅应在 5%。跌幅越大，成交量越大，往往顶部形成的可靠性以及后续股价下跌的强度也就越高。

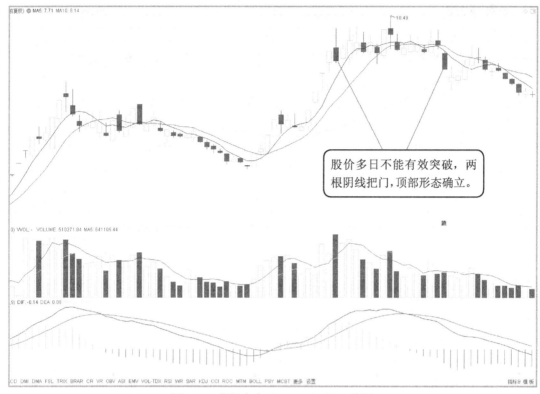

图 7-20　华银电力（600744）日 K 线图

5. 创新高后回调过度

创出新高的股票，要么继续上涨一段时间，要么很快就转入下跌趋势。创出新高回调过度，正是后一种失败形态的顶部特征，这也是投资者不愿意看到的，但又会经常遇到，必须面对和解决。

解决这一问题的思路，就是在股价创出新高之后，设定当回调幅度超过一定的程度，就判定突破可能失败。其原理就是量变产生质变，真正有能力、有意愿继续做多的主力，一般是不会在股价创出新高不久，就让股价过分下跌回调的。

而出现了创新高后过度回调，要么说明主力是在诱多出货；要么说明市场投资者对该股并不看好，追涨意愿较弱，抛压却较为沉重。不管属于何种情况，股票后续的走势都不容乐观。

图 7-21，甘肃电投（000791）：股价连拉 3 个涨停后，进入横盘震荡整理走势。2021 年 9 月 17 日开始连续两涨停，股价向上突破，9 月 23 日秒板回落，之后连续大跌两天，将前面 3 天的涨幅基本抹掉，股价重新回落到前期盘区之内，从此股价渐渐走弱。投资者遇到了这种走势，就要做好此次突破可能失败的思想准备，及时回避后续的下跌风险。

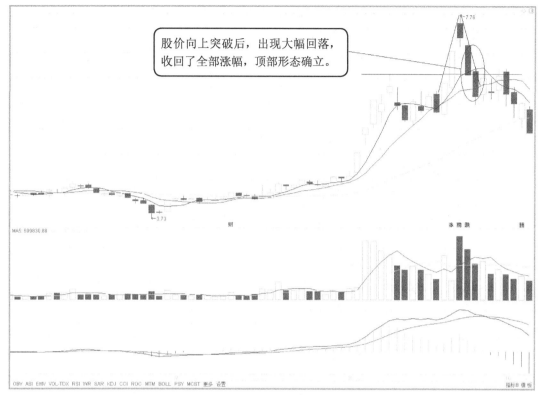

股价向上突破后，出现大幅回落，
收回了全部涨幅，顶部形态确立。

图 7-21　甘肃电投（000791）日 K 线图

要点提示：当创出新高的股票，回调的幅度超过最近的阶段性低点至最高点的 60%
涨幅，那么，这次的突破很可能就是假突破，股票后续可能还会继续下跌。

纵观上述，强势股的顶部特征虽然种类较多，但是只要把握住几个要点就好了。一
是短中期涨幅较大；二是高位大阴线；三是大成交量；四是高位大幅震荡，尤其出现较
多长上影线；五是股价较长时间不再创新高；六是股价的其他异动情况。可以说，符合
的特征越多，见顶的可能性就越大。

▟ 第三节　机构抱团股操作技巧

A 股市场机构化是未来发展的必然趋势，所以了解判断个股是否有机构投资者入驻，
以及机构股的盘口特征和行为，对实盘操作十分重要。

● 一、抱团股基本特征

当看好一个板块，但却无法确定该板块何时会成为风口时，最简单的方法就是买入
该板块抱团最紧的那只股票，因为不管该板块能否成为风口，抱团最紧的那只股票，股

价都会不断创新高甚至历史新高，而当该板块成为风口时，抱团最紧的那只股票，仰角就会从45度上升为60度，甚至更高。

（1）确定性强。业绩中长期增长高度确定。如果没有确定性，大资金就没有兴趣抱团，对于大资金来说，确定性远比弹性更重要。弹性只有在确定性的基础上才有意义，离开确定性谈弹性，就没有任何意义。

（2）行业龙头。这几年的抱团股，基本是行业龙头或细分行业龙头。A股投资最重要的是买对行业、买对风格，然后再从好行业中选择行业龙头或细分龙头。买对了行业，意味着成功了80%；买错了行业，成功率不到20%。不难发现，这几年的抱团股基本集中于大消费与大科技之中，白酒、医药、食品、芯片、消费电子、新能源汽车等优质行业中，特别是白酒成为抱团最紧的品种。而强周期性行业，除了恒立液压、海螺水泥、万华化学、牧原股份、三一重工、紫金矿业、东方财富等极少数白马周期龙头之外，很少有大资金抱团，基本是一波行情，因为强周期性行业普遍缺乏确定性。

（3）盈利能力强。大多是高毛利率、高净利率、高净资产收益率，有的毛利率、净利率不高，但净资产收益率高。高净资产收益率几乎是抱团股的普遍特征，部分净资产收益率低于10%的，也是预期未来两三年净资产收益率有大幅提升。

（4）高估值、低换手。便宜没好货，好货不便宜，抱团股的估值，除了银行、化工等强周期性行业外，不管是市盈率还是市净率普遍都偏高。而且，抱团股大多从两三倍的市净率启动，炒到10倍或更高的市净率。另外，抱团股普遍都是低换手，日均换手率很少有超过5%的，抱团越紧的，换手率越低，筹码越稳定。

（5）机构持股比例高。抱团股前十大流通股股东，基本都是清一色的机构，而且抱团紧的，外资持仓比例高，而外资持股比例很低或没有外资的，很少会被大资金抱团。

二、机构选股逻辑

一只股票是否有机构投资者介入，单从技术盘口上分析依据还不足，需要从多个方面相互验证，才能提高确定性。

（1）行业。与游资炒概念、热点不同，机构投资者（以基金为代表）参与时往往需要业绩逻辑驱动——行业或者个股未来的业绩增长预期，所以大家会看到很多根据利润来算估值模型的行业分析报告。从近几年行业来看，机构投资者参与的个股多为大消费、基建、医疗等行业，这些行业都是切切实实有利润的行业。所以，A股行业、公司业绩有稳定增长的，通常会有机构扎堆入驻。机构股的反面是一些"黑五类"，绩差股、次新股、小盘股、题材股、伪成长股，这些大多是游资或短庄炒作对象，一般机构投资者不会参与。很多时候这些股票中也会有一些类似于机构股盘口的买单，这种不一定是机构投资者，也有可能是大户或者其他行为。

机构投资者在选股的时候，有自己的一套标准，这就是五个核心：行业地位、企业利润复合增长率、净资产收益率、管理团队和公司研发水平、研究投入，从这五个方面去寻找行业的明星。

（2）研报。既然是业绩非常好的行业、公司，肯定少不了券商的研报。所以，一些基金买入的个股，往往也是券商研报推荐的个股。比如，贵州茅台（600519）在"分时—个股研报—评级"部分，有评级买入，那么往往这种也是机构扎堆的个股。一般来说，评级的券商研报越多，机构扎堆的数量越多，可能性越大；评级少的，也有可能入驻，但数量少，可能性也低。

比如，天山生物（300313）2020年8月这波行情炒了很高，研报评级中却没有一个机构推荐，表明这个时候机构很少有买入。所以需要综合其他因素来判断是否有机构投资者介入。

行业与研报可以相互印证，不了解行业的可以直接看研报评级。另外，同花顺F10中"盈利预测"也有研报评级的相关信息。

（3）市值。机构投资者走的是逻辑估值法，所从事的行业很多也是当前有业绩逻辑驱动的行业，这些行业的估值往往较高，对应的上市公司的估值也较高，所以那些机构股普遍市值比较大，通常在百亿市值之上，游资股与庄股就比较小了，30亿元至100亿元不等。所以大家看到的大盘股、超大盘股，基本上是机构股占主导，像贵州茅台这种股自然不用说了，这是最典型的机构股。当然，并非所有机构股都是价值投资的做法，机构并非铁板一块，很多也做短线，需要具体问题具体来看。

三、机构信息梳理

1. 股东信息——主力持仓

查看一只股票有没有机构投资者入驻，可以直接看"主力持仓"部分，有机构的数量显示。例如，同花顺软件—主力持仓—机构数量，大智慧软件—股东研究—主力追踪。其他各大交易软件都有相关股东信息可供参考。

比如，贵州茅台2021年6月30日的机构数量达到2247家。有的个股机构数量很少，只有一两家，几乎跟没有机构一样。一般大家说的机构股，指的是机构投资者扎堆的个股。

整体上来看，机构数量差别巨大。多的超过2000家，分布相当广泛，多分布在医药、消费、军工等业绩比较好的领域。当然部分因为是次新股，机构投资者总体上数量也多，但持股数量较少。比如，2020年6月30日机构数量最多的是首都在线（300846），平均每家机构持股比例都非常少，这是因为新股配售制度的原因，跟贵州茅台有较大的区别。可见，这种类型的近端次新股，上市时盘子比较干净，没有哪路资金控盘。

然后，把这些次新股剔除再分析：大家非常面熟的一批大白马股，俗称抱团股。这些大白马市值这么高，很大原因就是被机构买起来的。可见，A股市值与机构持股家数这两个指标呈现出正相关关系，机构增持的多了，市值就高；机构增持的少了，那么市值就低。

还可以通过反证法分析，对 2020 年 6 月 30 日机构数量少的个股进行分析，机构少得只有一两家，很容易看出来，都是一些业绩差的个股，这也说明了机构布局的核心原则导向就是业绩，业绩不好的个股，机构基本不进。或者，对这类个股机构毫无兴趣，机构投资者基本上是跑光了，剩下的可能就是母公司了。

综上所述，查看一只股票是否有机构投资者，可以直接看主力持仓中机构数量，数量越多，肯定机构扎堆得越严重。近端的次新股因为制度原因，往往机构数量较多。除次新股外，个股的市值与机构数量呈现出正相关性，大市值白马机构扎堆数量多，市值小的机构少，"黑五类"机构数量少。

机构参与的领域比较多样，覆盖各个领域，没有明显特征。但核心原则是业绩或者以业绩未来的增长预期为导向。所以业绩、机构数量、个股市值这几项指标强相关。

大家应该关注哪一种机构股？可以看出，像大白马这类各个领域的绩优股基本上汇集了 A 股大量的投资机构。当然整体上，市值太大的机构股爆发力有限，再上一个台阶比较难，很多没有短线投机意义。研究机构趋势的意义在于发掘具有安全性（傍机构大腿、减少政策风险）、确定性、爆发力较强的短线投机模式。那么，从上面的结论来看，那些业绩好（或者转好）、机构数量适中、个股市值相对较小的品种是非常值得关注的。

2. 历史龙虎榜

从龙虎榜上对应，如果之前的龙虎榜显示经常有机构买入，那么机构股的可能性就比较大。从历史量化的回测来说，机构买入等于股票未来有溢价，如卓胜微（300782）、爱美客（300896）都是龙虎榜机构买入的大牛股，股价翻了几倍。

查看机构动向的方法：主力持仓—机构数量。缺点是时间更新比较慢，以季度为单位。也可以查看东方财富网：特色数据—主力数据、机构调研。还可以查看龙虎榜机构买卖每日统计，以及查看资金流。

总的来说，如果是以季度为单位，可以参照季报以及其他数据，缺点是时间太长，对超短线操作几乎没用。核心的机构动向靠的是核心圈子，这点外部不可能知道；值得参照的是日内相关指标，如资金流向、机构买卖每日统计等数据。

四、机构股盘口特征

机构的行为目的与游资、散户不同，而且机构内部看法也不一致，机构的行为既有共通性，也有各自的独立性，这种情况就比较多，也比较复杂。

1. 日线特征

日线大多走趋势行情。只不过机构布局的小盘股与大盘股的走势差异会比较大，形成的趋势结构差别也比较大。比如小盘股（这种小市值机构股是大家关注的主体，至于像茅台这种就不是短线标的），如果是超短线炸板之后会直接走弱，但机构介入后不会走弱，而是走出趋势（实际上是不伦不类的图形）。

比如，2021年的长川科技（300604）、和胜股份（002824）、英飞特（300582）等，这些都是机构小盘股，盘面像"超短+趋势"的合体，原因就是流通盘小，很多市值不到100亿元。逻辑上，A股的核心大盘股都已经被其他机构占了，很多机构布局一些新的标的，某些朝阳行业、头部公司是一些机构布局的重点。

一些大盘股走势就不是这样了，比如茅台盘子比较大，趋势结构走的是小角度转大角度，然后再进入趋势疯狂浪（加速段）的模式，与流通盘有很大的关系，如果一开始就加速，是加不起来的，因为人气不够，或者说蓄力不足。

2. 分时特征

具体的机构股的分时特征如下。

（1）在盘升过程中，上上下下，震荡纠缠，小碎步慢慢上去，上下运动非常频繁，走势如心电图。

（2）机构股有很多种类型，每一种类型的行为原因不同。在涨停拉升过程中，大多是磨磨蹭蹭的走势，分时锯齿状特别多，这跟游资股不同。游资股经常采用大直线、大斜线拉升波等。

（3）机构股总体涨停的概率不高，分时走势平稳，让人有上车的机会。在出现涨停之前封板很犹豫，封盘之后大多出现烂板，直到最后才能封住涨停板。

（4）从盘口单子来看，机构为了隐蔽，还是以拆单为主。但也一些整数单子，比如500、1 000、2 000的整数单子，经常是机构买入的特点，或者一些比较整齐的手数买入也是机构买入的特点。

图7-22，闽东电力（000993）：这是游资与散户的合力股。2021年9月28日的走势，图中箭头所指的这种分时是机构股中不存在的。阳光电源（300274）：这是个机构股。2021年6月10日从机构行为上来看，机构不急于拿筹码，若是往上扫单直接把价格打高对自己没有任何好处（封板意愿低），所以机构往往不抢筹码，讲究的是每天拿筹码，而且成本要低。

当然，也存在机构与游资合力股，也就是前面一段是机构吃货盘口，后面一波则是游资封涨停板。当然，也有一些机构股的分时走势非常陡峭。另外，很多机构不抢筹、不封板，对盘面维护的动力不强，拿够货即可，买完就不管了，所以很多机构股盘口经常会出现冲高回落的现象。

从行为上看，很多股票就比较清晰。比如一些机构与游资合力股，很多涨停是机构在底部拿货，但游资拉升封涨停板，这样前期走势是机构盘口，后期是游资盘口。很多时候，因为机构买了某只股票，被市场认了出来，于是游资封涨停，这样晚上出龙虎榜时封板资金也可以享受机构溢价。

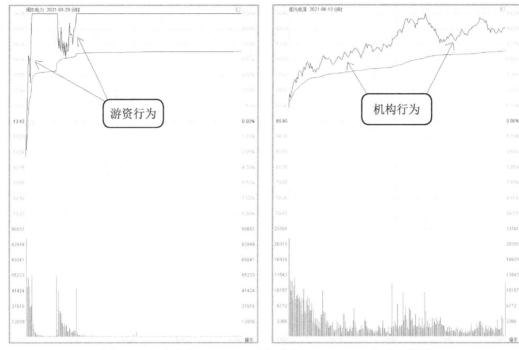

图 7-22　闽东电力（000993）和阳光电源（300274）分时走势图

在实盘中，很多时候同样是机构股，有时候形成的是锯齿状，有时候是直接买到涨停，分时走势陡峭，差别很大，原因是多方面的，这与机构的操盘目的有关。不同机构有不同的目的，有些不差钱，有些要求在低位拿货，就像在超短线上，有些游资喜欢低吸，有些喜欢打板，有些喜欢点火，每个都不一样。很多机构呈现出游资化的特点，喜欢搏短线。另外跟价格也有关，像茅台这种 1 手 10 多万元的，盘口特征就跟小盘庄股是一样的，因为每分钟成交的量有限（尽管成交额很大）。

3. 成交量特征

机构股盘口的成交量比较平稳，小盘游资的盘口往往差别比较大。原因就是机构没有必要去扫单，行为上没有这个方面动力。对游资、散户合力股来说，模式比较多样，有点火的，有打板的，所以在这些模式的关键位置会爆量，整体成交量分布不均匀。

图 7-23，台华新材（603055）：2021 年 9 月 6 日，盘口成交量波动非常小，量是平稳的，至于后面涨停时来了一个量柱，既有可能是机构买的，也有可能是有游资看到前面有机构吃货，想去蹭机构溢价而封的涨停（当天龙虎榜上可以看出来到底是谁买的）。

需要注意的是，均匀的成交量，并不是说全天都保持平量状态，因为有时候早盘是成交最密集的区间，只是说在这个成交区间内也相对均匀，有的个股虽然分几个小成交量峰，但筹码成交量峰相对自身来说是均匀的，而且全天也差不多，不可能完全像台华新材那样全天保持平量状态。

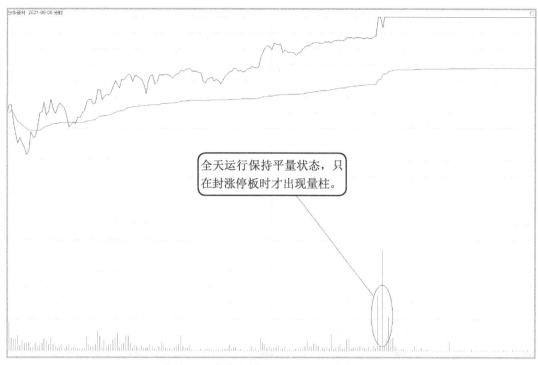

图 7-23　台华新材（603055）分时走势图

（图中文字）全天运行保持平量状态，只在封涨停板时才出现量柱。

4. 其他情形

认识机构股的其他方法，可用前几日分时比照（适用于比较复杂的情况），由于机构席位的溢价，很多游资在看到机构吃货盘口时也一同买入，导致盘面的成交量有时候就比较混乱。常见的几种情况如下。

第一，机构＋游资。

图 7-24，陕西黑猫（601015）：2021 年 1 月 19 日，龙虎榜显示的是机构与游资大幅买入，其中 2 家机构共买入 5 602.43 万元，其他游资共买入 1 196.98 万元。此后，1 月 20 日、22 日，2 月 1 日、3 日和 5 日也是机构与游资混炒。这种机构与游资混炒的盘口就很难通过分时判断出来，需要借助 K 线结构、盘面气势以及具体的成交明细，才能有所辨别。单纯从分时走势判断难度较大，但总体而言，机构与游资混炒的股票更像是游资盘口。

图 7-25，海源复材（002529）：2021 年 8 月 20 日的分时盘口，前面量价平稳，波动不大，比较像机构盘口，尾盘部分出现放量急拉涨停，属于游资点火行为，这种盘口就比较容易判断属于"机构＋游资"分时盘口。通过龙虎榜数据汇报也可以得到验证，当日买四席位就是机构，买入 2 717.77 万元。其实，在该股的整个上涨过程中，经常出现机构与游资混炒的分时盘口，龙虎榜中也同时现身。

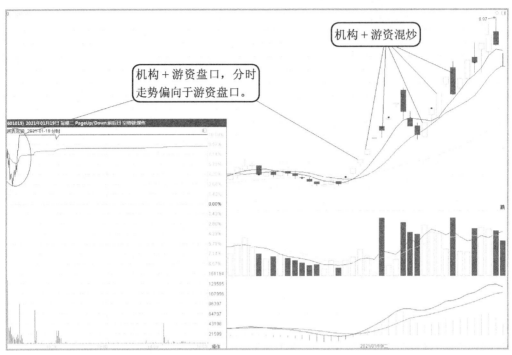

图 7-24　陕西黑猫（601015）日 K 线和分时走势图

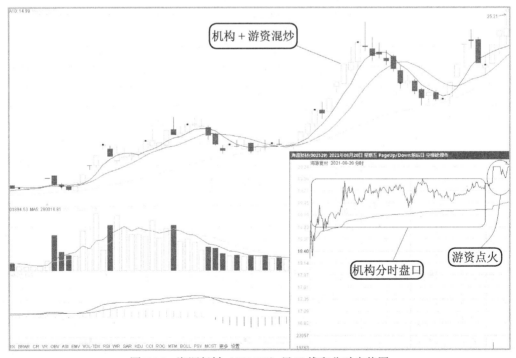

图 7-25　海源复材（002529）日 K 线和分时走势图

第二，机构＋庄股。

图 7-26，济民药业（603222）：该股 2019 年全年走势呈现机构＋庄股盘口特征。该股呈现盘升结构，K 线频繁出现上下影线，小阴小阳，或突现大阴大阳。量能基本稀疏，

流动性缺乏。分时结构就更加典型，要么呈现心电图式的横盘震荡，要么盘中单笔大单瞬间拉升。控盘迹象清晰，做盘手法恶劣。

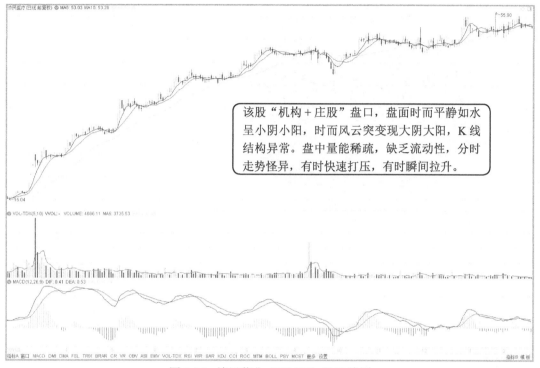

该股"机构＋庄股"盘口，盘面时而平静如水呈小阴小阳，时而风云突变现大阴大阳，K线结构异常。盘中量能稀疏，缺乏流动性，分时走势怪异，有时快速打压，有时瞬间拉升。

图 7-26　济民药业（603222）日 K 线图

对于这类个股要保持警惕，在没有形成明显的走势启动前，不能轻易参与这类个股。但也不是说这种个股不能赚钱，一旦走势启动，趋势形成，表明庄股吸筹建仓完成，拉升的幅度将是巨大的。所以，一定要在趋势形成区关注，没有形成趋势之前，基本远离或者保持观望即可。

可见，机构股需要逻辑、盘口等各个方面相互佐证，很多时候当前的盘口没有办法判断出来，如果当前的分时走势与成交量不好判断，可以通过确认前几日的分时特征来判断当下的特征，算是一种辅助的鉴别方法。

5. 成交特征

一般来说，游资吃货以快、强为主，表现在盘口上多为急性单，机构由于自身资金体量的原因，一般以拆单为主，盘面呈现均单。至于机构拆单的规律，有些喜欢拆不同单，有些喜欢拆规律单，这跟操盘手的喜好有关。至于拆单的类型，有以下几种。

（1）单子呈现出连续性，而且有一定规律，可能是整数单。

（2）非整数，但单子相近。这是机械拆单方式的一种。

（3）几笔单子加起来是整数，这种没有明显的规律。

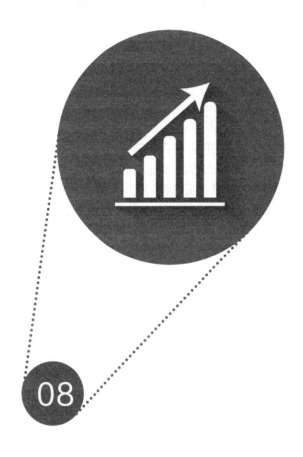

08

第八章 | **涨停次日战法**

▌ 第一节　把握涨停溢价机会

● 一、个股溢价的产生

（1）溢价来源于情绪。情绪本身就属于非理性投机，它是一个击鼓传花的游戏，所以也不像价值投资那样可以算出股票的估值。当整体炒作情绪非常好时，尤其是牛市来临时，溢价比较大，也就是说涨得比较多，熊市则涨得比较少。

比如，龙头股与跟风股营造出来的整体板块效应，让大家都觉得还要涨，这时龙头股的溢价更高。当龙头股炸板时，这种情绪就荡然无存，前一秒感觉有很多股票会涨停，后一秒就顿时觉得一个板都没有了，而做股票吃的就是当下情绪的溢价。

（2）溢价来源于"逻辑"。就是说"在点上"。A股无非就是这么些只股票反复炒，今天变成这个概念，明天又变成那个概念，概念是不断变幻的，但是股票不变，还是这么多。比如，河北的有些股票之前没有特别大的利好，没怎么表现，而雄安新区出世后，"逻辑"来了，炒作在点上，那么就飞了。也就是必须得有一个大饼，编的故事得有想象力，大家认同并且为它买单才可以。

所以当个股在"点"时，比如雄安新区概念股，哪怕涨停板的封单很少，买卖双方都知道这个是龙头，根本没人卖，想买的买不到，那么就稳妥封板，因为逻辑很正。当下的逻辑正好在"情绪点"上。

（3）溢价与封单量没有必然关系。涨停封单的量是不是越大，情绪就越好？完全是两码事。只要逻辑正，封单量不大，股票也不会炸，因为它涉及卖盘与买盘双方，如果卖盘集体锁仓，说极端一点，假设买盘只有1手，也能把股票封住涨停。而逻辑不正的，没有一个正当的让卖方不卖、让买方接力的理由，它就不会走得太远，除非封单量大到能接下整个流通盘。

（4）溢价最终归结为买卖盘的博弈。就是说，外部的跟风股、空间板等，只是为个股提供了关注度，而最终表现为个股筹码的博弈，有些个股反复一字板，虽然有人气，也是龙头股，但是没有资金敢于进场接力。所以，有些龙头走着走着就成了跟风，还有些跟风，走着走着就卡位成龙头。像这种龙头不小心被篡位的情况不少见，归根结底还是在筹码博弈上落了下风。

（5）情绪溢价。不难发现涨停溢价是情绪溢价，但是情绪溢价分为很多种。比如，龙头股与跟风股，一般来说跟风股的数量多了，龙头股的溢价就比较高。因为跟风股进一步确定了龙头股的地位，带来了很多的关注度，而且即使次日概念分化，但是在龙头股上的人气还在。我们之前还提到过指数共振板。可以说，如果说龙头股影响的是板块的情绪，而共振板则影响的是某一种特定的情绪。注意，不一定指数共振板要优于龙头股，也不一定范围要广于题材，这个要看具体的情况，如反弹情绪。所以，情绪溢价的种类也多种多样，能够提供的溢价并非只有龙头股与跟风股。

二、溢价的逻辑关系

1. 领涨溢价、跟风溢价

从溢价产生的因果来看，分为领涨溢价、跟风溢价。

领涨溢价，龙头股的溢价来自跟风，也就是说，它的上涨引发了题材个股的跟风情绪的波动。

跟风溢价，跟谁的风？无非就是其他股票，要么是同板块的，要么是其他板块的。也就是说，从盘面逻辑因果上来看，其他股票的上涨引发了该股的涨停，这种就叫跟风溢价。比如，某股票遇到利空，原本可能会跌停，但是恰逢当天盘面大好，该股没有跌停，反而小涨，这就形成了跟风溢价。

实际上，如果从影响与被影响这个角度来分类，龙头股并不是一路都是龙头，相反，日内龙头有可能是卡位龙，而龙头从单日来看可能是日内跟风，这一点需要注意。有时候龙头股的早盘走势不太好，因为相比于跟风股，它的获利盘比较大，所以往往开盘后盘口走势很差，这时龙头股不一定会涨停。会不会涨停看什么？看资金是否愿意做，而资金是否愿意做还得看这个板块是否发酵，这时龙头股溢价就有"跟风"意思，它的溢价是"题材溢价＋辨识度"。

2. 正向溢价、反向溢价

正、反向溢价——指数、题材、个股多重分类。

将情绪溢价分为正向溢价与反向溢价。何为正向溢价？就是指数或题材，或者说至少是题材与个股的方向是相同的。平常所说的龙头与跟风这种题材溢价就是正向溢价。何为反向溢价？就是指数或题材，或者说至少是题材与个股的方向是相反的。可以看出，在指数与题材两个指标中，更加看重题材这个指标。

这里分析的是除了题材之外，还有哪些形式的溢价？

比如，在"股灾"时千股跌停，特力A和另外一只新股没有涨停，其余的几乎全部暴跌或跌停，那么这种情况下它的关注度就极高，该死不死是为妖，那么第二天当行情转好时，它就应该享受到溢价。

如果把指数、题材、个股的溢价方向进行分类。其中＋表示指数为正，题材这个不太好说，假设题材指数为正吧（这个其实不应该这么做，因为讨论的是与龙头股的关系，假设题材有50个，而个股只有6个涨停，那么此时龙头股也是有溢价的，所以这里的"＋"理解为题材表现还可以，至于什么是"还可以"，这个是没有办法量化的），然后是个股，个股的"+"可以理解为收红盘，也可以理解为涨停，做超短线的话最好理解为涨停。这样通过数学的组合得到了 $2 \times 2 \times 2 = 8$ 种结果，见表 8-1。

表 8-1　指数、题材、个股的逻辑关系

序号	指数	题材	个股
1	+	+	+
2	+	+	−
3	+	−	+
4	+	−	−
5	−	+	+
6	−	+	−
7	−	−	+
8	−	−	−

先看正向的，也可以理解为同向的，1、8、4、5 这四种情况。

1 和 8 这两种情况可以直接排除掉，因为这两种情况是大概率要发生的。

4 这种情况很正常，大盘好，但是题材差，说明题材已经到了分歧，或者有新的题材产生，这个题材已经不再被认可。5 这种情况也很常见。就是大盘比较一般，但是题材很好，而且龙头股有溢价，这个在熊市当中再正常不过了。

再看方向是反向的，就是 2、3、6、7 这四种情况。

2 这种情况是最坑的，一般来说，当盘面氛围非常好，而且本题材发酵时，龙头股要重仓或满仓干，然而龙头股此时出现了炸板的情况，这种情况不多见，出现就认命，属于模式内的"面"。

3 这种情况就属于龙头股穿越，也就是没有题材溢价，但是由于盘面氛围比较好，龙头股还有一定的人气度，实现了穿越。当然如果要找原因的话，可以找几个：辨识度高＋盘面氛围好＋高位股情绪好等。

6 这种情况有很多种，比如换龙头，属于题材轮动的情况，本质上也是畏高情绪的反映，跟 2 是差不多的，只不过比 2 在整体氛围上稍微差了些。

7 这种情况就是最开始说的那种情况，如盘面崩盘、个股逆势涨停。说它是反向溢价不是说的今天，而是明天。今天在盘面这么烂的情况下它都能涨停，那么明日盘面情绪好转（说明要有很多涨停），而其他股票都能涨停，它就更有理由涨停。

3. 几点说明

（1）情绪溢价的情况是随时转变的，也就是说，7 这种情况可以随时转变成 1，比如"股灾"千股跌停的时候，第二天就变成了 1 这种情况或者变成第 3 种情况。它是动态的，每天所发生的情况都在不断变化。

（2）溢价的确定性问题。不同溢价的确定性不同，题材的溢价是最确定的（前提是有很多跟风，如果跟风数量很少，那就不好说了），这个也是以题材来划定方向的原因。而对于指数的影响，这就不一定了，其范围太大，难有确定性，比如指数好的时候，资金会做哪一个？这个不确定性太大，而题材好的时候呢？如果龙头股没涨停，那么龙头股涨停的概率就极大，因为辨识度较高，具备唯一性。结论：题材好，龙头股确定性大；指数好，溢价难有确定性。

比如，吃到题材溢价，若是领涨溢价，那就是龙头股；吃到氛围溢价，若是跟风溢价，那就是不知道哪里来的跟风股，这种溢价的附加值是最小的，甚至这种板没有必要参与。

（3）因果、对象、方向相结合。

表 8-1 是静态的，没有从时间序列上列出谁涨停在前，谁涨停在后，只是展示出了三层溢价关系。1 与 2 的分析实际上可以结合起来。其中 1 指明了方向，是谁影响谁。2 指明了影响的对象的种类。这样就知道是谁影响了谁，主语谓语都明晰了，而且还知道了溢价的方向。

比如指数溢价 + 题材溢价，这两者说明了方向问题，吃到溢价是第 1 种，吃不到溢价是第 2 种。然后再加上因果即是领涨还是跟风，那么基本就把整个溢价类型梳理清楚，事前的预判与事后的评判都一致，按照这种方式来分析。

三、溢价的基本类型

（1）题材溢价：板块效应。题材溢价是最简单，也是最确定的。龙头股与题材的这种关系是超短线其他关系的基础，跟风都走得那么好，龙头股应该走得更好。

（2）模式溢价：示范效应。模式溢价指的是当某一个模式有赚钱效应时，资金会模仿。反之，当一个模式开始出现亏钱效应时，资金会回避，参与者会越来越少，模式也会自动失效。在某种程度上与相提并论相似，如如果是挖掘的题材，而且又出现在同一时间，实际上这个就是跟风股。但是模式并不限于同时，而是"近日"的模式，比如 5 天前、前天、昨天的次新股炸板，后来了个反包，那么这个模式今天也可以做一天，因为开始有赚钱效应，但这个跟板块效应基本上没有关系，区分起来其实不难。当然，不要过于纠结"模式"这个词，因为大家不是搞学术论文，了解大概意思即可，这种词较起真来还真不好定义，即使定义出来也不是 A 股本来的面貌，所以没有纠结的必要。模式的示范效应比较多，如某个题材能赚钱，然后大家都去炒这个题材，如某只股票类型（趋势股）赚钱，然后大家都去做这个，每次都不一样。

模式溢价与板块效应相似，都是示范效应。这两个效应有什么区别？板块效应往往是同时的，而且是同一个题材，这个很好理解。如何看模式的示范效应，先举几个例子。

①从图形方面来说。比如，最近流行"次新股 + 大长腿"这种模式，过了一段时间流行"龙头股 + 反包板"的模式，又过了一段时间流行"空间板 + 均线 10 日线抄底"的模式。

②从题材方面来说。比如，2021 年出现了资源涨价题材的大牛股，像华银电力（600744）、北方稀土（600111）、晋控煤业（601001）等，它们不是在同一个时间点炒的，

而是炒完一个题材，再炒另一个题材，或者过几个月又对原来的题材再炒一遍，只要是涉及资源类个股就涨，这个就叫示范效应，这种赚钱效应还在人们的记忆中。

③从广义的赚钱效应来说。前几年都在炒趋势股，整个题材股没人理，这也是一种模式，而且是一种大的模式。

模式不是自带的，而是这个模式前期有了赚钱效应，然后才开始起到示范效应。它充分说明了近似性，时间序列前面的会影响到后面股票的表现，所以投资者需要关注一下这个溢价，这可以解释某类股票的上涨与下跌，而且需要大家开启探索模式的眼光。

有哪些模式？——股票类型＋股票走势。

股票类型：龙头股、空间板、次新股或者其他个股等。

股票走势：二波、反包、大长腿等。

以龙头股＋大长腿为例，比方说前一阵子龙头股是闷杀的，最近龙头股开始出现大长腿走势，而且经常出现，那么下一次这种模式就可以做一下，就是这么玩的。

（3）氛围溢价。这个好理解，就是整个盘面题材炒作非常好。但这个要仔细研究起来，意思就比较多了。可以看看下面的几种情况。

①某股票是当日主线跟风，而当日的题材又产生了一堆跟风题材。这种基本上吃的是题材溢价，实际上这个时候不太好区分吃的是哪个溢价。

②某股票非当日主线，只是跟风题材的个股，它间接吃到了主线题材的溢价，也可以说吃到了指数溢价。

③指数共振板，这是领涨溢价，跟前面的跟风溢价不同。这里说的氛围溢价说的是跟风溢价。

确定性的问题。氛围溢价的不确定性较大，如果是引领股还好说，如果是蹭氛围的，其溢价明日是个什么情况不好说。有时候溢价是比较确定的，如补涨牛市的情况。某些重组的股票，耽误了半个牛市，出来的时候直接补涨，补涨多少个板与大盘、题材在这中间涨了多少相关，也与其自身的题材相关，但是补涨是肯定的。

从指数、题材、个股的关系来看，即使题材溢价有保障，但是如果指数溢价跌得太过分，那么龙头股的溢价也很难保证。实际上，在分析题材溢价时，已经有指数溢价这个前提，如果指数非常惨，是极为容易把龙头股给带弱的。

另外，指数可以跳过题材，直接给个股溢价，这种溢价的赋予方式需要注意。空间板是一个例子，指数共振板也是一个例子，这些都不需要题材跟风支持。

（4）筹码溢价。个股如果非常硬也会产生溢价。比如，封单量非常大，封板时非常坚决，这样第二天也会享受到盘口的气势溢价。这种盘口强势股表现为，抛压下封板之后不开板，筹码不松动，属于硬板。

还有几个比较特殊的，如地天板、大长腿之类，它们可以自带吸引人气功能，即使没有任何题材支持，纯粹的个股走势也可以吸引到很多赌性比较重的跟风盘。

注意，硬板（也就是气势非常好的板）产生的溢价与领涨溢价不同，领涨溢价是个股与指数、题材的关系来说的，是个股的上涨影响了题材和指数，还是题材和指数影响了个股，这将直接决定它属于领涨还是跟风，地位上有很大区别。而筹码溢价则取决于它自身的筹码结构，是博弈出来的，换手板的人气与风报比要比不换手的好很多也是这个意思，同时也会加强或减少个股的溢价，这个就是筹码溢价。

（5）逆势溢价。逆势溢价与转势溢价，在指数与题材方面都是负的，也是反向溢价。它能够产生溢价的理由是：当日指数与题材都这么惨的时候它还不死，所以次日当指数与题材为正时，那么它就更应该是正的。另外，由于是逆势，市场都比较弱，涨停板的数量比较少，逆势股的关注度普遍比较大，辨识度比较高。

（6）转势溢价。转势溢价与逆势溢价不同，转势溢价股突出了"逆转"，也就是说，对题材或指数其他个股有带动作用，逆势股未必有带动作用，当然，很多时候两者是交叉的，这里刻意做了区分。

（7）综合溢价。每只股票往往享受的是多重溢价，如空间板，可能会享受到指数＋题材＋领涨等溢价，有些可能还会吃到反弹溢价。在分析的时候需要认真剖析，这些溢价就是其上涨的原因，剖析多了就有一个股票上涨确定性，是否应该上涨，该涨多少的大体判断，盘感就上来了。

第二节　涨停溢价概率分析

一、涨停蕴藏溢价

由于 A 股市场是 $T+1$ 模式，当日买进次日以后卖出，所以短线投资者所说的溢价就是次日能赚多少，中、长线投资者所说的溢价更多是一个波段能赚多少。这里着重就短线投资者关心的溢价问题做些分析，对中长线投资者来说可以忽略。

涨停板为什么有溢价？这就要明白涨停板的作用。涨停板的主要作用在于：阻断交易。当交易被"阻断"后，会给市场情绪创造一个"无法证伪"的日内预期差。

一只股票一旦涨停，很多投资者就会"联想"，这只股票是不是有重大利好、有没有内幕消息、会不会资产注入、主力是否开始拉升等，而且这些"想象"是无法在日内证实的。这种想象力就给涨停板带来了明日的溢价。

比方，一只股票是在开盘 5 分钟封涨停板的龙一，意味着后面的 235 分钟无法证伪的想象。此时资金认为是该股的"科技属性"引导了资金买入，这样就会带动"科技属性"的第二只股票涨停。而第二只股票涨停则是在开盘 30 分钟内，随后会接连引起更多个"科技属性"的股票出现涨停，或者是异动，这就是板块效应。

前面涨停的股票则是板块的龙头，后来涨停的股票都是跟风，而跟风股又会反过来加强龙头股的涨停。所以，跟风股越多，龙头股溢价就越高。

二、溢价三种类型

第一类：指数的溢价。短线哪些股票享受指数溢价，为什么会有这种机会？很多时候大盘岌岌可危，空头强盛之后急剧衰竭，在市场极度弱势的时候突然有一只股票强势拉起来，并带领指数进行了大反攻，全市场目光都在看着它带领指数和千军万马逆袭。投资者要参与的就是这样指数溢价的股票。

这类股票大多是趋势完好的权重股和股性好的强势股，一拉会有千呼百应的效果。比如，2021 年 8 月 2 日和 9 日的东方证券（600958），在该股的带动下券商板块走强，然后大盘指数强势反弹，对比同一天的上证指数和券商板块的走势，明显感受到领头品种的示范效应，第二天均有不错的溢价。这样的实例很多，大家可以自行总结，有了方法和思路，实践在于自己。

第二类：板块的溢价。板块的溢价俗称龙头的溢价。这个很好理解，如果跟风涨了 5%，那龙头应该拉个板吧，要不然哪里来的地位。大家喜欢做龙头，其实就是享受题材板块的溢价空间。不过需要分阶段，有些人喜欢做龙头分歧的时候，有些人喜欢做一致的时候，根据个人的理解和喜好而定。重要的是要区分真龙头还是假龙头，并不是时间越早涨停就是龙头，日内龙头不一定是真龙。

第三类：市场情绪和启动时间的溢价。这个就要有大局观了，提前预判氛围。除了牛市，具体要预判当天涨停的股票数量、连板的个股怎么样、次日高开效应、指数的走势强弱等。一般大级别行情刚启动之后的那一类股票最好，当然这类个股也叠加龙头的属性，一般会表现为单边市。这类股票在次新股上尤其明显，大家体会一下市场氛围不一样的结果，氛围好再烂的板都可以高开，氛围不好一字涨停次日都会跌停。

通常封板时间越早越好，越早代表着主力要承担一整天的持仓风险，自然会有更高的溢价，所以很多游资只做早盘模式就是这个原因，有时候也可以在下午参与，如换手充分的闽东电力（000993）2021 年 9 月 27 日的走势。

涨停板的溢价区分，对于打板者来说至关重要。当打板时，首先想到的是当天能否封住，其次是第二天的溢价有多少。因为打板是在全天的最高价买入的，当天上涨没有空间，下跌的空间却有 20%，承担的风险也是低吸和追涨中最大的。指数的溢价，板块的溢价，市场情绪和启动时间的溢价，这三种溢价需要灵活结合来看，有转势板、龙头板、情绪板、妖股等。

三、溢价幅度分析

竞价预期是对个股第二天开盘高度的预判，也就是市场所有的交易者，经过一夜的复盘思考和情绪沉淀，最终给出个股的正负溢价。

对竞价预期的准确率是建立在对整体盘面的解读，以及个股在市场中地位解读的基础上。比如，如果是一般性的独立涨停，正常溢价在 1% 左右；如果是板块老题材，板块涨停 5 只，那么板块龙头溢价通常在 5%，后排小弟依次递减；如果是当日新发酵题材最先涨停的板块龙头，当天板块涨停超过 8 只，那么龙头第二天至少会有 7% 的溢价，甚至直接开一字板。

一般散户需要关注哪方面的溢价？主要有总龙头溢价、板块龙头溢价、同板块涨停时间卡位溢价、主流板块溢价、市场情绪的周期性溢价、板块启动正溢价、板块退潮负溢价、指数溢价（前一天尾盘跳水或反转，对应第二天低开或高开），以及消息面利空和利好对个股的正负溢价。

其他影响预期的因素有股性、流通盘大小、图形和筹码结构、封板时间、封板次数、封单大小、分时图型、买入席位溢价，这些很难做量化处理，但也会影响次日溢价。

如果做预期的准确率可以提高到八成以上，才有应对超预期或者不及预期情况的基础，而高准确率是需要一些基础认知做铺垫的。最重要的是对当天整体盘面的理解，谁是龙头，谁是主流，谁在卡位，叠加时间和空间，这是不可分割的整体。还有如庄游股的特性、消息面的解读等。

超预期说明有意料之外的情况出现，或是有潜在利好正在扩散，或是某路资金发动题材，或是表明市场情绪出乎意料的好。而不及预期所对应的，或是对应潜在利空的发散，或是其他题材来卡位抢走了资金，或是自己的预判过于乐观，需要及时修正。如果确认后发觉逻辑并没有问题，只是意外的错杀，就是低吸的机会。

总之，预期和盘面不符时，找出认知和市场出现偏差的原因是第一步，接下来才是根据原因修正交易计划。建议每天对市场人气最足的 1~3 只股票做预期，然后不断修正认知，这是水磨功夫，急不来。这是理解市场的过程，或者说是把自己想象中的市场修整到和真实市场同步的过程。

四、烂板溢价分析

遇到涨停烂板，不要纠结个股，要看板块预期，它才是决定个股有没有溢价的关键。烂板后次日有没有溢价，怎么看？直接看题材所处的情绪周期，但情绪周期很复杂。换句话说，直接看题材是继续发酵，还是延续退潮。

比如，2021 年 5 月 6 日、7 日两天的医美概念和顺周期。必须明白医美概念处于什么阶段。5 月 6 日高位股集体放量大跌，板块这么大的亏钱效应，肯定是逐渐退潮了，那么运行节奏大概率是弱—弱—弱，或者弱—强—弱，大方向是趋弱。而顺周期处于爆发阶段，整体节奏可能是强—强—强，或者强—弱—强，大方向是继续上涨的。

所以，如果拿着这两类股票，有没有溢价？显然是医美烂板溢价概率低，而顺周期溢价概率高，就是因为前者下跌可能性大，后者上涨可能性高。同理，手里拿着对应个股应该如何处理？自然是，前者尽早处理，后者看情况处理。

烂板，烂的虽然是个股的板，但更重要的还是资金对板块的预期，个股走势反而是其次。个股烂，但逻辑牛，也能弱转强。

图 8-1，重庆钢铁（601005）：2021 年 5 月 7 日的走势好看吗？并不好。如果涨不上去，那就是 M 头，但股价能够 2 连板是因为资金看好钢铁，才去买它的 2 板，博 3 板的溢价。

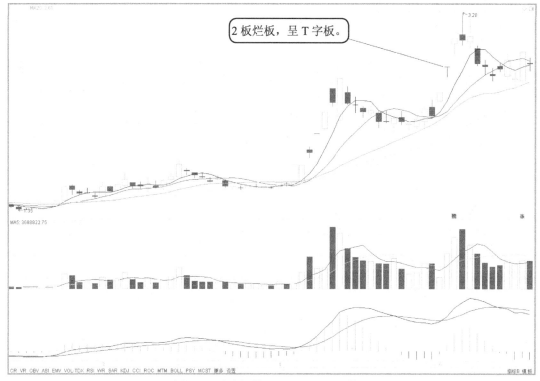

图 8-1　重庆钢铁（601005）日 K 线图

图中标注：2 板烂板，呈 T 字板。

五、捕捉溢价方法

市场中，不管是庄家、游资还是散户，在股市里要的就是溢价，尤其是短线投资者，希望有快速获得溢价的能力。这里从多层次分析一下涨停次日溢价问题。

（1）辨识度和稀缺性。如何做涨停次日才有溢价？最重要的就是一直强调的辨识度和稀缺性。龙头战法就是要做最具辨识度的龙头，龙头股是市场中最核心的标的。2020年 5 月的创元科技（000551）为何从 2 板开始走到 6 板，虽然没有封住，但也非常强势，资金一直在尝试，因为它的稀缺性。为何申通地铁（600834）首日换手居然高开秒板，次日就直接顶一字板，因为它的稀缺性。这类股票烂板次日大多有冲高或连板的溢价机会。

（2）分析板块强度。如果个股没有辨识度和稀缺性怎么办？那就看板块的强度，一般来讲强板块强龙头的溢价率最高，比如 2021 年 9 月的山西焦化（600740）为煤炭的龙头，华能国际（600011）作为电力的龙头，中国船舶（600150）作为船舶的龙头，一样具有很强的辨识度，会得到资金的青睐，烂板次日大多有不错的溢价。

（3）挖掘潜在龙头。根据上述几点提前挖掘潜在龙头才是关键：一是题材多不多，是不是涉及主流题材；二是图形好不好，是不是处于上升形态；三是筹码结构稳不稳，是不是筹码集中且没有断层；四是分时走得强不强，是不是庄股走势；五是封单大不大，表明了资金的态度。

（4）尾盘竞价低吸。很多时候，尾盘竞价低吸也不失为一种套利手段，当次日主线明朗，知道主力资金攻击方向的时候，选择热门板块中看好的个股，在尾盘竞价低吸，尤其是当日有向上冲板或者试盘动作的个股。比如，2021年9月23日的江苏新能（603693）和银星能源（000862），做好电力板块次日有可能性强势冲高的操作计划，那么这些股票就是尾盘潜伏的好机会，结果次日江苏新能低开走高上板，银星能源高开震荡上板。这个套利方法，如果运用得当可能不比打板获利差，而且风险很小。

六、封板与溢价

提高当日封板概率和次日溢价概率，减少"吃面"概率，是每一个打板者所关心的。投资者几乎都有半路或者打板"吃面"的经历，这是短线投资者成长的必经之路，经历多了也就知道哪些涨停可以打板，哪些涨停不能打板。有些个股当天封板很强，次日却没有溢价。那么如何减少吃面概率，提高当日封板概率和次日溢价概率？

（1）打板要比半路、低吸的确定性更高。打板就是挂涨停板价格买入，有资金主导封板，结合板块和大盘走势，跟着资金一起扫板，"吃面"概率较低。这是常用的方法，因为低吸、半路需要更大的格局和功底，通常失败率相对极高。

（2）竞价一字板的个股不要轻易去顶。很多时候如果顶进去，要不次日补跌，要不当日就炸板。当然也要看大盘和板块强弱，如2021年8月的华东数控（002248）从2板就开始顶了，确定了主力进攻方向，超预期强于其他股。超过3板就不建议入场，短期空间有限，如2021年9月的上海电力（600021）、京投发展（600683）都不建议大家继续跟进。

（3）选择回封入场。减少"吃面"概率最好的方式就是不做第一次封板，而是等封板后看封单强弱，如大单强封，但主力为了洗盘，炸板后再回封，这个回封是参与的最佳时机。这种操作成功率极高，当然也容易错过一些质量好、气质佳的硬板，因为强势板封住就不开板了。

（4）当日封板强，次日没溢价的情况也很多，其中有些不是人为因素造成的。比如，2020年5月21日的熊猫金控（600599）3板唯一，次日有摸板预期，但由于晚上公布要ST，连续3跌停，当然第3个跌停就地天板了，之后又连续大涨。如果没有这个ST消息，预计要摸5板。又如，2020年5月22日的吉艾科技（300309）大盘大跌时强势封板，按理说次日有溢价，但次日还是没有溢价，从这里也看到它没有辨识度、没有接力价值。

第三节　涨停次日操作技巧

一、"好板"不怕追高

什么叫好板？一是打板有溢价的，二是能够带动其他个股上涨的。从盘面来说，涨停最早、封盘最稳、抛盘最小的涨停板就是"好板"，这种涨停板短线利润最大，可是涨停当日不容易追到。在次日，想要追到就比较容易了，这属于涨停板后的延伸。不过，并不是所有涨停次日都适合追高，这对投资者的要求比较高，不仅对热点题材要有很高的理解力和前瞻性，而且在选择个股时有一定的要求。

1. 选股要求

在选股的时候，需要考虑以下几个因素。

（1）大势环境。只有在大盘走势向好的情况下，才能顺势而为，市场全面做多，就能享受指数溢价。

（2）题材持续性。只有大题材的个股，加上政策面的消息刺激，如相关行业的政策利好，同时又是板块中的龙头个股，才有持续性。对于热点题材的龙头股就可以追涨。

（3）股价位置。涨停启动的位置最好是股价底部区域，其次是中低价区域，高位区域的不碰。

2. 买点选择

涨停次日最理想的走势就是跳空高开、有缺口，开盘后快速拉升，同时缩量。投资者只要关注缺口的支撑力度、上升的角度和幅度以及成交量的变化就可以。高开的幅度在 3%~7% 最佳，在开盘之后大角度拉升，第一波拉升角度最好大于 80 度，最好是走出一波式涨停，这样就可以在涨停价位置挂单追涨。

如果是多波式上涨，需要关注均价线的支撑力度，以及每一波的拉升力度和成交量，只要股价缩量回踩均价线（即使是跌破均价线，股价很快被拉起，也是良性的走势），拉升放量，成交量逐波增大，就可以在均价线附近低吸。

此外，涨停次日往往还会有箱体整理、三角形整理、旗形整理等走势形态，可以沿着整理的下轨线附近低吸。

图 8-2，通宝能源（600780）：2021 年 3 月 29 日，股价跳空高开 4.55%，同时成交量大幅放大，开盘之后股价大幅上冲到 7% 以上，然后短暂停顿，但股价没有回落至均价线下方，此时就可以在缩量回踩均价线时低吸。从 9:32 开始的两波大幅拉升，拉升角度都接近 80 度，一举将股价推至涨停板。

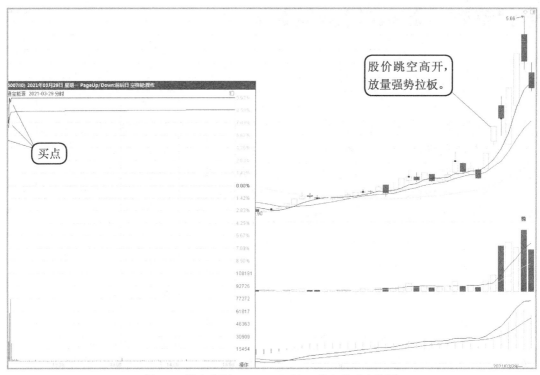

图 8-2　通宝能源（600780）日 K 线和分时走势图

二、"炸板"低吸机会

炸板（包括烂板）出现的原因有多种，最常见的原因就是主力筹码不够，不是龙头个股。在次日，因为止损盘的涌出，这类个股通常会直接低开，盘中会大幅震荡。

当然，并不是所有的烂板都一烂到底，一些优质的个股，当前热门大题材的板块个股，次日杀跌，正好是低吸的机会，有的个股甚至会在次日大幅杀跌之后，第三日来一个回马枪，直接上演涨停多方炮、两阳夹一阴的好戏。

1. 选股要求

（1）尽量选择均线系统多头排列、面临前期高点、历史高点的个股，以及当前热门大题材的个股。

（2）次日股价不能跌破炸板当日的最低点。

（3）次日杀跌过程中的成交量一定要明显萎缩。

（4）如果上升趋势良好，均线系统呈现多头排列，最好是发散过程中，那么股价不能有效跌破 5 日均线。

2. 买点选择

这类个股可以选择分批低吸，在次日当止损盘杀出第一个低点之后，成交量萎缩，股价企稳，站上当日均价线，盘中股价不再创新低时，就可以开始少量试探性买入。之后，如果股价再次缩量回踩 5 日均线，再次加仓。当股价放量突破炸板当日的高点时，可进一步加仓，然后股价冲高后高抛，当日完成 T+0 操作。

图 8-3，芯能科技（603105）：该股 5 日、10 日和 30 日均线开始相继出现多头排列。在 2021 年 8 月 24 日，开盘后股价逐波走高，成交量逐波放大，10:29 放量冲击涨停板，不过封盘仅 7 分钟就被炸开，到收盘时也没有回封，当天股价收涨 7.49%。

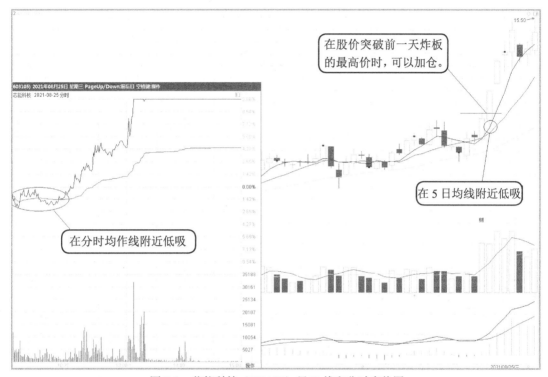

图 8-3　芯能科技（603105）日 K 线和分时走势图

次日，股价小幅低开后略做下探，然后股价围绕均价线震荡整理，其间成交量不大，说明盘中抛压不大，股价回探到 5 日均价线附近获得支撑，这时可以加仓。经过 1 个小时左右的整理后，股价放量走高，从水下跃到水上，盘面气势得到增强。在推升过程中，股价突破前一天炸板的最高价，此时就可以再次加仓，在冲高时可选择高抛做 T，也可以继续持有。之后，该股逐波走高，午后股价强势涨停。

有时候炸板或烂板之后，可能整理一两天，然后再次放量拉涨停，形成两阳夹一阴或多方炮形态，这种现象的操作方法也是一样的。

图 8-4，新天绿能（600956）：2021 年 3 月 16 日，上午冲板后，封涨停时间不到 3 分钟，然后炸板大震荡，午后重新回封，全天形成大烂板走势。之后两天时间都是震荡整理，成交量大幅萎缩，但股价未能有效跌破 5 日均线的支撑，显示强势特征明显，可以加仓。3 月 19 日，股价低开 1.59% 后，放量直线拉起，2 分钟封涨停，之后股价出现 4 连板。

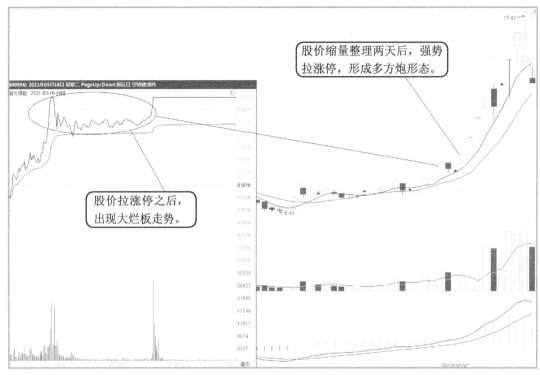

股价缩量整理两天后，强势拉涨停，形成多方炮形态。

股价拉涨停之后，出现大烂板走势。

图 8-4　新天绿能（600956）日 K 线和分时走势图

三、继续涨停骑大牛

打板后最理想的走势莫过于次日大幅高开 8% 以上直接冲板，或直接以一字板开盘，然后盘中牢牢封住涨停板，同时跟前一个交易日相比成交量明显萎缩（表明筹码已经被主力锁定）、持平或小幅放大。遇到这种走势，应该坚定锁仓，拿住自己手中的筹码，不轻易出手，不见天量不走人。

为了防止盘中开板，在涨停之后需要做好委托，预先准备卖出单子，一旦出现封单大幅减少、连续大卖单，就要随时确定卖出。

图 8-5，上海电力（600021）：2021 年 9 月 17 日，分时图中出现大烂板洗盘，日 K 线阳包阴形态，技术图形和盘面走势均很完美。第二个交易日股价高开 4.49%，根据"好板不怕追高"的原则可以竞价买入或打板入场，盘中 2 分钟就封涨停，直到收盘没开板，成交量大幅萎缩，说明主力锁定筹码，敢于做多。次日股价直接以涨停价开盘，封单巨大，抛盘比较小，短线投资者以持股待涨为主，只要盯住封单和抛盘即可，封单不出现大幅的减少、抛盘不出现连续大单，就持股不动；反之涨停卖出。当日换手率仅有 0.81%，只有前两天的 1/6，表明主力和散户的惜售心理明显，后市还有上升空间。9 月 24 日，继续 T 字板，此时视情可以减仓或出局。

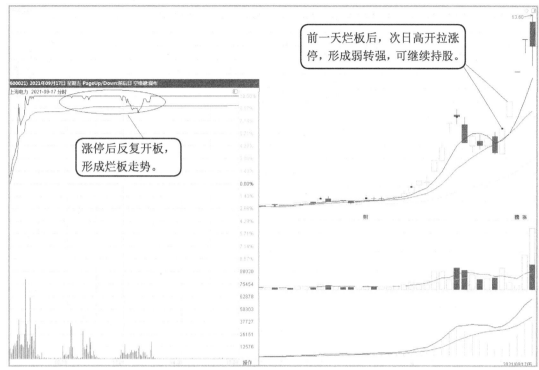

前一天烂板后，次日高开拉涨停，形成弱转强，可继续持股。

涨停后反复开板，形成烂板走势。

图 8-5　上海电力（600021）日 K 线和分时走势图

四、反复开板不久留

在股价不同的位置出现反复打开涨停板的情况，其意义是不相同的。

在低位区域，股价涨停之后，次日出现反复打开涨停板的情况，表明主力对筹码控制程度不够，或者借大盘走势吸筹，主力故意挂少量的封单，获利盘和解套盘蜂拥出局，将涨停板多次打开。

在股价拉升前，主力为了洗去浮动筹码，往往会在关键位置走出反复打开涨停板的情况；在主升阶段，因为人气旺盛，主力会选择边拉边出，然后造成涨停板反复打开的情况；在股价高位区域，出现反复打开涨停板的情况，往往是主力出货的行为。

不管主力是吸货、洗盘、主升，还是出货，出现这种反复开板的走势，特别是成交量大幅放大的情况下，还是先出来观望为好。

图 8-6，金凤科技（002202）：2021 年 9 月 2 日，小幅低开后放量两波拉涨停，盘面气势强盛。次日，股价大幅跳空高开 4.62%，开盘后 15 分钟就强势涨停板，不过此后在盘中出现了多次涨停板，反复被打开、封板的情况。随着涨停板的反复开合，成交量出现了成倍的放大，换手率高达 14.99%（近几年天量），虽然尾盘最终还是以涨停价收盘，不过从成交量放大来看，就能够发现筹码已经出现明显的松动，在当日收盘之前及时卖出观望为好。

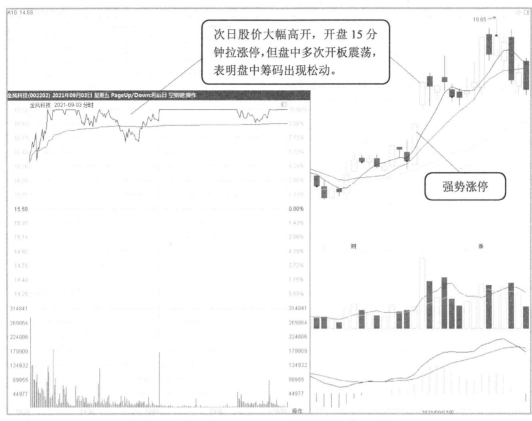

次日股价大幅高开, 开盘 15 分钟拉涨停, 但盘中多次开板震荡, 表明盘中筹码出现松动。

强势涨停

图 8-6　金凤科技 (002202) 日 K 线和分时走势图

五、次日 *T*+0 操作

所谓 *T*+0 操作, 就是当日高抛低吸同等数量筹码的操作方法, 如果差价比较大, 那么不管是顺向 *T*+0 (先买后卖), 还是逆向 *T*+0 (先卖后买), 一旦操作成功, 就能降低持股成本, 进一步增加利润。

在实盘中, 一些龙头品种在刚涨停启动的次日, 开盘后继续高举高打, 强势特征明显, 那么就可以沿着均价线逢低吸纳, 然后在冲击涨停板之后, 卖出跟买入相同数量的筹码。对于一些强势震荡的个股, 在涨停次日震荡过程中, 只要成交量有效放大, 同时涨停板封不住, 那么就可以在涨停处高抛, 然后观察盘面走势, 如果股价始终保持在均价线上方强势运行, 或者不能有效跌破均价线, 那么就可以重新买入跟涨停价高抛数量相同的筹码, 以降低持仓成本。

需要注意的是, 在 *T*+0 实盘操作中, 一个前提就是在任何情况下, 都不能满仓操作, 始终要留有一半甚至更多的资金, 以防操作失误。

图 8-7, 华软科技 (002453): 2021 年 7 月 22 日, 股价放量突破, 并引领整个国产软件板块异动, 当日可以追板进去。次日, 股价高开 4.87%, 稍做下探后大幅拉升至涨停,

然后回落到前低附近获得了明显的支撑，此时就可以进行低吸操作。之后股价继续稳步向上推至涨停，并成功封涨停板。如果是为了锁定利润，控制仓位，那么就可以在涨停价处高抛相同数量的股票，就相当于当日完成了"T+0"。

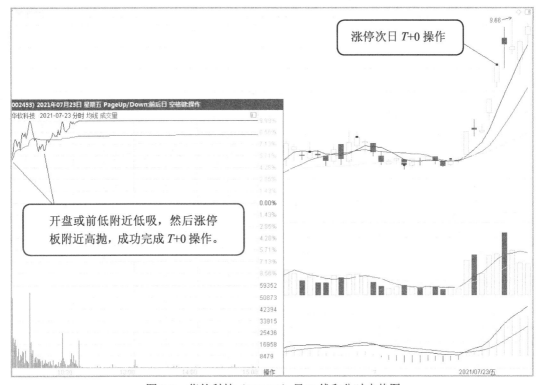

图 8-7　华软科技（002453）日 K 线和分时走势图

对于刚启动的板块龙头股，可以先买后卖顺向做 T+0。对于涨停次日高开幅度过大，涨停之后封不住，然后又能在关键位置（比如均价线）获得明显支撑的个股，可以采用先卖后买的方式做逆向 T+0。

六、次日跌停快跑路

在涨停之后，因为重大利空、特停等原因，复盘之后往往会出现补跌的走势，最极端的走势就是直接跌停开盘。特别是在弱势市场中，最容易出现这种极端的走势。

对于这种走势，投资者只有快速跑路，而且越早挂单越好，跟一字涨停挂单一样，在当晚消息出来之后，先仔细阅读公告，如果消息利空比较严重（比如股票被 ST、重组中止等），就要去挂跌停价跑路，不要有任何的幻想。如果消息偏空，可以集合竞价观察走势，如果巨量"卖一"位置有很大的封单，那么挂跌停价跑路，否则，可以在盘中观察，反弹时高抛。

图 8-8，上海电力（600021）：2021 年 9 月 28 日，股价反包涨停，当日盘面走势看不出异常，按理说次日有惯性冲高能力，可是次日股价直接低开后，盘中逐波走低，无任何反弹迹象，最终以跌停收盘。投资者遇到这种现象时，应及时离场观望。

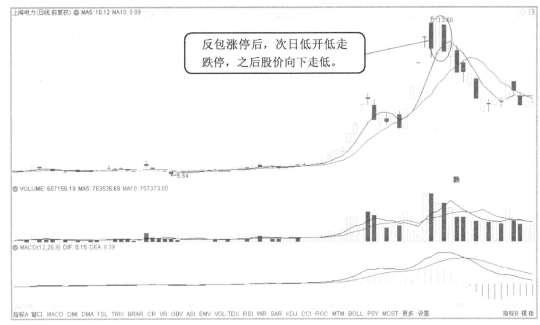

图 8-8　上海电力（600021）日 K 线图

Ⅲ 第四节　次日高开八种走势

只要是"好板"，涨停板次日大概率会出现高开，即使是"烂板"，只要大盘强势，也有高开的可能性。至于高开之后怎么走，就要视盘面走势而定，然后决定是否进行高抛或持股。

一、高开高走，涨停

高开高走，直接冲击涨停板，这是最理想的走势。不管是走出一字涨停、一波式涨停、二波式涨停、三波式涨停、多波式涨停，还是突破箱体式涨停，涨停板只要封得够死，涨停的时间早（最好在早盘），最好是缩量涨停，那么就以持股为主。如果是在尾盘勉强封涨停，同时成交量大幅放大，可以选择以涨停价高抛。

高开迅速涨停，有两个特点：第一，大幅高开；第二，迅速涨停。对于高开迅速涨停的个股，通常在以下几种情况出现，这一点必须提前了解。

（1）受消息影响。一旦收盘后公布利好消息，必然在第二天集合竞价得到体现，造成股价的大幅高开之后迅速涨停。

（2）主升浪期间。一只个股走主升浪时，表现在盘面就是以大阳线收盘，但由于市场买盘力量过于强大，市场供不应求，第二天就会出现大幅高开之后迅速秒板。

（3）股票复牌后。一只个股由于某种原因停牌，在停牌期间市场出现一波不错的上涨，或者个股带着自身利好消息复牌，在这种情况下股价复牌后有可能补涨或上涨，出现大幅高开迅速涨停也就是正常现象。

图 8-9，东华科技（002140）：2021 年 7 月 12 日，股价强势涨停，形成突破形态，上涨空间打开。次日股价高开 2.66% 后，快速回落到前一天收盘价位置，然后强势回升，一波拉升就牢牢封住涨停板。此后，抛盘明显减弱，成交量大幅萎缩，盘中虽有开板但主力封板坚决，面对这种健康的涨停走势，投资者可以继续持股待涨。之后几个交易日，股价继续顺势高开，快速强势涨停，在 7 月 16 日出现巨量震荡时，投资者可以逢高卖出。

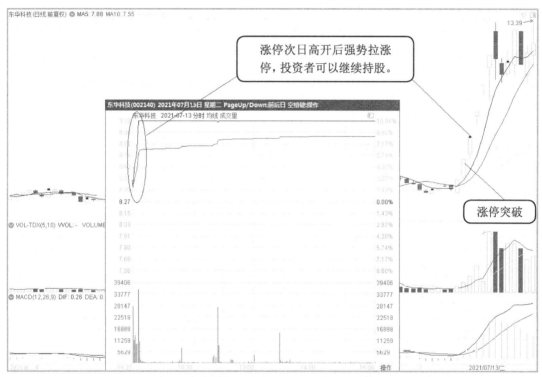

图 8-9　东华科技（002140）日 K 线和分时走势图

二、高开高走，不涨停

涨停次日，高开高走，但不涨停，可能是上方遭遇到抛压，后市有调整要求，遇到这种情况，先逢高抛出观望为宜；也可能是主力有意而为之，为的是清洗获利盘，为后市拉升扫清障碍，正所谓"不涨停、涨不停"，遇到这种情况，可以持股待涨或减仓。

那么如何分辨是主力有意而为，还是确实受到出货抛压？可以借助筹码分布来查看。如果是已经突破筹码峰，那么可能是主力洗盘，后市还有上升空间，只要成交量不出现大幅放大，可以逢低入场。如果面临筹码密集区压力，那么就要选择高抛观望。

图 8-10，正邦科技（002157）：2021 年 1 月 4 日，股价企稳后出现放量涨停。次日，

股价高开1.44%，盘中略微冲高后，呈横向运行，收盘时涨3.55%。从日K线分析，股价到达前期高位区域形成的成交密集区，并没有突破盘区高点的压力，导致股价继续调整。之后，2月19日再次涨停，次日出现同样的走势，因为股价没能有效突破成交密集区。所以，投资者可以选择高抛，先出来观望，等到有效突破之后，再择机介入。

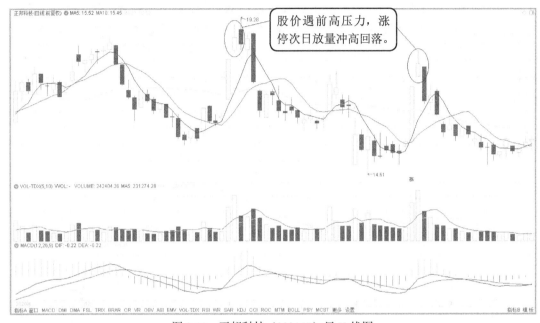

图8-10 正邦科技（002157）日K线图

三、高开高走，回落

对于强势涨停的个股，在涨停次日高开高走，往往会冲击某个高点或涨停附近后回落。面对这种走势，高抛是主要策略。

不过有几个特例，可以继续持股，那就是面临前期高点、成交密集区、历史高点时出现的回落走势，只要不完全回补当日的跳空缺口，就可以继续持股或者做T。因为这种冲高回落走势，为主力试探上方压力＋强势洗盘的动作，往往会演变成"仙人指路"K线，次日再度大涨甚至涨停的可能性大。

图8-11，佳禾智能（300793）：2021年6月17日，开盘后快速放量拉涨停，次日高开快速冲高回落，然后呈现横盘运行，午后逐波走低。从日K线分析，股价遇到前期盘区压力受阻回落，主力有明显减仓意图，投资者遇此情形应卖出观望。

图8-12，天富能源（600509）：2021年3月31日，开盘后秒板，盘口强势。次日，股价顺势高开2.81%，在盘中三角形整理后放量拉升，在13:04大幅上冲到涨停板，封盘仅3分钟开板后逐波回落，收盘微涨0.14%（1分钱），当日收出一根带有长上影线的阴线。

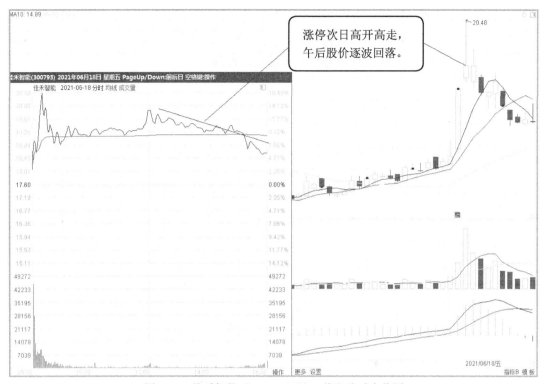

涨停次日高开高走，
午后股价逐波回落。

图 8-11　佳禾智能（300793）日 K 线和分时走势图

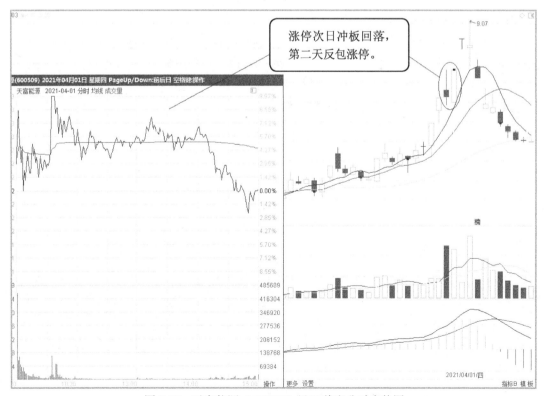

涨停次日冲板回落，
第二天反包涨停。

图 8-12　天富能源（600509）日 K 线和分时走势图

4月2日，股价小幅低开后，强势拉涨停，包容了前一天的上影线，次日T字板。可见，涨停次日冲高回落走势，如果下一个交易日能够收回前一天的上影线，说明主力仍有做多意愿，可以暂时持股（在上影线当天减仓，原则上也没有错）。

四、高开低走，涨停

高开低走、涨停，这是游资接力的典型走势，一批游资趁股价高开然后大肆出货，并将股价打压下来之后，另一批游资强力买入，然后接力涨停。这种走势往往出现在大牛股之中，在接力涨停之后，后市还有一定的上升空间。

对于这种走势，短线投资者不容易把握，很多个股在高开之后因为获利盘回吐会打压得很深，往往会有效跌破当日均价线，这时就要选择卖出，而此时正好有其他游资入场接盘。操作策略：可以分批减仓，比如以30分钟为单位，分4次减仓。当然，视盘面情况灵活应变，比如在低走过程中，盘面毫无抵抗，成交量低迷，那么就不用分批减仓，直接果断清仓。

图8-13，中毅达（600610）：因筹划重大资产重组停牌半个多月后，2021年4月18日晚上发布了撤销ST风险警告的公告，5月20日复牌后，股价出现一字涨停。

5月21日继续以涨停价开盘，不过开盘后就被大单砸开，股价顺势大幅回落，在下探到涨幅仅1.44%左右止跌企稳，午后股价又回到均价线之上，并逐波向上走高，13:50左右再度强势封于涨停板，这是短线游资接力涨停的标志。之后的2个交易日，股价出现一板一大阳，短线获利丰厚。

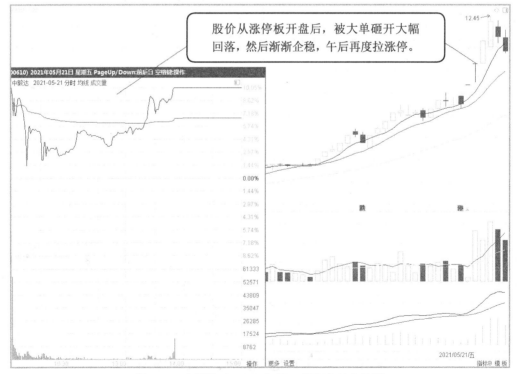

图8-13　中毅达（600610）日K线和分时走势图

五、高开低走，破均线

高开低走、破均线，这是一个明显的出货信号，因为均价线是当日股价强弱的分界线，一旦有效跌破均价线，意味着主力已经无心护盘，大势已去，那么就应及时卖出股票，为了防止出现再次回升涨停的走势，最好的策略是分批减仓。

判断是否有效跌破均价线的方法很简单，只要是放量跌破，在短时间内（比如30分钟）不能拉回到均价线上方，那么就认定为有效跌破；如果是缩量跌破，在短时间内很快拉回到均价线上方，那么还不能算有效跌破，继续持有观察。

图8-14，三孚股份（603938）：2021年8月31日，高开3.46%后，12分钟就拉涨停，股价突破盘区压力，直到收盘都未开板。不管是涨停时间、封单大小还是抛盘，该涨停板无疑是个"好板"。

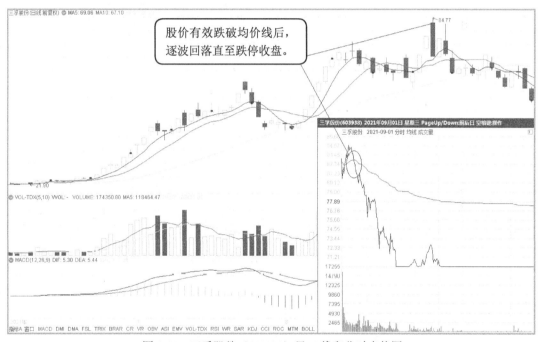

图8-14　三孚股份（603938）日K线和分时走势图

次日，股价顺势大幅高开6.55%，盘中略做整理后股价拉高到8%以上，然后拐头向下，直接跌破均价线，并继续逐波下行，同时成交量大幅放大，10:36股价跌停。之后，多方多次努力开板回升均无功而返，午后被死死按在跌停板位置。从此股价进入中期调整，投资者需要在反弹冲高时及时减仓。

六、高开低走，不破均线

高开低走是获利盘出逃，或者是主力借机洗盘造成的，如果主力后市还想做高股价，那么就必须死守均价线，不能轻易跌破均价线，虽然高开低走，但是至少在收盘前还得站上均价线。

面对这种走势，盘中股价只要不是大幅波动，下跌过程中成交量大幅放大，投资者就可以选择继续持股，或者在盘中高抛低吸，做 T+0 操作，否则都是以高抛为主。

图 8-15，大金重工（002487）：2021 年 9 月 13 日，洗盘结束后强势秒板，次日股价跳空高开 3.77%，开盘后股价出现下挫，并且跌破均价线，跌幅一度超过 3%，此时可以选择观察，关注是否有回升的可能。当短线获利筹码经过释放后，股价渐渐企稳震荡，在整理过程中分时图形成 W 底形态，股价出现强势回升，成功返回到均价线上方，此时就可以放心持股。之后，股价逐波震荡走高，午后封于涨停板，在后续的 4 个交易日中拉出 3 个涨停，短期股价涨幅较大。

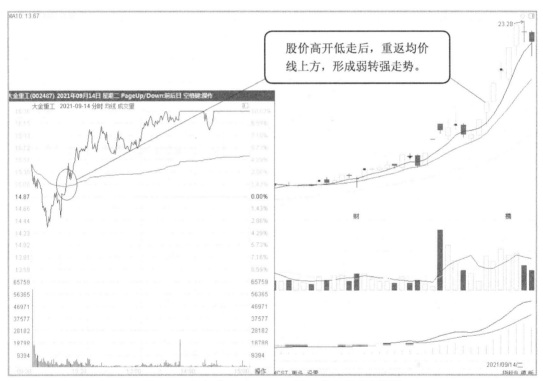

图 8-15　大金重工（002487）日 K 线和分时走势图

七、高开震荡，涨停

在涨停次日，股价高开之后震荡，只要股价没能有效跌破均价线，往往就是蓄势的表现，最终的目的还是向上突破，甚至涨停。

短线投资者在面对这种震荡走势的时候，只要关注均价线以及成交量的变化即可，只要股价不能有效跌破均价线，同时成交量不是成倍地放大，那么就可以持股，甚至突破震荡盘区时加仓。否则，需要减仓或清仓。

图 8-16，闽东电力（000993）：2021 年 9 月 24 日，股价到达前期两个高点附近，次日股价顺势高开 2.87%，开盘后股价围绕均价线大幅震荡，没有脱离均价线制约。14:00 前后放量一波拉涨停，之后股价连续拉涨停。

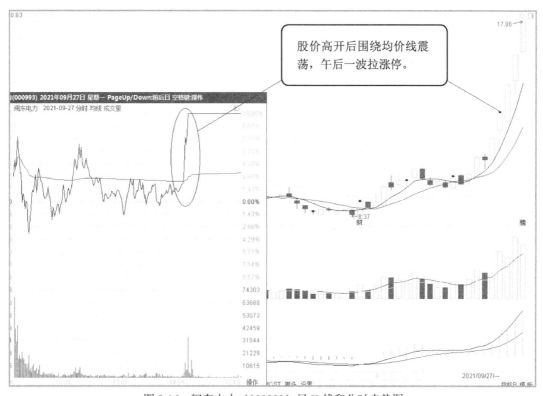

图 8-16　闽东电力（000993）日 K 线和分时走势图

八、高开震荡，不涨停

在涨停次日，股价高开，围绕均价线震荡是比较常见的走势，这是多空双方有分歧的表现。如果成交量出现成倍增长，比如放大 1 倍以上，只收出一根小阳线，那么就要小心了，需要在收盘之前高抛；如果成交量没有出现成倍增长，那么可以选择高抛，也可以选择继续持股。另外，还有一种情况就是成交量出现成倍增长，但是收出一根十字星或很小实体 K 线，那么可能是"板上星"K 线组合，只要缺口不补，短线还有上升空间。

图 8-17，江苏新能（603693）：2021 年 9 月 15 日，股价强势涨停，次日股价顺势小幅高开 1.1%，盘中宽幅震荡，最终收盘上涨 4.23%。从当日盘面分析，股价重心上移，盘面走势稳定，成交量温和放大，可以定性为健康蓄势走势，继续持股待涨，之后几个交易日股价果然强势走高。

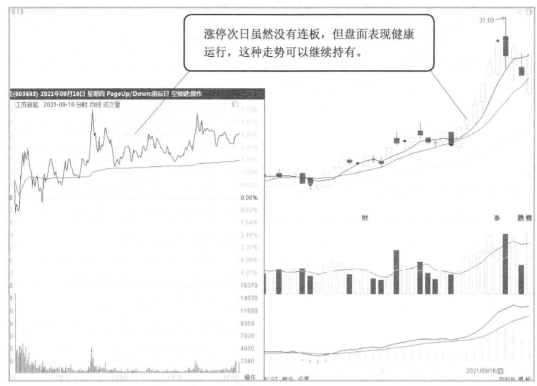

图 8-17　江苏新能（603693）日 K 线和分时走势图

第五节　次日低开八种走势

相对于高开，涨停次日低开的操作难度更大。低开的原因有多种，或是受到获利盘抛压，或是受到大盘指数拖累，或是主力为了低吸筹码，抑或是遇到前期压力位等。对于涨停次日低开个股，投资者最好的策略是先观察，然后再决定买卖操作。主要关注以下八种低开后的盘面走势。

一、低开高走，涨停

低开高走，涨停，这是最理想的走势，这种走势意味着有新的资金介入，只要冲涨停板后封得住，那么后市可以看高一线，往往会走出短线大牛股，可以继续持股待涨。如果在冲击涨停板之后，不能封板，或者是早盘封板，尾盘被砸开，表明有资金在边拉边出，那么就要谨慎了，可以选择在涨停价附近清仓或减仓。

图 8-18，润和软件（300339）：2021 年 6 月 9 日，放巨量涨停，股价创出 6 年新高，形成加速上涨之势。但次日股价低开 2.83%，开盘之后并没有走弱，而是逐波向上大幅走

高，股价一直运行于均价线之上，午后开盘股价立即涨停，成功封板至收盘。虽然当日出现震荡走势，但成交量与前几个交易日相比有所萎缩，表明主力控盘良好。果然，第二天股价大幅高开并再板。

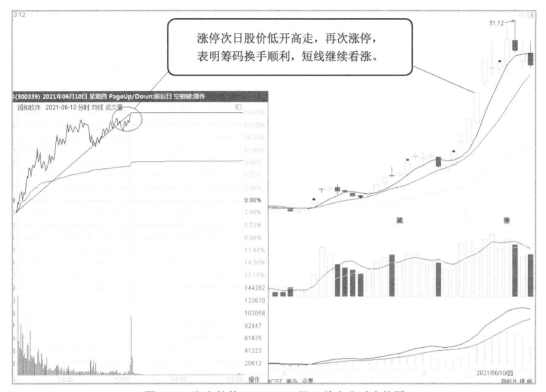

涨停次日股价低开高走，再次涨停，表明筹码换手顺利，短线继续看涨。

图 8-18　润和软件（300339）日 K 线和分时走势图

二、低开高走，不涨停

低开高走，不涨停，这是有资金介入的迹象，但是主力并不急于拉涨停板，吸引更多的跟风盘；或者是股价遇到了前期成交密集区、前期高点等阻力位置，出现短期的震荡整理。只要是最高点或次高点收盘、成交量不出现成倍放大，还可以继续持股待涨；反之，就要减仓或清仓观望。

图 8-19，山煤国际（600546）：2021 年 8 月 26 日，股价放量强势涨停，突破盘区高点压力。次日，股价低开 2.73%，开盘后股价震荡走高，保持在均价线上方运行，最终收盘大涨 5.14%，成交量继续小幅放大。由于成交量并没有成倍放大，股价也没有出现大幅震荡，且处于刚刚突破的位置，所以短线投资者可以继续持股待涨，此后股价震荡拉高。

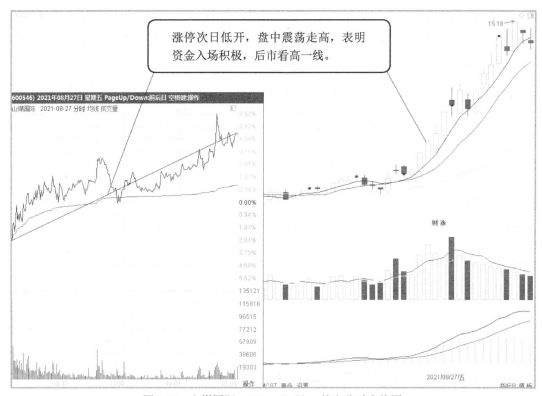

图 8-19　山煤国际（600546）日 K 线和分时走势图

● 三、低开高走，回落

在涨停次日，如果股价低开高走，然后冲高回落，这可能是主力的拉高出货行为，投资者需要提防，在回落过程中要及时清仓。

投资者需要注意的是，在面临前期成交密集区、前期高点时，出现冲高回落的走势，不要认为这是"仙人指路"，特别是在下降趋势中，出现这种盘面情形时，属于典型的反弹走势，后市大概率会继续调理。

图 8-20，音飞储存（603066）：2020 年 12 月 24 日，尾盘放量直线涨停，次日股价低开 2.04%，盘中闪电打压后快速翻红，并两度冲高至涨停板，但均未成功封板。此后股价震荡走低，最终收盘涨幅仅 4.31%，当日收出一根带有长上影线的阳线，第二天出现同样的低开冲高回落走势。从日 K 线分析，很明显处于下跌趋势之中，股价涨停属于典型的反弹走势，之后股价不断向下调整，因此遇到这种盘面现象时应及时逢高离场。

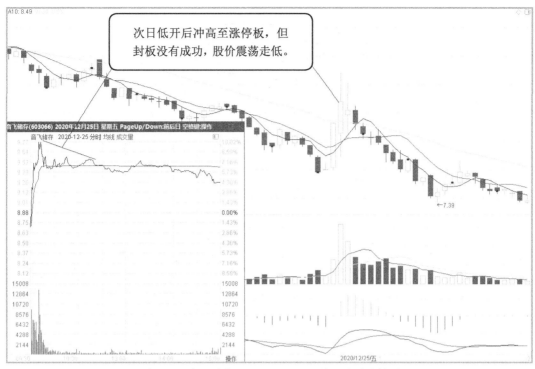

次日低开后冲高至涨停板，但封板没有成功，股价震荡走低。

图 8-20　音飞储存（603066）日 K 线和分时走势图

四、低开低走，冲涨停

这是一种非常极端的走势，通常出现在大牛股的启动、中途换手或最后疯狂阶段，分时走势中大多以快速拉升为主，各个时段都有可能突然出现拉升。

对于这种走势，投资者选择走还是留的依据很简单：只要股价还没有被恶炒，处于中低位区域，那么就可以继续持股；相反，如果股价被恶炒，短期涨幅非常之人，那么就要清仓观望，把刀口舔血的机会留给别人。

图 8-21，华银电力（600774）：2021 年 3 月 8 日，股价放量涨停，次日股价小幅低开 0.91%，开盘后股价被大单砸下，出现逐波回落的走势，盘中最大跌幅超过 9%。10:00 前后突然放量，股价大幅拉升，一波拉升之后，股价直逼涨停，直到收盘也没有开板。

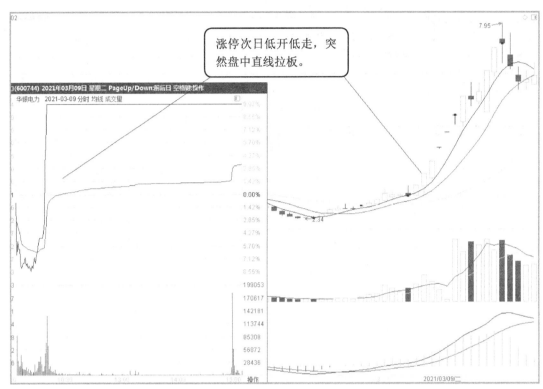

涨停次日低开低走，突然盘中直线拉板。

图 8-21　华银电力（600744）日 K 线和分时走势图

五、低开低走，破均线

低开低走，破均价线，这是比较弱的走势形态。短线投资者以高抛清仓为主，不要有任何的幻想。盘中主要观察是否有效跌破均价线，只要是放量跌破均价线，然后在 20 分钟以内不能回到均价线的上方，即使偶尔回到均价线上方，但是是缩量的，而且很快就会跌破，那么就要果断清仓；反之，继续观察。

图 8-22，蔚蓝生物（603739）：2021 年 9 月 27 日，大幅跳空高开 4.99%，开盘后 7 分钟强势封板，留下一个当日没有回补的向上跳空缺口，盘口强势特征不言而喻。可是，次日小幅低开后，股价逐波走低，盘中大部分时间在均价线下方运行，且均价线缓缓下移构成反压，其间若干次站上了均价线，也都得不到均价线的支撑。这是股价弱势特征的表现，投资者要逢高及时清仓。当日，股价大跌 7.12%，K 线呈现阴包阳形态，短线出现调整走势。

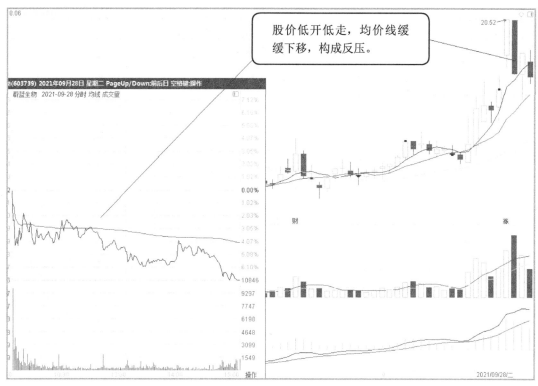

股价低开低走，均价线缓缓下移，构成反压。

图 8-22　蔚蓝生物（603739）日 K 线和分时走势图

六、低开低走，不破均线

这里的不破均价线是指股价在盘中大部分时间都站在均价线之上，同时股价在向下跌破均价线时明显缩量，向上突破均价线时明显放量。

股价低开低走，虽然形势严峻，后市不妙，但是不破均价线又让市场看到一丝曙光。投资者在涨停次日面对这种走势时，可以一颗红心、两手准备，一边可以在均价线之上减仓，一边可以留底仓继续观察。

图 8-23，深圳新星（603978）：2021 年 9 月 22 日，股价放量涨停，形成加速上涨之势。次日，股价低开 1.84%，开盘后股价被大单直接砸下，之后股价回升到均价线上方，然后再次回落，围绕均价线上下震荡，在盘中大部分时间股价都在均价线上方运行。而且通常是放量向上突破均价线、缩量向下跌破均价线，最终收盘微跌 0.16%，股价守在均价线之上。之后几个交易日，股价强势震荡走高，继续刷新反弹高点。

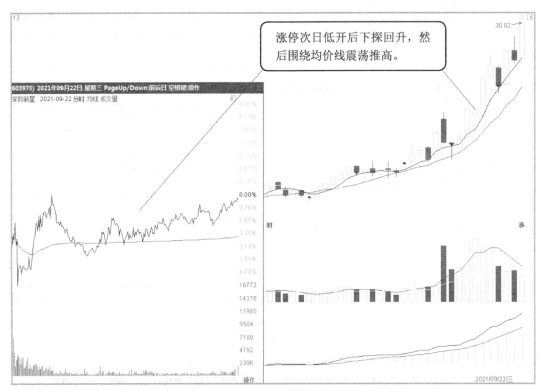

图 8-23　深圳新星（603978）日 K 线和分时走势图

七、低开震荡，冲击涨停

在涨停次日，股价低开，围绕均价线震荡是相对弱势的表现，同时又表明多头在进行抵抗，特别是向上突破均价线放量、向下跌破均价线缩量的情况。一旦出现放量拉升甚至冲击涨停，那么主力蓄势做多的意图就显而易见了，在冲击涨停后只要不出现大幅度的回落，短线投资者就可以放心持股。

在低开震荡的过程中，只要股价没有有效跌破均价线，短线投资者就可以继续持股。反之，则要选择减仓或清仓。在实盘中注意两种现象：一种是低开后快速翻红，在 0 轴上方震荡，然后拉涨停；另一种是低开后在 0 轴下方弱势震荡，然后强势冲击涨停。

图 8-24，宜宾纸业（600793）：该股在底部连拉 3 个涨停后，2021 年 1 月 11 日小幅低开，盘中被一笔大单瞬间打压到跌停板位置附近，然后股价快速回升翻红，在 7% 附近上下震荡。13:18 成功上板，封板至收盘。

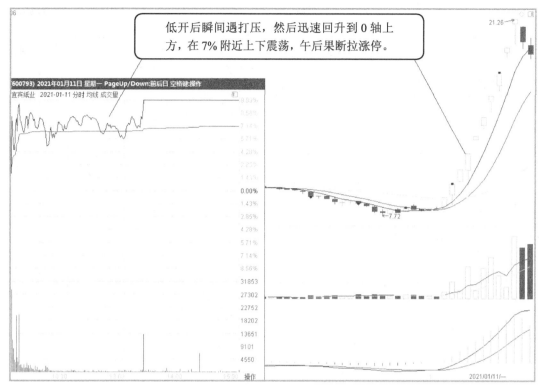

低开后瞬间遇打压，然后迅速回升到 0 轴上方，在 7% 附近上下震荡，午后果断拉涨停。

图 8-24 宜宾纸业（600793）日 K 线和分时走势图

八、低开震荡，不涨停

涨停次日出现低开震荡，但是不涨停的走势，表明主力还在做相应的整理，可能是蓄势，也可能是最后的洗盘。如果成交量保持相当的水平或者放大，那么就要高抛；如果成交量出现明显的萎缩，表明杀跌动能不足，股价并没有跌破 5 日均线，同时短期均线系统保持多头排列，那么短线还有上升空间，投资者可以继续持股。

图 8-25，顺灏股份（002565）：2021 年 9 月 3 日，放量涨停走强，6 日股价低开 2.33%，然后盘中翻红震荡，尾盘略有走高，最终收涨 3.49%。

该股盘中绝大部分时间围绕均价线上下震荡。不过，成交量出现明显的萎缩，表明杀跌动能不足。此外，在拉升突破均价线时放量、在跌破均价线时缩量，这是个积极的信号，表明有资金在进行低吸。同时，日 K 线中股价并没有有效跌破 5 日均线，而且 5 日、10 日和 30 日均线保持多头排列，投资者可以继续持股。之后几个交易日股价继续震荡走高。

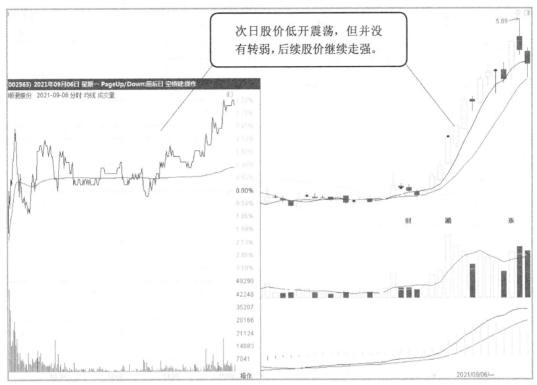

次日股价低开震荡，但并没有转弱，后续股价继续走强。

图 8-25　顺灏股份（002565）日 K 线和分时走势图

第六节　涨停出货五种手法

主力利用涨停板出货是常见的操盘手法，如借利好消息一字涨停，然后放量开板出货等。不管是哪种涨停板出货手法，投资者一旦发现主力有出货迹象，就应该果断清仓。归纳起来，主力利用涨停板出货比较常见的手法有以下五种。

● 一、一字板开盘出货

借利好消息一字涨停开盘，但是在开盘后不久就被巨量打开，股价出现高开低走，这是比较经典的出货手法。正所谓"利好出尽就是利空"，在利好消息出来后，主力都不敢牢牢封住涨停板，那么无疑就是出货了。

图 8-26，包钢股份（600010）：2021 年 9 月 1 日，早盘一字涨停开盘，封单巨大。但封盘 25 分钟后，被几笔巨大的抛单砸开，之后几次试图快速拉起，但还是没能成功回封，此后股价逐波走跌，这是主力明显的出货行为，投资者需要果断清仓。最终，收盘仅微涨 1.06%，当日打板者全线套牢，次日盘中震荡冲高后回落，短期盘面渐行渐弱。

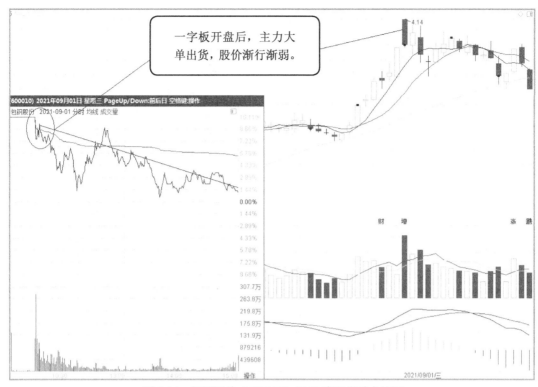

图 8-26　包钢股份（600010）日 K 线和分时走势图

二、先挂单，后撤单

先挂单，后撤单，这种出货走势往往发生在股价短线大幅上涨的时候，股价在盘中刚刚涨停之后，主力会挂出比较大的单子，利用大封单造成主力实力强悍的假象。随着追涨热情的高涨，大量的跟风者会积极追涨停板，封单越来越大，这时主力突然快速撤单，原本封单有数万手，突然变成了一两万手，此时会连续出现千手的大卖单。

在打开涨停板之后，往往还会继续封死，封单再次继续增加，当达到一定的程度后，主力再度砸盘出货。当日涨停板会出现反复开、封的情况，而且成交量往往会出现天量，这是主力出货的明显标志。

图 8-27，河钢资源（000923）：2021 年 5 月 6 日开始股价连拉 3 个涨停，从第 3 板分时走势可以看出，当天高开 4.53% 后，股价震荡走高并涨停，但涨停封盘并不坚决，多次出现涨停开板情况，这是主力先挂单后撤单出货的表现。当日成交量大幅放大，创出近 4 年多的最大量，主力出货的迹象相当明显。在日 K 线上，上方遇多个盘区高点压力，短线抛售较重，而且次日出现上述讲的"低开低走，破均线"，明确了主力出货意图。

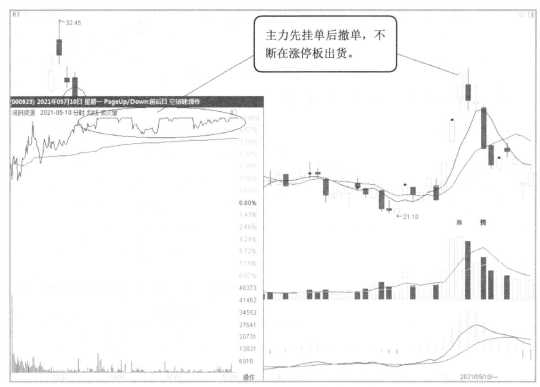

图 8-27　河钢资源（000923）日 K 线和分时走势图

三、冲涨停板后出货

利用前一天涨停的惯性，在盘中对倒冲涨停或接近涨停，然后慢慢震荡回落出货，这也是主力比较常见的出货走势。这种出货走势经常出现在早盘或尾盘：在早盘，在上一个交易日股价涨停的情况下，股价顺势大幅高开，然后吸引打板者跟风，在冲击涨停板后，开始震荡出货，几分钟就被打开，盘中股价开始逐波回落；在尾盘，主力利用对倒拉升股价，将股价推至涨停板之后出货，股价应声回落，次日股价大幅低开。

对于这类出货走势，只要是涨停板封得不够坚决，那么就要清仓或减仓，一旦有效跌破均价线，就要全部抛出。

图 8-28，上海建工（600170）：2021 年 9 月 29 日，利用前一天涨停的惯性，开盘后对倒拉高，股价逼近涨停只差 1 分价，这时不少散户判断股价涨停已无悬念，因而纷纷追涨入场。可是，之后股价不断震荡走低，当日上涨 6.33% 收盘。次日股价低开震荡，连翻红的能力也没有，说明主力出货意图明显。

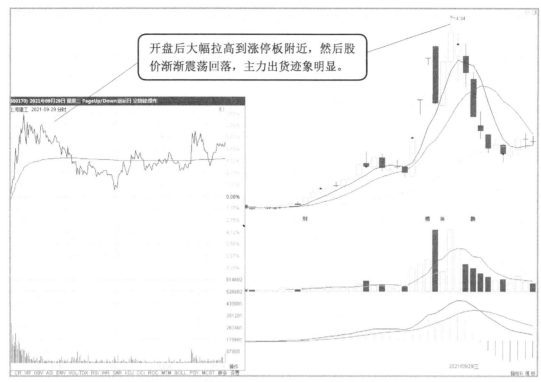

开盘后大幅拉高到涨停板附近，然后股价渐渐震荡回落，主力出货迹象明显。

图 8-28 上海建工（600170）日 K 线和分时走势图

四、早晚板中途回落

早晚板中途回落就是在早盘和尾盘封涨停板，然后在中途打开涨停板回落，这种走势也是一种主力借涨停出货的征兆。

主力在早盘封涨停板之后，在跟风盘不断增加之时出货砸开涨停板，在盘中震荡过程中，获利盘纷纷出局，看好的投资者继续低吸，在尾盘又利用人气快速拉升至涨停，为的是次日继续出货。

在以上介绍的四种主力涨停板出货走势中，这种出货的力度相对来说是最弱的，次日通常还有高点，投资者可以积极把握高抛机会。

图 8-29，重庆钢铁（601005）：2021 年 5 月 10 日走出早晚涨停，中途回落的出货走势。当日大幅高开 8.36%，9:34 放量冲涨停，但没有成功封板，股价出现回落。9:50 再次冲涨停，也没有封涨停，之后持续震荡至下午。13:10 再度放量拉升，股价成功封于涨停。这种走势就是主力边拉边出的信号，次日可能还会有新高，但是并不容易把握，逢高卖出为宜。

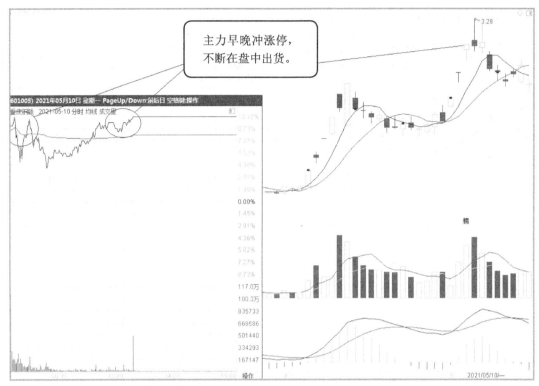

图 8-29　重庆钢铁（601005）日 K 线和分时走势图

五、次日跌停到涨停

这和低开震荡、冲击涨停的走势相比，在涨停次日出现从跌停到涨停是最极端的走势——地天板，表面上是上演了大逆转，实际上在大部分情况下是主力在利用涨停板出货。

这种极端的走势如果出现在股价暴涨之后，往往是因为主力没有完成出货，同时遭遇利空打压，而进行拉高出货的行为，投资者不用有任何幻想，冲高必须清仓，最迟次日离场。这种走势如果出现在股价的底部区域，那么短线还有上升空间，可以继续持股。

图 8-30，航天工程（603698）：该股 2021 年 1 月 11 日放量涨停，向上脱离底部区域，股价出现连续涨停。1 月 15 日从跌停价开盘后，盘中被大单快速拉起，虽然之后再次被压到跌停板位置，但还是被多方力量顽强拉起，股价逐波上涨，尾盘封于涨停板。

由于前几天股价连续涨停，累计涨幅已经巨大，而且没有经过充分换手，这种从跌停到涨停的极端走势，更多的是主力拉高诱多，从而完成出货的行为，投资者应在当日或次日冲高时清仓。次日，股价大幅低开 4.61% 后，盘中冲高回落，当日股价收跌 6.36%，此后股价震荡走跌，回到前一波的起涨点附近。

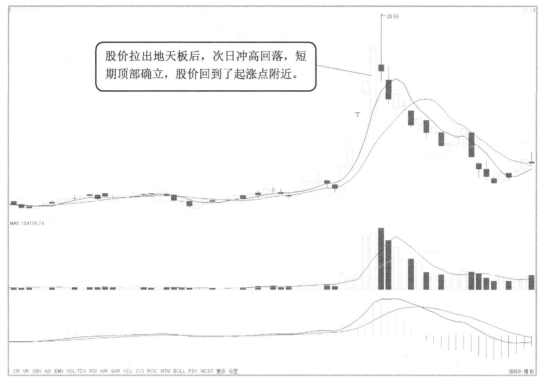

图 8-30　航天工程（603698）日 K 线图

第七节　分时 N 型与倒 N 型

涨停板次日高开后的分时 N 型波上攻走势与倒 N 型波出货走势分析对于短线操作非常重要。在高开的股票中，判断股价全天看涨还是看跌，关键要看股价回探时有没有完全回补缺口。真正的强势股是不会回补高开缺口的，从而形成一个高于前一天收盘价的 N 型或 W 型走势；而拉高出货的股票则是在高开后就快速回补缺口（有时候会有一个上冲的假动作），从而形成一个低于前一天收盘价的倒 N 型或 M 型走势。

一、N 型上攻走势

N 型上攻走势就是开盘后股价先是快速上冲，然后又快速回落，随即又快速拉升，分时图上呈现一个 N 型走势。这说明开盘后股价遭遇抛压，但随即又被买盘托起，显示多头力道强大，当日看涨或走强。

这种类型是一种多头力量在开盘后的一小段时间里先抑后扬的走势，其目的是在高开之后迅速来一个短暂洗盘，把昨天的短线获利盘快速洗出来，所以看到在整个 N 型交投过程中成交量也呈现出一种下跌量小、上升量大的现象。

图 8-31，通宝能源（600780）：2021 年 9 月 30 日的走势，属于典型的开盘 N 型上攻走势。当天高开 2.12% 后没有回补跳空缺口，连续两个 N 型波上攻，盘面节奏分明，张弛有序，量价合理，当日看涨。果然，10:45 高位攻击波强势涨停，直至收盘没有开板。

图 8-31　通宝能源（600780）分时走势图

二、倒 N 型出货走势

倒 N 型正好相反，在开盘后股价稍有上冲后就快速回落，随即又有上冲动作，但上冲的高度超不过开盘价就出现回落，形成一个倒 N 型走势。这说明主力高开是为了吸引跟风盘进行出货，显示空头力道强大，当日看跌或走弱。

一般而言，在倒 N 型的走势中有以下四个盘口特征。

（1）开盘后股价直接回落。

（2）如果有冲高，一般不会超过 1 分钟就迅速掉头向下。

（3）在向下的过程中有一次反抽，但是其反抽的高度极其有限，一般不会超过开始下跌长度的 1/2 就会迅速回落，从而形成了一个倒 N 型走势。

图 8-32，江苏吴忠（600200）：2021 年 7 月 22 日，属于典型的开盘倒 N 型下跌走势。当天开盘后出现快速回落，下跌时反弹无力，没有超过前高而再次回落，呈现倒 N 型下跌走势，之后形成出货波形中的"下水道"出货形态，此后股价渐渐走弱。

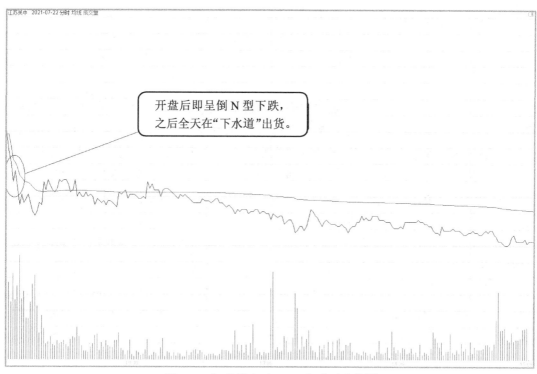

图 8-32　江苏吴忠（600200）分时走势图

‖‖ 后记

股市走势千变万化，涨停个股千姿百态，投资者分析能力千差万别。书中内容很难以点概面，也很难满足每一个投资者的要求，加之市场不断变化，以及受主力行为影响，有些盘面技术和现象不会也不可能事先被发现，只有在市场运行过程中，才逐渐地被人们发觉和认识。水无常形，股无定法，股价涨停有一定的规律，但没有固定的模式，而且同样的涨停，因不同的市况、不同的个股、不同的主力以及不同人的心理因素，其分析和操作结果也各不相同，甚至有天壤之别。

股市有风险，任何技术都不是绝对的，希望大家将本书中的技术技巧、方法策略、投资理念、思维逻辑，在即时行情中随机应变，活学妙用，切不可用固定的模式去生搬硬套。在实盘操作中，投资者应不断积累经验、探索规律、感悟股性，逐步形成一套适合自己的捕捉涨停的技法，只有这样才能在瞬息万变的市场里，用敏捷的思维能力对市场作出弹性的分析和处理，达到融会贯通、应变自如，在瞬息万变的股市中立于不败之地。

笔者深知要感谢太多给予帮助的人，有太多的人可以分享这本书出版的荣誉。没有广大读者朋友的普遍认可，就没有本书的生存市场，更不会使这些技术得以推广，所以第一个要感谢的就是读者朋友。在此也要感谢清华大学出版社的大力支持，更要感谢本书责任编辑左玉冰女士，她对本书的构思、策划、撰写等方面，提出了许多专业意见，在此付梓之际，致以最衷心的谢意！

在成书过程中，也得到了不少专家、学者的精心指导，使本书有一个恰当的定位，能够更加满足投资者的愿望，也更加贴近盘面实际。书中内容虽然表达了笔者个人的观点和见解，但也包括了他人的一些研究成果、实盘经验、专业知识等，这些材料在理论和实践中都具有很高的创造性，是十分珍贵的。如果没有他们与大家共同分享其专业知识和投资理念，也就无法达到现在的研究水平。在此对这些专业人士致以最衷心的感谢，感谢他们如此慷慨地与大家分享专业知识。

由于股市变化多端，且牵涉的内容也非常广。笔者尽管竭尽全力，努力减少书中的错误，但百密一疏，书中难免有疏忽之处。敬请广大读者不吝斧正，提出你的宝贵建议和意见，以便在今后再版时进一步改进和提高。愿本书为广大投资者在实盘操作中带来一点启示、创造一份财富。如是，笔者将深感欣慰。欢迎有志于股市技术分析研究的人士做进一步的探讨、交流。

麻道明
2022 年 2 月　于中国·楠溪江畔